Ausführliches Verzeichnis der

Guttentag'schen Sammlung

Deutscher Reichs- und Preußischer Gesetze

Text-Ausgaben mit Anmerkungen — Taschenformat

welche alle wichtigeren Gesetze in unbedingt zuverlässigen Gesetzestexten und in mustergültiger Weise erläutert enthält, befindet sich hinter dem Sachregister.

Guttentag'sche Sammlung

Nr. 26. Deutscher Reichsgesetze. Nr. 26.

Text-Ausgaben mit Anmerkungen.

Die Reichsgesetzgebung

über

Münz- und Notenbankwesen, Papiergeld, Prämienpapiere

und

Reichsschulden.

Text-Ausgabe mit Anmerkungen und Sachregister.

Von

Wirkl. Geh. Rat Dr. R. Koch,

Reichsbankpräsidenten a. D.

Sechste Auflage.

Berlin 1910.

J. Guttentag, Verlagsbuchhandlung,

G. m. b. H.

Vorbemerkung.

Seit der letzten Auflage von 1905 sind wiederum manche Änderungen der einschlagenden Gesetzgebung eingetreten, welche zu einer neuen (6.) Auflage nötigten.

Zugleich waren die die Schutzgebiete betreffenden Abschnitte (A VI und C XX) zu ergänzen. Dagegen konnte die Darstellung des Reichsschuldenwesens (E) bei völliger Umgestaltung gekürzt werden.

Herrn Bankdirektor Dr. Arnold habe ich abermals für die mir bei Besorgung dieser Auflage freundlich geleistete wesentliche Unterstützung meinen verbindlichsten Dank auszusprechen.

Berlin-Charlottenburg, im März 1910.

Dr. R. Koch.

Inhaltsverzeichnis.

Seite

Einleitung 1

Literaturnachweis 47

A. Münzgesetzgebung.

I. Münzgesetz. Vom 1. Juni 1909 . . 51

Verordnung, betreffend die Einführung der Reichswährung. Vom 22. September 1875 51

Gesetz, betreffend Änderungen im Münzwesen. Vom 1. Juni 1900 59, 70, 74, 76, 78, 88, 90, 92

Gesetz, betreffend Änderungen im Münzwesen. Vom 19. Mai 1908 53, 70, 78, 89, 90, 92, 96

Gesetz, betreffend die Vereinstaler österreichischen Gepräges. Vom 28. Februar 1892 93

Allerhöchster Erlaß, betreffend die einheitliche Benennung der Reichsgoldmünzen. Vom 17. Februar 1875 53

Bundesratsbeschluß v. 7. Dezember 1871 55, 60, 65, 67

Bundesratsbeschluß v. 8. Juli 1873 57, 61, 63, 68, 93

Bundesratsbeschluß v. 29. Mai 1875 57, 68

Bundesratsbeschluß v. 9. Mai 1877 . . 62

Bundesratsbeschluß v. 6. Oktober 1904 . 62

Bundesratsbeschluß v. 27. Juni 1908 62, 68

Bundesratsbeschluß v. 29. April 1909 64, 68

Seite
Bundesratsbeschluß v. 22. Januar 1878 68
Bundesratsbeschluß v. 13. Dezember 1877 72, 73
Bekanntmachung des Reichskanzlers, betreffend die Umwechselung von Reichsgoldmünzen gegen Reichssilber-, Nickel- und Kupfermünzen. Vom 19. Dezember 1875 71
Maß- und Gewichtsordnung. Vom 30. Mai 1908. 75
Bekanntmachung des Reichskanzlers, betreffend die Ausführungsbestimmungen zu den bisherigen Münzgesetzen. Vom 9. Juni 1909 80
II. Gesetz, betreffend die Ausprägung von Reichsgoldmünzen. Vom 4. Dezember 1871 81
III. Münzgesetz. Vom 9. Juli 1873 . . 87
Gesetz, betreffend die Abänderung des Art. 15 des Münzgesetzes vom 9. Juli 1873. Vom 20. April 1874 99
Gesetz, betreffend die Abänderung des Art. 15 des Münzgesetzes vom 9. Juli 1873. Vom 6. Januar 1876 99
IV. Falsche, beschädigte und abgenutzte Reichsmünzen. Bekanntmachung des Reichskanzlers vom 9. Mai 1876 . . . . 73, 103
V. Bekanntmachung des Reichskanzlers, betreffend die Ausprägung von Reichsgoldmünzen auf den deutschen Münzstätten für Rechnung von Privatpersonen. Vom 8. Juni 1875 106
VI. Das Münzwesen in den deutschen Schutzgebieten 109
1. Kamerun, Togogebiet, südwestafrikanisches Schutzgebiet, Deutsch

Seite

Neu-Guinea, Marshallinseln, Inselgebiet der Karolinen, Palaus und Marianen, Samoa . . 109

Verordnung des Reichskanzlers, betreffend das Geldwesen der Schutzgebiete außer Deutsch-Ostafrika und Kiautschou. Vom 1. Februar 1905 . 109

2. Deutsch-Ostafrika 113

Allerhöchste Order v. 23. Dezember 1903 u. v. 2. Oktober 1908 114, 115

Verordnung des Reichskanzlers, betreffend das Münzwesen des deutsch-ostafrikanischen Schutzgebiets. Vom 28. Febr. 1904 u. vom 29. Oktob. 1908 115

Abkommen mit der Deutsch-Ostafrikanischen Bank v. 4. März 1905 121

3. Kiautschou 123

B. Papiergeldgesetzgebung.

I. Gesetz, betreffend die Ausgabe von Reichskassenscheinen. Vom 30. April 1874 124

Gesetz zur Änderung des Gesetzes, betreffend die Ausgabe von Reichskassenscheinen. Vom 5. Juni 1906 125

Bundesratsbeschluß v. 25. Juni 1881 . 126

Bundesratsbeschluß v. 28. Juni 1906 . 126

Bekanntmachung der Reichsschuldenverwaltung, betreffend den Umtausch beschädigter oder unbrauchbar gewordener Reichskassenscheine. Vom 18. Mai 1876 130

II. Gesetz, betreffend die Einziehung der mit dem Datum vom 11. Juli 1874 ausgefertigten Reichskassenscheine. Vom 21. Juli 1884 131

Seite

III. Gesetz, betreffend den Schutz des zur Anfertigung von Reichskassenscheinen verwendeten Papiers gegen unbefugte Nachahmung. Vom 26. Mai 1885 133

C. Notenbankgesetzgebung.

I. Bankgesetz. Vom 14. März 1875 . . 136

Wegen der BankGNov. v. 1889, 1899 u. 1909 s. unten IV, V.

Gesetz, betreffend die Ausgabe von Reichsbanknoten zu 50 und 20 Mark. Vom 20. Februar 1906 139

Bundesratsbeschluß wegen der Behandlung nachgemachter und verfälschter Reichsbanknoten. Vom 30. November 1876 . 142

Gesetz, betreffend die Ausgabe von Banknoten. Vom 21. Dezember 1874 (Art. II § 4) 146

Bekanntmachung des Reichskanzlers, die Unterschriften der Reichsbankstellen betreffend. Vom 27. Dezember 1875 . . 201

II. Statut der Reichsbank. Vom 21. Mai 1875 230

Verordnung, betreffend die Abänderung des Statuts der Reichsbank vom 21. Mai 1875. Vom 3. September 1900 232, 234, 240, 244, 246

Verordnung, betreffend Änderung des Statuts der Reichsbank vom 21. Mai 1875. Vom 18. Dezember 1909 . . . . .232, 235, 242

Bekanntmachung des Reichskanzlers, den Übergang der Preußischen Bank auf die Reichsbank betreffend. Vom 16. Dezember 1875 232

Seite

III. Vertrag zwischen Preußen und dem Deutschen Reiche über die Abtretung der Preußischen Bank an das Deutsche Reich. Vom 17./18. Mai 1875 . . . 260

IV. Gesetz, betreffend die Abänderung des Bankgesetzes vom 14. März 1875. Vom 7. Juni 1899 . . 152, 162, 167, 169, 180, 184, 192, 204, 214, 268

Gesetz, betr. die Abänderung des Bankges. v. 14. März 1875. Vom 18. Dezember 1889 . . . . 182, 269

V. Gesetz, betreffend Änderung des Bankgesetzes. Vom 1. Juni 1909 138, 148, 154, 158, 160, 162, 166, 171 bis 175, 178, 184, 192, 193, 219, 274

VI. Bekanntmachung des Reichskanzlers, betreffend die Vorschriften über die von den Notenbanken in der Jahresbilanz gesondert nachzuweisenden Aktiva und Passiva. Vom 15. Januar 1877 281

VII. Verordnung, betreffend die Anstellung der Beamten und die Zuständigkeit zur Ausführung des Gesetzes vom 31. März 1873 bei der Verwaltung der Reichsbank. Vom 19. Dezember 1875 285

VIII. Verordnung, betreffend die Pensionen und Kautionen der Reichsbankbeamten. Vom 23. Dezember 1875 287

IX. Verordnung wegen Ergänzung und Abänderung der Verordnung vom 23. Dezember 1875, betreffend die Pensionen und Kautionen der Reichsbankbeamten. Vom 31. März 1880 . 290

		Seite
X.	Verordnung wegen Änderung der Verordnung vom 23. Dezember 1875 über die Pensionen und Kautionen der Reichsbankbeamten. Vom 3. Aug. 1905	291
XI.	Verordnung, betreffend die Fürsorge für die Witwen und Waisen der Reichsbankbeamten. Vom 8. Juni 1881	292
XII.	Verordnung wegen Ergänzung der Verordnung vom 23. Dezember 1875, betreffend die Pensionen und Kautionen der Reichsbankbeamten, und der Verordnung, betreffend die Fürsorge für die Witwen und Waisen der Reichsbankbeamten, vom 8. Juni 1881. Vom 20. Juni 1886	293
XIII.	Verordnung, betreffend den Erlaß der Witwen- und Waisengeldbeiträge der Reichsbankbeamten. Vom 18. März 1888	294
XIV.	Verordnung, betreffend die anderweite Bemessung der Witwen- und Waisengelder für die Hinterbliebenen der Reichsbankbeamten. Vom 26. Juli 1897	295
XV.	Verordnung, betreffend die anderweite Anrechnung des Wohnungsgeldzuschusses bei Bemessung der Pension für die Reichsbankbeamten. Vom 24. November 1902	296
XVI.	Verordnung, betreffend die Pensionen und die Fürsorge für die Hinterbliebenen der Reichsbankbeamten. Vom 4. November 1907	296

Seite

XVII. Bekanntmachung des Reichskanzlers, betreffend die Reichshauptkasse. Vom 29. Dezember 1875 297

XVIII. Reichsbankhauptstellen und Reichsbankstellen 298

Bekanntmachung des Reichskanzlers, die Errichtung von Reichsbankanstalten betreffend. Vom 17. Dezember 1875 . 298

XIX. Privatnotenbanken. 300

1. Bekanntmachung des Reichskanzlers, betreffend die Anwendung der §§ 42 und 43 des Bankgesetzes vom 14. März 1875. Vom 29. Dezember 1875 300

2. Bekanntmachung des Stellvertreters des Reichskanzlers, betreffend die Einlösung der Banknoten der Sächsischen Bank. Vom 3. September 1879 302

Anhang.

A. Auszug aus den „Allgemeinen Bestimmungen über den Geschäftsverkehr mit der Reichsbank" . . . .

I. Allgemeine Grundsätze 303

II. Ankauf von Wechseln und Schecks auf das Inland 304

III. Ankauf von Wechseln und Schecks auf das Ausland 307

IV. Abgabe und Beschaffung von Wechseln, Schecks und Auszahlungen auf das Ausland 310

V. Ankauf gekündigter Wertpapiere . . 313

VI. Lombardverkehr 314

Bedingungen des Lombardgeschäfts . 315

VII. Bestimmungen für den Giroverkehr . 322

VIII. Ein- und Auszahlungsverkehr . . . 331

Seite
1. Einzahlungen für auswärtige Girokonten 331
2. Einzahlungen zur Wiederauszahlung im Inland 333
3. Anweisungen 334
4. Kreditbriefe 334
IX. Auftragsgeschäfte 335
a) Einziehungsgeschäft 335
b) bis d) Einholung von Wechselakzepten usw. 337
e) An- und Verkauf von Wertpapieren 339
X. Einlösung von Zins- und Gewinnanteilsscheinen usw. 340
XI. Hypothekenzahlungsverkehr 341
XII. Annahme unverzinslicher Depositengelder. Bardepositen 344
XIII. Offene Depots von Wertpapieren . . 345
A. Verwahrung und Verwaltung offener Depots 346
B. Verwahrung von Mündeldepots . 357
XIV. Verschlossene Depositen 361
XV. Übernahme von Bürgschaften für Zoll- und Holzkredite 366
B. Verzeichnis der Zweiganstalten der Reichsbank 367
XX. Die Ausgabe von Banknoten in den deutschen Schutzgebieten 375
Verordnung, betreffend die Ausgabe von Banknoten in den Schutzgebieten. Vom 30. Oktober 1904. 375
1. Die Deutsch-Ostafrikanische Bank. 121, 376
2. Die Deutsch-Asiatische Bank 380

D. Prämienpapiere.

Gesetz, betreffend die Inhaberpapiere mit Prämien. Vom 8. Juni 1871 382

Seite

E. Reichsschuldenwesen.

I. Reichsschuldenordnung. Vom 19. März 1900 387
Gesetz, betreffend Änderung der Reichsschuldenordnung. Vom 22. Februar 1904 . . . 391, 392, 397
II. Gesetz, betreffend die Kündigung und Umwandlung der vierprozentigen Reichsanleihe. Vom 8. März 1897 408
III. Die Schuldentilgung des Reichs . 415
1. Gesetz wegen Verwendung überschüssiger Reichseinnahmen zur Schuldentilgung. Vom 24. März 1897 415
2. Gesetz, betreffend Änderungen im Finanzwesen des Reichs. Vom 14. Mai 1904 419
3. Gesetz, betreffend die Ordnung des Reichshaushalts und die Tilgung der Reichsschuld (§§ 3 und 4). Vom 3. Juni 1906 421
4. Gesetz, betreffend Änderung im Finanzwesen (Artikel I §§ 1 bis 4). Vom 15. Juni 1909 422
IV. Gesetz, betreffend das Reichsschuldbuch. Vom 31. Mai 1891 426
Verordnung über die Inkraftsetzung des Gesetzes, betreffend das Reichsschuldbuch. Vom 24. Januar 1892 426
Sachregister 455

Abkürzungen.

a. E. = am Ende.
AG. = Ausführungsgesetz.
Anm. = Anmerkung.
Art. = Artikel.
BankG. = Bankgesetz.
BankGNov. = Bankgesetz-Novelle.
Begr. = Begründung.
Bek. = Bekanntmachung.
Ber. = Bericht.
BGB. = Bürgerliches Gesetzbuch.
BGBl. = Bundes-Gesetzblatt.
EG. = Einführungsgesetz.
G. = Gesetz.
GEntw. = Gesetzentwurf.
GVG. = Gerichtsverfassungsgesetz.
HGB. = Handelsgesetzbuch.
JMBl. = Justiz-Ministerial-Blatt.
KolBl. = Deutsches Kolonialblatt.
KolG. = Deutsche Kolonial-Gesetzgebung.
KommB. = Kommissionsbericht.
LegPer. = Legislatur-Periode.
M = Mark.
MünzG. = Münzgesetz.
PrGBl. = Preußische Gesetzsammlung.
RAnz. = Deutscher Reichs-Anzeiger.
RGBl. = Reichs-Gesetzblatt.
RKanzler = Reichskanzler.
ROHG. = Reichsoberhandelsgericht.
RZBl. = Zentralblatt für das Deutsche Reich.
s. = siehe.
StenB. = Stenographische Berichte.
StrGB. = Strafgesetzbuch.
V. = Verordnung.
ZPO. = Zivilprozeßordnung.

Einleitung.

Die Zustände, welche noch vor nicht viel mehr als einem Menschenalter hinsichtlich der Umlaufsmittel — Münzen, Papiergeld, Banknoten — in Deutschland herrschten, boten ein sprechendes Bild unserer politischen Zerrissenheit. Die wiederholt unternommenen Versuche zur einheitlichen Reform des Münzwesens hatten ein befriedigendes Resultat nicht ergeben. Zwar hatte der Wiener Münzvertrag vom 24. Januar 1857, vorbereitet durch die Dresdener Münzkonvention der Zollvereinsstaaten vom 30. Juli 1838, sich für die damals in Deutschland bereits überwiegende reine Silberwährung entschieden und für die kontrahierenden Staaten (des Zollvereins und Österreichs mit Liechtenstein) das Zollpfund zu 500 g als Münzgrundgewicht eingeführt. Aber noch immer schieden sich innerhalb dieses Rahmens drei Münzfüße — der Talerfuß in Norddeutschland (mit verschiedener Einteilung des Talers), der Zweiundfünfzigeinhalbguldenfuß in Süddeutschland und der Fünfundvierzigguldenfuß in Österreich (mit Liechtenstein) — und daneben bestanden in den nicht zum Zollverein gehörigen Staaten die früheren Landesmünzfüße fort. So gab es im Gebiete des Deutschen Reichs bis zum Jahre 1871 einschließlich der mit Elsaß-Lothringen hinzugekommenen französischen Währung sieben Münzsysteme[1]. Nicht besser sah es im Papiergeldwesen aus. Von allen deutschen Staaten hatten nur sechs der kleinsten (Lippe-Detmold, Lauenburg, Lübeck, Bremen, Hamburg, Elsaß-Lothringen) kein Papiergeld ausgegeben. In den Staaten des Norddeutschen Bundes befanden sich im Jahre 1870, abgesehen von dem Papiergelde des Großherzogtums Oldenburg im Betrage von 2000000 Taler, welches der Oldenburgischen Landesbank zur Verstärkung ihrer Betriebsmittel überwiesen war, 40652742 Taler[2], in sämtlichen Staaten des Deutschen Reichs nach den Mitteilungen der Bundesregierungen vom Oktober 1872 61374600 Taler Staatspapiergeld der verschiedensten Sorten[3] im

---

[1] Vgl. die Motive zu dem Entwurf eines Gesetzes, betr. die Ausprägung von Reichsgoldmünzen, im Eingange — Druckſ. des Reichstags Nr. 50 (StenB. I. LegPer. II. Seſſ. 1871 Bd. 2 S. 123 [Anlagen]). Neben diesen Münzsystemen bestand noch die Hamburger Bankvaluta als Rechnungswährung.

[2] Vgl. die Nachweisung in den Drucksachen des Reichstags Nr. 73 (StenB. I. LegPer. Seſſ. 1870 Bd. 3 S. 303 [Anlagen]).

[3] Vgl. die Übersicht in Anl. 1 der Motive zum Entwurf eines Gesetzes, betr. die Ausgabe von Reichskassenscheinen, Drucksachen des Reichstags Nr. 70 (StenB. II. LegPer. I. Seſſ. 1874 Bd. 3 S. 265 [Anlagen]).

Umlauf. Die Klage über die sog. „wilden Scheine", welche außerhalb der Grenzen des eigenen Landes nur schwer und mit Verlust anzubringen waren und deren sich doch niemand erwehren konnte, war allgemein. Hierzu kam noch das vergleichsweise freilich nicht sehr beträchtliche Papiergeld, welches auf Grund besonderer Konzessionen von Eisenbahngesellschaften, Kommunen und anderen Korporationen ausgegeben war[4]. Die Masse der umlaufenden papiernen Wertzeichen wurde aber seit Mitte der fünfziger Jahre in immer steigendem Umfange vermehrt durch die Banknoten. Zwar hatte die im Jahre 1846 in Preußen aus der ehemaligen Königlichen Bank (einer reinen Staatsbank) erwachsene, im Jahre 1856 mit unbeschränktem Notenrecht ausgestattete Preußische Bank[5] sich zufolge ihrer Leistungen in den großen Krisen von 1857, 1866 und 1870 mehr und mehr zu einer Zentralnotenbank für den größten Teil Deutschlands entwickelt, neben welcher die in den alten Provinzen Preußens bestehenden neun Privatnotenbanken mit ihrer je auf 1 Mill. Taler beschränkten Notenausgabebefugnis

---

[4] So die Scheine der Leipzig-Dresdner Eisenbahngesellschaft und der Stadt Hannover (nach Ad. Wagner, Zettelbankpolitik S. 725, in den Jahren 1870/73 etwa 1770000 M).

[5] Vgl. Bankordnung v. 5. Oktober 1846 (PrGSl. S. 435), Vertrag vom 28./31. Januar 1856 und G. v. 7. Mai 1856 (das. S. 342).

kaum in Betracht kamen. Indessen hatten daneben die übrigen deutschen Souveräne von der Befugnis, Notenprivilegien zu erteilen, in sehr reichlichem, oft das durch ihr Staatsgebiet bedingte Maß weit überschreitendem Umfange Gebrauch gemacht. Die Versuche Preußens, sich durch Verbote gegen den Umlauf solcher fremden Noten zu schützen[6], hatten, zumal in Mitteldeutschland, wo die betreffenden Gebiete im Gemenge lagen, bei den vielfachen wechselseitigen Verkehrsbeziehungen keinen durchschlagenden Erfolg gehabt. So hatte sich der Umlauf der (durch Barvorrat) ungedeckten Noten in Deutschland von etwa 15 Mill. M zu Anfang der fünfziger Jahre, abgesehen von Bayern, nach den Monatsbilanzen berechnet, durchschnittlich im Jahre 1867 auf 202296000 M, im Jahre 1870 auf 342543000 M, im Jahre 1873 auf 400284000 M gesteigert[7]. Ende 1870 betrug der ungedeckte Notenumlauf in Deutschland einschließlich Bayerns 448159000 M und Ende 1873 der gesamte Notenumlauf 1352548000 M, wovon 426808000 M ungedeckt[8]. Mehr als 140 Arten

[6] G. v. 14. Mai 1855 (PrGBl. S. 308), v. 25. Mai 1857 (PrGBl. S. 440), V. v. 22. April 1869 (PrGBl. S. 561) — sämtlich auch auf fremdes Papiergeld bezüglich.

[7] Vgl. Soetbeer, Deutsche Bankverfassung (Erlangen 1875) S. 4. Thorwart, „Die Entwickelung des Banknotenumlaufs in Deutschland v. 1851—1880" in Conrad, Jahrb. für Nationalökonomie, Band 41 S. 193 ff.

[8] Vgl. die Übersicht bei Soetbeer S. 2a.

papierner Wertzeichen — Banknoten und Papiergeld in ihren verschiedenen Abschnitten — befanden sich im Jahre 1873 im Deutschen Reiche im Umlauf[9].

Einem solchen Zustande ein Ende zu machen, wurde als eine der ersten Aufgaben des neu geeinigten Deutschland erkannt. Schon die Verfassung des Norddeutschen Bundes vom 26. Juli 1867[10] rechnet in Art. 4 zu den der Beaufsichtigung und Gesetzgebung des Bundes unterliegenden Angelegenheiten:

„3. die Ordnung des Maß-, Münz- und Gewichtssystems, nebst Feststellung der Grundsätze über die Emission von fundiertem und unfundiertem Papiergelde;

4. die allgemeinen Bestimmungen über das Bankwesen" —

Vorschriften, welche sich in der am 1. Januar 1871 in Wirksamkeit getretenen Verfassung des Deutschen Bundes[11] und in der Verfassung des Deutschen Reichs vom 16. April 1871[12] wiederholen.

Man schritt zunächst dazu, einer weiteren willkürlichen Vermehrung der Banknoten und des Papiergeldes vorzubeugen. Das (einstweilen nur

---

[9] Vgl. das. S. 5.
[10] BGBl. S. 1.
[11] BGBl. 1870 S. 627, 650, 654; 1871 S. 9.
[12] BGBl. S. 63.

bis zum 1. Juli 1872 geltende) Gesetz über die Ausgabe von Banknoten vom 27. März 1870[13] machte (im § 1) die Erwerbung der Befugnis zur Ausgabe von Banknoten von einem (auf Antrag der beteiligten Landesregierung zu erlassenden) Bundesgesetze[14] abhängig. Das gleiche Erfordernis wurde für gewisse Erweiterungen der bisherigen Privilegien eingeführt (§§ 2, 3)[15]. Zugleich wurde die Kündigung der letzteren erleichtert (§ 4)[16]. In ähnlicher Weise ließ das Gesetz über die Ausgabe von Papiergeld vom 16. Juni 1870[17] die fernere Ausgabe

---

[13] BGBl. S. 51. Das Gesetz ist im Gebiete des Norddeutschen Bundes am 29. März 1870 in Wirksamkeit getreten (§ 6). Dasselbe ist durch Art. 80 II, 1 der Verfassung des Deutschen Bundes und durch § 2 des G. v. 16. April 1871 (BGBl. S. 63) zum Reichsgesetz erklärt, und zwar ist es in Baden, Südhessen, Württemberg und Bayern nach den betreffenden Vereinbarungen sowie dem G. v. 22. April 1871 (BGBl. S. 87) am 1 Januar 1872 in Kraft getreten. In Elsaß-Lothringen, wo sich die Preußische Bank bereits im Sommer 1871 niederließ (s. G. v. 4. Juli 1871 — GBl. für Elsaß-Lothringen S. 3), ist das Gesetz nicht eingeführt.

[14] Vgl. § 1 Abs. 1 des BankG. v. 14. März 1875 (unten C I).

[15] Vgl. § 1 Abs. 1, §§ 47, 49 Nr. 1 das.

[16] Vgl. § 44 Nr. 7, § 46 Abs. 1 das.

[17] BGBl. S. 507. Das Gesetz ist im Gebiete des Norddeutschen Bundes am 19. August 1870 in Wirksamkeit getreten und demnächst, wie das G. v. 27. März 1870, zum Gesetz des Deutschen Bundes bzw zum Reichsgesetz erklärt, in Baden und Südhessen aber schon am

oder Gestattung der Ausgabe von Papiergeld fortan nur auf Grund eines auf Antrag der beteiligten Landesregierung zu erlassenden Bundesgesetzes zu (§ 1). Lediglich der Ersatz des zurzeit umlaufenden Papiergeldes (nach stattgefundener Einziehung) durch neue Wertzeichen gleichen oder höheren Nennwerts wurde gestattet (§ 2).

Nachdem diese Sicherheitsmaßregeln getroffen waren, wandte sich das Reich in positiver Weise der Münzreform zu. Schon mittels Vertrages vom 13. Juni 1867[18] war der Münzvertrag mit Österreich und Liechtenstein mit Ablauf des Jahres 1867 außer Wirksamkeit gesetzt. Im Juni 1870 hatte der Bundesrat beschlossen, durch einen Ausschuß eine „Enquete über die bei der Ordnung des Münzwesens in Betracht kommenden Verhältnisse" zu veranstalten. Zugleich wurde eine Zusammenstellung von Erwägungen und Fragen, welche zum

---

1. Januar 1871 (in Württemberg und Bayern am 1. Januar 1872) in Kraft getreten. Eine zeitliche Schranke der Wirksamkeit des Gesetzes wurde (abweichend von dem Banknotengesetze v. 27. März 1870) nicht aufgenommen. Die Beschränkung sollte gelten „bis zur gesetzlichen Feststellung der Grundsätze über die Emission von Papiergeld" (Art. 4 Nr. 3 der Bundesverfassung).

[18] PrGBl. 1867 S. 1801. Wegen Einlösung der österreichischen Vereinstaler übernahmen die Regierungen nur eine bedingte Verpflichtung. Vgl. unten S. 12 ff.

Teil die leitenden Gesichtspunkte der späteren Münzreform erkennen lassen, den Regierungen mitgeteilt und veröffentlicht[19]. Der im Juli 1870 ausbrechende Krieg brachte eine Verzögerung dieser Tätigkeit mit sich. Im Oktober 1871 wurde indessen vom Reichskanzler dem Bundesrat ein „Gesetzentwurf, betreffend die Ausprägung von Reichsgoldmünzen" nebst Motiven vorgelegt, welcher nach einigen Änderungen am 5. November 1871 an den Reichstag gelangte[20]. Das hieraus hervorgegangene Gesetz, betreffend die Ausprägung von Reichsgoldmünzen, wurde unterm 4. Dezember 1871 publiziert[21]. Dasselbe enthält bereits den entscheidenden Schritt zur Goldwährung, indem es die Ausprägung von Reichsgoldmünzen zu zehn und zwanzig Mark, sowie die Einziehung der bisherigen Goldmünzen anordnet, den Reichskanzler zur Einziehung der bis-

[19] Vgl. Soetbeer, Deutsche Münzverfassung (Erlangen 1874) S. 9.

[20] Die erste Beratung fand in der 19. und 20. Sitzung des Reichstags, am 11. und 13. November 1871, die zweite in der 23. und 24. Sitzung, am 17. und 18. November, die dritte (Schluß-)Beratung am 21. und 23. November in der 26. und 28. Sitzung statt. (StenB. I. LegPer. II. Sess. 1871 Bd. 1 S. 226ff., 251ff., 317ff., 341ff., 418ff., 453ff.)

[21] RGBl. S. 404. Das Gesetz ist durch G. v. 15. Nov. 1874 (RGBl. S. 131) auch in Elsaß-Lothringen eingeführt. Vgl. unten A I Anm. 2 S. 52. Wegen Helgoland s. ebenda.

herigen groben Silbermünzen der Bundesstaaten ermächtigt, die fernere Ausprägung von anderen Goldmünzen sowie aller groben Silbermünzen untersagt und den neuen Reichsgoldmünzen, nach dem Wertverhältnis wie $15^1/_2$ zu 1 von Gold zum Silber, die Eigenschaft gesetzlicher Zahlmittel beilegt. Die Ausprägung der Goldmünzen auf den Münzstätten der Bundesstaaten nach Bestimmung des Bundesrats bzw. des Reichskanzlers übernimmt nach dem Gesetze das Reich selbst[22]. Am 21. Februar 1873 ging dem Bundesrate, unterm 18. März 1873 dem Reichstage (unter verändertem Titel) der Entwurf des Münzgesetzes nebst Motiven zu, welcher hier mit zahlreichen Änderungen zur Annahme[23] gelangte und demnächst als

---

[22] Vgl. Soetbeer, a. a. O. S. 1ff., Helfferich, Reform des d. Geldwesens (Leipzig 1898) I S. 156ff. Hinsichtlich der Eichung und Stempelung von Goldmünzgewichten s. Münzges. v. 1. Juni 1909 § 13 (unten A I S. 74). Die äußersten Grenzen der im öffentlichen Verkehr noch zu duldenden Abweichungen bestimmt die Bek. des Reichskanzlers v. 27. Juli 1885 § 1 V C (RGBl. S. 263).

[23] 1. Beratung in der 10. und 11. Sitzung v. 28. und 29. März; 2. Beratung in der 17., 20. und 21. Sitzung v. 22., 25. u. 26. April; 3. Beratung in der 28., 29. und 59. Sitzung v. 6. Mai, 8. Mai u. 23. Juni 1873. (StenB. I. LegPer. IV. Session 1873 Bd. 1 S. 117ff., 316ff., 343ff., 521ff., 557ff., Bd. 2 S. 1352ff.)

„Münzgesetz vom 9. Juli 1873" publiziert ist[24]. Der Zweck desselben war nach den Motiven[25] „im Anschlusse an das Gesetz vom 4. Dezember 1871 die Ausprägung der nicht in Gold herzustellenden Münzen des Marksystems anzuordnen und die gesamte künftige Münzverfassung Deutschlands auf der Grundlage der Reichsgoldwährung und Markrechnung definitiv zu regeln, auch den Übergang so zu ordnen, daß das neue Münzsystem so bald als irgend möglich ins Leben treten könne". Im Reichstag kam indessen noch ein Artikel (2) hinzu, wonach außer den Doppelkronen und Kronen auch ein goldenes Fünfmarkstück auszuprägen war, das sich aber nicht bewährt hat und laut Ges. v. 1. Juni 1900 (RGBl. S. 250) wieder außer Kurs gesetzt ist. Im übrigen ordnet das Gesetz die Ausprägung von Reichs-Scheidemünzen an (nämlich Silbermünzen zu 5, 2, 1 M, 50 und 20 Pf., Nickelmünzen zu 10 und 5 Pf., zu welchen nach dem Gesetze vom 1. April 1886[26] noch eine Nickelmünze zu 20 Pf., nach dem Gesetze vom 19. Mai 1908 eine Silbermünze zu 3 M sowie eine Nickelmünze zu 25 Pf. trat[27], und Kupfer-

---

[24] RGBl. S. 233. Das Gesetz ist auch in Elsaß-Lothringen eingeführt. Wegen Helgoland s. A I Anm. 2 S. 52.

[25] Aktenstück Nr. 15 in den StenB. des Reichstags Bd. 3 S. 70 ff. (Anlagen).

[26] RGBl. S. 67 (unten A I Anm. 4 S. 52).

[27] RGBl. S. 212 (unten A I Anm. 4 S. 53).

münzen zu 2 und 1 Pf.), deren Charakter als solcher sich in der beschränkten Annahmepflicht im Privatverkehr sowie in der geordneten Umtauschverpflichtung des Reichs ausdrückt. Die Münzen zu 20 Pf. sind außer Kurs gesetzt durch Ges. v. 1. Juni 1900 (s. oben). Als gesetzliches Zahlungsmittel wurde außer den Reichsgoldmünzen einstweilen nur noch eine Reihe von Landesmünzen deutschen Gepräges zugelassen, welche jetzt sämtlich kraft der in dem Gesetze wiederholten Vollmacht auf Rechnung des Reichs eingezogen sind, während das Verbot der Ausprägung von anderen als Reichsmünzen verallgemeinert ist. Hinsichtlich der Herstellung der Münzen ist zwar das in dem Gesetze vom 4. Dezember 1871 angenommene System festgehalten. Aber es ist außerdem die Ausprägung von Goldmünzen (Doppelkronen) auf Privatrechnung (gegen Entrichtung einer mäßigen Prägegebühr) zugelassen, welche inzwischen in den Händen der Reichsbank eine große Ausdehnung gewonnen hat. Für die dauernde Aufrechterhaltung der Vollwertigkeit ist durch die Vorschrift gesorgt, daß Goldmünzen, welche infolge längerer Zirkulation und Abnutzung das gesetzlich festgesetzte Passiergewicht eingebüßt haben, und Reichs-Scheidemünzen, welche in gleicher Veranlassung erheblich an Gewicht oder Erkennbarkeit eingebüßt haben, für Rechnung des Reichs eingezogen werden sollen. Ausländische Münzen können durch den Bundesrat nicht nur außer Kurs gesetzt, sondern es kann auch, wie in mehreren Fällen, namentlich (z. B. 1888) auch hinsichtlich der fremden Scheidemünzen (mit gewissen Ausnahmen) geschehen, ihr Umlauf ganz verboten werden.

Eine Ergänzung des Münzgesetzes ist noch vor Eintritt der Reichswährung durch das Gesetz vom 20. April 1874, betreffend die Abänderung des Art. 15 des Münzgesetzes vom 9. Juli 1873, erfolgt[28]. Durch dasselbe ist die Bestimmung des Münzgesetzes, wonach die nicht speziell in Art. 15 aufgeführten Münzen mit dem Eintritt der Reichswährung die Eigenschaft eines gesetzlichen Zahlungsmittels verlieren, hinsichtlich der fast ausschließlich in Deutschland befindlichen, bis zum Ablauf des Jahres 1867 (im Betrage von 31 115 849 Talern = 93 347 547 M) geprägten österreichischen Vereinstaler außer Anwendung gesetzt und diesen einstweilen ihre bisherige Stellung in unserem Geldsystem gewährt. Ihre Außerkurssetzung konnte danach nur im Wege der Gesetzgebung herbeigeführt werden. Der Bundesrat ist jedoch durch Gesetz vom 28. Februar 1892 (RGBl. S. 315) ermächtigt

---

[28] RGBl. S. 35. Vgl. oben Anm. 18. Die Entscheidung, wie die fraglichen Münzen schließlich aus dem deutschen Verkehr entfernt werden sollen, blieb damals noch offen. Vgl. StenB. des Reichstags S. 757 ff., Soetbeer, a. a. O. S. 174 ff. Helfferich, Die Folgen des deutsch-österreichischen Münzvereins von 1857, Straßburg 1894 S. 53 ff.

worden, die Außerkurssetzung der österreichischen Taler in Deutschland anzuordnen und die hierfür erforderlichen Vorschriften festzustellen[29]. Dieselbe ist erfolgt laut Bekanntmachung des Reichskanzlers vom 8. November 1900 mit Einlösungsfrist bis zum 31. März 1901[30]. [Für Österreich-Ungarn ist die Außerkurssetzung der österreichischen Vereinstaler und Doppeltaler durch die Verordnungen der Finanzminister vom 12. und 19. April 1893 erfolgt.]

In den Jahren 1892, 1893 und 1894 wurden in drei Raten von je M 8 666 667 zusammen M 26 000 001 österreichische Vereinstaler und Doppeltaler auf Grund eines mit dem Deutschen Reiche getroffenen Abkommens vom 20. Februar 1892 von Österreich gegen Erstattung des Werts in österreichischen Noten, der Taler zu $1^1/_2$ Fl. ö. W. gerechnet, zur Einschmelzung übernommen.

Einen weiteren Schritt hat das Gesetz vom 6. Januar 1876, betreffend die Abänderung des Artikels 15 des Münzgesetzes vom 9. Juli 1873[31], getan, wonach der Bundesrat befugt ist, zu bestimmen, daß die Eintalerstücke deutschen Gepräges, sowie die oben erwähnten österreichischen Vereinstaler bis zu ihrer Außerkurssetzung nur noch an Stelle der Reichssilbermünzen unter Berechnung

[29] Vgl. unten A I Anm. 31 S. 76 ff.

[30] RGBl. S. 1013. (Unten A I a. a. O.)

[31] RGBl. S. 3. StenB. II. LegPer. III. Session 1875/76 Bd. 1, S. 665 ff., 736 ff. (28. und 30. Sitzung vom 15. und 17. Dez. 1875).

des Talers zu 3 M in Zahlung anzunehmen sind. Es konnte also statt der Außerkurssetzung der Mittelweg einer ausdrücklichen Herabsetzung der Taler zu Scheidemünzen eingeschlagen werden. Indessen ist die Münzreform bei Erteilung dieser Vollmacht stehen geblieben. Ein Gebrauch davon ist nicht gemacht worden. Auch ist seit Mai 1879 der Verkauf von Silbermünzen (der Rest der Silberbarren ist später noch abgestoßen worden) für Rechnung des Reichs wegen der fortwährend steigenden Entwertung des Silbers auf dem Weltmarkte eingestellt. Unsere Währung blieb daher einstweilen noch eine hinkende („Etalon boiteux"). Sie ist erst vollendet durch die inzwischen erfolgte vollständige Einziehung der Taler.

Wie sehr sich auch das Münzgesetz im großen und ganzen bewährt hat, so hatten die damit gesammelten Erfahrungen doch einige Mängel ergeben. Die Beseitigung dieser Mängel war das Ziel des Gesetzes, betreffend Änderungen im Münzwesen, vom 1. Juni 1900[32]. Dasselbe vereinigt aus Zweckmäßigkeitsrücksichten mehrere Abänderungen der geltenden Münzgesetze ohne inneren

[32] RGBl. S. 250. GesEntw. Nr. 403 d. Drucks. d. Reichstags, X. LegPer. I. Sess. 1898/1900. 1. Beratung in der 115. Sitzung v. 4. Dez. 1899; 2. Beratung in der 165. Sitzung v. 12. März 1900; 3. Beratung in der 201. Sitzung v. 20. Mai 1900. (StenB. S. 3201 ff., 4608 ff., 8733 ff. Ber. d. XVIII. Komm. Nr. 565 d. Drucksachen.) Vgl. unten A I Anm. 4 S. 52 ff., Anm. 12 S. 59 ff., Anm. 19 S. 69 ff., Anm. 28—30 S. 74 ff.

Zusammenhang. So die Beseitigung des goldenen Fünfmarkstücks, des Zwanzigpfennigstücks aus Silber und des Zwanzigpfennigstücks aus Nickel — Münzen, welche sich im Verkehr nicht einzubürgern vermocht haben —, ferner die Erhöhung des Höchstbetrags der Reichssilbermünzen von 10 auf 15 Mark für den Kopf der Bevölkerung, die Wiederzulassung der Ausprägung silberner Denkmünzen und die Abschaffung des besonderen Münzgewichts. Bei weitem die wichtigste dieser Maßregeln ist die Erhöhung der Kopfquote der Silbermünzen. Die Erfahrung hatte gezeigt, daß die vorhandenen Reichssilbermünzen den Bedarf des Verkehrs bei weitem nicht zu decken vermochten, daß letzterer vielmehr, obschon widerwillig, fortschreitend zur Aufnahme von Talern genötigt gewesen ist. Die Taler aber mit ihrer gesetzlichen Zahlkraft, trotz der auch für sie in wenig geringerem Grade als bei den Reichssilbermünzen infolge Sinkens des Silberpreises eingetretenen Wertsverminderung[33], und in ihrem Mißverhältnis zum geltenden Dezimalsystem bildeten immerhin eine Anomalie in unserm Münzsystem, welche nach den bisherigen Münzgesetzen nur langsam verschwinden konnte. Indem nun das neue Gesetz Art. IV Abs. 3 vorschreibt, daß zu den durch die Erhöhung der Kopfquote vermehrten Neuprägungen nur Landes-

[33] Es handelte sich bei 3 M bzw. einem Taler und einem Silberpreis von 80 M per kg um einen Unterschied von etwas über 13 Pf. zwischen beiden Arten von Münzen.

silbermünzen (d. h. eben nur noch Taler) verwendet werden dürfen, beschleunigte es die Einziehung der Taler dergestalt, daß sie in wenigen Jahren verschwunden sind.

Erst hiermit kann die Münzreform als vollendet gelten[34]. Zweifellos hat Deutschland im Auslande an Kredit gewonnen, wenn nicht nur der größere Teil, sondern — bis auf den notwendigen Betrag an Scheidemünzen — der ganze Metallvorrat der Reichsbank wie derjenige der Bank von England in Gold besteht und wenn nicht nur, wie bisher durch den kulanten Geschäftsgebrauch, sondern durch das Gesetz die Möglichkeit ausgeschlossen wird, daß in Deutschland die Einlösung der Noten und die Erfüllung von Verbindlichkeiten überhaupt in Silber, d. h. in Talern, wie es früher gestattet war, erfolgt. Ebendeshalb aber stieß der Gesetzentwurf im Reichstage auf hartnäckige Opposition, und es ist dieser gelungen, den Gesetzentwurf wenigstens in einem Punkte nicht unerheblich abzuändern. Der Entwurf wollte — nach der auch in der Reichstagskommission noch gebilligten Gestalt des Art. IV Abs. 3 — so viel Taler einziehen und veräußern, als die entstehenden Verluste in dem aus den Neuprägungen sich ergebenden Münzgewinn Deckung

[34] Vgl. Helfferich, Der Abschluß der d. Münzreform, Berlin 1899. Indessen sollte nach einem Beschlusse des Reichstags in dritter Beratung damit eine Stellung zur Währungsfrage nicht eingenommen werden (s. StenB. S. 5743 ff.).

finden. Damit sollte nicht bloß, wie das Münzgesetz von 1873 es wollte, durch Einziehung von einer dem Werte nach gleichen Menge der umlaufenden Taler einer Verschlechterung des Gesamtgeldumlaufs (Steigerung der Münzschuld) vorgebeugt, sondern es sollte auch die Gelegenheit benutzt werden, in Höhe des bei der Umprägung von Talern in (um 10 Proz. minderwertige) Reichssilbermünzen entstehenden Gewinns — also ohne Schaden für die Reichskasse — Gold anzukaufen und so, wenngleich in geringem Maße, die Golddeckung der Banknoten zu stärken[35]. Nach dem vom Reichstage angenommenen Antrag (Herold) mußte beides unterbleiben, obwohl jede Neuprägung nach der endgültigen Gestalt des Abs. 3 den Nennwert des Silberumlaufs um $11^1/_9$ Proz. des umgeprägten Talerbestandes abzüglich der Kosten der Neuprägung vermehrte.

Eine den Bedarf übersteigende Vermehrung des Silberumlaufs war gleichwohl nicht zu befürchten, da sich auch die erhöhte Kopfquote von 15 M als unzureichend erwies und die Durchführung der Talerumprägung sich bis in das Jahr 1909 hinein erstreckte.

Eine von der Regierung beabsichtigte Änderung des Mischungsverhältnisses der Fünfzigpfennigstücke[36] und damit praktischere Gestaltung dieser

---

[35] Vgl. Anl. A zum KommB. (s. oben Anm. 32).

[36] GesEntw. s. Nr. 280 d. Drucks. d. Reichstags

Münze scheiterte an dem Versuche der Mehrheit des Reichstags, durch Aufnahme eines entsprechenden Zusatzes zur Neuprägung von Dreimarkstücken (als Scheidemünze) an Stelle des angeblich allgemein beliebten Talers zu nötigen. Trotz mancher Bedenken und obwohl eine vom Reichsschatzamt veranlaßte Umfrage in Verkehrskreisen eine starke Mehrheit gegen die Ausprägung von Dreimarkstücken ergeben hatte, sind diese durch einen Abänderungsantrag aus dem Reichstage in das Münzgesetz vom 19. Mai 1908 (RGBl. S. 212)[37] eingeführt, nach dem die verbündeten Regierungen mittels dessen Einbringung die von jenem gebilligte Ausprägung von Fünfundzwanzigpfennigstücken aus Nickel und die Erhöhung der Silberkopfquote auf 20 M vorgeschlagen hatten.

Seit Mitte Januar 1905 sind Fünfzigpfennigstücke mit der Bezeichnung als 1/2 Mark und schärferem Rand ausgegeben.

Die **Ausprägung von Goldmünzen** hat in den letzten Jahren große Fortschritte gemacht.

XI. LegPer. I. Session 1903/04. KommB. Nr. 425 das. 1. Ber. v. 12. April, 2. Ber. v. 7. Juni, 3. Ber. v. 14. Juni 1904. Resol. (Blell) 14. Juni, 15. Juni 1904 (StenB. S. 2004 ff., 2991 ff., 3116 ff., 3146).

[37] GesEntw. s. Nr. 797 d. Drucks. d. Reichstags XII. LegPer. I. Sess. 1907/08. KommB. Nr. 860 das. 1. Ber. v. 31. März, 2. Ber. v. 1. Mai, 3. Ber. v. 7. Mai 1908 (StenB. S. 4496 ff., 4962 ff., 5217 ff.).

Nach den neuesten, dem Reichstage zufolge § 11 des Gesetzes vom 4. Dezember 1871 zugefertigten „Übersichten aus dem deutschen Münzwesen“[38] waren den Münzstätten bis Ende März 1908 zur Ausprägung von Reichsgoldmünzen 475312,4 kg Feingold — in deutschen Landesgoldmünzen, Gold in Barren und fremden Goldmünzen — auf Reichsrechnung, einschließlich 2216,8 kg aus ℳ 6226015 in nicht mehr umlaufsfähigen Reichsgoldmünzen, zugegangen. Daneben hat die Reichsbank von ihrer Errichtung ab bis zum 31. Dezember 1908 in ausländischen Münzen und Barren, teils vom Reich, hauptsächlich aber von Privaten erworben ℳ 3750041416, von denen sie für eigene (private) Rechnung ℳ 3105012626 in Reichsgoldmünzen ausprägen ließ.

Ausgeprägt sind nach der im RAnz. v 8. Juni 1909 veröffentlichten Übersicht bis Ende Mai 1909

in Doppelkronen . . .	ℳ 3819691020
in Kronen	„ 737152200
zusammen:	ℳ 4556843220[39]

Davon sind wieder eingezogen:

[38] Anlage X zur „Übersicht der Reichs-Ausgaben und -Einnahmen für das Rechnungsjahr 1907“.

[39] Außerdem sind an halben Kronen bis Mitte März 1878 ℳ 27969925 geprägt, von denen ℳ 24249855 wieder eingezogen, der Rest von ℳ 3720070 außer Kurs gesetzt worden ist.

an Doppelkronen . . .	Mark	33228300
an halben Kronen . . .	„	48072360
zusammen:	Mark	81300660

Bleiben an Doppelkronen M 3786462720, an Kronen M 689079840, zusammen M 4475542560.

Daß die Kronenausprägung (wie die Ausprägung kleiner Goldmünzen in fast allen Ländern mit ähnlichem Münzsystem) eine weit geringere ist, hat seine Ursache nicht bloß in den größeren Kosten und der gesteigerten Abnutzung, sondern trägt auch dem Umstande Rechnung, daß die Kronen allzu bereitwillig vom Verkehr festgehalten werden und die Banknotendeckung bei der Reichsbank vermindern. Indessen ist nach dem Antrage der Kommission eine Resolution im Reichstage von 1900 angenommen, wonach der Reichskanzler ersucht wird, bei Neuausprägung von Goldmünzen auf eine vermehrte Ausprägung von Kronen hinzuwirken[40]. Diese ist denn auch erfolgt. Der Begehr nach Kronen hat sich durch die inzwischen erfolgte Ausgabe von Reichskassenscheinen zu 10 M vermindert[41].

Zur Ausprägung von Reichssilbermünzen waren den Münzstätten bis Ende März 1908 an Landessilbermünzen und an Barren aus solchen Münzen 4639854,7 kg Feinsilber überwiesen und außerdem 350484,01 kg, welche sich bei der Ein-

[40] Ber. d. XVIII. Komm. d. Reichstags, X. LegPer. I. Sess. 1898/00 S. 15.

[41] Vgl. unten S. 24 und B I Anm. 3 S. 125.

schmelzung von 30231184,6 M Zwanzigpfennigstücken, von 41876892,5 M Fünfzigpfennigstücken alten Gepräges und von 113830,7 M anderer nicht mehr umlaufsfähiger Reichssilbermünzen behufs Umprägung ergeben haben.

Ausgeprägt sind bis Ende Mai 1909 und bleiben nach Wiedereinziehung oder Außerkurssetzung von M 100816163 der verschiedenen Sorten im Umlauf

in Fünfmarkstücken . . .	M	253067330
„ Dreimarkstücken . . .	„	32159139
„ Zweimarkstücken . . .	„	300840502
„ Einmarkstücken	„	281875685
„ Fünfzigpfennigstücken .	„	92168325
zusammen:	M	960110981

Von den Nickelmünzen sind bis Ende Mai 1909 ausgeprägt und nach Einziehung oder Außerkurssetzung von M 5997662 im Umlauf

Zehnpfennigstücke	M	59356599
Fünfpfennigstücke	„	29765353
zusammen:	M	89121952

An Kupfermünzen sind

geprägt	M	20506465
wieder eingezogen	„	19446
bleiben	M	20487019.

Der Bestand des Reichs an Silberbarren, welcher Ende 1883 noch 188936,764 Pfund fein betrug, ist verkauft bzw. verwendet. Nach Durchführung der Talerumprägung und Erschöpfung des hieraus hervorgehenden Prägematerials ist das Reich selbst

Käufer von Silberbarren geworden, deren es für seine Neuprägungen gemäß § 8 des Münzgesetzes von 1909 bedarf.

Durch das Münzgesetz vom 1. Juni 1909 (RGBl. S. 507) sind auf Wunsch des Reichstags die bisher das Münzwesen regelnden Gesetze unter Ausscheidung des veralteten zusammengefaßt und übersichtlich geordnet[42].

In den deutschen Schutzgebieten ist die Reichsmarkrechnung mit gewissen Modifikationen durch verschiedene Verordnungen der Gouverneure vom Jahre 1886 ab eingeführt und im Jahre 1905 einheitlich geregelt worden, ausgenommen in Deutsch-Ostafrika und Kiautschou. In Deutsch-Ostafrika besteht Rupienwährung auf Goldbasis. In Kiautschou ist das von alters her bestehende chinesische Geldwesen unverändert geblieben[43].

Das (jetzt aufgehobene) Münzgesetz v. 9. Juli 1873 hatte in seiner Schlußbestimmung (Art. 18) zugleich die Reform des Banknoten- und Papiergeldwesens weiter vorbereitet. Hinsichtlich des Staatspapiergeldes war vorgeschrieben, daß dasselbe spätestens bis zum 1. Januar 1876 eingezogen und spätestens sechs Monate vor diesem Termine öffentlich aufgerufen werden sollte. Dagegen war die Richtung, welche alles Staatspapiergeld durch Banknoten, die allerdings manche Vorzüge haben[44], ersetzen wollte,

[42] Vgl. unten A I Anm. 1 S. 51.
[43] Vgl. unten A VI S. 109ff.
[44] Vgl. Nasse in Preuß. Jahrb. Bd. 63 S. 512ff.

nicht durchgedrungen. Das Gesetz kündigte vielmehr die Ausgabe von **Reichspapiergeld** nach Maßgabe eines besonderen Gesetzes an, welches auch über die den einzelnen Bundesstaaten zum Zweck der Einziehung ihres Papiergeldes zu gewährenden Erleichterungen die näheren Bestimmungen treffen sollte.

Die hierin enthaltene Zusage zu verwirklichen, war das **Gesetz vom 30. April 1874, betreffend die Ausgabe von Reichskassenscheinen**[45], bestimmt. Danach ist die Vorschrift wiederholt, daß kein Bundesstaat anders als auf Grund eines Reichsgesetzes Papiergeld ausgeben oder dessen Ausgabe gestatten darf (§ 8). An Stelle des bisherigen Staatspapiergeldes ist das **Reichspapiergeld** (Reichskassenscheine), zu dessen Annahme im Privatverkehr niemand gezwungen ist, zu vorsichtig limitiertem Betrage ausgegeben, welches bis auf den unter die Bundesstaaten nach der Bevölkerungsziffer (demselben Maßstabe, nach welchem sie zu den Lasten des Reiches beitragen) verteilten Normalbetrag von 120 Mill. ℳ (übereinstimmend mit dem Betrage des Reichskriegsschatzes)[46] aus den von den Staaten

[45] RGBl. S. 40 (unten B I S. 124). 1. Beratung im Reichstage v. 26. März, 2. Ber. v. 28. März und 18. April, 3. Ber. v. 22. April 1874. (StenB. II. LegPer. I. Session 1874 Bd. 1 S. 597 ff.; Bd. 2 S. 923 ff., 1026 ff.)

[46] G. v. 11. Nov. 1871 (RGBl. S. 409), V. v. 22. Jan. 1874 (RGBl. S. 9).

behufs Einziehung ihres überschießenden Papiergeldes empfangenen, spätestens bis zum 31. Dezember 1890 zurückzuerstattenden Vorschüssen wieder einzuziehen war. Die Ausgabe erfolgte ursprünglich in Abschnitten zu 5, 20 und 50 M. Das Gesetz vom 5. Juni 1906 brachte dazu den Abschnitt zu 10 M, beseitigte aber die Scheine zu 20 und 50 M, um für die damals eingeführten kleinen Reichsbanknoten Platz zu schaffen. Und zwar ist die Ausgabe der Abschnitte zu 5 M jetzt auf 30 Mill., derjenigen zu 10 M auf 90 Mill. M bemessen[47].

Nach der letzten über die Ausführung des Gesetzes veröffentlichten Übersicht[48], welche bis Ende März 1892 reicht, sind von dem Landespapiergeld im Gesamtbetrage von 184298529 M eingezogen und vernichtet: 183148967 M. Von den zum Maximalbetrage von 54889941,72 M nach § 3 des Gesetzes zu gewährenden Vorschüssen sind auf die Reichshauptkasse angewiesen worden: M 54123567,14, die bis zum 31. Dezember 1890, dem gesetzlich bestimmten Termin, zurückgezahlt waren. Infolge dieser Rückzahlungen sind an Reichskassenscheinen eingezogen und vernichtet 54123565 M. — Inzwischen sind übrigens in den Jahren 1882 und 1883 neue Scheine ausgegeben und die Scheine alter Ausgabe bis auf einen geringen Rest eingezogen, bezüglich dessen das Gesetz vom 21. Juli

[47] Vgl. unten B I Anm. 3, 6 S. 125, 126 C I Anm. 5 S. 139.

[48] Bericht der Reichsschulden-Komm. v. 16. Mai 1893, IX. LegPer. I. Sess. 1893, Drucksache Nr. 16.

1884[49] bestimmt, daß diese Scheine vom 1. Juli 1885 ab nur noch bei der Königlich Preußischen Kontrolle der Staatspapiere eingelöst werden. Die Abschnitte zu 50 M der neuen Emission sind seit 1899 durch einen anderen Typus ersetzt.

Das zur Herstellung von Reichskassenscheinen (tatsächlich auch von Reichsbanknoten) verwendete sog. Wilcoxpapier ist in dem Gesetze vom 26. Mai 1885[50] durch Strafbestimmungen gegen unbefugte Nachahmungen geschützt.

Den Schluß der großen Reform machte die Regelung des Banknotenwesens. Die Wirksamkeit des oben erwähnten Gesetzes vom 27. März 1870 war durch das Gesetz vom 16. Juni 1872 bis zum 30. Juni 1873, ferner durch Gesetz vom 30. Juni 1873 bis zum 31. Dezember 1874, endlich durch Gesetz vom 21. Dezember 1874[51] Art. I bis zum 31. Dezember 1875 verlängert worden. Das letztgedachte Gesetz enthielt aber noch weitere Vorschriften. Schon vorher hatte nämlich der bereits angeführte Art. 18 des Münzgesetzes vom 9. Juli 1873 verordnet, daß bis zum 1. Januar 1876 sämtliche nicht auf Reichswährung lautenden Noten der Banken einzuziehen seien und daß von da ab nur solche Banknoten in Umlauf bleiben oder ausgegeben werden dürfen, welche auf

---

[49] RGBl. S. 172. Unten B II S. 132.

[50] RGBl. S. 165. Unten B III S. 133.

[51] RGBl. S. 169; bzw. RGBl. S. 159; bzw. RGBl. S. 193.

Reichswährung in Beträgen von nicht weniger als 100 M lauten; er hatte diese Bestimmung auch auf die von Korporationen ausgegebenen Scheine ausgedehnt. Zur Ausführung und in teilweiser Verbesserung dieser Vorschriften wurde nun in dem Gesetze vom 21. Dezember 1874 eine staffelweise Einziehung der kleinen Notenabschnitte in der Weise angeordnet, daß schon vom 1. Juli 1875 ab Banknoten von 50 M und darunter nicht mehr ausgegeben werden sollten. Auch wurden die Banken verpflichtet, dem Reichskanzler bis spätestens den 30. Juni 1875 nachzuweisen, daß sie alle zur rechtzeitigen Einziehung ihrer nicht jener Vorschrift des Art. 18 entsprechenden Banknoten erforderlichen Schritte getan hätten; überdies haben sie monatlich Nachweisungen über die umlaufenden, die in den Bankkassen befindlichen und die nach erfolgter Einlösung vernichteten Noten zur Veröffentlichung einzureichen[52]. Hiermit war die Vorbereitung des Bankgesetzes abgeschlossen. Bereits im Juli 1874 war indessen der im Reichskanzleramte ausgearbeitete Entwurf eines solchen in die Öffentlichkeit gelangt,

[52] Diese letztere Vorschrift besteht noch jetzt. Vgl. unten C I S. 146. Daß der völlige Ausschluß kleinerer Noten unbeschadet des metallischen Charakters unserer Währung wohl einer Modifikation auch im Interesse des Goldvorrats der Reichsbank fähig war, zeigt das Ges. betr. die Ausgabe von Reichsbanknoten zu 50 und 20 M v. 20. Februar 1906 (RGBl. S. 318). Vgl. a. a. O. S. 139.

welcher, von der Errichtung einer Reichsbank (Zentralnotenbank) absehend, lediglich durch Unterwerfung der bestehenden Notenbanken unter ein verwickeltes System von Normalstatuten allmählich eine rationelle Gestaltung des Notenbankwesens anbahnen wollte und namentlich auch eine Notensteuer von 1 Proz. jährlich für alle ungedeckten Noten, außerdem eine Abgabe von 4 Proz. für alle über einen fest bestimmten Betrag ausgegebenen ungedeckten Noten vorsah. Obgleich dieser Entwurf in der Literatur und in anderen öffentlichen Kundgebungen sogleich lebhaften Widerspruch fand, wurde derselbe doch in im wesentlichen unveränderter Gestalt am 5. November 1874 nebst Motiven dem Reichstage vorgelegt. Aber schon bei der ersten Beratung in der 11. bis 13. Sitzung vom 16. bis 18. November[53] gab sich das allgemeine Verlangen nach einer Reichsbank (mit vielseitigen Obliegenheiten im öffentlichen Interesse) nachdrücklich kund. Die Kommission, welcher der Entwurf überwiesen wurde, vertagte sich daher sofort nach ihrer Konstituierung mit dem Beschlusse, daß sie die Diskussion des Bankgesetzes nicht für wünschenswert erachte, ehe ein Beschluß über die Einführung einer Reichsbank und deren Modalitäten gefaßt sei, und nahm ihre Beratungen erst nach Eingang einer entgegenkommenden, von

[53] Aktenstück Nr. 27 — StenB. a. a. O. Bd. 3 S. 648 und StenB. II. LegPer. II. Session 1874 Bd. 1 S. 149ff., 175ff., 203ff.

einem entsprechenden Programm begleiteten Rückäußerung der verbündeten Regierungen wieder auf, indem ein Mitglied aus formellen Gründen jenes die Einführung der Reichsbank enthaltende Programm als revidierten Bankgesetzentwurf zum Gegenstand eigener Anträge machte. Das Resultat war die Annahme mit einigen Änderungen. Nach Erstattung eines eingehenden Berichts seitens der Kommission[54] beriet das Plenum in der 52. bis 55. Sitzung vom 25. bis 28. Januar 1875 in der zweiten Lesung[55] und nahm am 30. dess. Mts. in der 57. (Schluß)-Sitzung der Session den nur in einzelnen Punkten modifizierten Entwurf mit erheblicher Mehrheit an[56], welcher darauf als „Bankgesetz vom 14. März 1875" publiziert wurde[57].

Dasselbe beruht auf einer Vermittelung des Zentralbanksystems mit der in den bestehenden Verhältnissen wurzelnden Bankenvielheit. Es sollte zu-

---

[54] Aktenstück Nr. 195, StenB. a. a. O. Bd. 4, S. 1147 ff. (Anl).

[55] StenB. a. a. O. Bd. 2, S. 1265 ff., 1291 ff., 1329 ff., 1364 ff.

[56] StenB. a. a. O. S. 1435 ff.

[57] RGBl. S. 177. — Unten C I. — Näheres über die Geschichte des Bankgesetzes s. bei Soetbeer, Deutsche Bankverfassung S. 5 ff. W. Lotz, Geschichte und Kritik des Deutschen Bankgesetzes v. 14. März 1875, Leipzig 1888. Helfferich, Reform d. d. Geldwesens, Leipzig 1898. Bd. I S. 276 ff. Die Reichsbank 1876—1900, Berlin 1901. S 5 ff.

nächst auf eine Reihe von Jahren ein von den wesentlichsten Übelständen befreiter Übergangszustand geschaffen werden, um sodann auf Grund der inzwischen gemachten Erfahrungen eine einheitliche Regelung herbeizuführen: Neue Notenprivilegien können nur durch ein Reichsgesetz erteilt werden (§ 1). Die Reichsbank erscheint, jedoch in gemäßigtem Sinne, als die Zentralnotenbank Deutschlands. Ihre wesentlich wirtschaftliche, verkehrspolitische Bestimmung, auf welcher ihre Sonderrechte und Pflichten[58] beruhen, zeigt sich neben der Bezeichnung ihrer öffentlichen Aufgabe (BankG. § 12) hauptsächlich in der auch durch ihren Namen angedeuteten engen Verbindung mit den Einrichtungen des Reichs. Ihrer Verwaltung ist es verwehrt, sich lediglich oder auch nur in der Hauptsache durch Erwerbsrücksichten bestimmen zu lassen; dafür, daß für sie die Rücksicht auf das öffentliche Wohl maßgebend sei, sorgt die „Aufsicht und Leitung des Reichs". Wie die Reichsbank die Währung des Reichs schützt, seine Umlaufsmittel (Reichsmünzen und Reichskassenscheine) durch das elastische Verkehrswerkzeug der Banknoten ergänzt, so bildet sie

[58] Neben ihrer Hauptaufgabe (§ 12) z. B. die Besorgung der Reichskassengeschäfte (§ 22), die Verpflichtung zum Ankauf von Barrengold zu festem Preise (§ 14 — s. auch Münzges. v. 1909 § 7 Abs. 2 Anm. 17 — unten A I S. 65), andererseits das Recht zum Pfandverkauf (§§ 20, 20b) und eine begrenzte Freiheit von Staatssteuern (§ 21).

vermöge ihrer Mittel und ihres Filialennetzes, mit welchem sie, aus der Preußischen Bank kraft der bereits in dem Bankgesetze (§ 61) erteilten Vollmacht hervorgegangen[59], sofort das ganze Gebiet des Reichs überzog[60], besonders in schlimmen Zeiten den starken Rückhalt für den Kredit des Landes und erleichtert den gesamten Zahlungsverkehr, nicht bloß durch den Ankauf von kurzfälligen Wechseln und anderen Papieren, sowie durch ihr Einziehungsgeschäft und ihren Ein- und Auszahlungsverkehr, sondern hauptsächlich durch ihren großartig entwickelten Giroverkehr[61], einen Geschäftszweig, welcher ihr gegenüber der Beschränkung ihrer durch den Barvorrat ungedeckten Noten erst hinreichende

---

[59] Vgl. das preuß. G. v. 27. März 1875 (PrGBl. S. 166) und den Vertrag v. 17./18. Mai 1875 (RGBl. S. 215 — unten C III), Statut der Reichsbank v. 21. Mai 1875 (RGBl. S. 203 — unten C II).

[60] Noch im Jahre 1875 wurden kraft der in dem Gesetze v. 27. März 1875 § 2 enthaltenen Ermächtigung sieben außerpreußische „Bankkommanditen" errichtet. Am 1. Januar 1876 folgten drei neue Hauptstellen und eine größere Zahl von Reichsbankstellen (s. unten C XVIII).

[61] Die Umsätze im Giroverkehr betrugen im Jahre 1876 M 16 711 245 214, im Jahre 1908 M 269 946 259 766 Mill., die Guthaben einschließlich der schwebenden Übertragungen im Jahre 1876 durchschnittlich M 70 573 000, im Jahre 1908 nach dem Hinzutritt der Kassen des Reichs und der größeren Bundesstaaten M 648 489 000, die Zahl der Girokunden Ende 1876: 3245, Ende 1908: 24 821.

Mittel zuführte, um ihre gesetzliche Mission zu erfüllen. Ihr Diskontosatz berücksichtigt auf der einen Seite die Verhältnisse des Geldmarktes, deren Einwirkung auch sie sich niemals entziehen kann, ist aber andererseits selbst nicht ohne Einfluß auf den Preis des Geldes, indem ihr die anderen Geldinstitute in der Regel folgen. In dieser bedeutenden Rolle für das Wirtschaftsleben des Reichs, dessen Zentralgeldbehälter sie bildet, unterscheidet sich die Reichsbank wesentlich nicht bloß von anderen Bankgeschäften, sondern auch von den „Privatnotenbanken"[62]. Unter diesem Namen ließ das Gesetz nämlich neben ihr die übrigen Notenbanken einstweilen bestehen, knüpfte jedoch die Zulassung des Gebrauchs ihrer Noten zu Zahlungen sowie des Betriebs von Bankgeschäften außerhalb des Gebiets des konzessionierenden Bundesstaats an die Unterwerfung unter gewisse, in der Hauptsache auch für die Reichsbank geltende Beschränkungen sowohl hinsichtlich des Notenrechts als ihres sonstigen Geschäftsbetriebes, und unterstellte sie überdies der Aufsicht des Reichskanzlers. Von den ursprünglich bestehenden

[62] Vermögensrechtlich ist die Reichsbank zwar ähnlich wie die ehemalige Preußische Bank auf Privatkapital, und zwar ohne Reichseinschuß, gegründet und als besondere juristische Person von dem Reichsfiskus gesondert. Trotz einiger Ähnlichkeit mit der Aktiengesellschaft ist sie aber eine öffentliche Anstalt des Reichs unter einem in die verschiedensten Rechtsgebiete eingreifenden Sonderrechte. Vgl. BankG. § 12 Anm. 31, 34 (unten C I S. 156, 157).

32 Privatnotenbanken haben allmählich 28 ihr Notenrecht durch Verzicht oder Zeitablauf verloren, die übrigen haben sich jenen Beschränkungen unterworfen[63].

Von den für alle Notenbanken geltenden Bestimmungen des Bankgesetzes sind hervorzuheben: die Vorschriften über Ausschließung des Zwangskurses (1909 geändert) und über die Stückelung der Banknoten (§§ 2, 3), deren Einlösung und Annahme in Zahlung (§ 4), den Ersatz für beschädigte Noten (ebenda), das Verbot der Wiederausgabe beschädigter und beschmutzter Noten (§ 5), den Aufruf und die Einziehung der Noten (§ 6), das Verbot gewisser Geschäfte (§ 7), die Verpflichtung zu bestimmten Veröffentlichungen (§ 8). Das Notengeschäft ist aber überdies einer wichtigen Beschränkung unterworfen, und zwar einer bedingten Notensteuer (§§ 9, 10). Um nämlich im Interesse der Goldwährung und aus anderen wirtschaftlichen Gründen einer übermäßigen Vermehrung des ungedeckten Notenumlaufs entgegenzuwirken, hat das Gesetz das System der sog. indirekten Kontingentierung der Banknoten angenommen. Einer jeden Bank ist ein Normalbetrag von nicht durch ihren Barvorrat gedeckten Noten überwiesen, wobei man den künftigen Notenumlauf weit unterschätzte (nämlich nur auf etwa eine Milliarde Mark). Für die übrigen Noten haben die

[63] Vgl. BankG. § 9 Anm. 26 (unten C I S. 151), § 45 Anm. 166 (das. S. 213).

Banken für die Dauer der Überschreitung der steuerfreien Grenze eine Steuer von jährlich fünf vom Hundert (des Überschusses) an die Reichskasse zu entrichten. Für die Reichsbank würde jener Betrag, obwohl derselbe sich durch Zuwachs des den erloschenen Banken zugewiesenen Betrags bis zum 1. Januar 1894 auf 293400000 M erhöht hatte, sich längst als völlig unzureichend erwiesen haben. Ihre Verwaltung hat aber, abgesehen von der Vermehrung ihrer Betriebsmittel durch ihren mächtig entwickelten Giroverkehr, es in zahlreichen Fällen nicht gescheut, eine vorübergehende Überschreitung der Steuergrenze hinzunehmen, also ohne Gewinn oder sogar mit Verlust zu arbeiten, anstatt durch Erhöhung des Diskontsatzes dem Lande das Geld zu verteuern[64].

Sodann ist die Ausübung des Notenrechts bei der Reichsbank sowohl als bei den Notenbanken,

[64] Bei der Beratung des Bankgesetzes hielt man dies für ausgeschlossen (s. StenB. des Reichstags 1874/75 S. 1270 ff.). Das System der indirekten Notenkontingentierung ist aber schon deshalb ohne den vorausgesetzten entscheidenden Einfluß auf die Diskontpolitik der Reichsbank geblieben, weil es nicht bloß auf die Größe, sondern auch auf die Art des Geldbedarfs ankommt. Vgl. K. Helfferich: „Das deutsche System der Kontingentierung des Notenumlaufs" in G. Schanz, Finanz-Archiv XIII, S. 520 ff. Derselbe: Zur Erneuerung des deutschen Bankgesetzes, Leipzig 1899, S. 90 ff.

welche sich den Beschränkungen des Gesetzes unterworfen haben, an das Erfordernis der sog. Drittelde ckung geknüpft (§§ 17, 44 Nr. 3, 50 Nr. 1)[65]. Ferner ist die Einlösung der Noten bei diesen Banken durch besondere, über die allgemeine Bestimmung des § 4 hinausgehende Vorschriften gesichert (§§ 18, 44 Nr. 4, 50 Nr. 3), und außerdem sind die in Rede stehenden Notenbanken zur wechselseitigen Annahme ihrer Noten verpflichtet (§§ 19, 44 Nr. 5)[66]. Überdies sind alle diese Banken auch in ihrem sonstigen Geschäftsbetriebe beschränkt, indem sie nur gesetzlich bestimmte Geschäfte betreiben bzw. ihre Betriebsmittel in solchen anlegen dürfen (§§ 13, 44 Nr. 1) und einen Reservefonds in gewisser Höhe ansammeln müssen (§§ 24 Nr. 2, 44 Nr. 2).

Als Termin einer fortschreitenden einheitlichen Entwicklung des Notenbankwesens war in verschiedenen Vorschriften der 1. Januar 1891 in Aussicht genommen, zu welchem sowohl der Reichsbank als den dem Bankgesetz unterworfenen Privatnotenbanken gekündigt werden konnte (§§ 41, 44 Nr. 7).

Trotz einer lebhaften Agitation ist indessen damals alles im wesentlichen beim alten geblieben. Die Reichsregierung beschränkte sich „in der Erwägung,

---

[65] S. unten C I Anm. 65, 151, S. 171, 209.

[66] Auch die Wiederausgabe der in Zahlung genommenen Noten, soweit es nicht Noten der Reichsbank sind, ist untersagt.

daß es — mindestens für den ersten Kündigungstermin — geraten war, die jetzige durch eine langjährige Erfahrung bewährte Organisation der Reichsbank in der Hauptsache beizubehalten, mithin die Reichsbank in ihrer Grundverfassung als ein zwar mit Privatkapital, jedoch unter der Verwaltung und Aufsicht des Reichs betriebenes Bankinstitut bis auf weiteres zu belassen", darauf, einen Gesetzentwurf vorzulegen, wodurch die Gewinnbeteiligung des Reichs bei der Reichsbank etwas vergrößert wurde[67], und dieser Entwurf wurde nach lebhaften Debatten vom Reichstage angenommen[68]. Die darin enthaltene Änderung des § 24 des Bankgesetzes ist darauf, nachdem sie auch die Zustimmung der dazu berufenen außerordentlichen Generalversammlung der Reichsbankanteilseigner erhalten, als Gesetz vom 18. Dezember 1889[69] publiziert. Hiermit war seitens des Reichstags die Zustimmung zu einer Verlängerung des Privilegs der Reichsbank auf weitere zehn Jahre ausgesprochen (s. § 41 Abs. 3). Ebensowenig hat das Reich den Privatnotenbanken gegenüber von dem vorbehaltenen Kündigungsrecht Gebrauch gemacht.

---

[67] Vgl. Drucksachen des Reichstags 1889/90 Nr. 43.

[68] Erste Beratung, 11. Sitzung v. 8. Nov. 1889 — StenB. S. 291 bis 293. Zweite Beratung auf Grund mündlichen Berichts der VII. Kommission, 26. Sitzung v. 29. Nov. 1889 — das. S. 577 bis 598, 27. Sitzung v. 2. Dez. 1889 — das. S. 599 bis 630. Dritte Beratung, 31. Sitzung v. 6. Dez. 1889 — das. S. 713 bis 730.

[69] RGBl. S. 201. Vgl. unten C I, Anm. 81 S. 182.

Auch ihre Existenz war damit auf fernere zehn Jahre gefristet. Indessen erloschen allmählich die Privilegien von einigen der unbedeutenderen (preußischen) Notenbanken nach Maßgabe ihrer Statuten.

Eingreifender waren die Änderungen beim Ablauf der zweiten zehnjährigen Periode. Schon im Januar 1899, also fast zwei Jahre vor Ablauf dieser Frist, wurde dem Reichstage der Entwurf eines Gesetzes betreffend die Abänderung des Bankgesetzes v. 14. März 1875[70] vorgelegt, welcher verschiedene nicht unwichtige Vorschläge auf Grund hervorgetretener Verkehrsbedürfnisse enthielt. Die „Begründung" hebt hervor, daß die Organisation der Reichsbank zwar ihrer Aufgabe vollkommen genügt habe und daß es ebensowenig ratsam sei, an den übrigen grundlegenden, als zweckmäßig erprobten Bestimmungen des Bankgesetzes für die Reichsbank wie für die Privatnotenbanken etwas Wesentliches zu ändern. Dagegen empfehle es sich unter Berücksichtigung der fortschreitenden Entwicklung des deutschen Wirtschaftslebens, auf den gegebenen Grundlagen weiterbauend, die der Reichsbank zur Verfügung stehenden Mittel in einem Maße zu verstärken, welches sie in den Stand setze, den namentlich in den letzten Jahren sehr gestiegenen Verkehrsbedürfnissen auch in Zukunft in vollem Umfange zu

---

[70] Nr. 95 d. Drucksachen d. Reichstags, X. LegPer., I. Session 1898/99.

genügen. Zu diesem Zwecke nahm der Entwurf eine Verstärkung des Grundkapitals der Reichsbank um 30 Mill. M und gleichzeitig eine allmähliche Erhöhung des Reservefonds bis auf 60 Mill. M in Aussicht, obwohl vor einer Überschätzung der Wirkung dieser Maßregeln gewarnt wurde. Ferner wurde mit Rücksicht auf die den gesteigerten Bedarf des Verkehrs an Zahlungsmitteln bezeugenden häufigen Überschreitungen der Grenze steuerfreier Noten eine Erhöhung des Kontingents auf 400 Mill. M vorgeschlagen. Der Entwurf suchte ferner gegenüber manchen ungünstigen Erfahrungen eine einheitliche Diskontopolitik dadurch zu sichern, daß er die Privatnotenbanken unbedingt nötigen wollte, nicht unter dem Diskontsatze der Reichsbank zu diskontieren, erstrebte sodann eine erweiterte Beteiligung des Reichs an dem Geschäftsgewinne der Reichsbank und regelte, abgesehen von einer unbedeutenden Erweiterung der Lombardfähigkeit von Effekten, endlich das Verhältnis der Reichsbank zu den noch umlaufenden Noten der Preußischen Bank. Im Reichstage[71] wurden zwar von mehreren Seiten Versuche gemacht, das Bankgesetz, insbesondere die Organisation der Reichsbank in viel einschneidenderer

[71] Erste Beratung in d. 27., 28. u. 29. Sitzung v. 7., 8. u. 10. Febr. 1899; zweite Beratung in d. 73. Sitzung v. 27. April 1899; dritte Beratung in d. 74. Sitzung v. 28. April 1899 — StenB. S. 693 ff., 721 ff., 749 ff., 1965 ff., 1993 ff. Bericht der VIII. Komm., Nr. 209 der Drucksachen.

und umfassenderer Weise umzugestalten. Namentlich wurden die Anstrengungen erneuert, die Reichsbank durch Ausscheidung des Privatkapitals gänzlich zu „verstaatlichen", oder man versuchte durch die vorgeschlagene Übernahme der neuen Bankanteile seitens des Reichs oder Fixierung einer mäßigen Höchstdividende jenes Ziel teilweise und allmählich zu erreichen. Indessen scheiterten diese Versuche an der einmütigen Haltung der Bundesregierungen ebensosehr als an der großen Mehrheit des Reichstags. Auch andere von grundsätzlich verschiedenem Standpunkte ausgehende Bestrebungen, welche sich auf eine weit größere sofortige Grundkapitalsvermehrung, auf Beseitigung oder wesentlich weiteres Hinausrücken der steuerfreien Notengrenze, auf erhebliche Verkleinerung der Dividende der Bankanteile, auf gesetzliche Beseitigung des „Privatdiskonts" der Reichsbank und erweiterte Freiheit der Privatnotenbanken einerseits, andererseits auf deren völlige Aufhebung richteten, blieben ohne den gewünschten Erfolg. Nach einer überaus eingehenden, fast alle Fragen der Bankgesetzgebung und Bankpolitik berührenden Diskussion gelangte der Entwurf der Regierungen mit einigen auf einem Kompromiß der Parteien beruhenden Änderungen zur Annahme, welche freilich gewisse Zugeständnisse an jene abweichenden Anschauungen enthalten. So wurde beschlossen, daß das Grundkapital bis zum 31. Dezember 1905 noch um fernere 30 Millionen, also im ganzen auf 180 Mill. M erhöht werden, daß der Anteil der Reichsbank an dem Gesamtbetrage des steuerfreien Notenumlaufs eine Erhöhung um weitere 50 Millionen, also zunächst auf 450 Mill. M erfahren, daß die Teilung des nach Entrichtung der Vordividende von 3$^1/_2$ Proz. und Dotierung des Reservefonds verbleibenden Überrestes des Reingewinns im Verhältnis von 3 zu 1 sofort beginnen soll und nicht, wie der Gesetzentwurf wollte, jener Überrest zunächst bis zur Erreichung einer Dividende von 5 Proz. zwischen Reich und Anteilseignern je zur Hälfte geteilt wird, hierauf aber erst die Teilung zu $^3/_4$ an die Reichskasse, zu $^1/_4$ an die Anteilseigner erfolgt. Ferner wurden nach langem, durch die Partikularinteressen genährtem und verschärftem Kampfe zwar der Privatdiskont der Reichsbank, sofern deren offizieller Diskont unter 4 Proz. beträgt, erhalten, die Privatnotenbanken aber nur in dem Falle an den offiziellen Satz der Reichsbank nach unten gebunden, wenn dieser 4 Proz. erreicht oder überschreitet, im übrigen dagegen nur verpflichtet, beim offiziellen Satze eine untere Grenze von $^1/_4$ Proz., beim Privatsatze eine solche von $^1/_8$ Proz. inne zu halten. Der so veränderte Entwurf wurde, nachdem ihm die außerordentliche Generalversammlung der Bankanteilseigner vom 18. Mai 1899 zugestimmt hatte, als Gesetz, betreffend die Abänderung des Bankgesetzes vom 14. März 1875 unterm 7. Juni 1899 publiziert. Damit waren aufs neue für zehn Jahre in etwas erweiterter Form die Grundlagen unserer Notenbankverfassung gesichert, die, wenn der Einfluß ihrer Gegner, welche meist mit denen unserer gesetzlichen Währung zusammenfallen, der Heftigkeit ihrer Agitation in der Presse, in Vereinen und in den Parlamenten entsprochen hätte, ernstlich gefährdet gewesen wären.

Auf das der Reichsbank im Jahre 1906 verliehene Recht zur Ausgabe „kleiner" Noten ist bereits oben — S. 24, 26 — hingewiesen.

Angesichts der dritten Periode wiederholten sich mit Rücksicht auf die besonders hohe Anspannung der Reichsbank und die infolge der immer stärker werdenden Solidarität der Geldmärkte in der ganzen Welt besonders Ende 1907 steigenden, ungewöhnlich hohen Diskontsätze die Angriffe der alten Gegner auf die Reichsbank, deren „Reform" man ungestüm verlangte. Trotz des großen Apparates einer auf Anordnung des Reichskanzlers im Laufe des Jahres 1908 stattgefundenen, fast alle Fragen der Bankverfassung und Bankpraxis umfassenden „Enquete" ist indessen, abgesehen von den durch die Zunahme des Verkehrs (die Gesamtumsätze der Reichsbank haben sich in den letzten zehn Jahren um 125 Milliarden auf 302 Milliarden M. gehoben) gebotenen Erweiterungen, hauptsächlich in den zahlenmäßigen Abmessungen, nur wenig verändert. Die verbündeten Regierungen hoben in der „Begründung" des dem Reichstag vorgelegten Gesetzentwurfs ausdrücklich hervor, daß ebensowenig wie bisher ein Anlaß vorliege, an der durch das Bankgesetz geschaffenen Organisation der Reichsbank Änderungen vorzunehmen. Die Verfassung der Reichsbank habe sich während ihrer mehr als dreißigjährigen Geltung selbst außergewöhnlichen Ansprüchen gegenüber, wie sie besonders infolge der in den Jahren 1906 und 1907 auf dem Kapital- und Geldmarkte hervorgetretenen starken Nachfrage gestellt worden seien, durchaus bewährt. Der Entwurf ließ daher „die erprobten Grundlagen der Bankverfassung unangetastet"; „er enthält unter Aufrechterhaltung unseres Banksystems Vorschriften, die der Absicht entspringen, der fortschreitenden Entwicklung des Verkehrs Rechnung zu tragen".

So wurde zunächst die Wiedereröffnung des gefüllten Reservefonds vorgeschlagen, um hierdurch statt der vielfach verlangten Erhöhung des auch nach der Überzeugung der Regierungen hauptsächlich als Garantiefonds dienenden Stammkapitals lediglich für die Anlage in Grundstücken und in den nicht als Notendeckung zugelassenen Aktiven die eigenen Mittel der Reichsbank zu vermehren. Die jährlichen Zuschreibungen, denen eine feste Grenze nicht gesetzt ist, sollten zur einen Hälfte vom Reich, zur andern von den Anteilseignern getragen werden.

Sodann sah der Entwurf unter Erhaltung der Kontingentierung, „da die Überschreitung des Kontingents immer mehr sich zu einem in weiten Kreisen beachteten Warnungszeichen herausgebildet hat", mit Rücksicht auf die nötig gewordenen zahlreichen Überschreitungen die Erhöhung der der Reichsbank gesetzlich zugewiesenen, durch den Barvorrat nicht gedeckten steuerfreien Notenumlaufssumme auf 550 Millionen, an den Quartalsschlüssen auf 750 Mill. M vor. Ferner legalisierte der Entwurf den schon bisher tatsächlich bestehenden Zustand, wonach die Noten der Reichsbank als gesetzliches Zahlungsmittel gelten. Dafür sollte die Goldwährung fortan noch deutlicher dadurch zum Ausdruck gebracht werden, daß als Einlösungsmittel für die Noten statt „kursfähigem deutschen Geld" nur „deutsche Goldmünzen" zu betrachten sind.

Der Umlauf der Privatbanknoten ferner sollte durch einen entsprechenden Zusatz zu § 19 des Bankges. (jetzt Abs. 2) erleichtert werden. Der Reichsbank und den Privatnotenbanken ist weiterhin die Ermächtigung zum Ankauf von Schecks erteilt, nachdem diese durch das Scheckgesetz wechselähnlich geregelt worden sind. Nachdem der Verkehr in Schuldbuchforderungen sich wesentlich vergrößert hat, ist den in dem Reichsschuldbuch oder in dem Staatsschuldbuch eines deutschen Staates eingetragenen Forderungen die Lombardfähigkeit beigelegt. Auch der Lombardverkehr in gewissen Realkreditschuldverschreibungen ist erweitert. Endlich ist der Zahlungsverkehr der Reichsbank für das Reich verallgemeinert.

Im Reichstage versuchten die Gegner der Reichsbank vergeblich die Rente der Bankanteilseigner, welche bei schwankender Höhe mit Rücksicht auf die Ausgabekurse mäßig genug bleibt, noch mehr herabzudrücken oder zu fixieren, ja die nur bei eintretender Kündigung dem Reiche gebührende Hälfte des Reservefonds an das Reich schon jetzt auszuschütten und so die Reichsbank zu schwächen. Auch die Kontingentierung der Notenausgabe wurde von neuem erfolglos angefochten. Schließlich wurden aber alle Abänderungsanträge mit Stimmenmehrheit abgelehnt und der Entwurf der Regierungen angenommen[72].

Das Bankgesetz, insonderheit die Verfassung der Reichsbank ist also durch das Gesetz, betreffend Änderung des Bankgesetzes, vom 1. Juni 1909, dem die Reichsbankanteilseigner in der außerordentlichen Generalversammlung v. 24. Juni 1909 zustimmten, wieder auf zehn Jahre befestigt.

Einen ausführlichen Rechenschaftsbericht über die Tätigkeit der Reichsbank während der ersten 25 Jahre ihres Bestehens enthält die aus diesem Anlaß von dem Reichsbankdirektorium herausgegebene Denkschrift[73].

---

[72] Entw. nebst Begründg. Nr. 1178 d. Drucks. d. Reichstags v. 1909, 1. Ber. 209. Sitzung v. 17. Febr., 210. v. 18. Febr. 1909, 2. Ber. 256. Sitzung v. 13. Mai, 257. v. 14. Mai 1909, 3. Ber. 260. Sitzung v. 18. Mai 1909. StenBer. S. 7037 ff., 7065 ff., 8397 ff., 8423 ff., 8525 ff. KommBer. (37. Komm.) Nr. 1384 d. Drucksachen.

[73] Die Reichsbank 1876—1900. Berlin 1901, Kommissionsverlag von Gustav Fischer, Jena.

Wie aus dem Verwaltungsbericht der Reichsbank für 1908 hervorgeht, haben sich deren Gesamtumsätze von 36,7 Milliarden im Jahre 1876 auf 305,2 Milliarden M, die Giroumsätze allein, an denen auch die Reichs- und bundesstaatlichen Kassen teilnehmen, auf 270 Milliarden M im letzten Jahre gehoben. Mehr als 10,1 Milliarden Wechsel sind im Jahre 1908 angekauft. Der Banknotenumlauf hat in demselben Jahre durchschnittlich 1524,1 Mill., der Metallvorrat durchschnittlich 1019,1 Mill., davon das Gold 785,2 Mill. M betragen. Die Spannung zwischen Höchst- und Mindestbetrag der ungedeckten Noten hat 778,7 Mill., im Jahre 1905 sogar 959,3 Mill. M erreicht. Diese Zahlen und die Vermehrung der Bankanstalten, von 201 bei Beginn des Jahres 1876 bis auf 491 am 1. Juli 1909, zeigen deutlich die Leistungen der Reichsbank für den deutschen Verkehr und erklären zugleich die in den letzten Jahren infolge des großartigen gewerblichen Aufschwungs, welcher sich in Deutschland am frühesten, stärksten und nachhaltigsten geäußert hat, gestiegenen Diskontsätze[74]. Niemand vermag zu

[74] Die Steigerung des durchschnittlichen Bankdiskonts vollzog sich von 3,12 Proz. im Jahre 1894 auf 4,76 Proz. in 1908. Vom 19. Dezember 1899 bis zum 12. Januar 1900 hat der Diskont sogar 7 Proz. und im Durchschnitt des Jahres 1907 6,03 Proz. betragen. In den Nachbarländern, besonders in Frankreich, ist ein so hoher Diskont nicht nötig gewesen — wesentlich infolge der verschiedenen wirtschaftlichen Verhältnisse. Die Ursache für Frankreich

leugnen, daß mit unserem Bankgesetze in der Richtung, ein sicheres und einheitliches Banknotenwesen zu gewinnen, große Fortschritte gemacht worden sind.

Die weitere Entwicklung wird lehren, inwieweit die noch fortbestehenden Privatnotenbanken es, wie zum Teil schon jetzt nach dem Anerkenntnis aus berufenem Munde, verstehen werden, daneben einen nützlichen Wirkungskreis auf beschränktem Gebiet zu behaupten und zu erwerben. Geschähe das nicht, so würde es an hinlänglichen Gründen fehlen, auf die offenbar schon in dem Bankgesetze von 1875 vorsichtig angestrebte völlige Einheit der deutschen Banknote zu verzichten.

Der durch die vorstehend in ihrer Entwicklung geschilderten Reformgesetze in Deutschland geschaffene Zustand des Geldwesens ist kein idealer, aber doch ein im ganzen gesunder und so grundverschieden von dem, was noch vor kaum vier Dezennien bestand, daß für diese Vergangenheit die Erinnerung und das Verständnis zu schwinden beginnen. Dabei darf nicht vergessen werden, daß einer für den Volkswohlstand bedenklichen Häufung der Umlaufsmittel auch durch die fortschreitende Entwicklung des Scheckwesens und der Buchübertragungen (im Giroverkehr) unter Führung der Reichsbank sehr erheblich vor-

in der sog. Prämienpolitik der dortigen Notenbank suchen zu wollen, ist verkehrt, wie häufig von fachmännischer Seite dargetan worden ist (Kommiss. Bericht z. Bankgesetzentwurf 1899 S. 49ff., StenB. S. 2005ff., ferner StenB. v. 1909 S. 7059, 7072, 7085).

gebeugt worden ist und fort und fort vorgebeugt wird. Endlich ist auch durch den Erlaß des von der Reichsbankverwaltung lange erstrebten Scheckgesetzes vom 11. März 1908 (RGBl. S. 71) ein wichtiger Schritt in jener Richtung getan worden. Seit ungefähr 25 Jahren ist in gleicher Richtung durch die Einrichtung und fortschreitende Vermehrung von Abrechnungsstellen (Clearinghäuser) bei der Reichsbank die fragliche Entwicklung wesentlich gefördert worden. Die mit der Wochenübersicht der Reichsbank monatlich und alljährlich veröffentlichten Nachweisungen zeigen, daß der Abrechnungsverkehr, wodurch gewaltige Beträge von Geldverbindlichkeiten ohne einen Pfennig Münze, ohne eine Banknote oder ein Stück Papiergeld lediglich vermöge Skontration und schließlicher Übertragung der Saldi auf Reichsbank-Girokonto ausgeglichen werden, in stetigem, wenngleich erst in den letzten Jahren rascher fortschreitendem Wachsen begriffen ist[75].

So ist unser Geldwesen nach allen Seiten hin zweckmäßig geordnet. Wie sehr auch die Ansichten über das, was in dieser Hinsicht noch zu erstreben, auseinandergehen, so ist doch darin alles einig, daß in der erreichten Einheit kein Rückschritt getan werden darf.

---

[75] Die Einlieferungen bei den Abrechnungsstellen betrugen

im Jahre 1884 12130196000 M,
im Jahre 1908 45960854400 M.

Aus der reichen Literatur über das heutige deutsche Geldwesen sind außer den volkswirtschaftlichen Lehr- und Handbüchern, den gangbaren handelsrechtlichen Werken, den Lehrbüchern des deutschen Staatsrechts sowie des Verwaltungsrechts hervorzuheben:

Ad. Soetbeer: Deutsche Münzverfassung (Erlangen 1874) und der darin S. 136ff. befindliche „Literaturnachweis in bezug auf die Deutsche Münzreform", bis zum Jahre 1902 fortgeführt bei Helfferich, Das Geld (siehe unten). Derselbe (Soetbeer): Deutsche Bankverfassung (Erlangen 1875) [nebst Nachtrag (Erlangen 1881)] und der darin S. 191ff. befindliche „Literaturnachweis in bezug auf das Bankwesen in Deutschland".

E. Nasse (W. Lexis): Geld- und Münzwesen in Schönberg, Handbuch d. Polit. Ökonomie I, 4. Aufl. (1896) S. 327ff. Derselbe: Die Kündigung des Privilegiums der Reichsbank und der Privatnotenbanken, in Preuß. Jahrb. Bd. 63 (1888) S. 495ff.

Stroell: Über Gegenwart und Zukunft des deutschen Notenbankwesens in Schmoller, Jahrb. f. Gesetzgebung 1886. Derselbe: Über das deutsche Geldwesen im Kriegsfall, ebenda, Jahrg. 1899.

Ad. Wagner: Kredit- und Bankwesen in Schönberg a. a. O. S. 413ff., besonders S. 503ff. Derselbe, sub voce „Reichsbank" in v. Holtzendorff, Rechtslexikon 3. Ausg. Bd. 3 (1881) S. 345ff., und die am Schlusse dieses Artikels verzeichnete Literatur.

W. Lotz: Geschichte und Kritik des Deutschen Bankgesetzes vom 14. März 1875, Leipzig 1888. Derselbe: Der Streit um die Verstaatlichung der Reichsbank, München 1897.

E. v. Philippovich: Die deutsche Reichsbank im Dienste der Finanzverwaltung des Reichs und der Bundesstaaten in Schanz, Finanz-Archiv, Stuttgart 1886. Derselbe: Die Verlängerung des Reichsbankprivilegiums in Bd. 54 der Jahrb. f. Nationalökonomie und Statistik 1890 S. 275 ff.

Georg Cohn in Endemann, Handb. d. deutschen Handels-, See- und Wechselrechts III (1884) S. 854 ff., 878 ff., 884 ff., 921 ff., 987 ff., 1011 ff., 1041 ff., 1056 ff., 1093 ff., 1108 ff., 1135 ff.

Die Reichsbank, Verhandlungen der Plenarversammlung des deutschen Handelstages am 14. März 1898, Stuttgart 1898.

Karl Helfferich: Die Reform des deutschen Geldwesens nach der Gründung des Reiches: I. Band, Geschichte der deutschen Geldreform, Leipzig 1898. II. Band, Beiträge zur Geschichte der deutschen Geldreform, Leipzig 1898. Derselbe: Der Abschluß der deutschen Münzreform, Berlin 1899. Derselbe: Zur Erneuerung des deutschen Bankgesetzes, Leipzig 1899. Derselbe: Studien über Geld- und Bankwesen, Berlin 1900. Derselbe: Ausgewählte Reden und Aufsätze über Geld- und Bankwesen von Ludwig Bamberger, Berlin 1900. Derselbe: Das Geld, Leipzig 1903 (mit ausführlicher Bibliographie).

H. Hartung: Der Scheck- und Giroverkehr der Reichsbank. Deutsche Zeit- und Streitfragen (Holtzendorff), 1880. Derselbe: Die Notenbanken unter dem Bankgesetz von 1875. Bd. 56 der Jahrb. f. Nationalökonomie u. Statistik, 1891.

Die Reichsbank 1876—1900 (Jubiläumsdenkschrift des Reichsbankdirektoriums), Berlin 1901. Komm.Verlag v. Gustav Fischer, Jena.

K. v. Lumm. Die Stellung der Notenbanken in der heutigen Volkswirtschaft, Berlin 1909.

A. Arnold. Die Bedeutung der Giroguthaben für die Bankpolitik, im Bank-Archiv Jahrg. VI S. 55ff.

Bankenquete 1908. Stenographische Berichte. Die Verhandlungen der Gesamtkommission zu den Punkten I—V des Fragebogens, Berlin 1909.

Die Umlaufsmittel und deren Supplemente sind ferner ausführlich behandelt in den Artikeln des Verf. über „Banknoten", „Feingehalt", „Geld", „Giroverkehr", „Münzwesen", „Riscontro", „Scheck" in v. Holtzendorff, Rechtslexikon Bd. 1 bis 3, über „Münzwesen", „Notenbanken", „Papiergeld", „Reichsbank" in Frhr. v. Stengels Wörterbuch d. deutschen Verwaltungsrechts Bd. 2, über „Abrechnungsstellen", „Giroverkehr" in Conrad 2c., Handwörterbuch d. Staatswissenschaften 3. Aufl. I und IV, in den gesammelten Aufsätzen u. Vorträgen (Berlin 1892, Carl Heymanns Verlag) sowie in d. Abh. „Geld u. Geldwertzeichen" in Endemann (s. oben S. 48) II

(1882) S. 113ff., „Geld und Wertpapiere" bei Bekker und Fischer, Beiträge z. Erl. u. Beurt. d. Entw. d. bürg. Gesetzb. Heft 4 (Berlin, J. Guttentag, 1889) u. „Die Ausgabe kleiner Banknoten seitens der Reichsbank", im Bank-Archiv Jahrg. V S. 1ff.

Die verschiedenen Geschäftszweige der Reichsbank hat der Verf. erörtert in der „Deutschen Revue" (herausg. von R. Fleischer), Leipzig u. Stuttgart: Die Reichsbank u. die Geldverteuerung (Dezbr. 1906 S. 237ff.), Nochmals die Geldverteuerung (April 1908 S. 15ff.), Über den Lombardkredit bei der Reichsbank usw. (Juli 1908 S. 35ff.), Der Giroverkehr der Reichsbank (Dezbr. 1908 S. 335ff.), Der Goldvorrat der Reichsbank (Febr. 1909 S. 228ff.), u. in d. Zeitschr. f. Handels-Wiss. u. -Praxis (Juli 1908): Der Kredit bei der Reichsbank, S. 115ff.

A. Münzgesetzgebung.

I.

Münzgesetz. Vom 1. Juni 1909.

(RGBl. S. 507. Ausgegeben am 16. Juni 1909.)[1]

§ 1. Im Deutschen Reiche gilt die Goldwährung[2].

[1] § 1 tritt an die Stelle von Ges. v. 4. Dezbr. 1871 §§ 1, 2 (RGBl. S. 404) und Münzges. v. 9 Juli 1873 Art. 1 (RGBl. S. 233). Das letztere, später noch mehrfach geänderte Ges. hatte die mit jenem Ges. v. 4. Dezbr. 1871 begonnene Münzreform in der Hauptsache zum gesetzlichen Abschluß gebracht. Gemäß einer von der Kommission beantragten Resolution des Reichstags vom 1. Mai 1908 (KommB. S. 7, StenB. S. 4979; s. oben Anm. 37 S. 18) legte die Regierung eine Zusammenfassung der das Münzwesen regelnden Reichsgesetze vor, welche vom Reichstage in den Sitzungen v. 13. und 18. Mai 1909 en bloc angenommen wurde (StenB. S. 8411, 8528). § 16 d. G. hebt vier bisherige Münzgesetze (v. 1871, 1873, 1900 u. 1908) auf.

[2] „Goldwährung" — bedingt durch die Bestimmungen d. §§ 7—9 (freie Ausprägung nur von Goldmünzen, Beschränkung der Zahlkraft der Silbermünzen u. des Betrags ihres Gesamtumlaufs). Sie war bereits in dem Ges. v. 4. Dezbr. 1871 enthalten, ist jedoch förmlich erst in dem Münzges. v. 9. Juli 1873 proklamiert. In Kraft getreten ist sie zufolge Art. 1 Abs. 2 dieses Ges. laut nachstehender Verordnung, betreffend die Einführung der Reichswährung. Vom 22. September 1875 (RGBl. S. 303):

Ihre Rechnungseinheit bildet die Mark, welche in hundert Pfennige eingeteilt wird[3].

§ 2[4]. Als Reichsmünzen sollen ausgeprägt werden, und zwar

Einziger Artikel.
Die Reichswährung tritt im gesamten Reichsgebiete am 1. Januar 1876 in Kraft — am 1. Januar 1876, sofern nicht die Landesregierungen von der ihnen durch Art. 1 Abs. 2 d. Ges. v. 1873 erteilten Ermächtigung Gebrauch gemacht hatten (d. h. alle mit Ausnahme von Bayern und Elsaß-Lothringen), auch vor diesem Zeitpunkte für ihr Gebiet die Reichsmarkrechnung im Verordnungswege einzuführen.

Auf Elsaß-Lothringen und Helgoland sind jene Reichsmünzgesetze mit gewissen Maßgaben durch das Ges. v. 15. Nov. 1874 (RGBl. S. 131) bzw. die V. v. 22. März 1891 Art. I Abschn. VI Ziff. 2 (RGBl. S. 21) ausgedehnt.

[3] Hinsichtlich der Einführung der Reichsmarkrechnung in den Schutzgebieten s. A VI S. 109 ff. Die Stückelung beruht auf dem Dezimalsystem.

[4] § 2 ersetzt die von der Ausprägung der Reichsmünzen handelnden Vorschriften (Ges. v. 4. Dezbr. 1871 § 3, MünzG. v. 9. Juli 1873 Art. 3, Ges. v. 19. Mai 1908 Art. 1, I, RGBl. S. 212).

Die durch das MünzG. v. 1873 in das Münzsystem eingeführten goldenen Fünfmarkstücke haben sich ebensowenig wie die Zwanzigpfennigstücke aus Silber und Nickel (letztere durch d. Ges. v. 1. April 1886 [RGBl. S. 67] eingeführt) bewährt und sind daher eingezogen, jene zufolge Ges. v. 1. Juni 1900 Art. I (RGBl. S. 250) und der Bek. d. Reichskanzlers v. 13. Juni 1900 (RGBl. S. 253) mit Einlösungsfrist bis zum 30. September 1901,

1. als Goldmünzen:
Zwanzigmarkstücke und
Zehnmarkstücke[5];
2. als Silbermünzen[6]:
Fünfmarkstücke,
Dreimarkstücke,
Zweimarkstücke,
Einmarkstücke und
Fünfzigpfennigstücke;

diese laut desselben Ges. Art. II u. III, sowie der Bek. d. Reichskanzlers v. 31. Oktbr. 1901 (RGBl. S. 486) und v. 16. Oktbr. 1902 (RGBl. S. 267) mit Einlösungsfrist bis zum 31. Dezbr. 1902 und 31. Dezbr. 1903.

Dagegen sind neu hinzugekommen: Dreimarkstücke als Silbermünzen (2), Fünfundzwanzigpfennigstücke als Nickelmünzen (3)

laut Ges. v. 19. Mai 1908 (RGBl. S. 212):

Art. 1. Das Münzges. v. 9. Juli 1873 (RGBl. S. 233) wird geändert wie folgt: I. Im Art. 3 wird unter Nr. 1 hinter dem Worte „Fünfmarkstücke" das Wort „Dreimarkstücke", unter Nr. 2 vor dem Worte „Zehnpfennigstücke" das Wort „Fünfundzwanzigpfennigstücke", sowie im § 1 hinter „20 Fünfmarkstücke", „33$^1/_3$ Dreimarkstücke" eingeschaltet und dem § 3 folgende Fassung gegeben: (Es folgt der jetzige § 6.)

[5] Über die Benennung des Zehn- und Zwanzigmarkstückes ist durch Allerhöchsten Erlaß, betreffend die einheitliche Benennung der Reichsgoldmünzen v. 17. Februar 1875 (RGBl. S. 72(bestimmt, „daß die Reichsbehörden für das Zehnmarkstück die Benennung Krone, für das Zwanzigmarkstück die Benennung Doppelkrone anwenden" sollen.

3. als Nickelmünzen[6]:
Fünfundzwanzigpfennigstücke,
Zehnpfennigstücke und
Fünfpfennigstücke;
4. als Kupfermünzen[6]:
Zweipfennigstücke und
Einpfennigstücke.

§ 3[7]. Bei Ausprägung der Goldmünzen werden aus einem Kilogramm feinen Goldes
$139^1/_2$ Zwanzigmarkstücke und
279 Zehnmarkstücke,
bei Ausprägung der Silbermünzen aus einem Kilogramm feinen Silbers
40 Fünfmarkstücke,
$66^2/_3$ Dreimarkstücke,
100 Zweimarkstücke,
200 Einmarkstücke,
400 Fünfzigpfennigstücke
ausgebracht.

Das Mischungsverhältnis[8] beträgt bei den Goldmünzen 900 Teile Gold und 100 Teile Kupfer, bei

[6] Alle unter 2—4 aufgeführten Münzen haben den Charakter der Scheidemünze (vgl. § 9).

[7] In § 3 sind die Vorschriften des Ges. v. 4. Dezbr. 1871 §§ 1, 3, 4, d. Münzges. v. 9. Juli 1873 Art. 3 § 1 u. d. Ges. v. 1. Juni 1900 Art. VI über Feingehalt und Gewicht der Reichsmünzen zusammengezogen.

Auch der Münzfuß schließt sich dem Dezimalsystem an.

[8] „Mischungsverhältnis" — Die Legierung (Beschickung) von $^1/_{10}$ Kupfer entspricht ebenfalls dem Dezimal-

den Silbermünzen 900 Teile Silber und 100 Teile Kupfer.

§ 4[9]. Das Verfahren bei den Ausprägungen wird vom Bundesrate geregelt. Es soll die vollständige Genauigkeit der Münzen nach Gehalt und Gewicht sicherstellen[10]. Soweit diese Genauigkeit

system. Aus § 3 ergibt sich, daß 125,55 Zehnmarkstücke und 62,775 Zwanzigmarkstücke je ein Pfund wiegen. Das Zwanzigmarkstück wiegt demnach 7,9649542 g brutto, sog. Normalgewicht, jetzt Sollgewicht (Münzgold), während es 7,168458 78 g Feingold enthält.

[9] § 4 bestimmt das Verfahren bei den Ausprägungen nebst den zulässigen Abweichungen im Anschluß an die älteren Münzgesetze (Ges. v. 4. Dezbr. 1871 § 7, MünzG. v. 9. Juli 1873 Art. 3 § 1).

[10] Hinsichtlich des Feingehalts und Gewichts der Goldmünzen bestimmt der Bundesratsbeschluß v. 7. Dezember 1871 (Hirth, Ann. 1872 Sp. 858):

„7. Bei der Bestimmung des Feingehaltes des Goldes soll das nach Art. 19 bzw. Separatartikel 10 Ziff. 2 des Wiener Münzvertrags vorgeschriebene, damals vereinbarte Probeverfahren angewendet werden.

„8. Die Prüfung des Feingehaltes der zur Vermünzung legierten Schmelzmassen mittels Tiegel- oder Schöpfprobe muß durch zwei einander kontrollierende Beamte, somit von jedem Beamten selbständig unter eigener Verantwortung vorgenommen werden; ebenso müssen zur Feststellung des Durchschnittsgehaltes aller ausgemünzten Stücke auch die sämtlichen nach dem Beizen ausgeschiedenen ungeprägten Platten oder geprägten Stücke (Zessalien, Fehlplatten) nach den Münzsorten gesammelt, von Zeit zu Zeit eingeschmolzen und mittels Schöpf- oder Tiegelprobe ebenfalls von zwei Beamten auf ihren Feingehalt untersucht werden.

„9. Sämtliche bei dem ersten Justieren im Gewichte als richtig befundenen Münzplatten sollen, um das Justierpersonal zu kontrollieren, einer nochmaligen genauen Nachwiegung unterzogen werden.

„10. Von jeder Ablieferung geprägter Münzen hat der übernehmende Kassenbeamte drei Stück ohne Auswahl herauszunehmen und davon je ein Stück den beiden kontrollierenden Beamten zur Prüfung des Gewichtes und Gehaltes zu übergeben, das dritte Stück aber für den Fall einer weiteren Kontrolle zurückzulegen. Die während des Jahres zurückgelegten Stücke sollen noch ein halbes Jahr nach Abschluß des Rechnungsjahres aufbewahrt werden.

„11. Über alle vorgenommenen Gehaltsprüfungen und Stückproben sind von den betreffenden Beamten und unter deren Verantwortlichkeit Register oder Journale zu führen.

„12. Um stets eine Übersicht über das ausgebrachte Gewicht der Münzen im ganzen zu erhalten, sind die einzelnen Ablieferungen an die Kasse mit ihrem Bruttogewicht und der bei der Auszählung sich ergebenden Stückzahl bzw. Wertsumme in besonderem Verzeichnisse einzutragen und dabei die Abweichungen vom gesetzlichen Gewichte in Mehr oder Weniger anzugeben.

„13. Jede Münzstätte hat alljährlich über die bei ihr erfolgten Goldausprägungen an das Reichskanzleramt einen amtlichen Nachweis zu liefern, in welchem außer dem Gewichte und der Stückzahl der ausgeprägten Münzen, nach den einzelnen Sorten ausgeschieden, auch die Berechnung des gesetzlichen Gewichtes und die Abweichung von letzterem, sowie der bei den vorgenommenen Gehaltsprüfungen ermittelte Durchschnittsgehalt aufzunehmen sind.

„Dieser Nachweis hat sich auch auf das Ergebnis

der mit Münzen anderer Münzstätten angestellten Prüfungen zu erstrecken.

„14. Die Beaufsichtigung von seiten des Reiches (§ 7 des Ges.) erfolgt durch Kommissare, welche der Reichskanzler ernennt. Dieselben haben durch örtliche Revisionen in den einzelnen Münzstätten sich über die Ausführung der vorstehenden Vorschriften, sowie über das gesamte Verfahren bei der Ausprägung der Goldmünzen Kenntnis zu verschaffen. Sie sind befugt, von allen zum Zwecke der Ausmünzung und zur Prüfung von Gewicht und Feingehalt der Münzen geführten Registern und Journalen Einsicht zu nehmen und den Feingehalt und das Gewicht der zur Zeit der Revision im Betriebe befindlichen Goldbestände und der neugeprägten Reichsgoldmünzen selbst zu prüfen.

„Die Münzbeamten sind gehalten, den Reichskommissaren hierbei in jeder Hinsicht Vorschub zu leisten."

Der Bundesratsbeschluß v. 29. Mai 1875 (Hirth, Ann. 1876 S. 181) bestimmt, die Nr. 7 des vorgedachten Beschlusses abändernd:

> „Bei der Bestimmung des Feingehaltes des Goldes soll überall das nach Art. 19 bzw. Separatart. 10 Ziff. 2 des Wiener Münzvertrages vorgeschriebene, damals vereinbarte Probierverfahren mit der Maßgabe angewendet werden, daß in Abänderung des § 1 der Beilage I zu dem bez. Separatart. 10 den kleinsten Gewichtsteil bei der Goldbestimmung ein Fünftausendteil der Probiergewichtseinheit bildet."

Hinsichtlich des Feingehalts und Gewichts der Silbermünzen bestimmt der Bundesratsbeschluß vom 8. Juli 1873 (Hirth, Ann. 1874 Sp. 574):

„5. Bei Prüfung des Feingehaltes der Reichssilbermünzen soll überall die Probe auf nassem Wege angewendet werden.

„6. Alle zur Vermünzung legierten Schmelzmassen

bei dem einzelnen Stücke nicht innegehalten werden kann, soll die Abweichung in Mehr oder Weniger bei den Goldmünzen im Gewichte nicht mehr als zweiundeinhalb Tausendteile, im Feingehalte nicht mehr als zwei Tausendteile, bei den Silbermünzen im Gewichte nicht mehr als zehn Tausendteile, im Feingehalte nicht mehr als drei Tausendteile betragen. In der Masse aber müssen Gewicht und Gehalt der Gold- und Silbermünzen den Vorschriften des § 3 entsprechen [11].

§ 5[12]. Die Goldmünzen und die Silbermünzen zu mehr als einer Mark tragen auf der einen Seite

müssen mittels Tiegel- oder Schöpfproben durch einen Beamten auf ihren Feingehalt geprüft werden. Ebenso müssen zur Feststellung des Durchschnittsgehaltes aller ausgemünzten Stücke auch die sämtlichen nach dem Beizen ausgeschiedenen ungeprägten Platten oder geprägten Stücke (Zessalien, Fehlplatten) nach den Münzsorten gesammelt, von Zeit zu Zeit eingeschmolzen und mittels Schöpf- oder Tiegelproben von zwei Beamten auf ihren Feingehalt geprüft werden.

„7. Die Bestimmungen unter Ziff. 11, 12 und 13 des Bundesratsbeschlusses v. 7. Dezember 1871 — s. oben S. 56, 57 — finden auf die Reichssilbermünzen Anwendung."

[11] Die zulässige „Abweichung" — Toleranz, Remedium.

„Im Gewicht" — d. h. im Normalgewicht (vgl. § 3).

„In der Masse" — Diese Vorschrift bestand bisher nur bei den Reichssilbermünzen (MünzG. v. 9. Juli 1873 Art. 3 § 1).

[12] § 5 bestimmt die Form und das Gepräge der

den Reichsadler mit der Inschrift „Deutsches Reich" und mit der Angabe des Wertes in Mark sowie mit der Jahreszahl der Ausprägung, auf der anderen Seite das Bildnis des Landesherrn beziehungsweise das Hoheitszeichen der freien Städte mit einer ent=

Reichsmünzen. Er stellt die Zusammenfassung der Bestimmungen d. Ges. v. 4. Dezbr. 1871 § 5 u. d. Ges. v. 9. Juli 1873 Art. 3 § 2 dar.

Abs. 2 entspricht einem Zusatz des Reichstags, X. LegPer. I. Session 1898/1900. Schon in der Kommission zur Vorberatung des Entwurfs eines Gesetzes, betr. Änderungen im Münzwesen, wurde ein entsprechender Antrag mit dem Zusatze (als Abs. 1)

„Der Artikel 11 des Münzgesetzes v. 9. Juli 1873 ist aufgehoben."

gegen den Widerspruch der Regierungen angenommen.

Dieser letztere Zusatz wurde in zweiter Lesung des Plenums (auf Antrag des Abg. Kirsch) teils als überflüssig, teils aus materiellen Gründen (wegen der übrigen Münzen) gestrichen. Die Bestimmung selbst ist dagegen in zweiter und dritter Lesung angenommen, indem Art. V des Ges. v. 1. Juni 1900 (RGBl. S. 250) lautet:

Dem Art. 3 § 2 des vorbezeichneten Gesetzes wird folgender Abs. 2 beigefügt:

„Der Bundesrat usw." (wie oben — § 5 Abs. 2).

Vgl. KommBer. Drucksache Nr. 565 und StenB. des Reichstags, X. LegPer. I. Session 1898/1900. 165. Sitzung S. 4628 ff., 201. Sitzung S. 5743.

Ausdrücklich genannt sind jetzt noch die Dreimarkstücke.

An Denkmünzen sind bisher geprägt:

Fünfmarkstücke	zum	Betrage	von	4906000	M	in	12 Arten.
Dreimarkstücke	„	„	„	210000	„	„	1 Art
Zweimarkstücke	„	„	„	8930000	„	„	12 Arten

sprechenden Umschrift und dem Münzzeichen[13]. Die sonstige Verzierung und der Durchmesser der Münzen sowie die Beschaffenheit der Ränder werden vom Bundesrate festgestellt[14].

[13] „auf der einen Seite" — sog. Reversseite,
„auf der anderen Seite — sog. Aversseite.

Die Bezeichnung mit den Bildnissen der Landesherren bzw. den Hoheitszeichen der freien Städte hat ebensowenig staatsrechtliche Bedeutung wie das „Münzzeichen".

Über das letztere bestimmt der Bundesratsbeschluß v. 7. Dezbr. 1871 (Hirth, Ann. 1872 Sp. 795):

„1. Das Münzzeichen, welches auf der Aversseite der Reichsgoldmünzen anzubringen ist, besteht in einem Buchstaben, und die Wahl der Buchstaben richtet sich nach der Reihenfolge (Art. 6 der Reichsverfassung) der Staaten, welchen die betreffenden Münzstätten angehören (Berlin A usw.). Die Anbringung irgendwelcher anderer Zeichen ist nicht zulässig."

Über Form und Gepräge der in Preußen hergestellten Reichsgoldmünzen vgl. Bek. des preuß. Staatsministeriums v. 5. Febr. 1874 A (RAnz. v. 9. Febr. 1874 Nr. 34).

[14] Der Bundesratsbeschluß v. 7. Dezbr. 1871 (Hirth, Ann. 1872 Sp. 795) bestimmt darüber in betreff der Goldmünzen:

„2. Der Durchmesser der Reichsgoldmünzen soll betragen, und zwar:

für das Zehnmarkstück $19\frac{1}{2}$ Millimeter,
" " Zwanzigmarkstück $22\frac{1}{2}$ "

„3. Die Reichsgoldmünzen sind im Ringe mit einem glatten Rande zu prägen, welcher bei den Zwanzigmarkstücken die vertiefte Inschrift „Gott mit uns" nebst einer zwischen je zwei Worten der Inschrift stehenden vertieften

Der Bundesrat wird ermächtigt, Fünf-, Drei- und Zweimarkstücke als Denkmünzen in anderer Prägung herstellen zu lassen.

Arabeske führt und bei den Zehnmarkstücken eine vertiefte bandartige Verzierung trägt.

„Der erhabene Rand (flaches Stäbchen mit Perlenkreis) soll auf Avers und Revers völlig gleich sein.

„4. Zur Sicherung der möglichsten Gleichförmigkeit des Gepräges der aus den verschiedenen Münzstätten hervorgehenden Reichsgoldmünzen sind die Urmatrize für die Reversseite, die Urmatrize (das Rad) für die Randschrift bzw. Randverzierung, und die Urmatrizen einer Normalzahlenreihe sowohl für die Zwanzig- als Zehnmarkstücke in der Münzstätte zu Berlin anzufertigen und mittels dieser Urmatrize hergestellte Matrizen allen übrigen mit der Ausmünzung von Reichsgoldmünzen betrauten Münzstätten zuzustellen."

Bezüglich der Silbermünzen bestimmt der Bundesratsbeschluß v. 8. Juli 1873 (Hirth, Ann. 1874 Sp. 574):

„8. Der Durchmesser der Silbermünzen soll betragen, und zwar

für das Fünfmarkstück . . .	38	Millimeter
„ „ Zweimarkstück . . .	28	„
„ „ Einmarkstück . . .	24	„
„ „ Fünfzigpfennigstück .	20	„

„9. Die Fünfmarkstücke sind im Ringe mit einem glatten Rande zu prägen, welcher die vertiefte Inschrift: „Gott mit uns" neben einer zwischen je zwei Worten der Inschrift stehenden vertieften Arabeske führt. Dieselben tragen innerhalb des aus einem flachen Stäbchen mit Perlenkreis bestehenden erhabenen Randes auf der Reversseite über dem Reichsadler die Umschrift: „Deutsches Reich" nebst der Jahreszahl und unter dem Reichsadler die Inschrift: „Fünf Mark".

„10. Die Zwei- und Einmarkstücke, sowie die Fünfzigpfennigstücke sind im gerippten Ringe zu prägen und erhalten gleich den Reichsgoldmünzen und silbernen Fünfmarkstücken, auf Avers- und Reversseite einen erhabenen, aus einem flachen Stäbchen mit Perlenkreis bestehenden Rand. Innerhalb desselben tragen die Zweimarkstücke auf der Reversseite über dem Reichsadler die Umschrift „Deutsches Reich" nebst der Jahreszahl und unter dem Reichsadler die Umschrift „Zwei Mark".

„Die Einmarkstücke tragen auf der Reversseite die Inschrift „Deutsches Reich", „1 Mark" und die Jahreszahl und als Verzierung einen Kranz.

„Die Fünfzigpfennigstücke tragen auf der Reversseite oben die Umschrift „Deutsches Reich" nebst der Jahreszahl, in der Mitte in arabischen Ziffern die Zahl „50" und unten die Umschrift „Pfennig"."

Eine etwas veränderte Prägung der Fünfzigpfennigstücke (mit einem Kranz auf beiden Seiten) bestimmt der Bundesratsbeschluß v. 9. Mai 1877 (Hirth, Ann. 1879 S. 906). Später sind solche mit der Bezeichnung als $^1/_2$ Mark und schärferem Rand geprägt und ausgegeben (Bundesratsbeschluß v. 6. Okt. 1904).

Hinsichtlich der Dreimarkstücke bestimmt der Bundesratsbeschluß v. 27. Juni 1908:

„1. Der Durchmesser des Dreimarkstückes soll 33 Millimeter betragen.

„2. Die Dreimarkstücke sind im Ringe mit einem glatten Rande zu prägen, der die vertiefte Inschrift: „Gott mit uns" nebst einer zwischen je zwei Worten der Inschrift stehenden vertieften Arabeske führt. Sie tragen innerhalb des aus einem flachen Stäbchen mit Perlenkreis bestehenden erhabenen Randes auf der Rückseite über dem Reichsadler die Umschrift: „Deutsches Reich" nebst der Jahreszahl und unter dem Reichsadler die Umschrift „Drei Mark"."

Hinsichtlich der Nickelmünzen zu zehn und fünf

Pfennigen und der Kupfermünzen bestimmt der Bundesratsbeschluß v. 8. Juli 1873 (Hirth, Ann. 1874 Sp. 575):

„11. Die Nickelmünzen sollen aus einer Legierung von 75 Teilen Kupfer und 25 Teilen Nickel geprägt, und es soll das Pfund dieser Legierung zu

125 Zehnpfennigstücken bzw.
200 Fünfpfennigstücken

ausgebracht werden.

„12. Der Durchmesser dieser Münzen soll betragen, und zwar

für das Zehnpfennigstück 21 Millimeter,
„ „ Fünfpfennigstück 18 „

„13. Die Prägung der Nickelmünzen erfolgt mit ganz glattem Rand. Das Gepräge der Reversseite ist das gleiche wie bei den Fünfzigpfennigstücken, an Stelle des Perlenkreises tritt jedoch eine Schnureinfassung, und die Ziffer „50" wird durch die Ziffern „10" bzw. „5" ersetzt.

„14. Die Kupfermünzen sollen aus einer Legierung von 95 Teilen Kupfer, 4 Teilen Zinn und 1 Teil Zink geprägt, und es soll das Pfund dieser Legierung ausgebracht werden in:

150 Zweipfennigstücken bzw.
250 Einpfennigstücken.

„15. Der Durchmesser dieser Münzen soll betragen, und zwar

für das Zweipfennigstück 20 Millimeter,
„ „ Einpfennigstück $17^1/_2$ „

„16. Die Prägung der Kupfermünzen erfolgt mit ganz glattem Rand. Die Reversseite derselben gleicht jener der Fünfzigpfennigstücke, jedoch mit dem Unterschiede, daß an Stelle des Perlenkreises eine Fadeneinfassung tritt und daß die Ziffer „50" durch „2" bzw. „1" ersetzt wird.

„17. Bei denjenigen Münzen, welche das Münzzeichen nach Art. 3 § 3 des Münzgesetzes auf gleicher

§ 6. Die übrigen Silbermünzen, die Nickel- und Kupfermünzen tragen die Wertangabe, die Inschrift „Deutsches Reich", die Jahreszahl, den Reichsadler und das Münzzeichen[15]. Die näheren Bestimmungen über die Verteilung dieser Geprägemerkmale auf die beiden Münzseiten, über deren Verzierung und die Beschaffenheit der Ränder sowie über Zusammensetzung, Gewicht und Durchmesser dieser Münzen werden vom Bundesrate festgestellt.

§ 7[16]. Die Münzen werden für Rechnung des Reichs auf den Münzstätten derjenigen Bundes-

Seite mit dem Reichsadler tragen, wird das Münzzeichen zweimal, und zwar unter dem Reichsadler zu beiden Seiten des Schwanzes, angebracht."

Hinsichtlich der Fünfundzwanzigpfennigstücke bestimmt der Bundesratsbeschluß v. 29. April 1909:

„1. Das Fünfundzwanzigpfennigstück ist aus Reinnickel mit einem Durchmesser von 23 Millimeter herzustellen. Aus einem Kilogramm Reinnickel sollen 250 Stücke ausgebracht werden. Die Prägung erfolgt mit glattem Rande, der eine Fadeneinfassung erhält.

„2. Die Vorderseite zeigt die Wertangabe und das Münzzeichen in einem Kranze von Weizenähren, die Rückseite den Reichsadler mit der Inschrift „Deutsches Reich" und der Jahreszahl."

[15] Hier fehlen die Bildnisse der Landesherren und die Hoheitszeichen der freien Städte. Hinsichtlich des Gepräges dieser Münzen s. oben Anm. 14. Vgl. auch Anm. 13.

[16] § 7 entspricht dem § 6 d. Ges. v. 4. Dezbr. 1871, Art. 3 § 4 u. Art. 12 d. Ges. v. 9. Juli 1873.

„Münzstätten" — gibt es noch sechs: Berlin (A), München (D), Muldenhütten b. Freiberg i. S. (E),

staaten, welche sich dazu bereit erklären, ausgeprägt. Das Verfahren bei der Ausprägung und die Ausgabe der Münzen unterliegen der Aufsicht des Reichs.

Privatpersonen haben das Recht[17], auf diesen

Stuttgart (F), Karlsruhe (G) und Hamburg (I). Vgl. unten V S. 106. In Frankfurt a. M. besteht noch eine amtliche Probieranstalt.

„Verfahren bei der Ausprägung" — s. § 4 Anm. 10, 11. Hinsichtlich der Goldmünzen s. d. Bundesratsbeschluß v. 7. Dezbr. 1871 — oben S. 60:

„5. Die auszumünzende Goldmenge wird vorerst auf 100000 Pfund fein festgesetzt und nach Maßgabe der von den hohen Regierungen an das Reichskanzleramt gelangten Erklärungen auf die einzelnen Münzstätten verteilt.

„Die Ausprägung vorstehender Goldmengen hat zu $^9/_{10}$ in Zwanzigmarkstücken und zu $^1/_{10}$ in Zehnmarkstücken und die Ablieferung bzw. Verrechnung der ausgeprägten Stücke nach Maßgabe des Fortganges der Prägung zu erfolgen."

Später sind weitere Goldmengen zur Ausprägung überwiesen, wie die dem Reichstage seitens der Reichsregierung zugestellten „Denkschriften" und „Übersichten" (vgl. unten Anm. 17 a. E. u. Anm. 18 Abs. 1) ergeben. Nach der dritten „Denkschrift" ist das Verhältnis der Ausprägung zwischen Doppelkronen und Kronen auf $^4/_5$ und $^1/_5$ erhöht (Hirth, Ann. 1874 Sp. 875). Vgl. auch die Übersicht der Ausprägungen von Reichsgoldmünzen bis Ende Mai 1909 im RAnz. Nr. 132 v. 8. Juni 1909. Dergleichen Übersichten enthält der Reichsanzeiger monatlich.

[17] Abs. 2 enthält den wichtigen Grundsatz der Ausprägung von Reichsgoldmünzen zu 20 M auf Privatrechnung neben der fortgesetzten Ausprägung auf Rech-

Münzstätten Zwanzigmarkstücke für ihre Rechnung ausprägen zu lassen, soweit die Münzstätten nicht für das Reich beschäftigt sind. Die für solche Ausprägungen zu erhebende Gebühr wird vom Reichskanzler mit Zustimmung des Bundesrats festgestellt,

nung des Reichs. Wegen der Ausführung vgl. die Bekanntmachung des Reichskanzlers, betreffend die Ausprägung von Reichsgoldmünzen auf den deutschen Münzstätten für Rechnung von Privatpersonen, vom 8. Juni 1875 (unten A V S. 106).

„soweit die Münzstätten nicht für das Reich beschäftigt sind" — Dergleichen Prägungen für Rechnung des Reichs haben seit 1877 nicht mehr stattgefunden. Sie erstreckten sich im ganzen auf 906180,6 Pfund feines Gold mit einem Ausmünzungswert von ℳ 1264120995. Die während des Etatsjahrs 1877/78 erfolgte Ausmünzung von 40010,6 Pfund Feingold, welche in der 7. Münzdenkschrift vom 15. Febr. 1879 mißverständlicherweise als für Rechnung des Reichs vorgenommen bezeichnet ist, war für Rechnung der Reichsbank erfolgt. Vgl. auch oben Einl. S. 19.

„Gebühr" — s. d. oben genannte Bek. v. 8. Juni 1875 (6 ℳ für das Kilogramm).

„Vergütung" — s. Abs. 3.

Die Vermittlung dabei fällt fast ganz der Reichsbank zu, welche nach § 14 des BankG. vom 14. März 1875 (unten C I) verpflichtet ist, Barrengold zum festen Satze von 1392 ℳ für das Pfund fein gegen ihre Noten umzutauschen. Zuzüglich der Prägegebühr von 3 ℳ (s. die oben angef. Bek. und unten Anm. 18) entspricht dies der Wertbestimmung von ℳ 1395 für das Pfund fein Gold (vgl. unten II Anm. 1, S. 82).

Übersichten der für Privatrechnung einschließlich der

darf aber den Betrag von 14 Mark auf das Kilogramm feinen Goldes nicht übersteigen. Der Unterschied zwischen dieser Gebühr und der Vergütung, welche die Münzstätte für die Ausprägung in Anspruch nimmt, fließt in die Reichskasse[18]; er muß für alle deutschen Münzstätten derselbe sein. Die

für die Reichsbank ausgeführten Prägungen enthalten die dem Reichstage vorgelegten „Denkschriften" und „Übersichten" (vgl. oben Anm. 16, letzter Abs.), Hirth, Ann. von 1872 ab, auch das RGBl. bis 1880, ferner der RAnz.

[18] Die Münzstätte erhebt für sich nur die Selbstkosten. In der Differenz soll (nach den Motiven) eine Entschädigung liegen für die Verpflichtung des Reichs zur Einziehung abgenutzter Goldmünzen (§ 11). Nach der letzten dem Reichstag mitgeteilten Übersicht über die Ausprägung und Einziehung von Reichsmünzen (in den Anlagen der dem Reichstag alljährlich mitgeteilten Übersichten der Reichs-Ausgaben und -Einnahmen) sind bis Ende März 1907 in die Reichskasse geflossen M 572457.

Der in die Reichskasse fließende „Unterschied" beträgt jetzt 50 Pf. für das Kilogramm Feingold, d. i. die Prägegebühr von 6 M abzüglich der an die Münzstätten zu zahlenden Vergütung von 5,50 M.

Wegen der Goldmünzen bestimmt der Bundesratsbeschluß v. 7. Dez. 1871 Nr. 6:

„Für die sämtlichen Kosten der Prägung werden seitens der Reichskasse den Münzstätten für je ein Pfund in Zehnmarkstücken ausgemünztes Feingold oder für $139^1/_2$ Zehnmarkstücke 6 M und für je ein Pfund in Zwanzigmarkstücken ausgemünztes Feingold oder für $69^3/_4$ Zwanzigmarkstücke 4 M vergütet." (Hirth, Ann. 1872 Sp. 816.)

Die Vergütung ist nach der 4. Denkschrift zufolge

Münzstätten dürfen für die Ausprägung keine höhere Vergütung in Anspruch nehmen, als die Reichskasse für die Ausprägung von Zwanzigmarkstücken gewährt.

Im übrigen bestimmt der Reichskanzler unter

Bundesratsbeschluß v. 29. Mai 1875 für Doppelkronen auf M 5,50 für 1 kg, für Kronen auf M 9,50 ermäßigt, aber nach der 6. Denkschrift zufolge Bundesratsbeschluß v. 22. Jan. 1878 für Kronen wieder auf 12 M erhöht (Hirth, Ann. 1876 S. 181, 1879 S. 907).

Für das Silber und die anderen Reichsmünzen bestimmen in Abänderung des Bundesratsbeschlusses vom 8. Juli 1873 (Hirth, Ann. 1874 Sp. 576) der Bundesratsbeschluß vom 29. Mai 1875 (das. 1876 S. 181) und für die Dreimarkstücke und Fünfundzwanzigpfennigstücke die Bundesratsbeschlüsse v. 27. Juni 1908 und v. 29. April 1909:

„Für die sämtlichen Kosten der Prägung werden den Münzstätten aus der Reichskasse vergütet:

für die	Fünfmarkstücke in Silber	$^3/_4$	Proz.,
„ „	Dreimarkstücke	1,1	„
„ „	Zweimarkstücke	$1^1/_2$	„
„ „	Einmarkstücke	$1^3/_4$	„
„ „	Fünfzigpfennigstücke	$2^1/_2$	„
„ „	Fünfundzwanzigpfennigstücke	1,2	„
„ „	Zwanzigpfennigstücke	4	„
„ „	Zehnpfennigstücke	3	„
„ „	Fünfpfennigstücke	6	„
„ „	Zweipfennigstücke	15	„
„ „	Einpfennigstücke	30	„

des ausgeprägten Nominalwertes.

„Für die Ausprägung der Nickel- und Kupfermünzen wird den Münzstätten das Metall in Form von Münzplättchen geliefert."

Die Ausprägungen sind im RGBl. bis zum 31. Januar

Zustimmung des Bundesrats die auszuprägenden Beträge, die Verteilung dieser Beträge auf die einzelnen Münzstätten und die den letzteren für die Prägung jeder einzelnen Münzgattung gleichmäßig zu gewährende Vergütung. Die Beschaffung der Münzmetalle für die Münzstätten erfolgt auf Anordnung des Reichskanzlers.

§ 8[19]. Der Gesamtbetrag der Silbermünzen soll bis auf weiteres zwanzig Mark, derjenige der Nickel- und Kupfermünzen zwei und eine halbe Mark für den Kopf der Bevölkerung des Reichs nicht übersteigen.

1880 wöchentlich, bis zum 30. November jenes Jahres monatlich veröffentlicht worden. Seitdem erfolgt die Veröffentlichung monatlich im RAnz. Vgl. auch die „Denkschriften" bzw. „Übersichten" (oben Anm. 16, 17, 18).

Über Form und Gepräge der in Art. 3 d. Münzges. v. 9. Juli 1873 behandelten Reichsmünzen in Preußen vgl. die Bek. des Staatsministeriums v. 8. Februar 1874 A II—IV (RAnz. v. 9. Febr. 1874 Nr. 34).

[19] Ursprünglich war der Höchstbetrag der Silbermünzen auf 10 M festgestellt.

Eine Vermehrung des auf den Kopf der Bevölkerung entfallenden Höchstbetrages an Reichssilbermünzen auf 12 M wurde im Jahre 1880 nach Maßgabe des damals eingebrachten, aber nicht mehr erledigten Gesetzentwurfs beabsichtigt (s. Reichstagsdrucksachen IV. LegPer. III. Sess. 1880 S. 899 ff.). Vgl. auch die Interpellation betr. die Neuausprägung von Reichssilbermünzen und deren Besprechung in der Reichstagssitzung v. 6. April 1894 (Reichstagsdrucksachen IX. LegPer. II. Sess. S. 1947 ff.).

Der dem Reichstage im November 1899 vorgelegte „Entwurf eines Gesetzes betreffend Ände-

§ 9[20]. Niemand ist verpflichtet, Silbermünzen im Betrage von mehr als zwanzig Mark, Nickel- und Kupfermünzen im Betrage von mehr als einer Mark in Zahlung zu nehmen.

rungen im Münzwesen" brachte in Art. IV eine Erhöhung auf 14 M für den Kopf in Vorschlag.

Die Kommission des Reichstags erhöhte die Kopfquote auf 15 M, nahm aber im übrigen den Entw. unverändert an. Bei der zweiten Beratung des Entw. im Plenum des Reichstags wurde jedoch ein Antrag (des Abg. Herold) angenommen und dann auch in der dritten Lesung gebilligt, wonach, abweichend von Art. 4 Abs. 2 des MünzG. von 1873 in der bisherigen Gestalt, nur soviel Landessilbermünzen einzuziehen waren, als für die Neuprägungen und deren Kosten erforderlich waren, also nicht eine dem Werte nach gleiche Menge, sondern fast zehn Proz. weniger (vgl. Art. 3 § 1 das.). Der Münzgewinn bleibt danach gewissermaßen in der Schwebe und die Unterwertigkeit des gesamten Silbermünzumlaufs ist in demselben Maße wie der Umlauf selbst gewachsen.

An die Stelle des dementsprechend gefaßten Art. IV d. Ges. v. 1. Juni 1900 ist nun der gegenwärtige § 8 getreten zufolge Art. II d. Ges. v. 19. Mai 1908 (RGBl. S. 212), der keine Bestimmung über Einziehung von Landessilbermünzen mehr enthält. Der Höchstbetrag der Nickel- und Kupfermünzen entspricht dem Art. 5 d. Münzges. v. 9. Juli 1873.

[20] § 9 stimmt sachlich überein mit Art. 9 des Münzges. v. 9. Juli 1873. Der Satz folgt aus der Goldwährung.

Wegen der Schutzgebiete s. jedoch V. v. 1. Febr. 1905 § 2 — unten A VI S. 109.

„Reichskassen" — Hierunter fallen an sich nicht die Kassen der Reichsbank; indessen sind diese angewiesen,

Von den Reichs- und Landeskassen werden Silbermünzen in jedem Betrag in Zahlung genommen. Der Bundesrat bezeichnet diejenigen Kassen, welche Goldmünzen gegen Einzahlung von Silbermünzen in Beträgen von mindestens 200 Mark oder von Nickel- und Kupfermünzen in Beträgen von mindestens 50 Mark auf Verlangen verabfolgen. Er setzt zugleich die näheren Bedingungen des Umtausches fest.

auch größere Beträge, als Abs. 1 vorschreibt, in Zahlung zu nehmen.

„Goldmünzen" — zu 20 und 10 M. Die bezüglichen Bestimmungen enthält die Bekanntmachung des Reichskanzlers, betreffend die Umwechslung von Reichsgoldmünzen gegen Reichssilber-, Nickel- und Kupfermünzen, v. 19. Dezember 1875 (RZBl. S. 802):

„Auf Grund des Art. 9 des Münzgesetzes vom 9. Juli 1873 (RGBl. S. 233) hat der Bundesrat folgendes bestimmt:

„Vom 1. Januar 1876 ab werden bei folgenden Kassen:

1. der Reichsbank-Hauptkasse in Berlin,
2. den Kassen der Reichsbank-Hauptstellen in Frankfurt a. M., Königsberg i. Pr. und München Reichsgoldmünzen gegen Einzahlung von Reichssilbermünzen oder von Nickel- und Kupfermünzen auf Verlangen verabfolgt werden.

„Die Einlieferung der umzutauschenden Münzen hat in kassenmäßig formierten Beuteln oder Tüten, und zwar die der Silbermünzen in Beträgen von mindestens 200 M, die der Nickel- und Kupfermünzen in Beträgen von mindestens 50 M zu erfolgen.

„Die Auszahlung des Gegenwertes in Gold erfolgt

§ 10[21]. Die Verpflichtung zur Annahme und zum Umtausche (§ 9) findet auf durchlöcherte und anders als durch den gewöhnlichen Umlauf im Gewichte verringerte sowie auf verfälschte Münzstücke keine Anwendung.

§ 11. Goldmünzen, deren Gewicht um nicht mehr als fünf Tausendteile hinter dem Sollgewichte (§ 3) zurückbleibt (Passiergewicht)[22] und die nicht durch gewaltsame oder gesetzwidrige Beschädigung im Gewichte verringert sind[23], sollen bei allen Zahlungen als vollwichtig gelten.

an den Einlieferer nach bewirkter Durchzählung der eingelieferten Münzen, welche von den gedachten Kassen in der Regel sofort, spätestens aber binnen fünf Tagen nach der Einlieferung bewirkt werden wird."

Wegen d. Schutzgebiete s. V. v. 1. Febr. 1905 § 3 — unten A VI S. 110.

[21] § 10 stimmt überein mit Art. 10 Abs. 1 des Münzges. v. 9. Juli 1873. Hierzu ist erlassen die Bekanntmachung des Reichskanzlers v. 9. Mai 1876 (unten A IV S. 103).

Wegen der gewaltsam beschädigten, aber vollwichtig gebliebenen echten Reichsmünzen vgl. den Bundesratsbeschluß v. 13. Dezbr. 1877 (unten Anm. 23).

[22] Die Fehlergrenze, nach welcher sich das „Passiergewicht", d. h. das zulässige Mindergewicht für den Privatverkehr, bestimmt, ist etwas weiter gegriffen als die in § 4 bestimmte Toleranz für die Münzstätten. Sie beträgt für die Doppelkrone 7,9251, für die Krone 3,9626 g. Für Reichs-Silber-, Nickel- und Kupfermünzen (Scheidemünzen) besteht kein Passiergewicht (s. § 12).

[23] Den Gegensatz siehe in Abs. 3.

Goldmünzen, die das Passiergewicht nicht erreichen und an Zahlungs Statt von den Reichs-, Staats-, Provinzial- oder Kommunalkassen sowie von Geld- und Kreditanstalten und Banken angenommen worden sind, dürfen von diesen Kassen und Anstalten nicht wieder ausgegeben werden[24].

Die Goldmünzen werden, wenn sie infolge längeren Umlaufs und Abnutzung am Gewichte so viel eingebüßt haben, daß sie das Passiergewicht nicht mehr erreichen, für Rechnung des Reichs[25] eingezogen. Auch werden dergleichen abgenutzte Goldmünzen bei allen

Der Bundesrat hat in der Sitzung v. 13. Dez. 1877 beschlossen,

„daß gewaltsam beschädigte, aber vollwichtig gebliebene echte Reichsmünzen von den Reichs- und Landeskassen anzuhalten, durch Zerschlagen oder Einschneiden für den Umlauf unbrauchbar zu machen und alsdann dem Einzahler zurückzugeben sind.

„Dieser Beschluß soll keine Anwendung finden:

1. auf Münzen, deren schadhafte Beschaffenheit von Mängeln bei der Ausprägung herrührt;
2. auf Münzen, deren Beschädigung so geringfügig ist, daß hierdurch ihre Umlaufsfähigkeit nicht beeinträchtigt wird."

(RZBl. 1878 S. 29.)

Im übrigen vgl. die Bekanntmachung des Reichskanzlers v. 9. Mai 1876 (unten A IV S. 103).

[24] Eine Strafbestimmung ist nicht gegeben.

Wegen der Schutzgebiete s. § 5 a. a. O.

[25] Nicht des ausgebenden Staats, wie der Entwurf wollte. Wegen der Ausführung vgl. d. in Anm. 23 a. E. angeführte Bekanntm. unter III (S. 105) und die dem Reichstage zugestellten Denkschriften und Übersichten.

Kassen des Reichs und der Bundesstaaten stets voll zu demjenigen Werte, zu welchem sie ausgegeben sind, angenommen[26].

§ 12. Silber-, Nickel- und Kupfermünzen, die infolge längeren Umlaufs und Abnutzung an Gewicht oder Erkennbarkeit erheblich eingebüßt haben, werden zwar noch von allen Reichs- und Landeskassen angenommen, sind aber auf Rechnung des Reichs einzuziehen.

§ 13. Zur Eichung und Stempelung sollen Gewichtsstücke zugelassen werden, die das Sollgewicht und das Passiergewicht[27] der nach Maßgabe dieses Gesetzes auszuprägenden Goldmünzen sowie ein Vielfaches dieser Gewichte angeben[28]. Auf die

[26] Wegen Reichs-Silber-, Nickel- und Kupfermünzen vgl. § 12, entsprechend dem Art. 10 d. Münzges. v. 9. Juli 1873.

[27] § 13 entspricht dem § 12 d. Ges. v. 4. Dezbr. 1871. An Stelle der Maß- u. Gewichtsordn. v. 17. Aug. 1868 ist das gleiche Ges. v. 30. Mai 1908 (RGBl. S. 349) getreten.

„Sollgewicht" — früher „Normalgewicht". Vgl. §§ 3 und 11. „Passiergewicht" — vgl. oben Anm. 22.

[28] Hinsichtlich des Münzgewichts (als Grundlage der Ausmünzung) galten nach Art. 8 der Maß- und Gewichtsordnung v. 17. Aug. 1868 noch weiter die in Art. 1 des Münzvertrags v. 24. Jan. 1857 gegebenen Bestimmungen, nämlich das Zollpfund von 500 g nach selbständiger Einteilung. Der Art. 8 a. a. O. ist jedoch aufgehoben durch Art. VI d. Ges. v. 1. Juni 1900 (RGBl. S. 250).

Demnach ist künftig von den Münzstätten auch im

Eichung und Stempelung dieser Gewichtsstücke finden die Vorschriften der Maß- und Gewichtsordnung[29] entsprechende Anwendung[30].

§ 14. Der Bundesrat ist befugt:

Münzwesen das allgemeine Verkehrsgewicht, das Kilogramm mit seinen Teilen und Vielfachen, zur Anwendung zu bringen.

[29] § 6 Satz 1 d. Maß- und Gewichtsordnung v. 30. Mai 1908 (RGBl. S. 349) lautet:

„Zum Messen und Wägen im öffentlichen Verkehre, sofern dadurch der Umfang von Leistungen bestimmt werden soll, dürfen nur geeichte Maße, Gewichte und Wagen angewendet und bereit gehalten werden.

§ 10. Die Eichung besteht in der vorschriftsmäßigen Prüfung und Stempelung der Meßgeräte durch die zuständige Behörde; sie ist entweder Neueichung oder Nacheichung.

§ 13 Satz 1. Im eichpflichtigen Verkehr ist die Anwendung und Bereithaltung von unrichtigen Maßen, Gewichten, Wagen, Thermo-Alkoholometern und Gasmessern, sowie die Anwendung von unrichtigen Fässern untersagt."

Die näheren Bestimmungen über die äußersten Grenzen der im öffentlichen Verkehr noch zu duldenden Abweichungen von der absoluten Richtigkeit (Eichfehlergrenzen) erfolgen durch die Kaiserl. bzw. Kgl. Bayer. Normal-Eichungskommission, deren Befugnisse in §§ 19 und 25 d. Ges. bezeichnet sind.

[30] Vorschriften über die Eichung und Stempelung der Goldmünzgewichte sowie über die innezuhaltenden Fehlergrenzen enthält die von der Normal-Eichungskommission unterm 27. Dezbr. 1884 erlassene

1. einzuziehende Münzen außer Kurs zu setzen[31],
2. die zur Aufrechterhaltung eines geregelten Geldumlaufs erforderlichen polizeilichen Vorschriften zu erlassen,

„Eichordnung für das Deutsche Reich", §§ 48—51 (bes. Beilage zu Nr. 5 des RGBl. v. 1885). Vgl. auch Bek. des Reichskanzlers v. 27. Juli 1885, § 1 V C (RGBl. S. 267).

[31] § 14 Nr. 1 entspricht Art. 8 Abs. 1 d. MünzG. v. 9. Juli 1873. Dieser beschränkte sich auf die Landesmünzen, welche jetzt sämtlich eingezogen sind. Die Außerkurssetzung der Reichsmünzen war bisher durch die einzelnen Spezialgesetze (z. B. MünzG. v. 1. Juni 1900 Art. 1 usw.) dem Bundesrat vorbehalten. Es handelt sich um die Entziehung der Eigenschaft als gesetzliches Zahlungsmittel (StrGB. §§ 146—148).

Die Außerkurssetzung der österreichischen Vereinstaler und -doppeltaler zufolge Ges. v. 28. Febr. 1892 (RGBl. S. 315) ist erfolgt laut Bek. d. Reichskanzlers v. 8. Nov. 1900 (RGBl. S. 1013). Die Einlösbarkeit ist mit dem 31. März 1901 erloschen.

Die Bestimmungen in Abs. 2 betreffen das Verfahren bei der Außerkurssetzung, entsprechend dem Art. 1 Nr. II d. G. v. 19. Mai 1908 (RGBl. S. 212). Sie sind nach dem Aufbau des § 14 in einen besonderen Absatz aufgenommen.

Zu Nr. 1. vgl. d. Ausführungen des Berichterstatters in der Sitzung des Reichstags v. 1. Mai 1908 (StenB. S. 4962).

Zu Nr. 2. Die Worte „die . . . erlassen" sind eingefügt durch Art. 1 Nr. II d. G. v. 19. Mai 1908 (RGBl. S. 212).

Zu Nr. 3. Die Vorschrift findet sich in Nr. 1 des Art. 13 d. MünzG. v. 9. Juli 1873.

Vgl. d. Bek. v. 6. Dez. 1873 (RGBl. S. 375), v.

3. den Wert zu bestimmen, über welchen hinaus fremde Gold- und Silbermünzen nicht in Zahlung angeboten und gegeben werden dürfen, sowie den Umlauf fremder Münzen gänzlich zu untersagen,

22. Jan. 1874 (RGBl. S. 12), v. 7. März 1874 (RGBl. S. 21), v. 16. Okt. 1874 (RGBl. S 126), v. 19. Dez. 1874 (RGBl. S. 149), v. 19. Dez. 1874 (RGBl. S. 152), v. 26. Febr. 1875 (RGBl. S. 134). Der Umlauf ist danach untersagt (Verbot, in Zahlung zu geben und zu nehmen) für: 1. österreichische und ungarische Ein- und Zweiguldenstücke; 2. niederländische Ein- und Zweieinhalbguldenstücke; 3. die finnischen Silbermünzen; 4. die Münzen des Konventionsfußes österreichischen Gepräges; 5. die in d. Bek. v. 19. Dez. 1874 (RGBl. S. 152) unter 2 bezeichneten Münzen dänischen Gepräges; 6. die polnischen eindrittel und einsechstel Talarastücke. — Laut Bek. v. 16. April 1888 (RGBl. S. 149) dürfen v. 1. Juli 1888 ab, vorbehaltlich der Gestattung von Ausnahmen für einzelne Grenzbezirke, fremde Scheidemünzen in Zahlung weder gegeben noch genommen werden. Ausnahmen sind gestattet: im badischen Grenzbezirk für Scheidemünzen der Frankenwährung (Bek. von demselben Tage — ebendas. und Bek. v. 24. Jan. 1893 — RGBl. S. 6) u. für Scheidemünzen österr. Währung (Bek. v. 21. Febr. 1907 RGBl. S. 68), im sächsischen Grenzbezirk für österreichische Scheidemünzen (Bek. v. 30. April 1888 — RGBl. S. 171), innerhalb bayerischer Grenzbezirke für Scheidemünzen der österreichischen und Frankenwährung (Bek. v. 7. Juli 1888 — RGBl. S. 218), innerhalb schlesischer Grenzbezirke für Scheidemünzen der österreichischen Währung (Bek. v. 26. Febr. 1889 — RGBl. S. 37 und 28. Juni 1906 — RGBl. S. 852), im württembergischen

4. zu bestimmen, ob ausländische Münzen von Reichs- oder Landeskassen zu einem öffentlich bekannt zu machenden Kurse im inländischen Verkehr in Zahlung genommen werden dürfen, in solchem Falle auch den Kurs festzusetzen[32].

Bei der Anordnung der Außerkurssetzung (Nr. 1) erläßt der Bundesrat die für sie erforderlichen Vorschriften; die Einlösungsfrist muß zwei Jahre betragen. Die Bekanntmachung über die Außerkurssetzung ist durch das Reichs-Gesetzblatt sowie durch die zu den amtlichen Bekanntmachungen der unteren Verwaltungsbehörden dienenden Tageszeitungen zu veröffentlichen[33].

Grenzbezirk für Scheidemünzen der Frankenwährung (Bek. v. 26. Febr. 1889 — RGBl. S. 38 und Bek. v. 19. Dez. 1895 — RGBl. S. 463) und der österreich. Währung (Bek. v. 22. Juni 1906 — RGBl. S. 844), in den rheinischen und lothringischen Grenzbezirken für Scheidemünzen luxemburgischen Gepräges (Bek. v. 23. Jan. 1902 — RGBl. S. 37), in den rheinischen, westfälischen und hannoverschen Grenzbezirken für Scheidemünzen niederländischen Gepräges (Bek. v. 19. März 1903 — RGBl. S. 58).

[32] Ebenso MünzG. v. 9. Juli 1873 Art. 13 Nr. 2. Dergl. Best. sind nicht erlassen.

Wegen der Schutzgebiete s. unten A VI S. 111.

[33] Der Absatz „Bei der Anordnung ... veröffentlichen" ist durch d. G. v. 19. Mai 1908 Art. 1 Nr. II (RGBl. S. 212) eingefügt in Anlehnung an d. MünzG. v. 9. Juli 1873 Art. 8 (s. oben Anm. 31).

„Einlösungsfrist" — nach Art. 1 Nr. II d. G. v. 1908 2 Jahre. (Anders Art. 8 Abs. 3 d. MünzG. v. 1873 u. MünzG. v. 1. Juni 1900 Art. I, II, III.)

Gewohnheitsmäßige oder gewerbsmäßige Zuwiderhandlungen gegen die vom Bundesrat in Gemäßheit der Bestimmungen unter Nr. 2 und 3 getroffenen Anordnungen werden mit Geldstrafe bis zu 150 Mark oder mit Haft bis zu sechs Wochen bestraft[34].

§ 15[35]. 1. Alle Zahlungen, die vor Eintritt der Reichswährung in Münzen einer inländischen Währung oder in landesgesetzlich den inländischen Münzen gleichgestellten ausländischen Münzen zu leisten waren, sind vorbehaltlich der Vorschriften des § 9 in Reichsmünzen zu leisten.

2. Die Umrechnung solcher Goldmünzen, für welche ein bestimmtes Verhältnis zu Silbermünzen gesetzlich nicht feststeht, erfolgt nach Maßgabe des Verhältnisses des gesetzlichen Feingehalts derjenigen Münzen, auf welche die Zahlungsverpflichtung lautet, zu dem gesetzlichen Feingehalte der Reichsgoldmünzen.

Bei der Umrechnung anderer Münzen werden
der Taler zum Werte von 3 Mark,
der Gulden süddeutscher Währung zum Werte von $1^5/_7$ Mark,

[34] Die Vorschrift entspricht dem MünzG. v. 9. Juli 1873 Art. 13 Abs. 2, unter Ausdehnung auf Nr. 2.

[35] Der § 15 ist identisch mit Art. 14 d. Münzges. v. 9. Juli 1873; er bezieht sich auf die Münzen der alten Landeswährungen. Die Umrechnungssätze waren bereits festgelegt durch Ges. v. 4. Dezbr. 1871 § 8 (RGBl. S. 404) — unten II S. 84.

die Mark lübischer oder hamburgischer Kurantwährung zum Werte von $1^1/_5$ Mark,

die übrigen Münzen derselben Währungen zu entsprechenden Werten nach ihrem Verhältnisse zu den genannten berechnet.

Bei der Umrechnung werden Bruchteile von Pfennigen der Reichswährung zu einem Pfennig berechnet, wenn sie einen halben Pfennig oder mehr betragen, Bruchteile unter einem halben Pfennig werden nicht gerechnet.

3. Werden Zahlungsverpflichtungen nach Eintritt der Reichswährung unter Zugrundelegung vormaliger inländischer Geld- oder Rechnungswährungen begründet, so ist die Zahlung vorbehaltlich der Vorschriften des § 9 in Reichsmünzen unter Anwendung der Vorschriften der Nr. 2 zu leisten.

4. In allen gerichtlich oder notariell aufgenommenen Urkunden, welche auf einen Geldbetrag lauten, desgleichen in allen zu einem Geldbetrage verurteilenden gerichtlichen Entscheidungen ist dieser Geldbetrag, wenn für ihn ein bestimmtes Verhältnis zur Reichswährung gesetzlich feststeht, in Reichswährung auszudrücken, woneben jedoch dessen gleichzeitige Bezeichnung nach derjenigen Währung, in welcher ursprünglich die Verbindlichkeit begründet war, gestattet bleibt.

§ 16[36]. Das Gesetz, betreffend die Ausprägung

[36] Vgl. dazu die Bek. d. Reichskanzlers, betr. d. Ausführungsbestimmungen zu den bisherigen Münzgesetzen, v. 9. Juni 1909 (RGBl. S. 512):

Eine Außerkurssetzung darf erst eintreten, wenn eine Einlösungsfrist von mindestens vier Wochen

S. 375; Goldmünzen), v. 7. März 1874 (RGBl. S. 21), v. 2. Juli 1874 (RGBl. S. 111), v. 19. Dez. 1874 (RGBl. S. 149), v. 7. Juni 1875 (RGBl. S. 247), v. 12. Sept. 1875 (RGBl. S. 304, 307), v. 17. Okt. 1875 (RGBl. S. 311), v. 10. Dez. 1875 (RGBl. S. 315), v. 12. April 1876 (RGBl. S. 162), v. 2. Nov. 1876 (RGBl. S. 221), v. 22. Febr. 1878 (RGBl. S. 8).

Allmählich sind alle Landesmünzen bis auf die Eintalerstücke deutschen Gepräges außer Kurs gesetzt.

Über die Außerkurssetzung der in Österreich geprägten Vereinstaler und Vereinsdoppeltaler bestimmt das

Gesetz, betreffend die Vereinstaler österreichischen Gepräges. Vom 28. Februar 1892 (RGBl. S. 315. Ausgegeben am 2. März 1892):

Wir **Wilhelm**, von Gottes Gnaden Deutscher Kaiser, König von Preußen rc.

verordnen im Namen des Reichs, nach erfolgter Zustimmung des Bundesrats und des Reichstags, was folgt:

„§ 1. Der Bundesrat wird ermächtigt, die Außerkurssetzung der in Österreich bis zum Schlusse des Jahres 1867 geprägten Vereinstaler und Vereinsdoppeltaler unter Einlösung derselben auf Rechnung des Reichs zu dem Wertverhältnisse von drei Mark gleich einem Taler anzuordnen und die hierfür erforderlichen Vorschriften festzustellen.

§ 2. Der Reichskanzler wird ermächtigt, den Bedarf zur Deckung des durch die Ein-

festgesetzt und mindestens drei Monate vor ihrem Ablaufe durch die vorbezeichneten Blätter bekannt gemacht worden ist.[18]

ziehung dieser Münzen entstehenden Verlustes aus den bereiten Mitteln der Reichs-Hauptkasse zu entnehmen."

§ 3. (Schatzanweisungen.)

Urkundlich unter Unserer Höchsteigenhändigen Unterschrift und beigedrucktem Kaiserlichen Insiegel.

Gegeben Berlin im Schloß, d. 28. Febr. 1892.

(L. S.) **Wilhelm.**

Graf von Caprivi.

Das G. v. 20. April 1874 (s. unten S. 91) hatte es unterlassen, die Ermächtigung des Art. 8 auf diese Münzen auszudehnen, welche mit Rücksicht auf die in Österreich-Ungarn schwebende Valutaregulierung nicht wohl auf die Dauer als gesetzliches Zahlungsmittel in Deutschland beibehalten werden konnten. Das Gesetz vom 28. Februar 1892 beabsichtigte, die rechtzeitige Entfernung der fraglichen Münzen aus dem deutschen Münzumlauf zu ermöglichen und vorzubereiten. Inzwischen waren die österreichischen Doppeltaler gleichzeitig mit den deutschen Doppeltalern in den Jahren 1876 und 1877 aus dem Verkehr gezogen. (S. Helfferich, Die Folgen des deutsch-österreichischen Münz-Vereins von 1857. Straßburg 1894. S. 93—96.) Der Verlust des Reichs an den seit Jahren in den Reichsbankkassen angesammelten Österreichischen Vereinstalern ist dadurch erheblich vermindert, daß auf Grund eines Abkommens mit der Österreichisch-Ungarischen Regierung v. 20. Februar 1892 diese in drei Raten $8^2/_3$ Millionen solcher Taler = 26 000 001 Mark gegen Erstattung des Werts in Österreichischen Noten

Art. 9. Niemand ist verpflichtet, Reichssilbermünzen im Betrage von mehr als zwanzig Mark und Nickel- und Kupfermünzen im Betrage von mehr als einer Mark in Zahlung zu nehmen.[19]

Von den Reichs- und Landeskassen werden Reichs-

nach dem Wertverhältnisse 1 Taler = $1^{1}/_{2}$ Gulden ö. W. übernommen hat. Vgl. Drucksachen des Reichstags 1890/92 Nr. 500, 648 und StenB. S. 3939 ff., 4089 ff., 4181 ff. Die Realisation des Gegenwerts (13 Mill. Gulden ö. W.) ergab einen Erlös von Mark 21 773 821,87. Der Verlust der Reichskasse betrug mithin ca. 4,2 Mill. Mark, während er beim Verkauf dieser Taler auf dem Silbermarkte bei dem damaligen Silberpreis mindestens dreimal so groß gewesen wäre.

Die Vereinstaler und Vereinsdoppeltaler österreichischen Gepräges sind sodann zum 1. Januar 1901 außer Kurs gesetzt worden durch die Bekanntmachung des Reichskanzlers v. 8. November 1900 (RGBl. S. 1013). Die Einlösbarkeit ist mit dem 31. März 1901 erloschen.

In Österreich ist die Außerkurssetzung bereits durch die k. k. V. v. 12. und 19. April 1893 erfolgt.

Vgl. im übrigen über diese Münzen Art. 15 Anm. 31, S. 91 sowie Einl. S. 12.

Wegen einer auf die Eintalerstücke deutschen Gepräges und die österreichischen Vereinstaler bezüglichen Zulassung einer Außerkurssetzung minderen Grades vgl. Anm. 31 Litt. b S. 92.

[18] Dieser Absatz bleibt nach § 3 des Gesetzes wegen Einführung der Reichs-Münzgesetze in Elsaß-Lothringen vom 15. Nov. 1874 (unten IV) in betreff der Münzen der Frankenwährung außer Anwendung.

[19] Dies folgt aus der Goldwährung (vgl. Art. 1, 3, Anm. 5, 6 S. 67 ff.).

Wegen der Schutzgebiete s. jedoch V. v. 1. Febr. 1905 § 2 — unten A VII S. 110.

silbermünzen in jedem Betrage in Zahlung genommen. Der Bundesrath wird diejenigen Kassen bezeichnen, welche Reichsgoldmünzen gegen Einzahlung von Reichssilbermünzen in Beträgen von mindestens 200 Mark oder von Nickel- und Kupfermünzen in Beträgen von mindestens 50 Mark auf Verlangen verabfolgen. Derselbe wird zugleich die näheren Bedingungen des Umtausches festsetzen.[20]

[20] „Reichskassen" — hierunter fallen an sich nicht die Kassen der Reichsbank; indessen sind diese angewiesen, auch größere Beträge, als Abs. 1 vorschreibt, in Zahlung zu nehmen.

„Reichsgoldmünzen" — nicht Taler (vgl. Art. 14, 15). Die bezüglichen Bestimmungen enthält die Bekanntmachung des Reichskanzlers, betreffend die Umwechselung von Reichsgoldmünzen gegen Reichssilber-, Nickel- und Kupfermünzen, v. 19. Dezember 1875 (RZBl. S. 802):

„Auf Grund des Art. 9 des Münzgesetzes vom 9. Juli 1873 (RGBl. S. 233) hat der Bundesrat folgendes bestimmt:

Vom 1. Januar 1876 ab werden bei folgenden Kassen:

1. der Reichsbank-Hauptkasse in Berlin,
2. den Kassen der Reichsbank-Hauptstellen in Frankfurt a. M., Königsberg i. P. und München

Reichsgoldmünzen gegen Einzahlung von Reichssilbermünzen oder von Nickel- und Kupfermünzen auf Verlangen verabfolgt werden.

Die Einlieferung der umzutauschenden Münzen hat in kassenmäßig formierten Beuteln oder Tüten, und zwar die der Silbermünzen in Beträgen von mindestens 200 Mark, die der Nickel- und Kupfermünzen in Beträgen von mindestens 50 Mark zu erfolgen.

Art. 10.[21] Die Verpflichtung zur Annahme und zum Umtausch (Art. 9) findet auf durchlöcherte und anders, als durch den gewöhnlichen Umlauf im Gewicht verringerte, ingleichen auf verfälschte Münzstücke keine Anwendung.

Reichs-Silber-, Nickel- und Kupfermünzen, welche in Folge längerer Cirkulation und Abnutzung an Gewicht oder Erkennbarkeit erheblich eingebüßt haben, werden zwar noch in allen Reichs- und Landeskassen angenommen, sind aber auf Rechnung des Reichs einzuziehen.

Art. 11. Eine Ausprägung von anderen, als den durch dieses Gesetz eingeführten Silber-, Nickel- und Kupfermünzen findet nicht ferner statt. Die durch die Bestimmung im § 10 des Gesetzes, betreffend die Ausprägung von Reichsgoldmünzen, vom 4. Dezember 1871 (Reichs-Gesetzbl. S. 404), vor-

Die Auszahlung des Gegenwertes in Gold erfolgt an den Einlieferer nach bewirkter Durchzählung der eingelieferten Münzen, welche von den gedachten Kassen in der Regel sofort, spätestens aber binnen fünf Tagen nach der Einlieferung bewirkt werden wird."

Wegen d. Schutzgebiete s. V. v. 1. Febr. 1905 § 3 unten A VII, S. 110.

[21] Hierzu ist erlassen die Bekanntmachung des Reichskanzlers v. 9. Mai 1876 (unten V S. 103).

Wegen der gewaltsam beschädigten, aber vollwichtig gebliebenen echten Reichsmünzen vgl. den Bundesratsbeschluß v. 13. Dezember 1877 (oben I Anm. 19, S. 58).

Hinsichtlich der Reichsgoldmünzen enthalten die entsprechenden Bestimmungen das G. v. 4. Dezember 1871 § 9 (oben I) und das MünzG. Art. 2.

behaltene Befugniß, Silbermünzen als Denkmünzen auszuprägen, erlischt mit dem 31. Dezember 1873.[22]

Art. 12.[23] Die Ausprägung von Reichsgoldmünzen geschieht auch ferner nach Maßgabe der Bestimmung im § 6 des Gesetzes, betreffend die Ausprägung von Reichsgoldmünzen, vom 4. Dezember 1871 (Reichs-Gesetzbl. S. 404), auf Rechnung des Reichs.[24]

Vgl. Anm. 20 a. E.

22 Eine Befugnis zur Ausprägung von Denkmünzen zu 5 und 2 Mark ist wieder eingeführt durch G. vom 1. Juni 1900 Art. V (s. oben S. 74). Über eine Kontingentierung bez. Nichtberücksichtigung bei Innehaltung der Grenze des Art 4 s. d. Verh. d. Reichstags v. 17. Jan. 1905 (StenB. S. 3823 ff.). Bezüglich anderer Silbermünzen, der Nickel- und Kupfermünzen, bewendet es bei dem Verbot des Art. 11.

23 Dieser Artikel enthält den wichtigen Grundsatz der Ausprägung von Reichsgoldmünzen (nicht Scheidemünzen, vgl. Art. 7) auf Privatrechnung neben der fortgesetzten Ausprägung auf Rechnung des Reichs. Wegen der Ausführung vgl. die Bekanntmachung des Reichskanzlers, betreffend die Ausprägung von Reichsgoldmünzen auf den deutschen Münzstätten für Rechnung von Privatpersonen, vom 8. Juni 1875 (unten VI S. 106).

24 Dergleichen Prägungen für Rechnung des Reichs haben seit 1877 nicht mehr stattgefunden. Sie erstreckten sich im ganzen auf 906 180,6 Pfund feines Gold mit einem Ausmünzungswert von Mark 1 264 120 995. Die während des Etatsjahrs 1877/78 erfolgte Ausmünzung von 40 010,6 Pfund Feingold, welche in der 7. Münzdenkschrift vom 15. Febr. 1879 mißverständlicherweise als für Rechnung des Reichs vorgenommen bezeichnet ist,

Privatpersonen haben das Recht, auf denjenigen Münzstätten, welche sich zur Ausprägung auf Reichsrechnung bereit erklärt haben, Zwanzigmarkstücke für ihre Rechnung ausprägen zu lassen, soweit diese Münzstätten nicht für das Reich beschäftigt sind.[25]

Die für solche Ausprägungen zu erhebende Gebühr wird vom Reichskanzler mit Zustimmung des Bundesrathes festgestellt, darf aber das Maximum von 7 Mark auf das Pfund fein Gold nicht übersteigen.

Die Differenz zwischen dieser Gebühr und der Vergütung, welche die Münzstätte für die Ausprägung in Anspruch nimmt, fließt in die Reichskasse.[26] Diese Differenz muß für alle deutschen Münzstätten dieselbe sein.

war für Rechnung der Reichsbank erfolgt. Vgl. auch oben Einl. S. 19.

[25] Die Vermittelung dabei fällt fast ganz der Reichsbank zu, welche nach § 14 des BankG. vom 14. März 1875 (unten C I, S. 155) verpflichtet ist, Barrengold zum festen Satze von 1392 Mark für das Pfund fein gegen ihre Noten umzutauschen. Zuzüglich der Prägegebühr von 3 Mark (s. die in Anm. 23 angef. Bek. und Anm. 27) entspricht dies der Wertbestimmung von Mark 1395 für das Pfund fein Gold (vgl. oben I Anm. 2, S. 48).

Übersichten der für Privatrechnung einschließlich der für die Reichsbank ausgeführten Prägungen enthalten die dem Reichstage vorgelegten „Denkschriften" und „Übersichten" (vgl. oben I Anm. 26, S. 61), Hirth, Ann. von 1872 ab, auch das RGBl. bis 1880, ferner der RAnz.

[26] Die Münzstätte erhebt für sich nur die Selbstkosten.

Die Münzstätten dürfen für die Ausprägung keine höhere Vergütung in Anspruch nehmen, als die Reichskasse für die Ausprägung von Zwanzigmarkstücken gewährt.[27]

Art. 13. Der Bundesrath ist befugt:

1) den Werth zu bestimmen, über welchen hinaus fremde Gold- und Silbermünzen nicht in Zahlung angeboten und gegeben werden dürfen, sowie den Umlauf fremder Münzen gänzlich zu untersagen;[28]

In der Differenz soll (nach den Motiven) eine Entschädigung liegen für die Verpflichtung des Reichs zur Einziehung abgenutzter Goldmünzen (G. v. 4. Dezember 1871 § 9 — oben I S. 58). Nach der letzten dem Reichstag mitgeteilten Übersicht (s. oben I Anm. 26, S. 61) sind bis Ende März 1903 in die Reichskasse geflossen Mark 469 436,50.

[27] Also jetzt Mark 2,75 (vgl. G. v. 4. Dez. 1871 § 6 und Anm. 9, oben I S. 52). Die Differenz, welche in die Reichskasse fließt (Abs. 4), beträgt danach Mark 0,25 (vgl. Anm. 25, 26).

[28] Vgl. die Bek. v. 6. Dez. 1873 (RGBl. S. 375), v. 22. Jan. 1884 (RGBl. S. 12), v. 7. März 1874 (RGBl. S. 21), v. 16. Okt. 1874 (RGBl. S. 126), v. 19. Dez. 1874 (RGBl. S. 149), v. 19. Dez. 1874 (RGBl. S. 152), v. 26. Febr. 1875 (RGBl. S. 184). Der Umlauf ist danach untersagt (Verbot, in Zahlung zu geben und zu nehmen) für: 1. österreichische und ungarische Ein- und Zweiguldenstücke; 2. niederländische Ein- und Zweieinhalbguldenstücke; 3. die finnischen Silbermünzen; 4. die Münzen des Konventionsfußes österreichischen Gepräges; 5. die in d. Bek. v. 19. Dez. 1874 (RGBl. S. 152) unter 2 bezeichneten Münzen dänischen Gepräges;

2) zu bestimmen, ob ausländische Münzen von Reichs- oder Landeskassen zu einem öffentlich bekannt zu machenden Kurse im inländischen Verkehr in Zahlung genommen werden dürfen, auch in solchem Falle den Kurs festzusetzen.[29]

Gewohnheitsmäßige oder gewerbsmäßige Zuwiderhandlungen gegen die vom Bundesrathe in

6. die polnischen eindrittel und einsechstel Talarastücke. — Laut Bek. v. 16. April 1888 (RGBl. S. 149), dürfen v. 1. Juli 1888 ab, vorbehaltlich der Gestattung von Ausnahmen für einzelne Grenzbezirke, fremde Scheidemünzen in Zahlung weder gegeben noch genommen werden. Ausnahmen sind gestattet: im badischen Grenzbezirk für Scheidemünzen der Frankenwährung (Bek. von demselben Tage — ebendas. und Bek. v. 24. Jan. 1893 — RGBl. S. 6), im sächsischen Grenzbezirk für österreichische Scheidemünzen (Bek. v. 30. April 1888 — RGBl. S. 171), innerhalb bayerischer Grenzbezirke für Scheidemünzen der österreichischen und Frankenwährung (Bek. v. 7. Juli 1888 — RGBl. S. 218), innerhalb schlesischer Grenzbezirke für Scheidemünzen der österreichischen Währung (Bek. v. 26. Febr. 1889 RGBl. S. 37), im württembergischen Grenzbezirk für Scheidemünzen der Frankenwährung (Bek. v. 26. Febr. 1889 — RGBl. S. 38 und Bek. v. 19. Dez. 1895 — RGBl. S. 463), in den rheinischen und lothringschen Grenzbezirken für Scheidemünzen luxemburgischem Gepräges (Bek. v. 23. Jan. 1902 — RGBl. S. 37), in den rheinischen, westfälischen und hannoverschen Grenzbezirken für Scheidemünzen niederländischen Gepräges (Bek. v. 19. März 1903 — RGBl. S. 58).

[29] Dergl. Best. sind nicht erlassen.

Wegen der Schutzgebiete s. S. 112.

Gemäßheit der Bestimmungen unter 1 getroffenen Anordnungen werden bestraft mit Geldstrafe bis zu 150 Mark oder mit Haft bis zu sechs Wochen.

Art. 14. Von dem Eintritt der Reichswährung an gelten folgende Vorschriften:

§ 1. Alle Zahlungen, welche bis dahin in Münzen einer inländischen Währung oder in landesgesetzlich den inländischen Münzen gleichgestellten ausländischen Münzen zu leisten waren, sind vorbehaltlich der Vorschriften Art. 9, 15 und 16 in Reichsmünzen zu leisten.

§ 2.[30] Die Umrechnung solcher Goldmünzen, für welche ein bestimmtes Verhältniß zu Silbermünzen gesetzlich nicht feststeht, erfolgt nach Maßgabe des Verhältnisses des gesetzlichen Feingehalts derjenigen Münzen, auf welche die Zahlungsverpflichtung lautet, zu dem gesetzlichen Feingehalte der Reichsgoldmünzen.

Bei der Umrechnung anderer Münzen werden

der Thaler zum Werthe von 3 Mark,

der Gulden süddeutscher Währung zum Werthe von $1^5/_7$ Mark,

die Mark lübischer oder hamburgischer Kurantwährung zum Werthe von $1^1/_5$ Mark,

die übrigen Münzen derselben Währung zu entsprechenden Werthen nach ihrem Verhältniß zu den genannten berechnet.

[30] Vgl. G. v. 4. Dez. 1871 § 8 — oben I S. 56.

Bei der Umrechnung werden Bruchtheile von Pfennigen der Reichswährung zu einem Pfennig berechnet, wenn sie einen halben Pfennig oder mehr betragen, Bruchtheile unter einem halben Pfennig werden nicht gerechnet.

§ 3. Werden Zahlungsverpflichtungen nach Eintritt der Reichswährung unter Zugrundelegung vormaliger inländischer Geld- oder Rechnungswährungen begründet, so ist die Zahlung vorbehaltlich der Vorschriften Art. 9, 15 und 16 in Reichsmünzen unter Anwendung der Vorschriften des § 2 zu leisten.

§ 4. In allen gerichtlich oder notariell aufgenommenen Urkunden, welche auf einen Geldbetrag lauten, desgleichen in allen zu einem Geldbetrag verurtheilenden gerichtlichen Entscheidungen ist dieser Geldbetrag, wenn für denselben ein bestimmtes Verhältniß zur Reichswährung gesetzlich feststeht, in Reichswährung auszudrücken; woneben jedoch dessen gleichzeitige Bezeichnung nach derjenigen Währung, in welcher ursprünglich die Verbindlichkeit begründet war, gestattet bleibt.

Art. 15.[31] An Stelle der Reichsmünzen sind

[31] Art. 15 ist ergänzt durch folgende Gesetze:

a) Gesetz, betreffend die Abänderung des Artikel 15 des Münzgesetzes vom 9. Juli 1873. Vom 20. April 1874. (RGBl. S. 35. Ausgegeben am 30. April 1874.)

Wir **Wilhelm**, von Gottes Gnaden, Deutscher Kaiser, König von Preußen rc.

verordnen im Namen des Deutschen Reichs,

bei allen Zahlungen bis zur Außerkurssetzung anzunehmen:

nach erfolgter Zustimmung des Bundesrats und des Reichstags, was folgt:

Einziger Artikel.

Die Bestimmung im Artikel 15, Ziffer 1 des Münzgesetzes vom 9. Juli 1873 (Reichs-Gesetzbl. S. 233), findet auch auf die in Österreich bis zum Schlusse des Jahres 1867 geprägten Vereinstaler und Vereinsdoppeltaler Anwendung.

Urkundlich unter Unserer Höchsteigenhändigen Unterschrift und beigedrucktem Kaiserlichen Insiegel.

Gegeben Berlin, den 20. April 1874.

(L. S.) **Wilhelm.**

Fürst v. Bismarck.

Über die Außerkurssetzung dieser Münzen s. oben Anm. 17 S. 80 ff.

Wegen der Beschränkung auf die bis Ende 1867 geprägten Münzen jener Art s. Vertrag v. 13. Juni 1867 (PrGBl. 1867 S. 1801).

b) Gesetz, betreffend die Abänderung des Art. 15 des Münzgesetzes vom 9. Juli 1873. Vom 6. Januar 1876 (RGBl. S. 3. Ausgegeben am 18. Januar 1876.)

Wir **Wilhelm**, von Gottes Gnaden Deutscher Kaiser, König von Preußen &c.

verordnen im Namen des Deutschen Reichs, nach erfolgter Zustimmung des Bundesrats und des Reichstags, was folgt:

Der Artikel 15 des Münzgesetzes vom 9. Juli 1873 (Reichs-Gesetzbl. S. 233) erhält folgenden Zusatz:

1) im gesammten Bundesgebiete an Stelle aller Reichsmünzen die Ein- und Zweithalerstücke deutschen Gepräges unter Berechnung des Thalers zu 3 Mark;

2) im gesammten Bundesgebiete an Stelle der Reichssilbermünzen, Silberkurantmünzen deutschen Gepräges zu $^1/_3$ und $^1/_6$ Thaler unter Berechnung des $^1/_3$ Thalerstücks zu einer Mark und des $^1/_6$ Thalerstücks zu einer halben Mark;

3) in denjenigen Ländern, in welchen gegenwärtig die Thalerwährung gilt, an Stelle der Reichs-, Nickel- und Kupfermünzen die nachbezeichneten

(Folgt die dem Artikel 15 in gesperrter Schrift hinzugefügte Bestimmung.)

Urkundlich unter Unserer Höchsteigenhändigen Unterschrift und beigedrucktem Kaiserlichen Insiegel.

Gegeben Berlin, den 6. Januar 1876.

(L. S.) **Wilhelm.**

Fürst v. Bismarck.

Bis auf die Taler Deutschen Gepräges sind bereits alle unter Art. 15 fallenden Münzen außer Kurs gesetzt (vgl. Art. 8 Anm. 17, S. 80).

Einen Zusatz für Elsaß-Lothringen enthält das Gesetz wegen Einführung der Reichsmünzgesetze in Elsaß-Lothringen v. 15. November 1874 § 5 (unten IV).

Der Bundesrat hat bisher von der Ermächtigung keinen Gebrauch gemacht. Vgl. auch G. v. 1. Juni 1900 Art. IV (s. oben S. 76 ff.).

Münzen der Thalerwährung zu den daneben bezeichneten Werthen:

1/12 Thalerstücke	zum	Werthe	von	25	Pfennig,
1/15	"	"	"	"	20	"
1/30	"	"	"	"	10	"
1/2 Groschenstücke	"	"	"	5	"
1/5	"	"	"	"	2	"
1/10 u. 1/12	"	"	"	"	1	"

4) in denjenigen Ländern, in welchen die Zwölftheilung des Groschens besteht, an Stelle der Reichs-, Nickel- und Kupfermünzen die auf der Zwölftheilung des Groschens beruhenden Dreipfennigstücke zum Werthe von 2 1/2 Pfennig;

5) in Bayern an Stelle der Reichskupfermünzen die Hellerstücke zum Werthe von 1/2 Pfennig;

6) in Mecklenburg an Stelle der Reichskupfermünzen die nach dem Marksystem ausgeprägten Fünfpfennigstücke, Zweipfennigstücke und Einpfennigstücke zum Werthe von 5, 2 und 1 Pfennig.

Die sämmtlichen sub 3 und 4 verzeichneten Münzen sind an allen öffentlichen Kassen des gesammten Bundesgebietes zu den angegebenen Werthen bis zur Außerkurssetzung in Zahlung anzunehmen.

Der Bundesrath ist befugt, zu bestimmen, daß die Einthalerstücke deutschen Gepräges, sowie die in Oesterreich bis zum

Schlusse des Jahres 1867 geprägten Vereinsthaler bis zu ihrer Außerkurssetzung nur noch an Stelle der Reichssilbermünzen, unter Berechnung des Thalers zu 3 Mark, in Zahlung anzunehmen sind.

Eine solche Bestimmung ist durch das Reichs-Gesetzblatt zu veröffentlichen und tritt frühestens einen Monat nach ihrer Veröffentlichung in Kraft.

Art. 16. Deutsche Goldkronen, Landesgoldmünzen und landesgesetzlich den inländischen Münzen gleichgestellte ausländische Goldmünzen, sowie grobe Silbermünzen, welche einer anderen Landeswährung als der Thalerwährung angehören, sind bis zur Außerkurssetzung als Zahlung anzunehmen, soweit die Zahlung nach den bisherigen Vorschriften in diesen Münzsorten angenommen werden mußte.[32]

Art. 17. Schon vor Eintritt der Reichsgoldwährung können alle Zahlungen, welche gesetzlich in Münzen einer inländischen Währung oder in ausländischen, den inländischen Münzen landesgesetzlich gleichgestellten Münzen geleistet werden dürfen, ganz oder theilweise in Reichsmünzen, vorbehaltlich der Vorschrift Art. 9, dergestalt geleistet

[32] Alle diese Münzen sind außer Kurs gesetzt (vgl. Art. 8 und 18 sowie die Bek. v. 6. Dez. 1873 (RGBl. S. 8), v. 7. März 1874 (RGBl. S. 21), v. 19. Dez. 1874 (RGBl. S. 149).

werden, daß die Umrechnung nach den Vorschriften Art. 14 § 2 erfolgt.[33]

Art. 18. Bis zum 1. Januar 1876 sind sämmtliche nicht auf Reichswährung lautenden Noten der Banken einzuziehen. Von diesem Termine an dürfen nur solche Banknoten, welche auf Reichswährung in Beträgen von nicht weniger als 100 Mark lauten, in Umlauf bleiben oder ausgegeben werden.[34]

Dieselben Bestimmungen gelten für die bis jetzt von Korporationen ausgegebenen Scheine.[35]

Das von den einzelnen Bundesstaaten ausgegebene Papiergeld ist spätestens bis zum 1. Januar 1876 einzuziehen und spätestens sechs Monate vor diesem Termine öffentlich aufzurufen. Dagegen wird nach Maßgabe eines zu erlassenden Reichsgesetzes eine Ausgabe von Reichspapiergeld stattfinden. Das Reichsgesetz wird über die Ausgabe und den Umlauf des Reichspapiergeldes, sowie über

33 Wegen der Umrechnung von Münzen der Frankenwährung vgl. G. v. 15. November 1874 § 4 (unten IV).

34 Durch diese Bestimmung wurde die mit dem G. v. 27. März 1870 (BGBl. S. 51) begonnene Reform des Banknotenwesens wesentlich gefördert. Ihr nächstes Stadium beschritt die letztere durch das zur Ausführung des Art. 18 erlassene G., betr. die Ausgabe von Banknoten, v. 21. Dez. 1874 Art. II (RGBl. S. 193). Vgl. auch BankG. v. 14. März 1875 § 3 (unten C I, S. 181).

35 Vgl. BankG. v. 14. März 1875 § 54.

forderlichen Vorschriften erfolgt durch den Bundesrat, die Frist für die Außerkurssetzung muß zwei Jahre betragen. Die Bekanntmachung über die Außerkurssetzung ist durch das Reichs-Gesetzblatt sowie durch die zu den amtlichen Bekanntmachungen der unteren Verwaltungsbehörden dienenden Tageszeitungen zu veröffentlichen;

2. die zur Aufrechterhaltung eines geregelten Geldumlaufs erforderlichen polizeilichen Vorschriften zu erlassen;
3. den Wert zu bestimmen, über welchen hinaus fremde Gold- und Silbermünzen nicht in Zahlung angeboten und gegeben werden dürfen, sowie den Umlauf fremder Münzen gänzlich zu untersagen;
4. zu bestimmen, ob ausländische Münzen von Reichs- oder Landeskassen zu einem öffentlich bekannt zu machenden Kurse im inländischen Verkehr in Zahlung genommen werden dürfen, auch in solchem Falle den Kurs festzusetzen.

Gewohnheitsmäßige oder gewerbsmäßige Zuwiderhandlungen gegen die vom Bundesrate in Gemäßheit der Bestimmungen unter 2 und 3 getroffenen Anordnungen werden bestraft mit Geldstrafe bis zu 150 Mark oder mit Haft bis zu sechs Wochen.

Art. 14. Von dem Eintritt der Reichswährung an gelten folgende Vorschriften:

§ 1. Alle Zahlungen, welche bis dahin in Münzen einer inländischen Währung oder in landesgesetzlich den inländischen Münzen gleichgestellten ausländischen Münzen zu leisten waren, sind vorbehaltlich der Vorschriften Art. 9, 15 und 16 in Reichsmünzen zu leisten.

§ 2. Die Umrechnung solcher Goldmünzen, für welche ein bestimmtes Verhältnis zu Silbermünzen gesetzlich nicht feststeht, erfolgt nach Maßgabe des Verhältnisses des gesetzlichen Feingehalts derjenigen Münzen, auf welche die Zahlungsverpflichtung lautet, zu dem gesetzlichen Feingehalte der Reichsgoldmünzen.

Bei der Umrechnung anderer Münzen werden
der Taler zum Werte von 3 Mark,
der Gulden süddeutscher Währung zum Werte von $1^5/_7$ Mark,
die Mark lübischer oder hamburgischer Kurantwährung zum Werte von $1^1/_5$ Mark,
die übrigen Münzen derselben Währung zu entsprechenden Werten nach ihrem Verhältnis zu den genannten berechnet.

Bei der Umrechnung werden Bruchteile von Pfennigen der Reichswährung zu einem Pfennig berechnet, wenn sie einen halben Pfennig oder mehr betragen, Bruchteile unter einem halben Pfennig werden nicht gerechnet.

§ 3. Werden Zahlungsverpflichtungen nach Eintritt der Reichswährung unter Zugrundelegung vormaliger inländischer Geld- oder Rechnungswährungen begründet, so ist die Zahlung vorbehaltlich der Vorschriften Art. 9, 15 und 16 in Reichsmünzen unter Anwendung der Vorschriften des § 2 zu leisten.

§ 4. In allen gerichtlich oder notariell aufgenommenen Urkunden, welche auf einen Geldbetrag lauten, desgleichen in allen zu einem Geldbetrag verurteilenden gerichtlichen Entscheidungen ist dieser Geldbetrag, wenn für denselben ein bestimmtes Verhältnis zur Reichswährung gesetzlich feststeht, in Reichswährung auszudrücken; woneben jedoch dessen gleichzeitige Bezeichnung nach derjenigen Währung, in welcher ursprünglich die Verbindlichkeit begründet war, gestattet bleibt.

Art. 15[13]. An Stelle der Reichsmünzen sind bei allen Zahlungen bis zur Außerkurssetzung anzunehmen:

1. im gesamten Bundesgebiete an Stelle aller Reichs-

[13] Art. 15 ist ergänzt durch folgende Gesetze:

a) Gesetz, betreffend die Abänderung des Artikel 15 des Münzgesetzes vom 9. Juli 1873. Vom 20. April 1874 (RGBl. S. 35):

Einziger Artikel.

Die Bestimmung im Artikel 15, Ziffer 1 des Münzgesetzes vom 9. Juli 1873 (RGBl. S. 233), findet auch auf die in Österreich bis zum Schlusse des Jahres 1867 geprägten Vereinstaler und Vereinsdoppeltaler Anwendung.

b) Gesetz, betreffend die Abänderung des Art. 15 des Münzgesetzes vom 9. Juli 1873. Vom 6. Januar 1876 (RGBl. S. 3):

Der Artikel 15 des Münzgesetzes vom 9. Juli 1873 (RGBl. S. 233) erhält folgenden Zusatz:

(Folgt die dem Artikel 15 in gesperrter Schrift hinzugefügte Bestimmung.)

Allmählich sind alle unter Art. 15 fallenden Münzen außer Kurs gesetzt worden.

münzen die Ein- und Zweitalerstücke deutschen Gepräges unter Berechnung des Talers zu 3 Mark;

2. im gesamten Bundesgebiete an Stelle der Reichssilbermünzen, Silberkurantmünzen deutschen Gepräges zu $^1/_3$ und $^1/_6$ Taler unter Berechnung des $^1/_3$ Talerstücks zu einer Mark und des $^1/_6$ Talerstücks zu einer halben Mark;

3. in denjenigen Ländern, in welchen gegenwärtig die Talerwährung gilt, an Stelle der Reichs-, Nickel- und Kupfermünzen die nachbezeichneten Münzen der Talerwährung zu den daneben bezeichneten Werten:

$^1/_{12}$ Talerstücke	zum	Werte	von	25	Pfennig,
$^1/_{15}$ "	"	"	"	20	"
$^1/_{30}$ "	"	"	"	10	"
$^1/_2$ Groschenstücke	"	"	"	5	"
$^1/_5$ "	"	"	"	2	"
$^1/_{10}$ u. $^1/_{12}$ "	"	"	"	1	"

4. in denjenigen Ländern, in welchen die Zwölfteilung des Groschens besteht, an Stelle der Reichs-, Nickel- und Kupfermünzen die auf der Zwölfteilung des Groschens beruhenden Dreipfennigstücke zum Werte von $2^1/_2$ Pfennig;

5. in Bayern an Stelle der Reichskupfermünzen die Hellerstücke zum Werte von $^1/_2$ Pfennig;

6. in Mecklenburg an Stelle der Reichskupfermünzen die nach dem Marksystem ausgeprägten Fünfpfennigstücke, Zweipfennigstücke und Einpfennigstücke zum Werte von 5, 2 und 1 Pfennig.

Die sämtlichen sub 3 und 4 verzeichneten Münzen sind an allen öffentlichen Kassen des gesamten Bundesgebietes zu den angegebenen Werten bis zur Außerkurssetzung in Zahlung anzunehmen.

Der Bundesrat ist befugt, zu bestimmen, daß die Eintalerstücke deutschen Gepräges, sowie die in Österreich bis zum Schlusse des Jahres 1867 geprägten Vereinstaler bis zu ihrer Außerkurssetzung nur noch an Stelle der Reichssilbermünzen, unter Berechnung des Talers zu 3 Mark, in Zahlung anzunehmen sind.

Eine solche Bestimmung ist durch das Reichs-Gesetzblatt zu veröffentlichen und tritt frühestens einen Monat nach ihrer Veröffentlichung in Kraft[14].

Art. 16. Deutsche Goldkronen, Landesgoldmünzen und landesgesetzlich den inländischen Münzen gleichgestellte ausländische Goldmünzen, sowie grobe Silbermünzen, welche einer anderen Landeswährung als der Talerwährung angehören, sind bis zur Außerkurssetzung als Zahlung anzunehmen, soweit die Zahlung nach den bisherigen Vorschriften in diesen Münzsorten angenommen werden mußte[15].

Art. 17. Schon vor Eintritt der Reichsgoldwährung können alle Zahlungen, welche gesetzlich in Münzen einer inländischen Währung oder in aus-

[14] Von der Befugnis ist kein Gebrauch gemacht worden.
[15] Alle diese Münzen sind außer Kurs gesetzt.

ländischen, den inländischen Münzen landesgesetzlich gleichgestellten Münzen geleistet werden dürfen, ganz oder teilweise in Reichsmünzen, vorbehaltlich der Vorschrift Art. 9, dergestalt geleistet werden, daß die Umrechnung nach den Vorschriften Art. 14 § 2 erfolgt.

Art. 18. Bis zum 1. Januar 1876 sind sämtliche nicht auf Reichswährung lautenden Noten der Banken einzuziehen. Von diesem Termine an dürfen nur solche Banknoten, welche auf Reichswährung in Beträgen von nicht weniger als 100 Mark lauten, in Umlauf bleiben oder ausgegeben werden.

Dieselben Bestimmungen gelten für die bis jetzt von Korporationen ausgegebenen Scheine.

Das von den einzelnen Bundesstaaten ausgegebene Papiergeld ist spätestens bis zum 1. Januar 1876 einzuziehen und spätestens sechs Monate vor diesem Termin öffentlich aufzurufen. Dagegen wird nach Maßgabe eines zu erlassenden Reichsgesetzes eine Ausgabe von Reichspapiergeld stattfinden. Das Reichsgesetz wird über die Ausgabe und den Umlauf des Reichspapiergeldes, sowie über die den einzelnen Bundesstaaten zum Zweck der Einziehung ihres Papiergeldes zu gewährenden Erleichterungen die näheren Bestimmungen treffen.

IV.

Falsche, beschädigte und abgenutzte Reichsmünzen. Bekanntmachung des Reichskanzlers vom 9. Mai 1876. (RGBl. S. 260.)[1]

Auf Grund des Artikels 7 der Reichsverfassung[2] hat der Bundesrat in seiner Sitzung vom 24. März 1876 nachstehende Bestimmungen über die Behandlung der bei Reichs- und Landeskassen eingehenden nachgemachten, verfälschten oder nicht mehr umlaufsfähigen Reichsmünzen beschlossen:

Falschstücke.

I. 1. Sämtliche Reichs- und Landeskassen haben die bei ihnen eingehenden nachgemachten oder verfälschten Reichsmünzen (§§ 146—148 des Strafgesetzbuchs) anzuhalten.

2. Wird ein eingehendes Falschstück als solches von den Kassenbeamten ohne weiteres erkannt, so hat der Vorsteher der Kasse sofort der zuständigen Justiz- oder Polizeibehörde Anzeige zu machen und das angehaltene Falschstück vorzulegen, unter Beifügung des eingegangenen

[1] Vgl. MünzG. v. 1. Juni 1909 §§ 10 bis 12 — oben A I S. 72ff. Die Bestimmungen des Bundesrats haben auch die Reichsbankkassen zu befolgen.

Wegen der Schutzgebiete s. unten A VI S. 110.

[2] Hiernach hat der Bundesrat u. a. zu beschließen „über die zur Ausführung der Reichsgesetze erforderlichen allgemeinen Verwaltungsvorschriften und Einrichtungen, sofern nicht durch Reichsgesetz etwas anderes bestimmt ist“.

Begleitschreibens, Etiketts usw., beziehungsweise der über die Einzahlung aufzunehmenden kurzen Verhandlung.

3. Erscheint die Unechtheit eines Stückes zweifelhaft, so ist dasselbe, nachdem dem bisherigen Inhaber eine Bescheinigung über den Sachverhalt erteilt worden, an das Münzmetalldepot des Reichs bei der Königlich preußischen Münzstätte in Berlin (Unterwasserstraße 2–4), und zwar, wenn das Stück in Bayern, Sachsen, Württemberg, Baden, Hessen oder Hamburg angehalten ist, durch Vermittlung der Landesmünzstätte[3] einzusenden. Die Königlich preußische Münzstätte in Berlin wird diese Stücke einer Untersuchung unterwerfen und

a) im Falle der Echtheit für Rechnung des Reichs den Wert der einsendenden Kasse zur Aushändigung an den Einzahler zusenden lassen, die Münzstücke aber, sofern sie zum Umlauf nicht geeignet sind, zur Einziehung bringen;

b) im Falle der Unechtheit das Falschstück an die einsendende Kasse zurückgeben, damit dieselbe in Gemäßheit der Vorschrift unter I 2 verfahre.

Gewaltsam usw. beschädigte Münzen.

II. Durch gewaltsame oder gesetzwidrige Beschädigung am Gewicht[4] verringerte echte Reichsmünzen (§ 150 des Strafgesetzbuchs) sind von den Reichs- und Landeskassen gleichfalls anzuhalten.

Liegt der Verdacht eines Münzvergehens gegen eine

[3] Vgl. oben I Anm. 16 S. 64.

[4] Wegen der nicht am Gewicht verringerten vgl. oben I Anm. 23 S. 73.

bestimmte Person vor, so ist in der unter I 2 vorgeschriebenen Weise zu verfahren.

Liegt ein solcher Verdacht nicht vor, so ist das Münzstück durch Zerschlagen oder Einschneiden für den Umlauf unbrauchbar zu machen und alsdann dem Einzahler zurückzugeben.

Abgenutzte Reichsmünzen.

III. Reichsgoldmünzen, welche infolge längerer Zirkulation und Abnutzung am Gewicht so viel eingebüßt haben, daß sie das Passiergewicht (§ 9 des Gesetzes vom 4. Dezember 1871, RGBl. S. 403)[5] nicht mehr erreichen,

sowie

Reichssilber-, Nickel- und Kupfermünzen, welche infolge längerer Zirkulation und Abnutzung an Gewicht oder Erkennbarkeit erheblich eingebüßt haben[6], sind von allen Reichs- und Landeskassen zum vollen Wert anzunehmen und in der Weise für Rechnung des Reichs einzuziehen, daß sie den dazu bestimmten Sammelstellen — der Reichshauptkasse und den Oberpostkassen, in Preußen: der Generalstaatskasse und den Regierungs- beziehungsweise Bezirkshauptkassen, in den übrigen Bundesstaaten: der Landeszentralkasse — zugeführt werden.

Die Sammelstellen haben die Münzen, sobald sich ein angemessener Betrag angesammelt hat, kassenmäßig verpackt und bezeichnet dem Münzmetalldepot des Reichs

[5] Vgl. oben I S. 85 und Anm. 22 S. 72.
[6] Vgl. oben I § 12 S. 74.

bei der Königlich preußischen Münzstätte zu Berlin gegen Anerkenntnis einzusenden und den Wert des Anerkenntnisses der Reichshauptkasse in Aufrechnung zu bringen.

Die vorstehenden Bestimmungen finden auf deutsche Landesmünzen so lange Anwendung, als dieselben noch nicht außer Kurs gesetzt sind.

IV. Postsendungen, welche in Ausführung gegenwärtiger Bestimmungen zwischen Landesbehörden und Landeskassen einerseits und dem Reichsmünzmetalldepot andererseits erfolgen, sind als Reichsdienstsachen portofrei zu befördern.

V.

Prägung von Reichsgoldmünzen auf Privatrechnung.

Bekanntmachung des Reichskanzlers, betreffend die Ausprägung von Reichsgoldmünzen auf den deutschen Münzstätten für Rechnung von Privatpersonen. Vom 8. Juni 1875. (RZBl. S. 348.)

Zum Vollzuge des Artikels 12 des Münzgesetzes vom 9. Juli 1873 (RGBl. S. 233)[1] hat der Bundesrat die nachfolgenden Bestimmungen erlassen:

Die deutschen Münzstätten, und zwar:

die Königlich preußischen Münzstätten zu Berlin, Frankfurt a. M.* und Hannover*, die Königlich bayerische Münzstätte zu München, die Königlich

[1] An dessen Stelle ist getreten d. MünzG. v. 1. Juni 1909 § 7 — oben I S. 64ff.

sächsische zu Dresden[2], die Königlich württembergische zu Stuttgart, die Großherzoglich badische zu Karlsruhe, die Großherzoglich hessische zu Darmstadt* und die Münzstätte der freien und Hansestadt Hamburg[3] prägen, soweit sie nicht für das Reich beschäftigt sind, Reichsgoldmünzen für Rechnung von Privatpersonen gegen eine Prägegebühr von drei Mark für das Pfund Feingold unter folgenden Bedingungen:

1. Das auszuprägende Gold ist der Münzstätte in Barren von mindestens fünf Pfund Rauhgewicht unter Beifügung der Probierscheine einzuliefern.
2. Nach Feststellung des Rauhgewichts, die in Gegenwart des Einlieferers oder seines Beauftragten erfolgt, nimmt die Münzstätte zwei Aushiebe von jedem Barren.

   Die Münzstätte ermittelt durch zwei Proben von jedem Barren den Feingehalt bis auf $^1/_{5000}$. Als Gebühr für diese Ermittelung ist von dem Einlieferer für jede Probe der Betrag von 1,50 Mark, also für beide Proben zusammen der Betrag von 3 Mark zu zahlen. Die Aushiebe verbleiben dem Einlieferer.

   Barren, deren Feingehalt von der Münzstätte, welcher sie zur Ausprägung überliefert werden, schon früher vorschriftsmäßig festgestellt ist und auf Grund dieser Feststellung nachgewiesen werden kann, werden mit dem nachgewiesenen Feingehalt ohne neue Prüfung angenommen.

[2] Jetzt Muldenhütten bei Freiberg i. S.
[3] Die mit * bezeichneten Münzstätten sind aufgehoben. Vgl. oben I S. 64ff.

3. Nach Feststellung des Feingehalts wird dem Einlieferer eine Abschrift des Probierscheines und eine Berechnung des Wertbetrages, zu welchem das Gold, einschließlich der Aushiebe und abzüglich der Prägegebühr, angenommen werden soll, unter Angabe des Tages, an welchem die Auszahlung zu erfolgen hat, übersandt. Erklärt der Einlieferer nicht binnen drei Tagen, daß er die Barren zurückziehe oder der Feingehaltsbestimmung widerspreche, so werden dieselben verarbeitet.
4. Widerspricht der Einlieferer der Feingehaltsbestimmung, ohne den Barren zurückzuziehen, so findet auf seine Kosten eine weitere Probe zweier Aushiebe statt, welche durch einen vom Reichskanzler zu bezeichnenden Probierer vorgenommen wird und für die Münzstätte definitiv maßgebend ist. Gibt sich der Einlieferer auch mit dieser Feingehaltsbestimmung nicht zufrieden, so hat er den Barren binnen drei Tagen zurückzunehmen.
5. Die Auszahlung der Prägeergebnisse erfolgt in Doppelkronen, der Einlieferer ist jedoch verpflichtet, auch Kronen in Zahlung anzunehmen.
6. Barren mit einem Feingehalt von weniger als 900 Tausendteilen ist die Münzstätte befugt, zurückzugeben.
7. Barren, welche vor der Einschmelzung als spröde oder iridiumhaltig erkannt werden, ist der Einlieferer zurückzunehmen verpflichtet.

VI.
Das Münzwesen in den deutschen Schutzgebieten.

1.

Das Münzwesen in den meisten Schutzgebieten — Kamerun, Togogebiet, südwestafrikanisches Schutzgebiet, Deutsch Neu-Guinea, Marshallinseln, Inselgebiet der Karolinen, Palaus und Marianen, Samoa — ist durch die folgende „Verordnung des Reichskanzlers, betreffend das Geldwesen der Schutzgebiete außer Deutsch-Ostafrika und Kiautschou" vom 1. Februar 1905 (RAnz. Nr. 41 v. 16. Febr. 1905) geregelt.

Auf Grund des § 15 des Schutzgebietsgesetzes (RGBl. 1900, S. 813) wird für die Schutzgebiete, mit Ausnahme von Deutsch-Ostafrika und Kiautschou, unter Aufhebung aller bisher über das Geldwesen erlassenen Bestimmungen verordnet, was folgt:

§ 1. In den Schutzgebieten, außer Deutsch-Ostafrika und Kiautschou, gilt die Reichsmarkrechnung.

§ 2. Gesetzliches Zahlungsmittel sind die sämtlichen Münzen, die auf Grund reichsgesetzlicher Bestimmungen im Reichsgebiete gesetzliches Zahlungsmittel sind[1], jedoch mit der Maßgabe, daß neben den Reichsgoldmünzen und den Talern auch die Reichssilbermünzen für jeden Betrag in Zahlung genommen werden müssen und daß die Nickel- und Kupfermünzen sowohl im Privatverkehr als auch im Verkehr mit den amtlichen Kassen gesetz-

---

[1] Die mit der Verordn. veröffentlichte Anm. zu „gesetzliches Zahlungsmittel" (§ 2) ist nicht mit abgedruckt.

liches Zahlungsmittel bis zum Betrage von fünf Mark sind[2].

§ 3. Die von den Gouverneuren (in den Marshallinseln dem Landeshauptmann) zu bezeichnenden Kassen werden nach ihrer Wahl Gold- oder Silbermünzen auf Verlangen gegen Einzahlung von Nickel- und Kupfermünzen in Beträgen von mindestens 100 M[3] verabfolgen. Die Gouverneure setzen die Bedingungen des Umtausches fest.

§ 4. Die Verpflichtung zur Annahme (§ 2) und zum Umtausch (§ 3) findet auf durchlöcherte und anders als durch den gewöhnlichen Umlauf im Gewichte verringerte, desgleichen auf verfälschte Münzstücke keine Anwendung[4].

§ 5. Reichsgoldmünzen, deren Gewicht um nicht mehr als fünf Tausendteile hinter dem Normalgewicht (7,96495 g für die Doppelkrone, 3,98248 g für die Krone) zurückbleibt, mithin mindestens 7,9251 g für die Doppelkrone und 3,9626 g für die Krone beträgt (Passiergewicht) und welche nicht durch gewaltsame und gesetzwidrige Beschädigung am Gewicht verringert sind, sollen bei allen Zahlungen als vollwichtig gelten.

Reichsgoldmünzen, welche das vorgedachte Passiergewicht nicht erreichen, desgleichen Reichs-Silber-, Nickel- und Kupfermünzen, welche infolge längeren Umlaufs und natürlicher Abnutzung an Gewicht und Erkennbarkeit erheblich eingebüßt haben, sind zwar von den amtlichen Kassen zu ihrem vollen Nennwerte anzunehmen, dürfen aber von diesen Kassen nicht wieder ausgegeben werden, sondern sind dem Gouvernement behufs Einziehung einzuliefern[5].

§ 6. Die Reichskassenscheine sind bei allen amtlichen

---

[2] Vgl. dagegen § 9 Abs. 1 d. MünzG. v. 1. Juni 1909 — oben I S. 70.

[3] Vgl. dagegen § 9 Abs. 2 das. — oben I S. 71.

[4] Wie § 10 das. — oben I S. 72.

[5] Vgl. §§ 11, 12 das. — oben I S. 72ff.

Kassen zu ihrem Nennwert in Zahlung zu nehmen. Im Privatverkehr findet ein Zwang zu ihrer Annahme nicht statt[6].

§ 7. Die amtlichen Kassen sind ermächtigt, die von der Reichsbank ausgegebenen Noten in Zahlung zu nehmen[7].

§ 8. Die Gouverneure (in den Marshallinseln der Landeshauptmann) sind befugt:

1. die zur Aufrechterhaltung eines geregelten Geldumlaufs erforderlichen polizeilichen Vorschriften zu erlassen;
2. den Wert zu bestimmen, über welchen hinaus fremde Münzen nicht in Zahlung angeboten und gegeben werden dürfen, sowie den Umlauf fremder Münzen gänzlich zu untersagen;
3. zu bestimmen, ob fremde Münzen von den amtlichen Kassen zu einem öffentlich bekannt zu machenden Kurse in Zahlung genommen werden dürfen, sowie in solchem Falle den Kurs festzusetzen;
4. fremden Goldmünzen gesetzliche Zahlungskraft in einem bestimmten Kursverhältnis zur Reichsmark beizulegen;
5. den Zeitpunkt des Inkrafttretens dieser Verordnung in den ihrer Verwaltung unterstehenden Schutzgebieten durch öffentliche Bekanntmachung festzusetzen[8].

Die von der Kolonialabteilung des Auswärtigen Amts unterm 6. Februar 1905 erlassenen „Bestimmungen über

---

[6] Vgl. G. v. 30. April 1874 § 5 — unten B I S. 128.

[7] Vgl. BankG. v. 14. März 1875 § 2 Anm. 4 — unten C I S. 138.

[8] Vgl. MünzG. v. 1. Juni 1909 § 14 (oben I S. 75 ff.), MünzG. v. 9. Juli 1873 Art. 13 (oben III S. 96).

die Behandlung der bei den amtlichen Kassen der Schutzgebiete, außer Deutsch-Ostafrika und Kiautschou, eingehenden nachgemachten, verfälschten oder nicht mehr umlaufsfähigen Reichsmünzen, Reichskassenscheine und Reichsbanknoten" (RAnz. Nr. 41 v. 16. Februar 1905) schließen sich im wesentlichen den maßgebenden Bestimmungen für das Reichsgebiet an[9].

Münzen, welche von Eingeborenen zum Zweck der Verwendung als Schmuckstücke durchlöchert worden sind und von denselben in Unkenntnis der bestehenden Vorschriften bei den amtlichen Kassen als Zahlungsmittel angeboten werden, sind nicht wie anderweit gewaltsam beschädigte Münzen durch Zerschlagen oder Einschneiden für den Umlauf besonders unbrauchbar zu machen, sondern ohne weiteres dem Einlieferer zurückzugeben.

In Kraft getreten ist die Verordnung des Reichskanzlers v. 1. Febr. 1905 (oben S. 109) im Schutzgebiet Deutsch-Südwestafrika[10] am 1. Jan. 1906, Bek. v. 15. Nov. 1905 (KolG. Bd. IX S. 271); in Deutsch-Neu-Guinea am 1. Okt. 1906, Bek. v. 14. Sept. 1906 (ebenda S. 39)[11]; in Togo[12] am 1. Juni 1907, Bek. v. 1. Mai 1907

[9] Vgl. oben A IV S. 103 ff. (Reichsmünzen), unten B I S. 130 (Reichskassenscheine), C I S. 141 ff. (Reichsbanknoten).

[10] Vgl. dazu d. Bek. d. Gouv. v. Deutsch-Südwestafrika betr. den Gegenwert englischer Pfund- und Schillingsstücke, v. 15. Nov. 1905 (KolG. Bd. IX S. 271).

[11] Vgl. dazu die Verordnung betr. die Außerkurssetzung der Neu-Guinea-Münzen v. 5. Sept. 1908 (KolBl. 1909 S. 7).

[12] Bek. betr. den Umtausch von Nickel- und Kupfer-

(KolG. Bd. XI S. 231); in Kamerun[13] am 1. März 1908, Bek. v. 24. Jan. 1908 (KolBl. S. 322).

Siehe auch die „Denkschrift über das Geldwesen der deutschen Schutzgebiete, außer Ostafrika und Kiautschou". Dazu als Anlage I „Die in den einzelnen Schutzgebieten, außer Deutsch-Ostafrika und Kiautschou, bisher erlassenen Münzverordnungen". (Drucksache des Reichstags Nr. 665 XI. LegPer. I. Session 1903/05.)

2.

Im deutsch-ostafrikanischen Schutzgebiet besteht Rupienwährung auf Goldbasis. Diese Sonderstellung erklärt sich historisch und wirtschaftlich, insofern die lebhaften Handelsbeziehungen Ostafrikas zu Indien seit Beginn der siebziger Jahre des 19. Jahrhunderts allmählich zur völligen Verdrängung der Maria-Theresia-Taler und der amerikanischen Golddollars aus dem äquatorialen Ostafrika geführt und deren Ersetzung durch

---

münzen gegen Silbermünzen und die Annahme von englischen Gold- und Silbermünzen bei den öffentlichen Kassen im Schutzgebiet Togo v. 1. Mai 1907 (KolG. Bd. XI S. 231) u. d. Verordnung betr. den Umlauf der Maria-Theresien-Taler im Schutzgebiet Togo v. 2. Mai 1907 (ebenda S. 231).

[13] Siehe dazu d. Bek. betr. das Geldwesen des Schutzgeb. Kamerun v. 15. März 1906 (KolG. Bd. X S. 140) sowie die Bek. betr. den Umtausch von Nickel- und Kupfermünzen gegen Silbermünzen und die Annahme von englischen und französischen Gold- und Silbermünzen bei den öffentlichen Kassen im Schutzgeb. Kamerun v. 24. Jan. 1908 (ebenda Bd. XII S. 323).

Silber- und Kupfermünzen des indischen Münzsystems bewirkt hatten. Dazu hatte die Deutsch-Ostafrikanische Gesellschaft, die in dem von ihr beherrschten Gebiete die Landeshoheit und (seit 1890) auch das Prägerecht ausübte, ihre eigene Rupie, die mit der britisch-indischen nach Gewicht und Feinsilbergehalt allerdings identisch war. Hieraus ergaben sich in der Folge Übelstände, die sich mit der Festlegung der indischen Rupie auf einer Goldparität steigerten. Zudem bestand für die Gesellschaft keine Verpflichtung, ihre um nahezu die Hälfte unterwertigen Münzen zu dem Kurse, zu dem sie ausgegeben wurden, auch wieder in einem vollwertigen Gelde einzulösen. Diese Verhältnisse bewogen die Reichsregierung, durch Vertrag mit der Deutsch-Ostafrikanischen Gesellschaft vom 15. November 1902 das Prägerecht im Schutzgebiet gegen Konzessionen auf anderem Gebiete wieder an sich zu bringen und das deutsch-ostafrikanische Geldwesen aus allgemein deutschen Interessen von seiner Abhängigkeit vom indischen zu befreien und es an die Reichsgoldwährung anzugliedern. Die nach indischem Vorbild gestaltete Reform ist erfolgt durch Allerhöchste Order vom 23. Dezember 1903[14] (KolBl.

[14] Die Order hat folgenden Wortlaut: „An den Reichskanzler. Auf Ihren Bericht vom 21. d. Mts. will ich genehmigen, daß für das ostafrikanische Schutzgebiet Silbermünzen zu 2, 1, 1/2 und 1/4 Rupien sowie Kupfermünzen zu 1/100 Rupie (Heller) und 1/200 Rupie (1/2 Heller) nach den Mir vorgelegten Zeichnungen ausgeprägt werden. Gleichzeitig ermächtige ich Sie, die zur Ord-

1904 S. 223) und die Verordnung des Reichskanzlers betreffend das Münzwesen des deutsch-ostafrikanischen Schutzgebiets v. 28. Febr. 1904 (ebenda S. 223). Die letztere ist auf Grund des Allerhöchsten Erlasses v. 2. Okt. 1908 (KolBl. S. 1085), der die Prägung von Fünf- u. Zehnhellerstücken nach den vorgelegten Mustern genehmigte, durch Verordnung des Reichskanzlers v. 29. Okt. 1908 (ebenda S. 1086) abgeändert worden und lautet jetzt wie folgt:

„Auf Grund des § 15 des Schutzgebietsgesetzes (RGBl. 1900 S. 813) wird gemäß der durch die Allerhöchste Order vom 23. Dezember 1903 erteilten Ermächtigung für das deutsch-ostafrikanische Schutzgebiet verordnet, was folgt:

§ 1. Die Rechnungseinheit des deutsch-ostafrikanischen Münzsystems ist die Rupie.

Die Rupie wird in 100 Heller eingeteilt.

§ 2. Der Zeitpunkt, mit welchem die Rechnung nach Rupien zu 100 Heller an Stelle der gegenwärtigen Rechnung nach Rupien zu 64 Pesa in Kraft tritt, wird durch eine Bekanntmachung des Gouverneurs festgesetzt[15].

§ 3. Für das deutsch-ostafrikanische Schutzgebiet werden ausgeprägt:

---

nung des Münzwesens im ostafrikanischen Schutzgebiet weiterhin erforderlichen Vorschriften zu erlassen."

[15] Der Zeitpunkt ist durch d. Verordn. v. 28. Dezember 1904 betr. die Einführung der Hellerwährung (KolG. Bd. VIII S. 268) auf den 1. April 1905 festgesetzt. Siehe auch Runderlaß v. 6. Jan. 1905 betr. die Einführung der Hundertteilung der Rupie (KolG. Bd. IX S. 22).

1. als Silbermünzen:
   Zweirupienstücke,
   Einrupienstücke,
   Einhalbrupienstücke,
   Einviertelrupienstücke;
2. als Nickelmünzen:
   Zehnhellerstücke;
3. als Kupfermünzen:
   Fünfhellerstücke,
   Einhellerstücke,
   Einhalbhellerstücke.

§ 4. Der Feingehalt der in § 3 genannten Silbermünzen beträgt 10,6917 g für die Rupie; das Mischungsverhältnis beträgt 11 Teile Silber und 1 Teil Kupfer, so daß der Rupie ein Rauhgewicht von 11,6637 g entspricht.

Die für die einzelnen Stücke gestattete Abweichung in Mehr oder Weniger beträgt:

bei den Zweirupienstücken und Einrupienstücken zwei Tausendteile im Feingehalte, drei Tausendteile im Gewichte;

bei den Einhalb- und Einviertelrupienstücken drei Tausendteile im Feingehalte, zehn Tausendteile im Gewichte.

In der Masse aber müssen der Normalgehalt und das Normalgewicht bei allen Silbermünzen innegehalten werden.

§ 5. Die Silbermünzen tragen auf der einen Seite das Bildnis des Deutschen Kaisers mit der Umschrift „Guilelmus II Imperator“, auf der anderen Seite die Inschrift „Deutsch-Ostafrika“, die Wertbezeichnung, die Jahreszahl und das Münzzeichen sowie eine aus Palmwedeln gebildete Verzierung. Sie werden im gerippten Ringe geprägt und erhalten auf beiden Seiten einen erhabenen, aus einem flachen Stäbchen mit Perlenkreis bestehenden Rand.

Der Durchmesser der Silbermünzen soll betragen:

für das	Zweirupienstück	35	mm,
„ „	Einrupienstück	30,5	„
„ „	Einhalbrupienstück	24,42	„
„ „	Einviertelrupienstück	19,2	„

§ 6. Die in § 3 genannte Nickelmünze soll aus einer Zusammensetzung von 75 Teilen Kupfer und 25 Teilen Nickel geprägt werden. Aus dem Kilogramm dieser Zusammensetzung sollen geschlagen werden: 160 Zehnhellerstücke. Die Nickelmünze trägt auf der einen Seite die Kaiserliche Krone, die Inschrift „Deutsch-Ostafrika" und die Jahreszahl, auf der anderen Seite die Wertbezeichnung und eine aus zwei Lorbeerzweigen gebildete Verzierung. Sie wird durchlocht und im glatten Ringe geprägt, sie erhält auf beiden Seiten einen erhabenen, aus einem flachen Stäbchen mit Perlenkreis bestehenden Rand. Der Durchmesser der Nickelmünze soll betragen 26 mm, der des Loches 6 mm.

§ 7. Die in § 3 genannten Kupfermünzen sollen aus einer Zusammensetzung von 95 Teilen Kupfer, 4 Teilen Zinn und 1 Teil Zink geprägt werden. Aus dem Kilogramm dieser Zusammensetzung sollen geschlagen werden:

50 Fünfhellerstücke,
250 Einhellerstücke,
400 Einhalbhellerstücke.

Die Kupfermünzen tragen auf der einen Seite die kaiserliche Krone, die Inschrift „Deutsch-Ostafrika" und die Jahreszahl, auf der anderen Seite die Wertbezeichnung und eine aus einem Lorbeerzweige gebildete Verzierung. Sie werden im glatten Ringe geprägt und erhalten auf beiden Seiten einen erhabenen, aus einem flachen Stäbchen mit Fadeneinfassung bestehenden Rand.

Der Durchmesser der Kupfermünzen soll betragen:

für das	Fünfhellerstück	37	mm,
„ „	Einhellerstück	20	„
„ „	Einhalbhellerstück	17,5	„

§ 8. Die Ausprägung der in § 3 genannten Silber-, Nickel- und Kupfermünzen erfolgt für Rechnung des deutsch-ostafrikanischen Schutzgebietes nach Maßgabe des vorhandenen Bedarfs.

§ 9. Die in § 3 genannten Landesmünzen des deutsch-ostafrikanischen Schutzgebiets sind bei allen Zahlungen, sowohl bei den öffentlichen Kassen als auch im Privatverkehr anzunehmen[16], die Nickel- und Kupfermünzen jedoch nur bis zum Betrage von zwei Rupien.

§ 10. Der Gouverneur wird diejenigen Kassen[17] bezeichnen, welche Silbermünzen der Rupienwährung gegen Einzahlung von Nickel- und Kupfermünzen in Beträgen von mindestens 50 Rupien auf Verlangen verabfolgen. Derselbe wird zugleich die näheren Bedingungen des Umtausches festsetzen.

§ 11. Die Verpflichtung zur Annahme (§ 9) und zum Umtausche (§ 10) findet auf beschädigte und anders als durch den gewöhnlichen Umlauf im Gewicht verringerte, desgleichen auch auf verfälschte Münzstücke[18] keine Anwendung.

---

[16] Abweichend von den für die Reichsgoldwährung im Reiche geltenden Vorschriften (MünzG. v. 1. Juni 1909 § 9 — oben A I S. 70, wonach die Silbermünzen nur beschränkte Zahlkraft haben).

[17] Dazu ist ergangen die Bek. v. 28. Dezbr. 1904 betr. Einlösung v. Kupfermünzen (KolG. Bd. VIII S. 267); ferner die Bek. v. 13 Juni 1906 betr. d. Umtausch von Kupfermünzen gegen Silbermünzen durch die Deutsch-Ostafrikanische Bank (KolG. Bd. X S. 236), wonach die Umwechslung in Daressalam durch die Geschäftsstelle dieser Bank zu bewirken ist.

[18] Siehe dazu die „Bestimmungen des Auswärtigen Amts, Kolonialabteilung, über die Behandlung der bei den amtlichen Kassen des Schutzgebiets Deutsch-Ostafrika eingehenden nachgemachten, verfälschten oder

Deutsch-ostafrikanische Landessilbermünzen, Nickel- und Kupfermünzen, welche infolge längeren Umlaufs an Gewicht und Erkennbarkeit erheblich eingebüßt haben, werden zwar an den öffentlichen Kassen angenommen, sind aber auf Rechnung des Schutzgebiets einzuziehen.

§ 12. Die von der Deutsch-Ostafrikanischen Gesellschaft ausgeprägten Silbermünzen sind bis zu ihrer Außerkurssetzung, der eine Einlösung seitens des Schutzgebiets vorausgehen wird, neben den in dieser Verordnung vorgesehenen Landessilbermünzen des deutsch-ostafrikanischen Schutzgebiets bei allen in Rupien zu leistenden Zahlungen anzunehmen.

§ 13. Die von der Deutsch-Ostafrikanischen Gesellschaft ausgeprägten Kupfermünzen (Pesa) sind nach Maßgabe der Ausprägung der in dieser Verordnung vorgesehenen Kupfermünzen einzuziehen.

Solange nach Inkraftsetzung der Hundertteilung der Rupie (§ 2) die Pesastücke noch nicht außer Kurs gesetzt sind[19], ist der Pesa zum Werte von $1^9/_{16}$ Heller in Zahlung zu nehmen, jedoch nur bis zu dem Betrage

---

nicht mehr umlaufsfähigen deutsch-ostafrikanischen Landesmünzen, Münzen der Deutsch-Ostafrikanischen Gesellschaft, Reichsmünzen, Reichskassenscheine, Reichsbanknoten und Noten der Deutsch-Ostafrikanischen Bank" v. 29. Juni 1906 (KolG. Bd. X S. 272). Diese Bestimmungen lehnen sich wie die für die übrigen Schutzgebiete (mit Ausschluß von Kiautschou) in dieser Sache erlassenen Anordnungen, mit denen sie bis auf die durch die besonderen monetären usw. Verhältnisse Ostafrikas bedingten Abweichungen übereinstimmen, an die für das Reichsgebiet erlassenen Vorschriften an. Vgl. oben A IV S. 103 ff.

[19] Siehe oben Anm. 15 sowie d. Runderlaß v. 4. Febr. 1905 betr. d. Umrechnung von Pesas in Heller (KolG. Bd. IX S. 44).

von zwei Rupien, für welchen die Heller gesetzliches Zahlungsmittel sind (§ 9), und mit der Maßgabe, daß die bei der Umrechnung sich ergebenden Bruchteile unberücksichtigt bleiben und daß der Pesa bei Zahlungen von weniger als 25 Heller zum Werte von $1^1/_2$ Heller anzunehmen ist.

§ 14. Von den öffentlichen Kassen des Schutzgebiets sind von einem durch Bekanntmachung des Gouverneurs zu bestimmenden Zeitpunkt[20] an die Reichsgoldmünzen zu 20 M zum Werte von 15 Rupien, die Reichsgoldmünzen zu 10 M zum Werte von $7^1/_2$ Rupien in Zahlung zu nehmen.

§ 15. Der Gouverneur ist befugt[21]:

1. die zur Aufrechterhaltung eines geregelten Münzumlaufs erforderlichen polizeilichen Vorschriften zu erlassen;
2. den Wert zu bestimmen, über welchen hinaus fremde Münzen nicht in Zahlung angeboten und gegeben werden dürfen, sowie den Umlauf fremder Münzen gänzlich zu untersagen;

---

[20] Der Zeitpunkt ist durch d. Bek. v. 18. April 1904 betr. den Kassenkurs der Reichsgoldmünzen im Verhältnis zur Landesmünze u. umgekehrt (KolG. Bd. VIII S 99) auf den 1. Mai 1904 festgesetzt worden. Die Bek. verordnet weiter:

„Von dem gleichen Zeitpunkte an werden die öffentlichen Kassen des Schutzgebiets Zahlungen, welche in Landesmünze erfolgen, nach dem Verhältnis von $1{,}33^1/_3$ M gleich 1 Rupie leisten."

[21] Kraft § 15 sind ergangen: Bek. v. 9. Mai 1904 betr. den Kassenkurs britischer Goldmünzen (KolG. Bd. VIII S. 106); Runderlaß v. 10. Sept. 1904 betr. Zurückweisung gewisser indischer Münzen (ebenda S. 220); Bek. v. 11. April 1905 betr. den Verkehr mit Goldmünzen der ehemaligen Südafrikanischen Republik (KolG. Bd. IX S. 123).

3. zu bestimmen, ob fremde Münzen von den öffentlichen Kassen zu einem bekannt zu machenden Kurse in Zahlung genommen werden dürfen, sowie in solchem Falle den Kurs festzusetzen."

Als weiteres Mittel zur Befestigung des Wertes der deutsch-ostafrikanischen Landesmünzen, wie überhaupt der Valuta dieses Schutzgebietes wurde bestimmt, daß die bei der Rupien- usw. Prägung erzielten Münzgewinne zur Hälfte zu einer — im Interesse der Aufrechterhaltung des Rupienkurses zu verwendenden, inzwischen auf 1475000 M angewachsenen — Goldreserve angesammelt werden sollten. Sie wird als ausreichend angesehen und nicht weiter dotiert[22]. Ferner ist mit der Deutsch-Ostafrikanischen Bank unterm 4. März 1905 ein Abkommen getroffen, wonach sie:

1. „soweit es ihre Kassenbestände in Daressalam gestatten, bei ihrer Geschäftsstelle in Berlin an Private Schecks auf ihre Niederlassung in Daressalam, die auf ostafrikanisches Landesgeld in Beträgen von mindestens 5000 Rupien lauten, verabfolgen wird, und zwar zu einem Kurse, der 134,25 M für 100 Rupien nicht übersteigt;
2. in Daressalam gegen Einzahlung von Rupien deutscher Prägung in Beträgen von mindestens 5000 Rupien Schecks auf ihre Geschäftsstelle in Berlin verabfolgen wird, sobald die Rupien zu einem Kurse von 132,50 M für 100 Rupien oder niedriger angeboten werden" (KolG. Bd. IX S. 69).

[22] Seit 1909 werden der ganze Münzgewinn und die Zinsen der fast ganz in Wertpapieren angelegten Goldreserve zur Deckung von Verwaltungsausgaben herangezogen. (Vgl. Haushaltsetat für die Schutzgebiete auf das Rechnungsjahr 1909, S. 33.)

Diese Funktionen waren ursprünglich von der Gouvernementshauptkasse in Daressalam und der Legationskasse in Berlin ausgeübt worden. — Die für den Geschäftsverkehr der Bank erforderlichen Beträge deutsch-ostafrikanischer Landesmünzen hat ihr die Kolonialverwaltung durch die Legationskasse zum Satze von 75 Rupien = 100 Mark zu überlassen, während das Gouvernement in Daressalam der Bank die überschüssigen Rupienbestände gegen Sichtwechsel auf die Legationskasse in Berlin zum gleichen Satze abzunehmen hat (Vertrag v. 4. März 1905, ebenda S. 69).

Außer den auch in den Anmerkungen genannten Bekanntmachungen, Verfügungen und Runderlassen des Gouverneurs befinden sich noch in Kraft die Verordn. v. 17. Jan. 1893 betr. das Verbot der Einfuhr und des Umlaufs fremder Kupfermünzen (KolG. Bd. I S. 392; Bd. II S. 4); Bek. v. 18. Sept. 1893 betr. Einführung v. Maria-Theresia-Talern (KolG. Bd. II S. 38); v. 20. Sept. 1893 betr. das Verbot der Einfuhr und des Umlaufs der Mombassa-Rupien (KolG. Bd. II S. 38); v. 29. Okt. 1896 betr. den Umlauf der Maria-Theresia-Taler (Dollars) (KolG. Bd. II S. 294); v. 17. November 1896 betr. Einführung eines festen Kurses zwischen Rupie und Pesa (KolG. Bd. II S. 295); v. 26. März 1898 betr. die mit P. M. abgestempelten Rupien.

Siehe auch „Denkschrift über die Neuordnung des Münzwesens d. Deutsch-Ostafrikanischen Schutzgebiets", Drucksache des Reichstags Nr. 354, XI. LegPer. I Sess. 1903/04; A. Arnold, Das indische Geldwesen, Jena 1906, S. 286 ff.

3.

Im Schutzgebiet von Kiautschou[23] ist das bei der Okkupation vorgefundene außerordentlich vielgestaltige chinesische Geldwesen unverändert beibehalten worden. Dort ist wie in allen chinesischen Hafenplätzen und deren Umgebung der mexikanische Dollar die im Handelsverkehr vorherrschende Währungsmünze. Dem hat sich auch das Deutsche Gouvernement durch die Bekanntm. v. 24. April 1899 (Deutsch-Asiatische Warte v. 27. April 1899) angepaßt, indem es im Verkehr mit der Gouvernementskasse an deutschem Gelde nur Ein-, Zwei- und Fünfpfennigstücke in der durch ihre Eigenschaft als Scheidemünze bestimmten Höhe zuließ und für die Folge in Tsingtau grundsätzlich alle Preise in mexikanischer Dollarwährung vereinbarte. Zur Steuerung der Schädigungen, die aus dem Umlauf der auf chinesischen Münzstätten minderwertig ausgeprägten Teilmünzen des mexikanischen Dollars erwachsen, ist die Ausprägung von Fünf- und Zehn-Centstücken deutschen Gepräges in Vorbereitung.

[23] Siehe dazu die Verordn. d. Gouv. betr. die chinesischen Zehn-Käschstücke, v. 22. Juli 1904 (KolG. Bd. VIII S. 297); v. 2. Dezember 1905 (KolG. Bd. IX S. 308) und v. 20. Dezember 1906 (KolG. Bd. X S. 373).

B. Papiergeld-Gesetzgebung.

I.

Gesetz, betreffend die Ausgabe von Reichskassenscheinen. Vom 30. April 1874. (RGBl. S. 40. Ausgegeben am 5. Mai 1874.)[1]

§ 1. Der Reichskanzler wird ermächtigt, Reichskassenscheine zum Gesamtbetrage von 120 Millionen Mark[2] in Abschnitten zu 5 und zu 10 Mark[3] ausfertigen

[1] Das Gesetz enthält in Erfüllung der in Art. 18 Abs. 3 des nach § 16 des MünzG. v. 1. Juni 1909 (oben A I S. 80) aufgehobenen MünzG. v. 9. Juli 1873 gegebenen Zusage (oben A III S. 102), die nach Art 4 Nr. 3 der Reichsverfassung der Beaufsichtigung und Gesetzgebung des Reichs unterliegende Feststellung der Grundsätze über die Emission von Papiergeld, indem es an Stelle des nach jener Vorschrift einzuziehenden Staatspapiergeldes die Ausgabe von Reichspapiergeld anordnet. Staatspapiergeld darf schon seit dem sog. Papiergeld-Sperrgesetz vom 16. Juni 1870 (RGBl. S. 507) nur auf Grund eines Bundes(Reichs)gesetzes (welches bisher nicht erlassen ist) ausgegeben werden (s. auch unten § 8). — Wegen des sog. Kommunal-Papiergeldes s. BankG. § 54 (unten C I).

Die Ausdehnung des Gesetzes auf Helgoland ist erfolgt durch die V. v. 22. März 1891 Art. I Abschn. VI Ziff. 2 (RGBl. S. 21).

[2] Mit Rücksicht auf die damalige Bevölkerungsziffer von rund 40 Millionen. Eine Vermehrung — welche

zu lassen[4] und unter die Bundesstaaten nach dem Maßstabe ihrer durch die Zählung vom 1. Dezember 1871 festgestellten Bevölkerung zu verteilen[5].

ernsten währungs- und bankpolitischen Bedenken unterliegt — ist jedoch nicht in Aussicht genommen. Vgl. auch § 3.

[3] Die Worte „und zu 10" sind an Stelle der Worte „20 und 50" des ursprünglichen Textes eingeschaltet durch das Ges. zur Änderung d. Ges. betr. d. Ausgabe von Reichskassenscheinen, v. 5. Juni 1906 (RGBl. S. 730).

Die Einschaltung jener Worte, welche die Reichskassenscheine zu 20 und 50 M beseitigt, ist die Folge der Ausgabe von Reichsbanknoten in den gleichen Abschnitten gemäß Ges. v. 20. Febr. 1906 (RGBl. S. 318), denen die größeren Reichskassenscheine Platz machen mußten (vgl. BankG. v. 14. März 1875 § 3 Anm. 5 — unten C I S. 139). Da der Betrag von 120 Mill. M in Reichskassenscheinen zu 5 und 10 M zurzeit das Bedürfnis des Verkehrs anscheinend noch überschreitet, so sammeln sie sich in erheblichen Beträgen bei der Reichsbank an.

[4] Vgl. §§ 6, 7. Periodische Übersichten über die Ausführung des Gesetzes, insbesondere über die ausgegebenen Reichskassenscheine sind in den Berichten der Reichsschuldenkommission an den Reichstag, bis zum Jahr 1891 auch im RZBl. veröffentlicht, hier anfänglich monatlich, dann in längeren Zwischenräumen, von Jahr zu Jahr (vgl. RZBl. 1875 S. 662 ff., 734 ff., 804 ff. usw.), für die späteren Jahre in dem Statistischen Jahrbuch f. d. D. Reich.

[5] Eine vorläufige Übersicht siehe in Anlage 2 zu den Motiven des Gesetzentwurfs (Aktenstück Nr. 70 StenB. d. Reichstags II. LegPer. I. Sess. 1874 Bd. 3 S. 267 ff. — Anlagen). Die definitiven Anteile ergibt Sol. 3 der jährlichen Nachweisungen (s. Anm. 4, 8).

Über die Verteilung des Gesamtbetrages auf die einzelnen Abschnitte beschließt der Bundesrat[6].

§ 2. Jeder Bundesstaat hat das von ihm seither ausgegebene Staatspapiergeld spätestens bis zum 1. Juli 1875 zur Einlösung öffentlich aufzurufen und tunlichst schnell einzuziehen[7].

Zur Annahme von Staatspapiergeld sind vom 1. Januar 1876 an nur die Kassen desjenigen Staats verpflichtet, welcher das Papiergeld ausgegeben hat.

[6] Diese Bestimmungen haben mehrfach gewechselt. Durch Bundesratsbeschluß v. 25. Juni 1881 wurde bestimmt, daß der für den Umlauf in Abschnitten zu 20 und 5 M festgestellte Betrag von je 40 Mill. Mark auf je 10 Mill. Mark herabzusetzen und die Reduktion teils durch Umtausch gegen Fünfzigmarkscheine neuer Ausgabe (v. 10. Januar 1882), teils im Wege der alljährlich stattfindenden Einziehung von 3659320 M in Reichskassenscheinen (vgl. § 3) zu bewerkstelligen sei. Der herabgesetzte Betrag ist jedoch später wieder erhöht worden. Zuletzt befanden sich im Umlauf:

in Abschnitten zu	5 M	20 Mill.	M,
" " "	20 "	30 "	"
" " "	50 "	70 "	" .

Nach dem Bundesratsbeschluß vom 28. Juni 1906 beträgt der Umlauf

in Abschnitten zu	5 M	30 Mill.	M
" " "	10 "	90 "	" .

[7] Die Vorschrift entspricht dem Art. 18 Abs. 3 Satz 1 des nach § 16 d. Ges. v. 1. Juni 1909 aufgehobenen MünzG. v. 9. Juli 1873 (vgl. Anm. 1). Die Summe des danach einzuziehenden Papiergeldes, welches sich auf 19 Bundesstaaten verteilte, betrug nach der Anlage 1 zu

§ 3. Denjenigen Staaten, deren Papiergeld den ihnen nach § 1 zu überweisenden Betrag von Reichskassenscheinen übersteigt, werden zwei Dritteile des überschießenden Betrages aus der Reichskasse als ein Vorschuß überwiesen und zwar, soweit die Bestände der letzteren es gestatten, in barem Gelde, soweit sie es nicht gestatten, in Reichskassenscheinen[8].

Der Reichskanzler wird zu diesem Zwecke ermächtigt, Reichskassenscheine über den im § 1 festgesetzten Betrag hinaus bis auf die Höhe des zu leistenden Vorschusses anfertigen zu lassen und soweit als nötig in Umlauf zu setzen[9].

den Motiven des Gesetzentwurfs 61374600 Taler einschließlich 2228000 Taler preußischer Darlehnskassenscheine (vgl. Anm. 5), nach dem RGBl. waren am 30. April 1874 jedoch 184298529 M = 61432843 Taler ausgegeben. Davon waren bis Ende März 1888 eingezogen und vernichtet oder präkludiert 183148967 M, so daß noch 1149562 M nicht zur Einlösung präsentiert und nicht präkludiert waren. Da sich dieser Betrag bis März 1892 (letzte Mitteilung über den Stand der Einlösung in dem Berichte der Reichsschuldenkommission v. 16. Mai 1893) nicht verändert hat, kann ziemlich sicher angenommen werden, daß der größte Teil dauernd aus dem Umlauf verschwunden ist.

Für Preußen wurde die Aufrufung und Einziehung durch das G. v. 18. Juni 1875 (PrGBl. S. 231) angeordnet.

[8] Vgl. die Anlage 2 zu den Motiven des Gesetzentwurfs (s. Anm. 5). Im ganzen sind an Vorschüssen angewiesen 54123567 M 14 Pf.

[9] Der Umlauf der Reichskassenscheine erhöhte sich

Über die Art der Tilgung dieses Vorschusses wird gleichzeitig mit der Ordnung des Zettelbankwesens Bestimmung getroffen[10]. In Ermangelung einer solchen Bestimmung hat die Rückzahlung des Vorschusses innerhalb 15 Jahren, vom 1. Januar 1876 an gerechnet, in gleichen Jahresraten zu erfolgen[11].

Die auf den Vorschuß eingehenden Rückzahlungen sind zunächst zur Einziehung der nach vorstehenden Bestimmungen ausgefertigten Reichskassenscheine zu verwenden[12].

§ 4. Diejenigen Bundesstaaten, welche Papiergeld ausgegeben haben, werden die ihnen ausgefolgten Reichskassenscheine (§§ 1 und 3), soweit der Betrag der letzteren den Betrag des ausgegebenen Staatspapiergeldes nicht übersteigt, nur in dem Maße in Umlauf setzen, als Staatspapiergeld zur Einziehung gelangt[13].

§ 5. Die Reichskassenscheine werden bei allen Kassen des Reichs und sämtlicher Bundesstaaten nach ihrem Nennwerte in Zahlung angenommen[14] und von der

dadurch anfänglich auf mehr als 174 Mill. M (siehe Anm. 4).

[10] Dies ist nicht geschehen.

[11] Die Zurückzahlung des Vorschusses ist innerhalb dieser Frist vollständig erfolgt, so daß seit dem 1. Januar 1891 nur noch 120000000 M Reichskassenscheine im Umlauf sind.

[12] Vgl. Anm. 4.

[13] Vgl. Anm. 7.

[14] Ebenso, wie die Reichssilbermünzen und die Reichs-

Reichshauptkasse[15] für Rechnung des Reichs[16] jederzeit auf Erfordern gegen bares Geld eingelöst.

Im Privatverkehr findet ein Zwang zu ihrer Annahme nicht statt[17].

§ 6. Die Ausfertigung der Reichskassenscheine wird der Preußischen Hauptverwaltung der Staatsschulden unter der Benennung „Reichsschuldenverwaltung" übertragen[18].

Die Reichsschuldenverwaltung hat für beschädigte oder unbrauchbar gewordene Exemplare für Rechnung des Reichs Ersatz zu leisten, wenn das vorgelegte Stück zu einem echten Reichskassenscheine gehört und mehr als die Hälfte eines solchen beträgt. Ob in anderen Fällen

banknoten, in jedem Betrage; anders die Privatbanknoten (MünzG. v. 1. Juni 1909, § 9 Abs. 2 — oben A I S. 71, BankG. § 2 u. BankNov. v. 1. Juni 1909 Art. 3 — unten C I S. 138 ff.).

[15] Dieselbe ist eine Abteilung der Reichsbankhauptkasse (vgl. BankG. v. 14. März 1875 § 22 — unten C I Bek. v. 29. Dez. 1875 — unten C XVII). Die Einlösungspflicht ist durch Klage erzwingbar; dies ist jedoch streitig. Wegen Einlösung der Reichskassenscheine alter Ausgabe s. d. G. v. 21. Juli 1884 (unten II S. 131 ff.).

[16] D. h. a conto des Reichsguthabens bei der Reichsbank.

[17] Vgl. auch BankG. § 2. Wegen der Schutzgebiete s. V. v. 1. Februar 1905 § 6 — oben A VI S. 111.

[18] Vgl. G. v. 19. Juni 1868 § 1 (BGBl. S. 339) und Reichsschuldenordn. v. 19. März 1900 (RGBl. S. 129 — unten E I).

ausnahmsweise ein Ersatz geleistet werden kann, bleibt ihrem pflichtmäßigen Ermessen überlassen[19].

§ 7. Vor der Ausgabe der Reichskassenscheine ist eine genaue Beschreibung derselben öffentlich bekannt zu machen[20].

[19] Hierzu ist erlassen die Bekanntmachung der Reichsschuldenverwaltung, betreffend den Umtausch beschädigter oder unbrauchbar gewordener Reichskassenscheine. Vom 18. Mai 1876. (RZBl. S. 296.)

„Infolge höherer Anordnung wird hierdurch zur öffentlichen Kenntnis gebracht, daß zur Förderung des Umtausches beschädigter oder unbrauchbar gewordener Reichskassenscheine gegen neue vom Bundesrat die nachfolgenden Bestimmungen getroffen sind:

„1. Sämtliche Reichs- und Landeskassen haben die ihnen bei Zahlungen angebotenen beschädigten oder unbrauchbar gewordenen (einschließlich der geklebten und der beschmutzten) Reichskassenscheine, deren Umtauschfähigkeit (§ 6 Abs. 2 des Gesetzes, betreffend die Ausgabe von Reichskassenscheinen v. 30. April 1874, RGBl. S. 40) zweifellos ist, anzunehmen, aber nicht wieder auszugeben.

„2. Solche Reichskassenscheine sind außer von der Reichshauptkasse auch von den Kaiserlichen Oberpostkassen, der Königlich preußischen Generalstaatskasse, den Königlich preußischen Regierungs- beziehungsweise Bezirkshauptkassen und von den Landeszentralkassen der übrigen Bundesstaaten gegen umlaufsfähige Reichskassenscheine oder bares Geld umzutauschen."

Vgl. BankG. § 4 Abs. 2. Wegen der Schutzgebiete s. oben A VI S. 112.

[20] Vgl. RZBl. 1875 S. 48. Für die neuen Scheine vgl. RAnz. v. 1. April 1882 Nr. 79 Anlage, v. 18. Jan. 1883 Nr. 16 Anlage, v. 21. Juni 1899 Nr. 144 Anlage,

Die Kontrolle über die Ausfertigung und Ausgabe der Reichskassenscheine übt die Reichsschuldenkommission[21].

§ 8. Von den Bundesstaaten darf auch ferner nur auf Grund eines Reichsgesetzes Papiergeld ausgegeben oder dessen Ausgabe gestattet werden[22].

v. 13. Nov. 1907 Nr. 271 Anlage. — Wegen gefälschter oder verfälschter Reichskassenscheine vgl. die Strafbestimmungen der §§ 146—149, 151, 152, 360 Nr. 6 des Strafgesetzbuchs.

[21] Vgl. G. v. 19. Juni 1868 § 4 (BGBl. S. 339), Reichsschuldenordn. v. 19. März 1900 (RGBl. S. 129 — unten E I) und BankG. § 16 Abs. 2 (unten C I).

[22] Hiermit wird die Bestimmung des G. v. 16 Juni 1870 (s. Anm. 1) wiederholt. Zu dem „Papiergeld" gehört auch das sog. fundierte; vgl. G. v. 21. Juli 1870, betr. die Gründung öffentlicher Darlehnskassen und die Ausgabe von Darlehnskassenscheinen (BGBl. S. 499), und G. v. 6. März 1878, betr. die Einlösung und Präklusion der von dem vormaligen Norddeutschen Bunde ausgegebenen Darlehnskassenscheine (RGBl. S. 5).

II.

Gesetz, betreffend die Einziehung der mit dem Datum vom 11. Juli 1874 ausgefertigten Reichskassenscheine. Vom 21. Juli 1884.

(RGBl. S. 172. Ausgegeben am 2. August 1884.)[1]

Die Bestimmung des § 5 Absatz 1 des Gesetzes, betreffend die Ausgabe von Reichskassenscheinen, vom

[1] Die Reichskassenscheine v. 11. Juli 1874 waren

30. April 1874 (RGBl. S. 40) tritt bezüglich der mit dem Datum vom 11. Juli 1874 ausgefertigten Reichskassenscheine mit Ende des Monats Juni 1885 außer Wirksamkeit.

Vom 1. Juli 1885 ab werden diese Scheine nur noch bei der Königlich preußischen Kontrolle der Staatspapiere eingelöst[2].

allmählich gegen die zur Erschwerung von Fälschungen auf sog. Wilcox-Papier (dem von dem Fabrikanten Wilcox in Glenmills [Pennsylvanien] erfundenen Papier mit eingestreuten Pflanzenfasern) hergestellten neuen Scheine v. 10. Januar 1882 (s. die Bek. oben B I Anm. 20 S. 130) bis auf einen Rest von etwa 15 Millionen Mark umgetauscht. Das Gesetz sollte nun die Rückleitung dieser älteren Scheine an die öffentlichen Kassen beschleunigen und bewirken, daß der Verkehr sich ihrer ganz entledige. Rückständig waren am 20. Februar 1909 noch 824 070 Mark, zu deren Einlösung ein gleich hoher Betrag bei der Kontrolle der Staatspapiere deponiert wurde. (Vgl. Drucks. des Reichstags XII. LegPer. I. Sess. 1907/1909 Nr. 1246.)

[2] Nicht mehr bei der Reichshauptkasse (G. v. 30. April 1874 § 5 Abs. 1). Zur Vermeidung von Härten ist (nach dem Beispiel der Preußischen Bank und der Reichsbank) von einer Ungültigkeitserklärung (Präklusion) Abstand genommen und die vorliegende mildere Form der Außerkurssetzung gewählt.

III.

Gesetz, betreffend den Schutz des zur Anfertigung von Reichskassenscheinen verwendeten Papiers gegen unbefugte Nachahmung. Vom 26. Mai 1885.

(RGBl. S. 165. Ausgegeben am 8. Juni 1885.)[1]

§ 1. Papier, welches dem zur Herstellung von Reichskassenscheinen verwendeten, durch äußere Merkmale erkennbar gemachten Papier hinsichtlich dieser Merkmale gleicht oder so ähnlich ist, daß die Verschiedenheit nur durch Anwendung besonderer Aufmerksamkeit wahrgenommen werden kann[2], darf, nachdem die Merkmale

[1] Bei der Übernahme der vormaligen Königlich preußischen Staatsdruckerei auf das Reich wurde zufolge § 2e des desfallsigen Vertrages (RGBl. v. 1879 S. 140) auch die ausschließliche Anwendung des von ihr käuflich erworbenen Wilcoxschen Verfahrens zur Herstellung von Papier mit eingestreuten Pflanzenfasern Eigentum des Reichs. Nachdem unter Anwendung dieses Papiers neue Reichskassenscheine hergestellt und in Verkehr gesetzt (s. oben B I Anm. 20 S. 130, II Anm. 1 S. 131) und bereits Fälschungen unter Verwendung einer mehr oder weniger täuschenden Nachahmung des Wilcox-Papiers vorgekommen waren, erschien zum Zweck erhöhter Sicherheit gegen Fälschungen der Reichskassenscheine ein strafrechtlicher Schutz des zu diesen Scheinen verwendeten Papiers nach dem Beispiel anderer Länder angezeigt (s. d. Begr. des GEntw. in den StenB. des Reichstags VI. LegPer. I. Seff. 1884/85 Bd. VI, Anlagen, Nr. 253 S. 1150).

[2] Vgl. Markenschutz-G. v. 30. Nov. 1874 § 18 (RGBl.

in Gemäßheit des § 7 des Gesetzes vom 30. April 1874, betreffend die Ausgabe von Reichskassenscheinen (RGBl. S. 40), öffentlich bekannt gemacht worden sind[3], ohne Erlaubnis des Reichskanzlers oder einer von demselben zur Erteilung der Erlaubnis ermächtigten Behörde weder angefertigt oder aus dem Auslande eingeführt, noch verkauft, feilgehalten oder sonst in Verkehr gebracht werden.

§ 2. Wer den Bestimmungen im § 1 vorsätzlich zuwiderhandelt, wird mit Gefängnis bis zu einem Jahre, und wenn die Handlung zum Zweck eines Münzverbrechens begangen worden ist, mit Gefängnis von drei Monaten bis zu zwei Jahren bestraft. Ist die Handlung aus Fahrlässigkeit begangen worden, so ist auf Geldstrafe bis zu eintausend Mark oder Gefängnis bis zu sechs Monaten zu erkennen[4].

S. 143). Das Verbot beschränkt sich nicht auf das Wilcox-Papier, sondern erstreckt sich gleichzeitig auch auf jedes andere Papier, welches etwa künftig zur Anfertigung von Reichskassenscheinen verwendet werden möchte. Aber nur auf diese kommt es an, nicht auf Reichsbanknoten, für welche tatsächlich seit Jahren ebenfalls ausschließlich Wilcox-Papier verwendet wird.

[3] Dieses Erfordernis (vgl. oben B I Anm. 20 S. 130) dient sowohl zur näheren Bezeichnung des zu schützenden Papiers als zur Fixierung des Zeitpunkts, von welchem ab der Schutz eintritt.

[4] Der Entwurf wollte jede Zuwiderhandlung ohne Unterschied im Anschluß an das Strafmaß des StrGB. § 151 mit Gefängnis bis zu zwei Jahren ahnden. Milder StrGB. § 360 Nr. 4.

§ 3. Neben der Strafe ist auf Einziehung des Papiers zu erkennen, ohne Unterschied, ob dasselbe dem Verurteilten gehört oder nicht. Auf die Einziehung des Papiers ist auch dann zu erkennen, wenn die Verfolgung oder die Verurteilung einer bestimmten Person nicht stattfindet.

C. Notenbankgesetzgebung.

I.

Bankgesetz. Vom 14. März 1875.

(RGBl. S. 177. Ausgegeben am 18. März 1875.)[1]

Titel I.

Allgemeine Bestimmungen.

§ 1. Die Befugnis zur Ausgabe von Banknoten kann nur durch Reichsgesetz erworben, oder über den bei Erlaß des gegenwärtigen Gesetzes zulässigen Betrag der Notenausgabe hinaus erweitert werden[2].

[1] Das BankG. enthält die nach Art. 4 der Reichsverfassung der Reichsgesetzgebung anheimfallende Reform des Banknotenwesens. Vorbereitet ist dieselbe durch das in seiner Wirksamkeit bis zum 31. Dez. 1875 verlängerte, im übrigen jetzt durch die einschlagenden Bestimmungen des BankG. ersetzte sog. Banknoten-Sperrgesetz v. 27. März 1870 (BGBl. S. 51), ferner durch Art. 18 des nach § 16 des MünzG. v. 1. Juni 1909 aufgehobenen MünzG. v. 9. Juli 1873 (oben A I S. 80, III S. 102, s. auch unten § 3 Anm. 5), endlich durch die zu dessen Ausführung erlassenen Bestimmungen in Art. II des Ges. v. 21. Dez. 1874 (RGBl. S. 193 — s. unten Anm. 13 S. 146). Das Bankgesetz ist, bis auf die in § 60 bezeichneten, am 1. Jan. 1876 in Kraft getretenen Bestimmungen, am 1. April 1875 im ganzen Deutschen Reiche in Kraft getreten (vgl. Reichsverfassung Art. 2). Abänderungen und Ergänzungen enthalten die späteren Bankgesetznovellen (s. unten).

[2] Die Bestimmung ist an die Stelle der §§ 1, 2 des

Den Banknoten im Sinne dieses Gesetzes wird dasjenige Staatspapiergeld gleich geachtet, dessen Ausgabe einem Bankinstitute zur Verstärkung seiner Betriebsmittel übertragen ist[3].

§ 2. Eine Verpflichtung zur Annahme von Banknoten bei Zahlungen, welche gesetzlich in Geld zu leisten

G. v. 27. März 1870 (BGBl. S. 51) getreten. Vgl. auch BankG. § 44 Abs. 1 Nr. 6, Abs. 4, § 46 Abs. 1. Ein Antrag der beteiligten Bundesregierung ist nicht mehr erforderlich. Indessen sind dergleichen Gesetze bisher nicht erlassen. Eine den § 1 Abs 1 einschränkende Sondervorschrift hinsichtlich Bayerns enthält § 47 Abs. 3. Die Vorschriften über den Höchstbetrag der Notenausgabe, sei es an sich oder im Verhältnis zum Grundkapital (§ 44 Abs. 4), befinden sich in den Privilegien und Statuten der einzelnen Notenbanken. Bei Überschreitung kann das Notenrecht entzogen werden (§ 50 Nr. 1). Hinsichtlich der Reichsbank vgl. § 16.

Bei Verkündung des Bankgesetzes bestanden im Deutschen Reich 33 Notenbanken, darunter die Preußische Bank und 5 andere mit unbegrenztem, die übrigen mit mehr oder weniger begrenztem Notenrecht (vgl. Anlage zum § 9 — unten, am Schlusse des BankG. von 1875 abgedruckt).

Strafbestimmungen wegen unbefugter Notenausgabe s. in §§ 55, 59 Nr. 3. Vgl. auch § 48.

[3] § 1 Abs 2, entsprechend dem § 5 d. G. v. 27. März 1870 (BGBl. S. 51), bezieht sich auf die Oldenburgische Landesbank, welcher nach dem Gesetz für das Herzogtum Oldenburg, betr. die Ausgabe von Papiergeld, v. 12. August 1868 und einem vorangegangenen Vertrage zwischen der Großherzoglichen Regierung und den Gründern der Bank ein Betrag von 2 Millionen Taler Oldenburgisches Staatspapiergeld für ihren Betrieb über-

sind, findet nicht statt und kann auch für Staatskassen durch Landesgesetz nicht begründet werden[4].

wiesen worden war (vgl. Anlage I zum Entw. des Bankgesetzes, Aktenstück des Reichstags Nr. 27 II. LegPer. II Sess. 1874/75 S. 661 Anm). Die Bestimmung ist durch den Verzicht jener Bank auf das Notenrecht (s. unten Anm. 26) und die Einziehung des in Noten umgewandelten Papiergeldes gegenstandslos geworden.

[4] Hier war in unbedingter Weise das Gegenteil des gesetzlichen Kurses (legal tender) wie des Zwangskurses bestimmt. Nur administrative Ermächtigungen bestanden für die Reichs- und Landeskassen. Abändernd verordnet Art. 3 d. Gesetzes, betr. Änderung des Bankgesetzes v. 1. Juni 1909 (RGBl. S. 515):

„Die Noten der Reichsbank sind gesetzliches Zahlungsmittel. Im übrigen bleiben die Vorschriften des § 2 des Bankgesetzes unberührt" mit Geltung vom 1. Jan. 1910.

Das Gesetz verleiht dadurch dem tatsächlichen Zustande, daß die Banknoten jederzeit als Zahlungsmittel angenommen werden, eine sichere rechtliche Grundlage auch in Krisen und soll so auch Gefahren für den Goldbestand der Reichsbank ausschließen. Selbst die Reichsbank kann (anders als in England) von dem neuen § 2 im Interesse ihres Giroverkehrs Gebrauch machen. Den Privatbanknoten ist die gleiche Eigenschaft ebensowenig beigelegt als den Reichskassenscheinen. Entsprechende Anträge sind zurückgezogen. § 19 (in der neuen Fassung) enthält nur gewisse Erleichterungen für die Privatbanken.

Vgl. oben Einleitung, Anm. 72 S. 43.

Wegen der Bankkassen vgl § 4 und Anm. 6, §§ 19, 44 Abs. 1 Nr. 5. Die §§ 2—6 gelten auch für die von Korporationen ausgegebenen Noten usw. (§ 54).

Wegen Beseitigung des Widerspruchsrechts von Privatbanken vgl. § 44 Abs. 1 Nr. 6. Wegen der Schutzgebiete s. V. v. 1. Febr. 1905 § 7 — oben A VI S. 111.

§ 3. Banknoten dürfen nur auf Beträge von 100, 200, 500 und 1000 Mark oder von einem Vielfachen von 1000 Mark ausgefertigt werden[5].

[5] Vgl. die periodisch im RZBl. seit Februar 1877 (S. 206) bis Ende November 1880 (Nr. 51 v. 17. Dez. 1880 S. 786, 787) veröffentlichten statistischen Nachweisungen der deutschen Banknoten und von da ab die „Bemerkungen" zu den ebendaselbst seit September 1875 (S. 674) monatlich abgedruckten „Status der deutschen Notenbanken". Bei weitem der größte Betrag ist in Noten zu 100 M ausgegeben. Noten zu 200 M kommen jetzt nicht mehr vor, Noten zu 500 M nur bei der Sächsischen Bank und der Preußischen Bank (jetzt der Reichsbank — s. Anm. 61 unten), Noten zu 1000 M nur bei der Reichsbank; Noten zu höheren Beträgen sind bisher nicht ausgegeben. Noten zu kleineren Beträgen als 100 M verbot Art. 18 des aufgehobenen MünzG. v. 9. Juli 1873 (s. Anm. 1). Nachdem indessen dadurch dem Unwesen der vielen kleinen Scheine ein Ende gemacht war, machte sich im Verkehr — über die ausgegebenen Reichskassenscheine hinaus — ein Mangel an kleineren Papiergeldzeichen fühlbar. Die Reichsregierung verlangte daher schon im Jahre 1905, daß die Reichsbank (ähnlich wie die meisten ausländischen Notenbanken) zur Ausgabe von Banknoten zu 20 und 50 M ermächtigt werde. Der Gesetzentwurf wurde einer Kommission überwiesen, kam aber wegen Schlusses der Session nicht mehr zur Erledigung. Er wurde daher im November 1905 von neuem vorgelegt. Dort als ein Rückfall in die „Papierwirtschaft" zwar angefochten, wurde der Entwurf in der Kommission und im Plenum unverändert angenommen.

Das Gesetz, betr. die Ausgabe von Reichsbanknoten zu 50 und 20 Mark v. 20. Febr. 1906 (RGBl. S. 318) lautet:

§ 4. Jede Bank ist verpflichtet, ihre Noten sofort auf Präsentation zum vollen Nennwerte einzulösen, auch solche nicht nur an ihrem Hauptsitz, sondern auch bei ihren Zweiganstalten jederzeit zum vollen Nennwerte in Zahlung anzunehmen[6].

„Die Reichsbank wird ermächtigt, Banknoten auf Beträge von 50 und 20 Mark auszufertigen und auszugeben."

Den Privatnotenbanken ist die gleiche Befugnis nicht erteilt.

Drucks. Nr. 797 Reichstag XI. LegPer. 1. Sess. (1903/05) — Entw. nebst Begr. —; StenBer. erste Beratung S. 6011—6030; zweite Ber. S. 6108—6109; Nr. 35 2. Sess. (1905/06) Entw. nebst Begr., StenBer. S. 698 bis 725; Nr. 219 mündl. Ber. d. Komm. zweite Beratung StenBer. S. 1295, 1296; dritte Ber. S. 1355.

Die Ausgabe der kleinen Noten unterliegt den bankgesetzlichen Deckungsvorschriften (§ 17), — überhaupt den für die Reichsbanknoten allgemein geltenden gesetzlichen Vorschriften. Insbesondere bleibt das Notenkontingent unverändert.

Der metallische Grundcharakter des deutschen Geldumlaufs soll unberührt bleiben. Der Reichskanzler, welcher gemäß § 26 Abs. 2 die gesamte Bankverwaltung leitet, bestimmt die Grenze, inwiefern mit der gebotenen Vorsicht von der Ermächtigung Gebrauch gemacht werden wird. Gegenwärtig ist sie auf 300 Mill. M fixiert. Ausgegeben sind am 30. Oktob. 1909 250,4 Mill. M. Wegen der Reichskassenscheine s. G. v. 30. April 1874; s. oben B I Anm. 3 S. 125. Wegen der von Korporationen ausgegebenen Noten usw. s. § 54.

[6] Die Banknote ist eine Zahlungsanweisung auf Sicht an den Inhaber. Zahlungsort ist der Sitz („Hauptsitz") der Bank; nur die Verpflichtung der Reichsbank ist eine

Für beschädigte Noten hat sie Ersatz zu leisten, sofern der Inhaber entweder einen Teil der Note präsentiert, welcher größer ist, als die Hälfte, oder den Nachweis führt, daß der Rest der Note, von welcher er nur die Hälfte oder einen geringeren Teil als die Hälfte präsentiert, vernichtet sei[7].

Für vernichtete oder verlorene Noten Ersatz zu leisten, ist sie nicht verpflichtet[8].

§ 5. Banknoten, welche in die Kasse der Bank oder einer ihrer Zweiganstalten oder in eine von ihr bestellte Einlösungskasse in beschädigtem oder beschmutztem Zustande zurückkehren, dürfen nicht wieder ausgegeben werden[9].

weitere (§ 18b). Wegen anderer Einlösungsstellen der Privatnotenbanken vgl. § 44 Abs. 1 Nr. 4, § 45. Unter Umständen kann bei nicht rechtzeitig erfolgter Einlösung durch gerichtliches Urteil die Entziehung der Befugnis zur Notenausgabe ausgesprochen werden nach § 50 Abs. 1 Nr. 3.

Wegen der Annahme von Noten anderer Banken vgl. § 19, § 44 Abs. 1 Nr. 5.

[7] Ähnlich bei Reichskassenscheinen nach dem G. v. 30. April 1874 § 6 Abs. 2 (oben B I S. 129).

[8] Hiernach gibt es weder eine Zahlungssperre, noch ein Aufgebot behufs Kraftloserklärung einzelner Banknoten. Vgl. auch BGB. § 799 Abs. 1. Anders der Aufruf des § 6. Über die Zulässigkeit der Vindikation entscheidet das bürgerliche Recht. Vgl. BGB. § 1006.

[9] Ist der größere Teil in diesem Zustande, kann die Einziehung angeordnet werden (§ 6 Abs. 2).

§ 6. Der Aufruf und die Einziehung der Noten einer Bank oder einer Gattung von Banknoten darf nur auf Anordnung oder mit Genehmigung des Bundesrats erfolgen.

Die Anordnung erfolgt, wenn ein größerer Teil des Umlaufs sich in beschädigtem oder beschmutztem Zustande befindet, oder wenn die Bank die Befugnis zur Notenausgabe verloren hat.

Die Genehmigung darf nur erteilt werden, wenn nachgewiesen wird, daß Nachahmungen der aufzurufenden Noten in den Verkehr gebracht sind[10].

[10] Das Gesetz unterscheidet zwischen Anordnung (Abs. 2) und bloßer Genehmigung (Abs. 3). Die Einziehung und Vernichtung von Reichsbanknoten, auch im Falle des § 5, erfolgt unter Kontrolle der Reichsschuldenkommission (§ 16 Abs. 2).

Wegen der Verpflichtung zur Einziehung kraft Urteils s. § 50 Abs. 3, §§ 51—53. Die Frist, innerhalb deren die Bekanntmachung zu erlassen ist, wird vom Gericht bestimmt.

Über die Behandlung nachgemachter und verfälschter Reichsbanknoten hat der Bundesrat am 30. November 1876 beschlossen:

„1. Den nachstehenden Bestimmungen seine Zustimmung zu erteilen:

I. Sämtliche Reichs- und Landeskassen haben die bei ihnen eingehenden nachgemachten oder verfälschten Reichsbanknoten (§§ 146—149 des Strafgesetzbuches) anzuhalten.

II. Wird ein eingehendes Falschstück als solches von den Kassenbeamten ohne weiteres erkannt, so hat der Vorsteher der Kasse sofort der zuständigen

In allen Fällen schreibt der Bundesrat die Art, die Zahl und die Fristen der über den Aufruf zu erlassenden Bekanntmachungen, den Zeitraum, innerhalb dessen und

Justiz- oder Polizeibehörde Anzeige zu machen und derselben das angehaltene Falschstück unter Beifügung des eingegangenen Begleitschreibens, Etiketts usw. bzw. der über die Einzahlung aufzunehmenden kurzen Verhandlung vorzulegen.

III. Erscheint die Unechtheit einer Note zweifelhaft, so ist dieselbe, nachdem dem bisherigen Inhaber eine Bescheinigung über den Sachverhalt erteilt worden ist, an das Reichsbank-Direktorium (Berlin W., Jägerstraße Nr. 34) einzusenden. Dasselbe wird diese Noten einer Prüfung unterwerfen und

a) im Falle der Echtheit den Wert der einsendenden Kasse zur Aushändigung an den Einzahler zustellen,
b) im Falle der Unechtheit das Falschstück an die einsendende Kasse zurückgeben, damit dieselbe in Gemäßheit der Vorschriften unter II verfahre.

IV. Dem Reichsbank-Direktorium ist von jeder wegen Fälschung oder Nachahmung von Reichsbanknoten erfolgten Einleitung eines Untersuchungs- oder Ermittelungsverfahrens durch die betreffende Justiz- oder Polizeibehörde sofort Mitteilung zu machen und, sobald es ohne Nachteil für das Verfahren geschehen kann, das Falschstück vorzulegen.

Auch ist das Reichsbank-Direktorium von dem Fortgang des Verfahrens in Kenntnis zu erhalten und von dem schließlichen Ergebnisse desselben unter Vorlegung der Akten und der Falschstücke zu benachrichtigen. Letztere sind von dem Reichsbank-Direktorium aufzubewahren.

die Stellen, an welchen die Noten eingelöst werden sollen, die Maßgaben, unter denen nach Ablauf der Fristen eine Einlösung der aufgerufenen Noten noch stattzufinden hat, und die zur Sicherung der Noteninhaber sonst erforderlichen Maßregeln vor.

Die nach dem Vorstehenden von dem Bundesrate zu erlassenden Vorschriften sind durch das Reichs-Gesetzblatt zu veröffentlichen[11].

„2. Es sei zu veranlassen, daß den betreffenden Reichs- und Landesbehörden die unter Ziff. 1 erwähnten Bestimmungen zur Nachachtung mitgeteilt werden, unter besonderem Hinweis auf die einschlägigen Bestimmungen des Strafgesetzbuches in den §§ 146—149, 151, 152 und 360 Ziff. 4—6."

Letzteres ist geschehen (vgl. z. B. die Cirk. Verf. des preuß. Finanzministers u. des Minist. des Innern v. 13. Febr. 1877 — MBl. f. d. ges. innere Verw. S. 70; Allgem. Verf. des preuß. Justizministers v. 20. März 1877 — JMBl. S. 54).

Wegen der Schutzgebiete s. oben A VI S. 112.

[11] Dies verstand sich nicht von selbst nach der Reichsverfassung (s. Entsch. d. RG. i. ZivS. Bd. 48, S. 89). Solche Vorschriften sind erlassen hinsichtlich der Noten der Bayerischen Hypotheken- und Wechselbank laut Bek. v. 7. Juni 1877 (RGBl. S. 527); der Rostocker Bank: Bek. v. 19. Dez. 1877 (RGBl. S. 575), v. 9. April 1878 (RGBl. S. 11) und v. 19. Okt. 1878 (RGBl. S. 350); der vormaligen Preußischen Bank: Bek. v. 15. März 1878 (RGBl. S. 6) und v. 10. April 1878 (RGBl. S. 12); der Lübecker Kommerzbank: Bek. v. 8. Aug. 1886 (RGBl. S. 259); der Kölnischen Privatbank: Bek. v. 7. Juli 1887 (RGBl. S. 286); der Hannoverschen Bank: Bek. v. 16. Juli 1889 (RGBl. S. 169); der Bremer Bank: Bek.

§ 7. Den Banken, welche Noten ausgeben, ist nicht gestattet:

1. Wechsel zu akzeptieren,
2. Waren oder kurshabende Papiere für eigene oder für fremde Rechnung auf Zeit zu kaufen oder auf Zeit zu verkaufen, oder für die Erfüllung solcher Kaufs- oder Verkaufsgeschäfte Bürgschaft zu übernehmen[12].

v. 25. Okt. 1889 (RGBl. S. 199); des Leipziger Kassenvereins: Bek. v. 4. Juli 1890 (RGBl. S. 76); der Magdeburger Privatbank: Bek. v. 9. Dez. 1890 (RGBl. S. 205) und v. 29. April 1893 (RGBl. S. 153); der Provinzial-Aktienbank des Großherzogtums Posen: Bek. v. 9. Dez. 1890 (RGBl. S. 206); der Danziger Privat-Aktienbank: Bek. v. 25. Dez. 1890 (RGBl. S. 213); der Chemnitzer Stadtbank: Bek. v. 3. Febr. 1891 (RGBl. S. 12); der Städtischen Bank zu Breslau: Bek. v. 19. Nov. 1893 (RGBl. S. 263); der Frankfurter Bank: Bek. v. 6. Juli 1901 (RGBl. S. 262); der Bank für Süddeutschland: Bek. v. 5. Juni 1902 (RGBl S. 225); der Braunschweigischen Bank: Bek. v. 14 April 1906 (RGBl. S. 461) — sämtlich mit Ausnahme der Preuß. Bank (vgl. Anm. 61 zu § 16 unten) Fälle der Anordnung wegen Verlustes der Notenausgabebefugnis (§ 6 Abs. 2, § 49).

Auch die Einziehung der von der Landständischen Bank zu Bautzen (die nicht zu den Notenbanken gerechnet ist — s. § 54) ausgegebenen Noten ist auf Grund des § 6 angeordnet (Bek. v. 17. August 1903 — RGBl. S. 270).

[12] Das Verbot in Nr. 2 richtet sich hauptsächlich gegen Reportgeschäfte.

Vgl. die Strafbestimmung in § 58 Abs. 2. Der Ausschluß von Blankokrediten ist selbstverständlich. Die

§ 8. Banken, welche Noten ausgeben, haben

1. den Stand ihrer Aktiva und Passiva vom 7., 15., 23. und letzten jedes Monats, spätestens am fünften Tage nach diesen Terminen[13] und

zivilrechtliche Gültigkeit der in § 7 bezeichneten Geschäfte bleibt unberührt.

Das G. v. 19. Juni 1893, betr. Ergänzung der Bestimmungen über den Wucher (RGBl. S. 197) hat nach Art. II 4 Abs. 2 auf Notenbanken keine Anwendung.

[13] Auf diesen Wochenübersichten beruhen die monatlich veröffentlichten „Status der deutschen Notenbanken" (vgl. Anm. 5). Wegen der Reichsbank vgl. §§ 15 Satz 2, 32 Abs. 1.

Außerdem gilt noch folgende Bestimmung des Gesetzes, betreffend die Ausgabe von Banknoten, v. 21. Dezember 1874 Art. II (s. Anm. 1):

„§ 4. Die Banken sind ferner verpflichtet, dem Reichskanzler behufs der Veröffentlichung spätestens am siebenten Tage eines jeden Monats den am letzten Tage des vorausgegangenen Monats vorhanden gewesenen Betrag

der umlaufenden —

der in den Bankkassen (einschließlich der Filiale, Agenturen und sonstigen Zweiganstalten) befindlichen —

eintretendenfalls auch der nach erfolgter Einlösung vernichteten —

Noten, nach den einzelnen Abschnitten (Appoints) gesondert anzuzeigen."

Art. I und der Rest von Art. II waren nur von vorübergehender Bedeutung.

Die erste Nachweisung jener Art wurde durch die Bekanntmachung des Reichskanzlers v. 15. Jan. 1875

2. spätestens drei Monate nach dem Schlusse jedes Geschäftsjahres eine genaue Bilanz ihrer Aktiva und Passiva, sowie den Jahresabschluß des Gewinn- und Verlustkontos

durch den Reichsanzeiger auf ihre Kosten zu veröffentlichen.

Die wöchentliche Veröffentlichung muß angeben

1. auf seiten der Passiva:

das Grundkapital,

den Reservefonds,

den Betrag der umlaufenden Noten,

die sonstigen täglich fälligen Verbindlichkeiten[14],

die an eine Kündigungsfrist gebundenen Verbindlichkeiten[15],

die sonstigen Passiva[16];

veröffentlicht (RZBl. S. 91ff.). Vgl. ferner RZBl. 1875 S. 132, 178, 190, 278, 312, 352, 432, 460, 514, 664, 684, 730, 788; 1876 S. 34ff. In den ferneren Nachweisungen treten noch die präkludierten Banknoten hinzu (vgl. RZBl. 1876 S. 112, 172, 228ff. usw. bis 1877 S. 124). In den folgenden Nachweisungen werden nur die im Umlauf und im Bestande befindlichen Banknoten nachgewiesen (RZBl. 1877 S. 206, 216, 280 usw.). Vgl. auch BankG. § 10.

[14] Z. B. die Giroguthaben (§ 13 Nr. 7) und sonstigen auf jederzeitiges Verlangen rückzahlbaren „fremden Gelder" (§ 22) bei der Reichsbank.

[15] Z. B. die Depositengelder (§ 13 Nr. 7).

[16] D. h. Buchschulden jeder Art, z. B. die noch nicht zur Verteilung gelangten Gewinne.

2. auf seiten der Aktiva[17]:

den Metallbestand (den Bestand an kursfähigem deutschem Gelde und an Gold in Barren oder ausländischen Münzen, das Pfund fein zu 1392 Mark berechnet),

[17] „kursfähigem deutschem Gelde" — d. h. Reichs-Gold-, -Silber-, -Nickel- u. -Kupfermünzen (MünzG. v. 1. Juni 1909 § 2 — oben A I S. 52 ff.). Eine Sonderung der deutschen Münzen nach Gold und Silber, überhaupt nach einzelnen Gattungen ist nicht vorgeschrieben; sie erfolgt aber seit 1894 in den jährlichen Verwaltungsberichten und Bilanzen der Reichsbank, welcher sich in dieser Hinsicht bisher nur die Bayerische Notenbank angeschlossen hat, für den 31. Dezember und im Jahresdurchschnitt, indem folgende Gattungen des Metallbestandes gesondert angegeben werden: Gold in Barren und fremden Münzen, Gold in deutschen Münzen, Taler und Scheidemünzen. Mitteilungen über die Zusammensetzung des Metallbestandes zu Ende 1898 enthält der KommB. v. 14. April 1899 S. 3. X. LegPer. I. Session 1898/99, Drucksache Nr. 209. Seit 1902 ist die Zusammensetzung außerdem in der Januarsitzung des Zentralausschusses der Reichsbank jedesmal von dem Vorsitzenden mitgeteilt und alsdann in der Nordd. Allg. Ztg. veröffentlicht worden. Gold und Silber werden seit dem 1. Januar 1909 getrennt veröffentlicht.

Die Bestimmung wegen des Goldes entspricht dem § 14 und dem § 9 Abs. 1.

„und Schecks" — mit Rücksicht auf Art. 5 II der BankG.Nov. v. 1. Juni 1909 (mit Geltung seit dem 1. Jan. 1910), wonach auch Schecks diskontiert werden dürfen, eingeschaltet durch denselben Artikel unter I, lautend:

„Im § 8 Abs. 2 des Bankgesetzes werden in der Nr. 2 nach den Worten „an Wechseln" eingefügt die Worte: „und Schecks".

den Bestand:

an Reichskassenscheinen,

an Noten anderer Banken,

an Wechseln und Schecks,

an Lombardforderungen,

an Effekten[18],

an sonstigen Aktiven[19].

Welche Kategorien der Aktiva und Passiva in der Jahresbilanz gesondert nachzuweisen sind, bestimmt der Bundesrat[20].

Außerdem sind in beiden Veröffentlichungen die aus

[18] Hier umfaßt der Ausdruck auch kurzfällige Schuldverschreibungen (§ 13 Nr. 2, § 32 Abs. 1), z. B. Schatzanweisungen des Reichs. Der Antrag, hinzuzusetzen „zum Tageskurs", wurde von der Kommission des Reichstags v. 1874/75 als überflüssig abgelehnt. Vgl. HGB. v. 10. Mai 1897 §§ 40, 261, sowie Statut der Reichsbank § 13 Nr. 1 (unten II).

[19] Z. B. die Grundstücke, ferner zinsfreie Vorschüsse auf Goldlieferungen usw.

[20] Diese Bestimmungen enthält die Bekanntmachung des Reichskanzlers betreffend die Vorschriften über die von den Notenbanken in der Jahresbilanz gesondert nachzuweisenden Aktiva und Passiva, v. 15. Januar 1877 (unten VI).

Besondere Vorschriften für die Jahresbilanz der Reichsbank auf Grund des § 40 Nr. 4 enthält § 13 des Statuts der Reichsbank (unten II). Strafbestimmungen wegen wissentlich falscher Angaben in den Wochenübersichten und Bilanzen gibt § 59 Nr. 1 des Bankgesetzes. Die Richtigkeit der Angaben überwacht auch der Reichskanzler (§ 48).

weiterbegebenen im Inlande zahlbaren Wechseln[21] entsprungenen eventuellen Verbindlichkeiten ersichtlich zu machen.

§ 9. Banken, deren Notenumlauf ihren Barvorrat und den ihnen nach Maßgabe der Anlage zugewiesenen Betrag übersteigt, haben vom 1. Januar 1876 ab von dem Überschusse eine Steuer von jährlich Fünf vom Hundert an die Reichskasse zu entrichten[22]. Als Barvorrat gilt bei Feststellung der Steuer der in den Kassen der Bank befindliche Betrag an kursfähigem deutschem

[21] Die Reichsbank „rediskontiert" ihre Inlandswechsel nicht. Seitens der Privatnotenbanken werden solche Wechsel jedoch vielfach bei der Reichsbank rediskontiert.

[22] Diese Bestimmung enthält das wichtige, aber seinem Werte nach bestrittene Prinzip der sog. indirekten Kontingentierung der Notenausgabe (vgl. darüber die Motive zum Entwurfe des BankG. v. 1875 II. LegPer. II. Sess. 1874/75 Aktenstück Nr. 27, KommBer. Aktenstück Nr. 195, StenBer. S. 215 ff., 1268 ff.). Die steuerfreie Notenreserve, d. h. der Überschuß des Barvorrats und des der betreffenden Bank an ungedeckten Noten zugewiesenen Betrags über den Notenumlauf ist danach ein bedeutsamer Faktor der Bankpolitik.

Der Entwurf von 1899 hielt das System, als im allgemeinen bewährt, zwar aufrecht, schlug aber eine Erweiterung des Kontingents der Reichsbank vor, welche im Reichstage eine weitere Steigerung erfuhr (s. Entw. Art. 3 und Begr. — Aktenstück Nr. 95; KommBer. — Aktenstück Nr. 209, X. LegPer. I. Sess. 1898/99, StenBer. 1. Beratung S. 696, 702, 710, 713, 719, 720, 725, 734, 742, 752, 2. Ber. S. 1965 ff.; 3. Ber. S. 1993 ff.). Die Steigerung hat sich 1909 fortgesetzt (s. unten Anm. 26).

Gelde[23], an Reichskassenscheinen, an Noten anderer deutscher Banken[24] und an Gold in Barren oder ausländischen Münzen, das Pfund fein zu 1392 Mark berechnet[25].

Erlischt die Befugnis einer Bank zur Notenausgabe (§ 49), so wächst der derselben zustehende Anteil an dem Gesamtbetrage des der Steuer nicht unterliegenden ungedeckten Notenumlaufs dem Anteile der Reichsbank zu[26].

[23] Vgl. Anm. 17.

[24] Durch die Hinzurechnung dieser Noten (vgl. §§ 19, 44 Abs. 1 Nr. 5) unterscheidet sich die Vorschrift von den Bestimmungen über die sog. Drittelbeckung (§§ 17, 44 Nr. 3).

[25] Vgl. § 13 Nr. 1, § 14. Beliehenes Gold (§ 13 Nr. 3a) gehört nicht hierher.

[26] Zunächst verzichteten auf das Recht der Notenausgabe (vgl. § 49 Nr. 2) 13 Banken, nämlich die Ritterschaftliche Privatbank in Pommern (Stettin), die Bank des Berliner Kassenvereins, die Kommunalständische Bank für die preußische Oberlausitz (Görlitz), die Leipziger Bank, die Weimarische Bank, die Oldenburgische Landesbank, die Mitteldeutsche Kreditbank in Meiningen, die Privatbank zu Gotha, die Anhalt-Dessauische Landesbank, die Thüringische Bank (Sondershausen), die Geraer Bank, die Niedersächsische Bank (Bückeburg) und die Lübecker Privatbank (Nr. 2, 4, 9, 15, 22, 23, 25 bis 31 der Anlage) mit einem Gesamtbetrage von 22561000 M,

sodann die Landgräflich hessische konzessionierte Landesbank in Homburg (Nr. 11) mit	159000	„
die Rostocker Bank (Nr. 21) mit . .	1155000	„
die Kölnische Privatbank (Nr. 5) mit .	1251000	„
	25126000	M

Übertrag	25 126 000	M
die Kommerzbank in Lübeck (Nr. 32) mit	959 000	„
die Hannoversche Bank (Nr. 10) mit .	6 000 000	„
die Bremer Bank (Nr. 33) mit . . .	4 500 000	„
der Leipziger Kassenverein (Nr. 16) mit	1 440 000	„
Weitere 5 Banken verloren die Befugnis zur Ausgabe von Banknoten durch Ablauf der Zeitdauer, für welche diese Befugnis erteilt war (vgl. § 49 Nr. 1), und zwar:		
die Danziger Privataktienbank (Nr. 7) mit	1 272 000	„
die Provinzialaktienbank des Großherzogtums Posen (Nr. 8) mit . . .	1 206 000	„
die Magdeburger Privatbank (Nr. 6) mit	1 173 000	„
die Chemnitzer Stadtbank (Nr. 17) mit	441 000	„
die Städtische Bank zu Breslau (Nr. 3) mit	1 283 000	„
zusammen	43 400 000	M
an steuerfreien ungedeckten Noten. Der Anteil der Reichsbank erhöhte sich hiernach auf	293 400 000	M

Eine weitere Erhöhung des Anteils der Reichsbank auf 450 Mill. M unter gleichzeitiger Erhöhung des Gesamtbetrags auf fünfhunderteinundvierzig Millionen sechshunderttausend Mark erfolgte durch das Ges., betreffend die Abänderung des BankG. v. 14. März 1875. V. 7. Juni 1899 Art. 5 (s. unten Anm. 80).

Die Regierungen hatten (Art. 3 d. Entw.) eine Erhöhung des Anteils der Reichsbank auf 400 Mill. M vorgeschlagen (s. Begründung S. 7 ff.). In erster und zweiter Lesung der Kommission gebilligt, wurde infolge eines Kompromisses der Parteien in dritter Lesung von der Kommission eine weitere Erhöhung um 50 Mill. M beschlossen (s. KommB. S. 29 ff.). Das Plenum stimmte ohne Debatte zu.

Von den übrigen 7 Banken verzichteten sodann noch auf das Recht der Notenausgabe:

die Frankfurter Bank (Nr. 12) mit .	10000000 M
die Bank für Süddeutschland (Nr. 20) mit	10000000 „
die Braunschweigische Bank (Nr. 24) mit	2829000 „
der Anteil der Reichsbank erhöhte sich danach auf	472829000 „

(Bek. v. 14. April 1906 (RGBl. S. 462).

Die noch fortbestehenden Privatnotenbanken sind:

1. die Bayerische Notenbank (Nr. 13) mit	32000000 M
2. die Sächs. Bank zu Dresden (Nr. 14) mit	16771000 „
3. die Württembergische Notenbank (Nr. 18) mit	10000000 „
4. die Badische Bank (Nr. 19) mit .	10000000 „
zusammen	68771000 M

an steuerfreien ungedeckten Noten.

Das Nähere, insbesondere über die allmähliche Vermehrung des Kontingents der Reichsbank infolge des Zuwachsrechts (§ 9 Abs. 2), enthalten die Bek. des Reichskanzlers v. 1. April 1876 (RGBl. S. 124), 23. Juli 1876 (RGBl. S. 170), 13. Okt. 1877 (RGBl. S. 567), 25. Juli 1886 (RGBl. S. 236), 15. März 1887 (RGBl. S. 123), 16. Juli 1889 (RGBl. S. 170), 25. Okt. 1889 (RGBl. S. 200), 9. Mai 1890 (RGBl. S. 68), 14. Jan. 1891 (RGBl. S. 9), 27. Febr. 1894 (RGBl. S. 152), 6. Juli 1901 (RGBl. S. 263), 5. Juni 1902 (RGBl. S. 226) und 14. April 1906 (RGBl. S. 462).

Unter Beibehaltung des Systems hat nun dem Vorschlage der verb. Regierungen gemäß die BNov. v. 1909, da sich das Kontingent bei den vorgekommenen zahlreichen Überschreitungen als unzureichend erwiesen, dasselbe weiter ausgedehnt durch Art. 2 wie folgt:

§ 10. Zum Zweck der Feststellung der Steuer hat die Verwaltung der Bank am 7., 15., 23. und Letzten jedes Monats den Betrag des Barvorrats und der umlaufenden Noten der Bank festzustellen[27] und diese Feststellung an die Aufsichtsbehörde[28] einzureichen. Am

„An die Stelle des Art. 5 des Ges. v. 7. Juni 1899 (RGBl. S. 311) tritt folgende Vorschrift:

Der nach Maßgabe der Anlage zum § 9 des Bankgesetzes der Reichsbank zustehende Anteil an dem Gesamtbetrage des der Steuer nicht unterliegenden ungedeckten Notenumlaufs, einschließlich der ihr inzwischen zugewachsenen Anteile der unter Nr. 2 bis 12, 15 bis 17 und 20 bis 33 bezeichneten Banken, wird auf fünfhundertundfünfzig Millionen Mark festgesetzt, unter gleichzeitiger Erhöhung des Gesamtbetrags auf sechshundertachtzehn Millionen siebenhunderteinundsiebzigtausend Mark.

Für die auf Grund der Nachweisungen für den Letzten des März, des Juni, des September und des Dezember jedes Kalenderjahrs aufzustellende Steuerberechnung (§ 10 des Bankgesetzes) tritt eine Erhöhung des Anteils der Reichsbank auf siebenhundertundfünfzig Millionen Mark und eine Erhöhung des Gesamtbetrags auf achthundertachtzehn Millionen siebenhunderteinundsiebzigtausend Mark ein."

[27] Die Daten ergeben sich aus den Wochenübersichten (§ 8).

[28] Die „Aufsichtsbehörde" ist der Reichskanzler, welcher auch die Richtigkeit der behufs der Steuerberechnung abgegebenen Nachweise überwacht (§ 48).

Schluß jedes Jahres wird von der Aufsichtsbehörde auf Grund dieser Nachweisungen die von der Bank zu zahlende Steuer in der Weise festgestellt, daß von dem aus jeder dieser Nachweisungen sich ergebenden steuerpflichtigen Überschusse des Notenumlaufs $^{5}/_{48}$ Prozent als Steuersoll berechnet werden. Die Summe dieser für jede einzelne Nachweisung als Steuersoll berechneten Beträge ergibt die von der Bank spätestens am 31. Januar des folgenden Jahres zur Reichskasse abzuführende Steuer[29].

Die Strafbestimmung wegen unrichtiger Angaben enthält § 59 Nr. 2.

[29] Eine solche Steuer ist von der Sächsischen Bank bisher alljährlich, ebenso von der Württembergischen Notenbank seit 1889, ferner seit 1890 mit Ausnahme des Jahres 1894 regelmäßig auch von der Badischen Bank und einigemal von der Bayerischen Notenbank, schon seit 1881 auch von der Reichsbank zu entrichten gewesen, und zwar von letzterer anfänglich meistens am Schluß des Herbst- und des Wintervierteljahres, in den Jahren 1881 bis 1886 mit kleinen, dann mit wachsenden Beträgen, in den Jahren 1881, 1884 bis 1886, 1893 nur je 1 mal, im Jahre 1899 20 mal, im Jahre 1907 sogar 25 mal, im Jahre 1908 14 mal, bis Ende 1908 im ganzen 25 759 374 M.

Da am Schlusse des Vierteljahrs infolge der Verkehrssitte eine besonders lebhafte Nachfrage nach Zahlungsmitteln zu herrschen pflegt, ist das Kontingent für diesen Fall weiter nur für diesen Termin erhöht.

Eine gleichmäßige Erhöhung für die Privatnotenbanken konnte nicht in Frage kommen.

Im Reichstage wurden diese Grundsätze angefochten, indessen ohne Erfolg. In der Kommission ist ein Antrag auf Beseitigung von § 9 Abs. 2 d. BankG. und

§ 11. Ausländische Banknoten oder sonstige auf den Inhaber lautende unverzinsliche Schuldverschreibungen ausländischer Korporationen, Gesellschaften oder Privaten dürfen, wenn sie ausschließlich oder neben anderen Wertbestimmungen in Reichswährung oder einer deutschen Landeswährung ausgestellt sind, innerhalb des Reichsgebietes zu Zahlungen nicht gebraucht werden[30].

Titel II.

Reichsbank[31].

§ 12. Unter dem Namen

„Reichsbank"

wird eine unter Aufsicht[32] und Leitung[33] des Reichs

Hinzufügung einer Vorschrift, wonach die Reichsbank statt der Notensteuer jährlich 3 Millionen an Kassenscheinen aus dem Verkehr zu ziehen habe, abgelehnt. Die Begründung S. 9, 10, 16 KommBer. — Drucks. Nr. 1384 d. Reichstags XII. LegPer. I. Sess. 1908/9 S. 15, 16. StenBer. des Reichstags S. 7043ff., 7085ff. (1. Beratung), S. 8411 f., 8423 ff. (2. Ber.), 8528 ff. (3. Ber.).

[30] Die entsprechende Strafbestimmung enthält § 57. Das Zahlungsgeschäft bleibt gültig.

[31] Die Reichsbank hat eine von den übrigen Banken (Privatnotenbanken — Titel III) abweichende Stellung als Zentralnotenbank des Reichs, welche nicht sowohl dem Erwerbe, als öffentlichen volkswirtschaftlichen Zwecken dienen soll und daher im öffentlichen Interesse mit gewissen Rechten ausgestattet und mit entsprechenden Pflichten belastet ist. Sie ist, wie das Reichsgericht (Entsch. in Zivilsachen Bd. 15 S. 234ff.) sagt, „ein verfassungsmäßiges Organ, ein Institut des Reichs, zu dessen öffentlich rechtlichen Zwecken sie besteht und be-

stehende Bank errichtet, welche die Eigenschaft einer juristischen Person[34] besitzt und die Aufgabe hat, den Geldumlauf im gesamten Reichsgebiete zu regeln, die Zahlungsausgleichungen zu erleichtern[35] und für die Nutzbarmachung verfügbaren Kapitals zu sorgen.

Die Reichsbank hat ihren Hauptsitz in Berlin. Sie ist berechtigt, aller Orten im Reichsgebiete Zweiganstalten zu errichten[36].

trieben wird". Ihre Verwaltung ist deshalb dem Organismus der Reichsbehörden eng angeschlossen. Vgl. auch das. Bd. 36 S. 141 ff. Auch die Zweiganstalten haben den Charakter öffentlicher Behörden. Vgl. V. v. 19. Dez. 1875 — unten VII.

[32] Vgl. § 25.

[33] Vgl. § 26.

[34] Die Reichsbank ist somit vermögensrechtlich von dem Reichsfiskus getrennt; aber sie ist keine Aktiengesellschaft, sondern hat ihr eigenes in dem Bankgesetz und ihrem Statut enthaltenes Sonderrecht, neben welchem sie freilich den von Kaufleuten handelnden Bestimmungen des Handelsgesetzbuchs unterliegt. Vgl. auch § 66, Statut § 17 Abs. 2 (unten II) u. HGB. v. 10. Mai 1897 § 1 Abs. 2 Nr. 4, § 7.

[35] Diesem Zwecke dient hauptsächlich der Giroverkehr (§ 13 Nr. 7). Weiter erleichtert werden die Zahlungsausgleichungen durch die bei der Reichsbank in Berlin, Braunschweig, Bremen, Breslau, Chemnitz, Cöln, Dortmund, Dresden, Düsseldorf, Elberfeld, Essen, Frankfurt a. M., Hamburg, Hannover, Karlsruhe, Leipzig, Mannheim, München, Nürnberg und Stuttgart errichteten Abrechnungsstellen (Clearing-Häuser).

[36] Im ganzen hat die Reichsbank jetzt (Ende Nov. 1909) 493 Zweiganstalten. Vgl. §§ 36, 37 und das Verzeichnis unten im Anhang B.

Der Bundesrat kann die Errichtung solcher Zweiganstalten an bestimmten Plätzen anordnen[37].

§ 13. Die Reichsbank ist befugt, folgende Geschäfte zu betreiben[38]:

1. Gold und Silber in Barren und Münzen zu kaufen[39] und zu verkaufen;
2. Wechsel[40], welche eine Verfallzeit von höchstens drei Monaten haben und aus welchen in der Regel drei, mindestens aber zwei als zahlungs-

[37] Die Reichsbankhauptstellen werden an vom Bundesrat zu bestimmenden größeren Plätzen errichtet (§ 36). Seit 1876 sind die Reichsbankhauptstellen auf 20 vermehrt (s. unten Anm. 113).

[38] Die zivilrechtliche Gültigkeit einzelner nicht unter § 13 fallenden Rechtsgeschäfte wird durch diese Beschränkung nicht berührt (vgl. StenB. des Reichstags v. 1874/75 S. 1317). Vgl. auch § 35. Nr. 1—4 enthalten die Anlage(Aktiv)geschäfte (wegen der Privatnotenbanken vgl. § 44 Nr. 1), Nr. 5—8 die sonstigen Geschäfte.

[39] Vgl. §§ 14, 32. Der Ankauf des aus dem Auslande eingeführten Goldes dient wesentlich der Erhaltung und Verstärkung der Notendeckung und liegt im Interesse der Währung.

[40] Nur Wechsel — keine Anweisungen, Warrants oder ähnliche Papiere. Nur Wechsel und jetzt gemäß Art. 5 II d. BankG.Nov. v. 1. Juni 1909 Schecks (siehe unten § 17 Anm. 66) dienen als Notendeckung. Der Passus lautet:

„In § 13 d. Bankgesetzes werden in der Nr. 2 nach dem Worte „haften" eingeschaltet die Worte: ebenso Schecks, aus welchen mindestens zwei als zahlungsfähig bekannte Verpflichtete haften."

fähig bekannte Verpflichtete haften, ebenso Schecks, aus welchen mindestens zwei als zahlungsfähig bekannte Verpflichtete haften, ferner Schuldverschreibungen des Reichs, eines deutschen Staats oder inländischer kommunaler Korporationen[41], welche nach spätestens drei Monaten mit ihrem Nennwerte fällig sind, zu diskontieren[42], zu kaufen und zu verkaufen;

3. zinsbare Darlehen auf nicht länger als drei

Der Zusatz ist eine Konsequenz der durch das Scheckgesetz v. 11. März 1908 (RGBl. S. 71) eingeführten rechtlichen Bedeutung des Schecks, insbesondere der Regreßpflicht, und steht in Einklang mit der Erleichterung der Zahlungsausgleichungen (§ 12). Er bietet den Vorteil, an anderen Bankplätzen zahlbare Schecks jederzeit zu Geld machen zu können. Wegen der Privatnotenbanken s. § 44 Abs. Nr. 1, §§ 43 (Begr. S. 17), 47a u. Anm. 171.

In der Reichstagskommission für den Entw. des Ges. v. 7. Juni 1899 wurde eine Resolution angenommen, welche die Berücksichtigung der Haftsumme bei Diskontierung von Genossenschaftswechseln empfiehlt (s. Bericht S. 55, 56). Das Plenum stimmte mit der Änderung von „Haftsumme" in „Haftpflicht" zu (StenB. S. 1991). Die Praxis der Reichsbank stimmt hiermit überein.

[41] D. h. Provinzen, Kreise, Gemeinden. Vgl. BGB. § 1807 Nr. 4. Die Papiere müssen zum Umlauf bestimmt sein, also mindestens die Orderklausel enthalten.

[42] Wegen Bekanntmachung des Diskontosatzes s. § 15. Über Anhörung des Zentralausschusses s. § 32 Abs. 2 Lit. e. Die Bedingungen des Diskontogeschäfts s. unten im Anhang unter II, III und V.

Monate gegen bewegliche Pfänder zu erteilen (Lombardverkehr)[43], und zwar:

a) gegen Gold und Silber, gemünzt und ungemünzt[44],

b) gegen zinstragende oder spätestens nach einem Jahre fällige und auf den Inhaber lautende Schuldverschreibungen des Reichs, eines deutschen Staats[45] oder inländischer kommunaler Korporationen, oder gegen zinstragende, auf den Inhaber lautende Schuldverschreibungen, deren Zinsen vom Reiche oder von einem Bundesstaate garantiert sind, gegen voll eingezahlte Stamm- und Stammprioritätsaktien und Prioritätsobligationen deutscher Eisenbahngesellschaften, deren Bahnen in Betrieb befindlich sind[46], sowie gegen Pfandbriefe

[43] Wegen des Höchstbetrages vgl. § 32 Abs. 2 Lit. d. Die Bedingungen s. im Anhang unter VI. Vgl. auch Anm. 53 a. E. Über die Bekanntmachung des Lombardzinsfußes s. § 15. Über die Höhe ist der Zentralausschuß zu hören (§ 32 Abs. 2 Lit. e).

[44] Ein Abschlag von dem Metallwerte, wie der Entw. wollte, ist nicht vorgeschrieben.

[45] „zinstragende" — d. s. zinstragende, auf den Inhaber lautende Schuldverschreibungen usw. auch mit längerer als einjähriger Verfallzeit. Die BankG.Nov. v. 1. Juni 1909 macht auch Reichsschuldbuchforderungen (G. v. 31. Mai 1891 — RGBl. S. 321, vgl. unten E IV) und Staatsschuldbuchforderungen für Preußen (G. v. 20. Juli 1883 — PrGBl. S. 120) lombardfähig, indem Art. 6 eine entsprechende Vorschrift enthält (s. unter Nr. 9).

[46] Der Relativsatz ist ein Zusatz des Reichstags (Kommissionsbericht v. 19. Jan. 1875 S. 38). Die Aktien und Prioritätsobligationen brauchen nicht auf den Inhaber zu lauten.

landschaftlicher, kommunaler oder anderer unter staatlicher Aufsicht stehender Bodenkreditinstitute Deutschlands[47] und deutscher Hypothekenbanken auf Aktien, zu höchstens drei Viertel des Kurswertes; diesen Pfandbriefen stehen gleich die auf den Inhaber lautenden Schuldverschreibungen öffentlichrechtlicher Bodenkreditinstitute des Inlandes sowie diejenigen auf den Inhaber lautenden Schuldverschreibungen der übrigen vorbezeichneten Institute und Banken, welche auf Grund von Darlehnen ausgestellt werden, die an inländische kommunale Korporationen oder gegen

[47] Das Erfordernis der staatlichen Aufsicht bezieht sich nicht auf die Hypothekenbanken (KommB. v. 19. Jan. 1875 S. 38. StenB. S. 1918). Vgl. Felix Hecht, Die Organisation des Bodenkredits in Deutschland. Leipzig. 1. Abteilung: Die staatlichen und provinziellen Bodenkreditinstitute in Deutschland, Bd. I und II, 1891; 2. Abteilung: Die deutschen Hypothekenbanken, Bd. I, 1903; 3. Abteilung: Die Landschaften und landschaftsähnlichen Kreditinstitute, Bd. I, 1908; ders., Der europäische Bodenkredit, Leipzig 1900. Die Pfandbriefe brauchen nicht auf den Inhaber zu lauten. Vgl. Anm. 46.

Nur in solchen, bei der Reichsbank in I. Klasse (d. h. zu 3/4 des Kurswerts) beleihbaren Pfandbriefen deutscher Hypothekenbanken auf Aktien dürfen die den Prämienreservefonds bildenden Bestände der Privatversicherungsanstalten angelegt werden (G. über die privaten Versicherungsunternehmungen v. 12. Mai 1901 — RGBl. S. 139).

Übernahme der Garantie durch eine solche Korporation gewährt sind[48],

c) gegen zinstragende, auf den Inhaber lautende Schuldverschreibungen nicht deutscher Staaten, sowie gegen staatlich garantierte ausländische

[48] Der Zusatz beruht auf Art. 6 d. G. v. 7. Juni 1899 (unten IV, vgl. auch Anm. 80), dahin lautend:

„Dem § 13 des Bankgesetzes Ziffer 3 wird unter b nach den Worten „des Kurswertes;" folgender Satz beigefügt:

„diesen Pfandbriefen stehen gleich andere auf den Inhaber lautende Schuldverschreibungen der bezeichneten Institute . . ." — (im übrigen wie oben).

Die Bestimmung ist durch Art. 6 I der BankG.Nov. v. 1. Juni 1909 dahin erweitert, daß der Kreis der lombardfähigen Papiere auf alle Schuldverschreibungen öffentlichrechtlicher Bodenkreditinstitute ausgedehnt ist. „Denn die Sicherheit derartiger Papiere ist schon durch die Verfassung dieser mit behördlichem Ansehen ausgestatteten Anstalten gewährleistet", ohne daß es auf die Beschaffenheit der zu ihrer Deckung dienenden Forderungen ankommt. Vgl. Begr. S. 14, 17.

Nach der älteren Fassung beschränkte sie sich auf die letztgenannten (jetzt „diejenigen" usw.) Papiere, welche, schon jetzt von einigen Instituten und Banken ausgestellt („Kommunalobligationen" usw.), mindestens denselben Grad von Sicherheit gewähren wie die „Pfandbriefe". Sie gilt auf Grund des § 44 Abs. 1 Nr. 1 auch für die Privatnotenbanken, auf welche die beschränkenden Bestimmungen des § 43 keine Anwendung finden. Im Reichstage ist die Bestimmung nicht beanstandet worden.

Art. 6 tritt nach Art. 8 der genannten Nov. am 1. Januar 1910 in Kraft.

Eisenbahn-Prioritätsobligationen, zu höchstens 50 Prozent des Kurswertes[49],

d) gegen Wechsel, welche anerkannt solide Verpflichtete aufweisen, mit einem Abschlage von mindestens 5 Prozent ihres Kurswertes,

e) gegen Verpfändung im Inlande lagernder Kaufmannswaren, höchstens bis zu zwei Dritteilen ihres Wertes;

4. Schuldverschreibungen der vorstehend unter 3 b bezeichneten Art[50] zu kaufen und zu verkaufen; die Geschäftsanweisung für das Reichsbankdirektorium (§ 26)[51] wird feststellen, bis zu welcher Höhe die Betriebsmittel der Bank in solchen Schuldverschreibungen angelegt werden dürfen;

5. für Rechnung von Privatpersonen, Anstalten und

[49] Diese Prioritätsobligationen dürfen auf Namen lauten (vgl. Anm. 46, 47) und von Eisenbahngesellschaften ausgegeben sein, deren Bahnen nicht im Betrieb befindlich sind.

[50] Kurzfällige Schuldverschreibungen derselben Art fallen bereits unter Nr. 2.

[51] Nicht das Bankgesetz selbst, wie bei den Privatnotenbanken (§ 44 Nr. 1). Eine solche Bestimmung ist übrigens bisher nicht erlassen. Ehe der Ankauf von „Effekten", d. h. eben von Papieren der hier bezeichneten Art, erfolgen darf, muß der Höchstbetrag, bis zu welchem die Fonds der Bank zu diesem Zweck verwendet werden dürfen, mit Zustimmung des Zentralausschusses festgesetzt sein (§ 32 Abs. 2 Litt. d). Die Reichsbank hält seit dem Jahre 1900 im Interesse ihrer Auftraggeber (Deponenten) einen sehr beschränkten Vorrat lombardfähiger Effekten in kleinen Stücken.

Behörden Inkassos zu besorgen und nach vorheriger Deckung Zahlungen zu leisten und Anweisungen oder Überweisungen auf ihre Zweiganstalten oder Korrespondenten auszustellen[52];

6. für fremde Rechnung Effekten aller Art, sowie Edelmetalle nach vorheriger Deckung zu kaufen und nach vorheriger Überlieferung zu verkaufen[53];

7. verzinsliche und unverzinsliche Gelder im Depositengeschäft und im Giroverkehr anzunehmen; die Summe der verzinslichen Depositen[54] darf diejenige des Grundkapitals und des Reservefonds der Bank nicht übersteigen;

[52] Die Bedingungen des Einziehungsgeschäfts und des Ein- und Auszahlungsverkehrs s. unten im Anhang VIII, IX a.

[53] Der Blankokredit ist hier wie in Nr. 5 ausdrücklich untersagt. Das Nähere über die erforderliche Sicherstellung beim An- und Verkauf von Effekten (vgl. § 40 Nr. 11) enthält § 10 des Reichsbankstatuts v. 21. Mai 1875 (unten II). Vgl. auch die Bedingungen im Anhang IX d. Die Reichsbank unterliegt bei diesem Geschäftszweig wie bei dem der Nr. 8 und auch im Lombardverkehre (Nr. 3) den Verpflichtungen der Bankiers aus dem sog. Bankdepotgesetz v. 5. Juli 1896 (RGBl. S. 183, 194), welche sie freilich schon früher zu erfüllen gewohnt war.

[54] Die verzinslichen Depositen sind zurückgezahlt (vgl. Vertrag über die Abtretung der Preußischen Bank an das Deutsche Reich v. 17./18. Mai 1875 §§ 12, 13 und Anm. 12 dazu (unten III). Solche werden seit dem 31. Mai 1879 überhaupt nicht mehr angenommen. Trotzdem weisen auch neuere Gesetze auf die Annahme verzinslicher Gelder durch die Reichsbank hin, so z. B. BGB. § 1808 u. Krankenversicherungsgesetz v. 10. April

8. Wertgegenstände in Verwahrung und in Verwaltung zu nehmen[55];

9. zinsbare Darlehne auf nicht länger als drei Monate im Lombardverkehr auch gegen Verpfändung von Forderungen, die in dem Reichsschuldbuch oder in dem Staatsschuldbuch eines deutschen Staates eingetragen sind, zu höchstens drei Viertel des Kurswerts der umgewandelten Schuldverschreibungen zu erteilen[56].

1892 § 40 (RGBl. S. 417). Der Reichstag hat am 14. Mai 1909 eine Resolution angenommen, wonach ein Gesetzentwurf vorgelegt werden soll: „Zur Bekämpfung der Gefahren, die dem Publikum durch Banken und Bankiers erwachsen, die zur Anlage von Depositen oder Spargeldern durch öffentliche oder schriftliche Aufforderungen oder durch Agenten anreizen" (StenB. S. 8428). Vgl. KommB. S. 33 ff.

Der Giroverkehr — der wichtigste Teil der Passivgeschäfte neben den Banknoten — beruht auf den „Bestimmungen" im Anhang VII. — Die Hamburger Girobank ist aufgehoben (Bek. v. 19. Nov. 1875 bei Soetbeer, Deutsche Bankverfassung S. 203). Ihr Gebäude ist von der Reichsbank erworben und dient zu deren Geschäftsbetrieb. Die Girogelder sind unverzinslich. Hinsichtlich der Annahme anderer unverzinslicher Gelder vgl. die Bedingungen im Anhang XII.

[55] Offen und verschlossen nach Maßgabe der „Bedingungen" im Anh. XIII u. XIV und der gesetzlichen Bestimmungen, z. B. BGB. §§ 1082, 1114, 2116. Vgl. Anm. 53 a. E.

[56] Der Zusatz (Nr. 9) beruht auf Art. 6 II d. BankG.

§ 14. Die Reichsbank ist verpflichtet, Barrengold zum festen Satze von 1392 Mark für das Pfund fein gegen ihre Noten umzutauschen[57].

Die Bank ist berechtigt, auf Kosten des Abgebers solches Gold durch die von ihr zu bezeichnenden Techniker prüfen und scheiden zu lassen[58].

§ 15. Die Reichsbank hat jeweilig den Prozent=

Nov. v. 1. Juni 1909 (gemäß Art. 8 gültig v. 1. Jan. 1910 ab — unten V) dahin lautend:

Im § 13 des Bankgesetzes wird als Nr. 9 folgende Vorschrift eingestellt: (wie oben).

Die Vorschrift erspart den sonst bei Rückumwandlung in Schuldverschreibungen eintretenden Zeitverlust.

„zu höchstens drei Viertel des Kurswerts" — dies ist die Beleihungsgrenze (§ 13 Nr. 3b).

Eine Erleichterung der Verpfändung gewährt § 20a. Der Verpfändung sind Wirkungen nach Art des Pfandrechts an beweglichen Sachen beigelegt (§ 20b). Vgl. Begr. zu obig. G. S. 14, 17, KommB. S. 30.

[57] Die Bestimmung, welche erst infolge der Kommissionsverhandlungen des Reichstags v. 1874/75 in das Gesetz aufgenommen ist (KommB. S. 40, StenB. S. 1319 ff.), ergänzt das Prägerecht der Privaten (vgl. MünzG. v. 1. Juni 1909 § 7 Abs. 2 — oben A I S. 65) und dient wie dieses zur Aufrechterhaltung der Goldwährung. Die Differenz von 3 Mark gegen den Münzwert ersetzt die Münzgebühr (vgl. MünzG. v. 1909 a. a. O. u. Anm. 17). Übersichten über die Goldankäufe enthalten das RZBl. (bis 1879) und alljährlich die Verwaltungsberichte der Reichsbank. Die Prägungen erfolgen selbstverständlich je nach Bedarf. Vgl. oben Einleitung S. 19 ff.

[58] Vgl. die Bek. v. 8. Juni 1875 (oben A V S. 106).

satz öffentlich bekannt zu machen, zu welchem sie diskontiert (§ 13, 2) oder zinsbare Darlehne erteilt (§ 13, 3)[59].

[59] Auf den sog. Privatdiskont bezieht sich das G. v. 7. Juni 1899 (unten Anm. 80, S. 180) Art. 7 § 1, welcher lautet:

„Die Reichsbank darf vom 1. Januar 1901 ab nicht unter dem von ihr gemäß § 15 des Bankgesetzes jeweilig öffentlich bekannt gemachten Prozentsatze diskontieren, sobald dieser Satz vier Prozent erreicht oder überschreitet.

Wenn die Reichsbank zu einem geringeren als dem öffentlich bekannt gemachten Prozentsatze diskontiert, so hat sie diesen Satz im Reichsanzeiger bekannt zu machen."

Die Vorschrift ist von der Kommission des Reichstags in Verbindung mit einer die Privatnotenbanken (vgl. § 44 Nr. 1) einschränkenden Bestimmung (Art. 7 §§ 2, 3 des G. v. 7. Juni 1899 — unten Anm. 166 zu § 45 Nr. 2) aufgenommen (s. Bericht v. 1899 S. 32ff.) und im Plenum nach Ablehnung des wiederholten Antrags auf Streichung der Worte „erreicht oder" aufrecht erhalten (StenB. S. 1978ff., 1998ff.). Es wird dadurch im wesentlichen nur die frühere Praxis befestigt, wonach die Reichsbank nur zu Zeiten flüssigen Geldes von der fraglichen Befugnis Gebrauch gemacht hat.

Die Bekanntmachung (Art. 7 § 1 Abs. 2 des G. v. 7. Juni 1899) soll zwar erfolgen, aber nur im Reichsanzeiger, nicht auch in den übrigen zu Bekanntmachungen des Reichsbank-Direktoriums bestimmten Blättern (Statut § 30 — unten II).

Diese Diskontierungen (von sog. ersten oder Börsenwechseln) zu niedrigerem Satz sind bei der Reichsbank seit dem 1. April 1896 eingestellt.

Die Aufstellung ihrer Wochenübersichten erfolgt auf Grundlage der Bücher des Reichsbank-Direktoriums und der demselben unmittelbar untergeordneten Zweiganstalten[60].

§ 16. Die Reichsbank hat das Recht, nach Bedürfnis ihres Verkehrs[61] Banknoten auszugeben[62].

Dennoch ist in der Komm. v. 1909 (s. Ber. S. 28) für die Privatnotenbanken ohne Erfolg abermals angeregt, „mit ihren eigenen Mitteln und fremden Geldern unter dem Satz der Reichsbank zu diskontieren".

Der Lombardzinsfuß ist in der Regel ein Prozent höher als der Wechseldiskont. Indessen ist in der Kommission des Reichstags v. 1899 und unverändert auch im Plenum eine Resolution dahin angenommen:

„Die Erwartung auszusprechen, daß die Reichsbankleitung in Erwägung zieht, ob nicht zu Zeiten flüssigen Geldstandes eine Zinsfestsetzung für Lombarddarlehen auf 1/2 Proz. über Bankdiskont ermöglicht werden kann" (s. KommB. S. 31 ff., S. 56 ff., StenB. S. 1992).

Die Erwägungen haben zu einer Änderung der bisherigen Praxis nicht geführt. Zuweilen ist die Lombardanlage recht hoch (31. Dez. 1907: 364,3 Mill., 31. März 1908: 255,7 Mill.). Eine Ermäßigung des Lombardzinsfußes ist von einem Mitgliede der Komm. v. 1909 abermals angeregt (KommB. S. 31).

[60] Das Deckungsverhältnis braucht nicht bekannt gemacht zu werden. Ein dahinzielender Antrag in der Reichstagskommission v. 1899 ist abgelehnt. (Vgl. KommB. S. 48.) Vgl. §§ 8, 36, 37, 48.

[61] Eine Beschränkung liegt mittelbar in den §§ 9, 10, 17.

Wegen Ausgabe der Noten zu 100 M und 1000 M vgl. die Bek. des Reichsbankdirektoriums v. 6. Aug. 1876 (RAnz. Nr. 187 v. 10. August 1876), 20. Juni 1877

(RAnz. Nr. 149 v. 28. Juni 1877), 10. November 1884 (RAnz. Nr. 267 v. 12. November 1884), 9. Juli 1891 (RAnz. Nr. 161 v. 11. Juli 1891), 9. Oktober 1895 (RAnz. Nr. 244 v. 11. Oktober 1895), 9. Januar 1896 (RAnz. Nr. 8 v. 10. Januar 1896), 11. April 1896 (RAnz. Nr. 88 v. 13. April 1896), derer zu 50 u. 20 M. Bek. v. 20. April 1906 (RAnz. Nr. 94 v. 21. April). Laut Bek. des Reichskanzlers v. 16. Dezember 1875 (Statut der Reichsbank § 1, Anm. 3 — unten II) gelten v. 1. Januar 1876 ab alle bis dahin von der Preußischen Bank ausgegebenen Banknoten (s. oben Anm. 5) als Noten der Reichsbank. Die Noten der Preußischen Bank zu 100 M (nicht die zu 500 und zu 1000 M) sind inzwischen aufgerufen (vgl. § 6, Anm. 11).

Tatsächlich hat der Notenumlauf der Reichsbank in den letzten drei Jahren durchschnittlich 1387, 1479 und 1524 Mill. M = 90,6, steigend bis 91,5 Proz. des gesamten deutschen Notenumlaufs betragen.

[62] Gewissermaßen aus dem Bereich der Banknotenpolitik entfernt werden die noch umlaufenden Noten der Preußischen Bank durch nachfolgende Bestimmungen des G. v. 7. Juni 1899 (unten IV und Anm. 80):

Artikel 9. § 1. Die Reichsbank zahlt am 1. Januar 1901 an die Reichskasse einen Betrag, welcher dem Nennwerte der dann noch im Umlaufe befindlichen Noten der vormaligen Preußischen Bank entspricht.

§ 2. Das Reich erstattet der Reichsbank diejenigen Beträge, zu welchen sie vom 1. Januar 1901 ab Noten der im § 1 bezeichneten Art einlöst oder in Zahlung nimmt oder mit welchen sie für dieselben nach § 4 des Bankgesetzes Ersatz leistet.

§ 3. Vom 1. Januar 1901 ab werden die Noten der vormaligen Preußischen Bank bei

Die An- und Ausfertigung[63], Einziehung und Vernichtung derselben erfolgt unter Kontrolle der Reichsschuldenkommission[64].

§ 17. Die Reichsbank ist verpflichtet, für den Betrag ihrer im Umlauf befindlichen Banknoten jederzeit mindestens ein Dritteil in kursfähigem deutschen Gelde, Reichskassenscheinen oder in Gold in Barren oder ausländischen Münzen, das Pfund fein zu 1392 Mark ge-

Feststellung des Notenumlaufs der Reichsbank gemäß §§ 8, 9, 10 und 17 des Bankgesetzes außer Ansatz gelassen.

Die Vorschriften befanden sich bereits in dem Entwurf der Regierungen Art. 7 (Begr. S. 14, 16, 17) und sind im Reichstage nicht beanstandet. § 3 ist eine Folge der §§ 1 u. 2. Die Bestimmungen des § 16 Abs. 2 d. BankG. finden indessen auf diese Noten nach wie vor Anwendung.

Nach § 1 sind gezahlt 2559040 M. Nach § 2 sind bis Ende 1908 erstattet 213285 M.

[63] Die An- und Ausfertigung geschieht durch die Reichsdruckerei. Wegen Verteilung der Kosten auf mehrere Jahre s. Reichsbankstatut § 13 Nr. 2 (unten II).

[64] Vgl. G. v. 19. Juni 1868 (BGBl. S. 339) §§ 4—7 sowie die Reichsschuldenordnung v. 19. März 1900 (RGBl. S. 129) §§ 12—15 — unten E I. Die bisherigen Schlußworte des § 16, „welchen zu diesem Zwecke ein vom Kaiser ernanntes Mitglied hinzutritt", sind nach § 20 der Reichsschuldenordnung gestrichen. Die nach § 3 d. G. v. 23. Febr. 1876 (RGBl. S. 24) gewählten Mitglieder sowie das auf Grund des § 16 d. BankG. vom Kaiser ernannte Mitglied wurden für die Zeit, für welche sie gewählt oder ernannt waren, vollberechtigte Mitglieder der Kommission.

rechnet[65], und den Rest in diskontierten Wechseln, welche eine Verfallzeit von höchstens drei Monaten haben, und aus welchen in der Regel drei, mindestens aber zwei als zahlungsfähig bekannte Verpflichtete haften, oder Schecks, aus welchen mindestens zwei als zahlungsfähig bekannte Verpflichtete haften, in ihren Kassen als Deckung bereit zu halten[66].

§ 18. Die Reichsbank ist verpflichtet, ihre Noten:

a) bei ihrer Hauptkasse in Berlin sofort auf Präsentation,

[65] Vgl. § 8 Anm. 17, § 14. In § 9 treten Noten anderer deutscher Banken hinzu (Anm. 24).

[66] Die Wechsel müssen dem § 13 Nr. 2 entsprechen; ebenso die Schecks, bezüglich deren Art. 5 d. BankG. Nov. v. 1. Juni 1909 (unten V) bestimmt:

Im § 17 des Bankgesetzes werden hinter dem Worte „haften" eingeschaltet die Worte: „oder Schecks, aus welchen mindestens zwei als zahlungsfähig bekannte Verpflichtete haften."

Damit die Zulassung von Schecks auch für Privatnotenbanken gilt, ist § 47a eingeschaltet (s. unten). Andere Schuldverschreibungen, Silber in Barren oder in Münzen, welche nicht zum kursfähigen deutschen Gelde gehören, und Lombardforderungen sind zur Deckung nicht geeignet. Gleiche Deckungsvorschriften für die Privatnotenbanken enthält § 44 Nr. 3.

Landesgesetzlich können unter gewissen Voraussetzungen etwaige Pfand- und Vorzugsrechte der Banknoteninhaber erhalten werden nach § 12 des EG. z. KO. v. $\frac{\text{10. Febr. 1877 (RGBl. S. 390)}}{\text{17. Mai 1898 (RGBl. S 248)}}$ und § 23 des EG. z. ZPO. v. $\frac{\text{30. Jan. 1877 (RGBl. S. 244).}}{\text{17. Mai 1898 (RGBl. S. 332).}}$

b) bei ihren Zweiganstalten, soweit es deren Barbestände und Geldbedürfnisse gestatten[67],

dem Inhaber gegen deutsche Goldmünzen einzulösen[68].

§ 19. Die Reichsbank ist verpflichtet, die Noten der, vom Reichskanzler nach der Bestimmung im § 45 dieses Gesetzes bekannt gemachten Banken sowohl in Berlin, als auch bei ihren Zweiganstalten in Städten von mehr als 80000 Einwohnern[69] oder am Sitze der Bank,

[67] Ohne diesen mit Rücksicht auf die beschränkten Bestände der Zweiganstalten getroffenen Vorbehalt würde die Goldausfuhr erleichtert werden. Vgl. StenB. des Reichstags v. 1874/75 S. 1332 ff.

[68] Vgl. oben § 4 Abs. 1 u. Anm. 6. Die ältere Fassung („kursfähiges deutsches Geld") ist durch Art. 4 I der BankG.Nov. v. 1. Juni 1909, dahin lautend:

Im § 18 des Bankgesetzes werden die Worte „kursfähiges deutsches Geld" ersetzt durch die Worte „deutsche Goldmünzen"

abgeändert. Die neue Fassung, welche die Goldwährung zu deutlichem Ausdruck bringt, wurde im Reichstage angegriffen. Indessen ist in der Komm. ein Antrag, zu setzen „deutsche Gold- und Silbermünzen", abgelehnt (Begr. S. 12, 17, KommB. v. 1909 S. 24 ff.). Die an sich vollkommen gültige „Goldklausel" ist gegenüber den Banknoten nicht nötig. Für die Privatnotenbanken (s. § 44 Abs. 1 Nr. 4 d. BankG.) ist eine solche Vorschrift nicht aufgenommen.

[69] Über die Einwohnerzahl entscheiden die veröffentlichten Resultate der gesetzlichen Volkszählung. Vgl. das Verzeichnis der Zweiganstalten, in welchem die fraglichen Plätze durch zwei Sterne (**) bezeichnet sind (unten im Anhang B). Tatsächlich geht die Reichsbank noch weiter, indem sie besonders auf das natürliche

welche die Noten ausgegeben hat[70], zum vollen Nennwert in Zahlung zu nehmen, solange die ausgebende Bank ihrer Noteneinlösungspflicht pünktlich nachkommt.

Unter der gleichen Voraussetzung ist die Reichsbank verpflichtet, die Noten jeder der vorbezeichneten Banken innerhalb des Staates, der ihnen die Befugnis zur Notenausgabe erteilt hat, bei ihren Zweiganstalten, soweit es deren Notenbestände und Zahlungsbedürfnisse gestatten, dem Inhaber gegen Reichsbanknoten umzutauschen.

Die nach Abs. 1 und 2 angenommenen oder eingetauschten Noten dürfen von der Reichsbank nur entweder zur Einlösung präsentiert oder zu Zahlungen an diejenige Bank, welche sie ausgegeben hat, oder zu Zahlungen an dem Orte, wo die Bank ihren Hauptsitz hat, verwendet werden[71].

Umlaufsgebiet wie auf die Erleichterung des Giroverkehrs Rücksicht nimmt. Über Versuche, die gesetzlichen Grenzen der Annahmepflicht zu erweitern, vgl. d KommB. des Reichstags v. 1899 S. 43 ff.

[70] Abweichend § 44 Nr. 5.

[71] Abs. 2 ist eingeschoben — unter leichter Veränderung der Fassung des folgenden Satzes — durch Art. 4 II d. BankG.Nov. v. 1. Juni 1909 (unten V) dahin lautend:

„§ 19 Abs. 1 des Bankgesetzes erhält folgende Fassung": (wie oben).

Der Entwurf erweiterte die nach § 19 bestehende Verpflichtung dahin, daß die Reichsbank die fraglichen Noten in ihrem natürlichen und von dem Bankgesetze bestimmten Umlaufsgebiete, d. h. innerhalb des Staats,

Die Reichsbank ist ermächtigt, mit anderen deutschen Banken Vereinbarungen über Verzichtleistung der letzteren auf das Recht zur Notenausgabe abzuschließen[72].

§ 20. Wenn der Schuldner eines im Lombardverkehr (§ 13 Ziffer 3) gewährten Darlehns im Verzuge ist[73], ist die Reichsbank berechtigt, ohne gerichtliche Ermächtigung oder Mitwirkung das bestellte Faustpfand durch einen ihrer Beamten oder durch einen zu Versteigerungen befugten Beamten öffentlich verkaufen, oder, wenn der verpfändete Gegenstand einen Börsenpreis

welcher der Privatnotenbank die Befugnis zur Notenausgabe erteilt hat, auch gegen ihre eigenen Noten umzutauschen hat — also ohne daß der Inhaber eine Schuldverbindlichkeit an die Reichsbank hat; eine Pflicht zur Annahme an Zahlungsstatt wie in den Fällen des Abs. 1 ist hier nicht begründet. Den Privatnotenbanken wird so eine erhöhte Ausnutzung ihres Notenrechts ermöglicht. Eine weitere Ausdehnung der Zahlkraft ihrer Noten ist im Reichstage vergeblich befürwortet. Nur im Verwaltungswege sollen von den Bundesregierungen Anordnungen getroffen werden, daß die Noten im Personenverkehr der deutschen Eisenbahnen im Bedürfnisfall in Zahlung angenommen werden. Eine Resolution wegen der Post ist in d. Komm. abgelehnt.

Vgl. Begr. S. 13, 17, KommB. S. 18ff., StenB. d. Reichstags S. 7044, 7052ff., 7057, 7061.

Vgl. auch Anm. 154 zu § 44 Nr. 5.

72 Die Reichsbank hat in mehreren Fällen den verzichtenden Banken den Betrag der von ihnen zur Herstellung ihrer Banknoten in Reichswährung verwendeten Kosten gegen Verzicht auf weitere Entschädigungsansprüche ersetzt. Vgl. § 9 Abs. 2, § 32 Abs. 2 Litt. f.

73 Vgl. die Bedingungen unten im Anh. VI, §§ 2 u. 3.

oder Marktpreis hat, den Verkauf auch nicht öffentlich durch einen ihrer Beamten, oder durch einen Handelsmakler, oder, in Ermangelung eines solchen, durch einen zu Versteigerungen befugten Beamten zum laufenden Preise bewirken zu lassen, und sich aus dem Erlöse wegen Kapital, Zinsen und Kosten bezahlt zu machen. Dieses Recht behält die Bank auch gegenüber anderen Gläubigern und gegenüber der Konkursmasse des Schuldners[74].

§ 20a[75]. Soll zugunsten der Reichsbank ein Pfandrecht an einer Forderung, die im Reichsschuldbuch oder im Staatsschuldbuch eines deutschen Staates eingetragen ist (§ 13 Nr. 9), in das Schuldbuch eingetragen werden, so genügt für den Antrag die Beglaubigung durch die Personen, durch welche gemäß § 38 die Reichsbank verpflichtet wird. Soweit diese Vorschrift die Unterschriften von zwei Mitgliedern des

[74] Vgl. BGB. §§ 1234 ff., HGB. v. 1897 § 368. An Stelle der Handelsmakler sind die Kursmakler getreten. Vgl. BörsenG. v. 8. Mai 1908 (RGBl. S. 215) § 34.

[75] Der Zusatz beruht auf Art. 6 III der BankG.Nov. v. 1. Juni 09 (in Kraft seit dem 1. Jan. 1910) dahin lautend:

„Hinter § 20 d. Bankgesetzes werden als §§ 20a u. 20b folgende Vorschriften eingestellt“: (s. oben).

Die leichtere Art der Verpfändung ist statt der nach der Schuldbuchgesetzgebung erforderlichen strengeren Formen (RSchuldbuchges. § 10, Preuß.G. v. 1883 § 10) allein für die Reichsbank als letzte Kreditquelle des Landes zur Vereinfachung des Geschäftsverkehrs eingeführt. Vgl. Begr. S. 15, 17.

Reichsbankdirektoriums erfordert, sind an Stelle der letzteren auch andere von dem Reichsbankdirektorium der Schuldbuchverwaltung bezeichnete Beamte der Reichsbank zur Vornahme der Beglaubigung befugt.

Auf die Beglaubigung finden die Vorschriften des § 183 des Gesetzes über die Angelegenheiten der freiwilligen Gerichtsbarkeit entsprechende Anwendung.

§ 20b[76]. Ist zugunsten der Reichsbank ein Pfandrecht in das Schuldbuch eingetragen (§ 13 Nr. 9), so erwirbt die Reichsbank das Pfandrecht auch dann, wenn die Forderung einem Dritten zusteht, und geht das Pfandrecht dem vor der Verpfändung begründeten Rechte eines Dritten an der Forderung vor, es sei denn, daß das Recht des Dritten zu der Zeit der Eintragung des Pfandrechts im Schuldbuch eingetragen oder in diesem Zeitpunkte der Reichsbank bekannt oder infolge grober Fahrlässigkeit unbekannt war.

Ist der Schuldner mit der Erfüllung der

[76] Hierdurch soll die Möglichkeit ausgeschlossen werden, daß ein Dritter der Reichsbank Einwendungen entgegensetzt, die sich aus einem früher hinsichtlich der Schuldbuchforderung, insbesondere durch Abtretung oder Verpfändung, für ihn begründeten Rechte ergeben, welches weder im Schuldbuch eingetragen, noch der Reichsbank bekannt oder infolge grober Fahrlässigkeit unbekannt war (s. Begr. S. 18). Vgl. § 13 Nr. 9 d. BankG., KautionsGes. v. 22. März 1893 (RGBl. S. 131).

durch das Pfandrecht gesicherten Forderung im Verzuge, so ist die Schuldbuchverwaltung auf schriftliches Verlangen der Reichsbank berechtigt und verpflichtet, der Reichsbank auch ohne Nachweis des Verzugs gegen Löschung der eingetragenen Forderung oder eines entsprechenden Teiles dieser Forderung auf den Inhaber lautende Schuldverschreibungen auszureichen, es sei denn, daß eine gerichtliche Anordnung vorliegt, welche die Ausreichung an die Reichsbank untersagt, oder in dem Schuldbuche solche Rechte Dritter oder Verfügungsbeschränkungen zugunsten Dritter vermerkt sind, welche früher als das Pfandrecht der Reichsbank eingetragen worden waren. Das Pfand haftet auch für die durch die Ausreichung entstehenden Kosten.

Die Schuldbuchverwaltung hat spätere Eintragungen bei der Ausreichung der Schuldverschreibungen der Reichsbank mitzuteilen.

Auf die Befriedigung der Reichsbank aus den von der Schuldbuchverwaltung ausgereichten Schuldverschreibungen finden die Vorschriften des § 20 entsprechende Anwendung.

§ 21. Die Reichsbank und ihre Zweiganstalten sind im gesamten Reichsgebiete frei von staatlichen Einkommen- und Gewerbesteuern[77].

[77] Nicht von kommunalen Steuern und ebensowenig

§ 22. Die Reichsbank ist verpflichtet, die Geschäfte der Reichshauptkasse unentgeltlich zu besorgen[78].

von staatlichen Steuern auf andere Gegenstände, z. B. Grund- und Gebäudesteuern, wohl aber von der (auf sog. fundiertes Einkommen in manchen Bundesstaaten gelegten) „Ergänzungs- bzw. Vermögenssteuer".

Wegen des Handelsregisters vgl. § 66.

[78] Die neue Fassung beruht auf Art. 7 der BankG.-Nov. v. 1. Juni 1909 (in Kraft am 1. Jan. 1911) dahin lautend:

> § 22 des Bankgesetzes wird durch folgende Vorschrift ersetzt: (s. oben).

Gegenüber der älteren Vorschrift („ohne Entgelt für Rechnung des Reichs Zahlungen anzunehmen und bis auf Höhe des Reichsguthabens zu leisten") soll außer Zweifel gestellt werden, daß die Reichsbank verpflichtet ist, die Geschäfte der Reichshauptkasse kostenlos zu übernehmen. Unter diesen sind im Sinne des Entw. sämtliche Kassengeschäfte zu verstehen, welche durch den Reichskanzler der Reichshauptkasse zur Wahrnehmung überwiesen werden. Daß Zahlungen, welche die Reichsbank für sie zu besorgen hat, nur innerhalb der Höhe des Reichsguthabens zu leisten sind, ist im Hinblick auf § 35 des Bankgesetzes einem Zweifel nicht unterworfen, da Vorschüsse unzulässig sind. Überdies ist durch § 34 der neuen „Geschäftsanweisung für die Reichshauptkasse" v. 12. Sept. 1903 (s. unten) für den Giroverkehr, über den der gesamte Geldverkehr der Reichshauptkasse abgewickelt wird, das Mindestguthaben des Reichs auf 10 Mill. Mark festgesetzt. Der den § 22 d. BankG. ergänzende § 11 des Statuts wird durch die neue Fassung eigentlich entbehrlich. Man hat ihm, um ihn nicht ausfallen zu lassen, den Wortlaut des neuen § 22 d. BankG. gegeben (unten C II Anm. 1).

Sie ist berechtigt, entsprechende Kassengeschäfte für die Bundesstaaten zu übernehmen[79].

§ 23. Das Grundkapital der Reichsbank besteht aus einhundertundachtzig Millionen Mark, geteilt in vierzigtausend Anteile von je

Auf Grund des § 22 ist die Bek., betreffend die Reichshauptkasse, v. 29. Dezember 1875, erlassen (unten XVII).

Für die Reichshauptkasse ist vom Reichskanzler statt der älteren GeschAnw. v. 30. Dezember 1875 eine neue Geschäftsanweisung unterm 12. September 1903 erlassen.

Der Reichsbankhauptkasse und einigen anderen Bankkassen ist noch die Umwechslung von Reichsscheidemünzen gegen Goldmünzen übertragen laut Bekanntmachung des Reichskanzlers v. 19. Dezember 1875, betr. die Umwechslung von Reichsgoldmünzen gegen Reichssilber-, Nickel- und Kupfermünzen (oben A Anm. 20 S. 71).

Ein besonderes Abkommen besteht mit der Reichspostverwaltung, zufolge dessen die Reichsbank (für Rechnung des Reichsguthabens) die Postkassen mit den erforderlichen Zuschüssen versieht und die entbehrlichen Gelder annimmt.

[79] Dies war für Preußen und Baden geschehen. Die besonderen Konten Preußens und Badens sind jedoch später aufgehoben. Die preußische Generalstaatskasse mit einer großen Zahl anderer preußischen Staatskassen und die große Mehrzahl aller anderen deutschen Zentralstaatskassen sind, wie das Reich, in den Giroverkehr eingetreten.

Die Worte „entsprechende Kassengeschäfte" treten gemäß Art. 7 d. BankG.Nov. v. 1. Juni 1909 infolge der Änderung des Abs. 1 an Stelle der Worte „die nämlichen Geschäfte".

dreitausend und sechzigtausend Anteile von je eintausend Mark[80].

[80] Vgl. Anm. 34, S. 157. § 23 lautete bis Ende 1900: „Das Grundkapital der Reichsbank besteht aus einhundertundzwanzig Millionen Mark, geteilt in vierzigtausend auf Namen lautende Anteile von je dreitausend Mark.

Die Anteilseigner haften persönlich für die Verbindlichkeiten der Reichsbank nicht."

Der im Januar 1899 eingebrachte Entwurf eines Gesetzes, betr. die Abänderung des Bankgesetzes, schlug eine Erhöhung des Stammkapitals auf 150 Mill. M in Anteilen von je 3000 M vor. Die Kommission des Reichstags stimmte in erster Lesung dem Vorschlage bei unter Annahme eines Antrags, welcher den Nennwert der neuen Anteile auf je 1000 M herabsetzte, und hielt diesen Beschluß auch in zweiter Lesung aufrecht. In dritter Lesung gelangte aber die allmähliche Erhöhung auf 180 Mill. M in der jetzigen Gestalt als Kompromißvorschlag zur Annahme, und die Änderung ist auch im Plenum unter Ablehnung abweichender Vorschläge angenommen worden (KommB. S. 10ff., StenB. S. 1966ff., 2002).

Die Vorschrift bildet den Eingang des Gesetzes, betreffend die Abänderung des Bankgesetzes vom 14. März 1875. Vom 7. Juni 1899 (RGBl. S. 311. Ausgegeben den 13. Juni 1899):

Art. 1. Der § 23 des Bankgesetzes vom 14. März 1875 (Reichs-Gesetzbl. S. 177) wird durch folgende Bestimmung ersetzt:

(Hier folgt der obige Text.)

Art. 2—7 s. bei den §§ 24, 31, 40 Ziff. 6, §§ 9, 13 Ziff. 3, §§ 15 u. 45 des BankG.

Art. 8. Der Reichskanzler wird ermächtigt, die auf Grund des Artikels 1 dieses Gesetzes auszugebenden neuen Anteilsscheine im Wege öffentlicher Zeichnung zu begeben.

Von letzteren sind dreißigtausend Anteile bis zum 31. Dezember 1900 und dreißigtausend

Die Höhe des bei Begebung der neuen Anteilsscheine zu entrichtenden Aufgeldes und die Fristen für die Einzahlung des Gegenwerts bestimmt der Reichskanzler.

Art. 9 s. bei § 16.

Art. 10. Die Art. 1, 2, 5 und 6 dieses Gesetzes treten am 1. Januar 1901 in Kraft.

Vgl. oben Einl. S. 36ff. und unten IV.

Eine auf den 18. Mai 1899 berufene außerordentliche Generalversammlung der Anteilseigner stimmte den in dem Gesetze enthaltenen Abänderungen des Bankgesetzes zu, wie dies auch im Jahre 1889 hinsichtlich der damaligen Änderungen geschehen war.

Nach Art. 8 des G. v. 7. Juni 1899 sind andere Arten der Begebung als die der öffentlichen Zeichnung ausgeschlossen. Anders § 62 Nr. 1 des BankG. v. 14. März 1875. Auch fehlt es an Bestimmungen hinsichtlich etwa nicht begebener Anteilsscheine wie in § 62 Nr. 2, §§ 63—65 das.

Die öffentliche Zeichnung auf die ersten 30000 neuen Anteile hat am 18. Oktober 1900, auf die letzten 30000 Stück am 3. November 1904 stattgefunden.

Das Aufgeld betrug bei den i. J. 1875 aufgelegten 60 Mill. M (§ 62 Nr. 1) 30 Proz., bei der Emission von 1900 35 Proz., bei den 1904 aufgelegten Anteilen 44 Proz. (ohne den Emissionsstempel — s. unten II Anm. 10).

Vgl. Bek. des Reichskanzlers v. 24. Mai 1875 (RAnz. Nr. 120 Beil. 1 v. 26. Mai), 10. Okt. 1900 (RAnz. Nr. 244 Beil. 3 v. 13. Okt.) u. v. 5. Okt. 1904 (RAnz. Nr. 256 Beil. 2 v. 29. Okt.).

Die Zuteilung der neuen Anteile mußte innerhalb der Fristen des neuen § 23 Abs. 2 erfolgen. Satz 2

Anteile bis zum 31. Dezember 1905 zu begeben. Auf die Begebung findet der § 38 des Gesetzes vom 22. Juni 1896 (Prospektzwang) keine Anwendung.

Die Anteile lauten auf Namen.

Die Anteilseigner haften persönlich für die Verbindlichkeiten der Reichsbank nicht.

§ 24[81]. Aus dem beim Jahresabschlusse sich ergebenden Reingewinne der Reichsbank wird:

stellt hinsichtlich der Befreiung vom Prospektzwang vor der Zulassung an deutschen Börsen die neuen Bankanteilsscheine den deutschen Reichs- und Staatsanleihen gleich. Dies gilt nicht hinsichtlich der sog. Talonsteuer gemäß Reichsstempelgesetz v. 15. Juli 1909 (RGBl. S. 833), Tarifnummer 3 A a, welcher die Zinsscheinbogen zu den Reichsbankanteilsscheinen unterliegen. Vgl. Statut d. Reichsbank — unten II, Anm. 1, 10.

Die Anteile sind vollgezahlt.

Auf § 23 beruht die freilich nur entfernte Ähnlichkeit der Reichsbank mit den Aktiengesellschaften. Die Reichsbank ist danach ganz auf Privatkapital gegründet; das Reich hat kein Kapital eingeschossen, also auch keinerlei Risiko; aber es gewährt das Notenrecht und leitet und beaufsichtigt die Verwaltung (§§ 12, 25ff.). Über seine Gewinnbeteiligung s. § 24. Das Nähere wegen der „Reichsbankanteile" siehe im Reichsbankstatut §§ 2—8 (unten II).

[81] Nach der ersten Fassung des § 24 betrug die ordentliche Dividende (Abs. 1 Nr. 1 und Abs. 2) vierundeinhalb Prozent, und die Teilung zu $^1/_4$ und $^3/_4$ (Nr. 3) begann erst, sobald die Gesamtdividende der Anteilseigner acht Prozent überstieg. Laut Gesetz, betreffend die Abänderung des Bankgesetzes v. 14. März 1875, v. 18. Dezember 1889 (RGBl. S. 201), war der § 24 des BankG. v. 14. März 1875 durch eine

1. zunächst den Anteilseignern eine ordentliche Dividende von dreiundeinhalb vom Hundert des Grundkapitals berechnet,

am 1. Januar 1891 in Kraft getretene Bestimmung ersetzt, wonach die ordentliche (Vor-) Dividende auf dreiundeinhalb Prozent herabgesetzt wurde und die Teilung zu $^1/_4$ und $^3/_4$ schon dann begann, wenn die Gesamtdividende sechs Prozent übersteigt. Was über $3^1/_2$, jedoch nicht über 6 Proz. gewonnen wurde, war nach wie vor je zur Hälfte zwischen Reich und Anteilseignern zu verteilen. Eine weitere Schmälerung der Bezüge der letzteren — nachdem der Reservefonds, welcher nach der ursprünglichen, auch nach dem G. v. 18. Dezember 1889 unverändert gebliebenen Vorschrift nur bis zur Erreichung von $^1/_4$ des Grundkapitals (von 120 Mill.) ergänzt werden sollte, diese Grenze zu Ende 1891 erreicht hatte — schlug der RegEntw. von 1899 dahin vor, daß der Reservefonds von neuem geöffnet und wiederum in der alten Weise aufgefüllt werden solle, bis er $^2/_5$ des Grundkapitals (nach dem RegVorschlage 150 Mill., also 60 Mill. M) betrage, daß die gleiche Teilung des Überrestes alsdann so lange fortdauere, als die Gesamtdividende der Anteilseigner nicht fünf Prozent übersteige, und hierauf erst die Teilung zu $^1/_4$ und $^3/_4$ beginne. In der Reichstagskommission wurde indessen jene Zwischenstufe von $3^1/_2$ bis zu 5 Proz. ganz beseitigt, dergestalt, daß die Teilung zu $^1/_4$ und $^3/_4$ zwischen Reich und Anteilseignern schon nach Erreichung der Vordividende von $3^1/_2$ Proz. und Ergänzung des Reservefonds durch Zuschreibung einer Quote von 20 Proz. des Mehrbetrages bis zur Erreichung des Betrages von 60 Mill. M beginnt, bei welchem es trotz der späteren Erhöhung des Grundkapitals auf 180 Mill. verblieb. Das Plenum stimmte diesem Kompromißvorschlage unter Ablehnung von Anträgen zu, welche die Gesamtdividende der Anteilseigner auf den Höchstbetrag von 6 bzw. 5 Proz.

2. von dem verbleibenden Reste den Anteilseignern ein Viertel, der Reichskasse drei Viertel überwiesen, jedoch werden von diesem Reste zehn Hundertstel dem Re-

beschränken wollten. (Vgl. KommB. S. 20ff., StenB. S. 1975ff., 2005.) Die laut G. v. 7. Juni 1899 geänderte Form ist von neuem geändert durch das Gesetz, betreffend Änderung des Bankgesetzes. Vom 1. Juni 1909. (RGBl. S. 515, ausgegeben am 5. Juli) Art. 1 (in Kraft am 1. Jan. 1911 — Art. 8) dahin lautend:

§ 24 des Bankgesetzes vom 14. März 1875 (RGBl. S. 177) erhält unter Aufhebung des Art. 2 des Gesetzes vom 7. Juni 1899 (RGBl. S. 311) nachstehende Fassung: (s. oben).

Art. 2—7 s. bei den §§ 9, 2, 18 u. 19 Abs. 1, § 8 Abs. 2, §§ 13, 17, 32 Abs. 1, u. §§ 47a, 13 Abs. 3 u. Abs. 9, §§ 20a u. 20b, 22 des BankG.

Art. 8. Die Art. 3, 4, 5 und 6 dieses Gesetzes treten am 1. Januar 1910 in Kraft. Im übrigen tritt dieses Gesetz am 1. Januar 1911 in Kraft.

Die Anteilseigner haben dem Gesetz zugestimmt in der außerordentlichen Generalversammlung v. 24. Juni 1909.

Die jetzt abgeänderte Vorschrift ordnete in Abs. 2 die Zuschreibung von 20 Proz. zum Reservefonds bis zum Betrage von 60 Mill. M an, der inzwischen sogar überschritten war (s. Anm. 82). Die neue Bestimmung soll die Aktionskraft der Bank verstärken, obwohl die eigenen Mittel der Zentralnotenbank in der Hauptsache grundsätzlich als Garantiefonds zu dienen haben und bisher ausreichten. Eine feste Grenze ist dem Zuwachs nicht gesetzt. Die Verteilung entspricht dem § 41 und entschädigt das Reich in gewissem Maße für den eintretenden Ausfall an Notensteuer (Art. 2 d. BankG.Nov. v. 1909).

Versuche im Reichstage, die Rente der Bankanteils-

servefonds zugeschrieben, die je zur Hälfte auf Anteilseigner und Reich entfallen.

Erreicht der Reingewinn nicht volle dreiundeinhalb vom Hundert des Grundkapitals, so ist das Fehlende aus dem Reservefonds zu ergänzen.

Das bei Begebung von Anteilsscheinen der Reichsbank etwa zu gewinnende Aufgeld fließt dem Reservefonds zu[82].

eigner weiter zu schmälern oder zu fixieren oder den Reservefonds sofort zur Hälfte an das Reich abführen zu lassen, hatten keinen Erfolg. Entsprechende Anträge in der Komm. u. im Plenum wurden abgelehnt. Vgl. Begr. S. 6ff., 15ff., KommB. S. 2ff. StenB. d. Reichstags 1. Lesung S. 7043ff., 7065ff., 2. Lesung S. 8411ff., 8420ff., 3. Lesung S. 8428.

Daß die Vordividende nur $3^1/_2$ Proz. beträgt, entspricht der seit 1875 eingetretenen Herabminderung des Zinsfußes.

Wegen anderweiter Regelung des Teilnahmeverhältnisses bei etwaiger Erhöhung des Grundkapitals vgl. Reichsbankstatut § 2 Abs. 3 (unten II). Wegen der Dividendenscheine und Talons s. das. §§ 3, 9, 14, 15. Die Festsetzung der Dividende erfolgt nach dem Vorschlage des Reichsbankdirektoriums und gutachtlicher Anhörung des Zentralausschusses durch den Reichskanzler (BankG. § 32 Abs. 2 Litt. a, Reichsbankstatut § 14) und wird den Anteilseignern in der ordentlichen Generalversammlung mitgeteilt (§ 32 Abs. 2 Litt. a; Reichsbankstatut § 21). — Über die Termine und Modalitäten der Erhebung der Dividende s. § 40 Nr. 5, Reichsbankstatut § 15.

[82] Wegen der Höhe des Aufgeldes s. Anm. 80 S. 181. Vermöge der Zuschreibung des Aufgeldes bei der letzten

Dividendenrückstände verjähren binnen vier Jahren, von dem Tage ihrer Fälligkeit an gerechnet[83], zum Vorteile der Bank.

§ 25. Die dem Reiche zustehende Aufsicht über die Reichsbank wird von einem Bankkuratorium ausgeübt, welches aus dem Reichskanzler als Vorsitzenden und vier Mitgliedern besteht. Eines dieser Mitglieder ernennt der Kaiser[84], die drei anderen der Bundesrat.

Das Kuratorium versammelt sich vierteljährlich einmal. In diesen Versammlungen wird ihm über den Zustand der Bank und alle darauf Bezug habenden Gegenstände Bericht erstattet und eine allgemeine Rechenschaft von allen Operationen und Geschäftseinrichtungen der Bank erteilt.

§ 26. Die dem Reiche zustehende Leitung der Bank wird vom Reichskanzler, und unter diesem von dem Reichsbankdirektorium ausgeübt; in Behinderungsfällen des Reichskanzlers wird die Leitung durch einen vom Kaiser hierfür ernannten Stellvertreter wahrgenommen[85].

Emission hat der Reservefonds den Betrag von 64813723,75 M, sonach mehr als die gesetzliche Höhe (Nr. 2 alte Fassung), erreicht. Die in Nr. 2 vorgeschrieben gewesene Zuschreibung von 20 Proz. hat also mit dem Jahre 1903 ihr Ende gefunden.

[83] Diese ergibt sich aus § 15 des Statuts der Reichsbank (unten II).

[84] Gegenwärtig der preußische Staats- und Finanzminister Frhr. v. Rheinbaben. Die Einrichtungen sind der preußischen Bankordnung v. 5. Oktober 1846 §§ 41 ff. (PrGBl. S. 435) nachgebildet.

[85] Der „hierfür" besonders ernannte Stellvertreter ist

Der Reichskanzler leitet die gesamte Bankverwaltung innerhalb der Bestimmungen dieses Gesetzes und des zu erlassenden Statuts (§ 40). Er erläßt die Geschäftsanweisungen für das Reichsbankdirektorium und für die Zweiganstalten[86], sowie die Dienstinstruktionen für die Beamten der Bank, und verfügt die erforderlichen Abänderungen der bestehenden Geschäftsanweisungen (Reglements) und Dienstinstruktionen.

§ 27. Das Reichsbankdirektorium ist die verwaltende und ausführende, sowie die, die Reichsbank nach außen vertretende Behörde.

Es besteht aus einem Präsidenten und der erforderlichen Anzahl von Mitgliedern[87] und faßt seine Be-

der allgemeine Stellvertreter des Reichskanzlers, Staatssekretär des Innern, Staatsminister Delbrück.

[86] Auf Grund dieser Bestimmung sind vom Reichskanzler erlassen:
a) die Geschäftsanweisung für die Reichsbankhauptstellen und Reichsbankstellen v. 30. November 1875;
b) die Geschäftsanweisung für die Reichsbanknebenstellen v. 17. Dezember 1875;
c) die Geschäftsanweisung für diejenigen Reichsbanknebenstellen, welche durch zwei kautionspflichtige Bankbeamte verwaltet werden, vom 21. April 1883.

Sie sind sämtlich nicht veröffentlicht. Reichsbanknebenstellen der in c bezeichneten Art bestehen nicht mehr. Vgl. jedoch Anm. 120. Allgemeine Geschäftsanweisungen und Dienstinstruktionen sind dem Zentralausschusse mitzuteilen (§ 32 Abs. 3).

[87] Seit dem Mai 1887 ist auch die Stelle eines Vize-

schlüsse nach Stimmenmehrheit, hat jedoch bei seiner Verwaltung überall den Vorschriften und Weisungen des Reichskanzlers Folge zu leisten.

Präsident und Mitglieder des Reichsbankdirektoriums werden auf den Vorschlag des Bundesrats vom Kaiser auf Lebenszeit ernannt.

§ 28. Die Beamten der Reichsbank haben die Rechte und Pflichten der Reichsbeamten[88].

präsidenten geschaffen und in den Etat (§ 28 Abs. 2) aufgenommen (RGBl. 1887 S. 147). Außer diesem und dem Präsidenten zählt das Reichsbankdirektorium gegenwärtig sieben Mitglieder. Wegen gutachtlicher Anhörung des Zentralausschusses s. § 32 Abs. 2 Litt. c.

[88] Wegen der Anstellung der Reichsbankbeamten, welche übrigens Reichsbeamte sind (Entsch. d. RG. in ZS. Bd. 36 S. 141 ff., Urteil v. 19. Dez. 1904 — S. 11269. 04), also den gewöhnlichen Diensteid der unmittelbaren Reichsbeamten (V. v. 29. Juni 1871 — RGBl. S. 303) leisten, und behufs Anwendung des Reichsbeamtengesetzes (in Ergänzung nicht des Statuts, sondern der V. v. 23. November 1874 — RGBl. S. 135) ist die Verordnung, betreffend die Anstellung der Beamten und die Zuständigkeit zur Ausführung des Gesetzes vom 31. März 1873 bei der Verwaltung der Reichsbank, vom 19. Dezember 1875 (unten VII) erlassen.

Den Beamten, deren Gehälter vierteljährlich zahlbar sind, treten die Reichsbankbeamten zufolge Bekanntmachung des Reichskanzlers v. 27. Dezember 1875 (RZBl. S. 819) hinzu.

Die Gehälter der Reichsbankbeamten sind zufolge Erlasses v. 14. Januar 1895 nach Dienstaltersstufen geregelt.

Ihre Besoldungen, Pensionen und sonstigen Dienstbezüge, sowie die Pensionen und Unterstützungen für ihre Hinterbliebenen trägt die Reichsbank. Der Besoldungs- und Pensionsetat des Reichsbankdirektoriums wird jährlich durch den Reichshaushaltsetat[89], der der

Wegen der Tagegelder, Fuhrkosten und Umzugskosten s. die auf Grund des § 18 des ReichsbeamtenG. v. 31. März 1873 erlassene Kaiserl. V. v. 25. Juni 1901 (RGBl. S. 241) und die nach § 23 dieser Verordnung erlassenen Ausführungsbestimmungen zu den Verordnungen über die Umzugskosten der Reichsbeamten v. 4. März 1906 (RGBl. S. 388).

Die hinsichtlich der Dienstwohnungen der Reichsbeamten erlassenen Vorschr. v. 16. Febr. 1903 (RZBl. S. 63 ff.) sind laut Kaiserlichen Erlasses v. 4. Jan. 1904 (ebendas. S. 10) mit einigen Abänderungen sinngemäß auf die Dienstwohnungen der Reichsbankbeamten anzuwenden.

[89] Vgl. RGBl. 1877 S. 407, 425, 489 usw. In betreff des Pensions- und Kautionswesens vgl. die auf Grund des § 40 „zur Ergänzung des Statuts der Reichsbank" erlassenen Verordnung vom 23. Dezember 1875 (unten VIII), v. 31. März 1880 (unten IX), v. 20. Juni 1886 (unten XII), v. 24. Nov. 1902 (unten XIV) u. v. 3. August 1905 (unten X). Die für andere Beamtenzweige eingetretene Befreiung von der Kautionspflicht erstreckt sich nicht auf die Reichsbankbeamten. Wegen des Witwen- und Waisengeldes vgl. die auf Grund der §§ 28 und 40 „zur Ergänzung des Statuts der Reichsbank" erlassenen Verordnungen v. 8. Juni 1881 (unten XI), v. 20. Juni 1886 (unten XII), v. 18. März 1888 (unten XIII), v. 26. Juli 1897 (unten XIV) u. v. 4. Nov. 1907 (unten XVI).

übrigen Beamten jährlich vom Kaiser im Einvernehmen mit dem Bundesrate auf den Antrag des Reichskanzlers festgesetzt[90].

Kein Beamter der Reichsbank darf Anteilscheine derselben besitzen.

§ 29. Die Rechnungen der Reichsbank unterliegen der Revision durch den Rechnungshof des Deutschen Reichs[91].

Die Form, in welcher die jährliche Rechnungslegung zu erfolgen hat, wird durch den Reichskanzler bestimmt. Die hierüber ergehenden Bestimmungen sind dem Rechnungshof mitzuteilen[92].

§ 30. Die Anteilseigner üben die ihnen zustehende Beteiligung an der Verwaltung der Reichsbank durch die Generalversammlung[93], außerdem durch einen aus

[90] Wegen Anhörung des Zentralausschusses über Abänderungen vgl. § 32 Abs. 2 Litt. b.

[91] Die Kontrolle ist alljährlich durch Gesetz der preußischen Oberrechnungskammer übertragen. (Vgl. G., betr. die Kontrolle des Reichshaushalts, v. 22 Mai 1877 [RGBl. S. 499] usw.)

[92] Die erforderliche (nicht veröffentlichte) Bestimmung ist unterm 5. Februar 1877 erlassen.

Wegen der Aufnahme der Organisations- und Verwaltungskosten in der Jahresrechnung vgl. auch Reichsbankstatut § 13 Nr. 2 (unten II).

[93] § 30 enthält die Hauptbestimmung des Bankgesetzes (neben §§ 31, 32 Abs. 2 Litt. a, § 33 u. § 40 Nr. 6) über die Generalversammlung. Das Nähere über deren Berufung und (sehr beschränkte) Befugnisse usw. s. im Reichsbankstatut § 2 Abs. 2, §§ 16—22 (unten II).

ihrer Mitte gewählten ständigen Zentralausschuß[94] nach Maßgabe der nachfolgenden Bestimmungen aus.

§ 31. Der Zentralausschuß ist die ständige Vertretung der Anteilseigner gegenüber der Verwaltung. Er besteht aus fünfzehn Mitgliedern, neben welchen fünfzehn Stellvertreter zu wählen sind. Die Mitglieder und die Stellvertreter werden von der Generalversammlung aus der Zahl derjenigen Anteilseigner gewählt, welche auf ihren Namen lautende Anteilsscheine über einen Mindestbetrag von je neuntausend Mark besitzen. Sämtliche Mitglieder und Stellvertreter müssen im Reichsgebiete und wenigstens neun Mitglieder und neun Stellvertreter in Berlin ihren Wohnsitz haben. Ein Drittel der Mitglieder scheidet jährlich aus. Die Ausscheidenden sind wieder wählbar[95].

Der Zentralausschuß versammelt sich unter Vorsitz

[94] Der Zentralausschuß hat sehr entfernte Ähnlichkeit mit dem Aufsichtsrat der Aktiengesellschaft; in der Hauptsache hat er nur eine beratende Stimme (siehe § 32). Vgl. auch Reichsbankstatut §§ 22—26, 29 (unten II).

[95] Die neue Fassung des dritten Satzes von § 31, bisher dahin lautend:

„Die Mitglieder und die Stellvertreter werden von der Generalversammlung aus der Zahl der im Besitze von mindestens je drei auf ihren Namen lautenden Anteilsscheinen befindlichen Anteilseigner gewählt",

beruht auf Art. 3 des Gesetzes vom 7. Juni 1899 (s. oben Anm. 80), dahin lautend:

des Präsidenten des Reichsbankdirektoriums wenigstens einmal monatlich, kann von demselben aber auch außerordentlich berufen werden. Er ist beschlußfähig bei Anwesenheit von wenigstens sieben Mitgliedern; die Geschäftsanweisung wird festsetzen, in welchen Fällen und in welcher Reihenfolge die Einberufung von Stellvertretern zu bewirken ist[96].

§ 32. Dem Zentralausschuß werden in jedem Monat die wöchentlichen Nachweisungen[97] über die Diskonto-, Wechsel- und Lombardbestände, den Notenumlauf, die Barfonds, die Depositen, über den An- und Verkauf von Gold, Wechseln, Schecks[98] und

„In § 31 wird der dritte Satz von ‚Die Mitglieder' bis ‚gewählt' durch folgende Bestimmung ersetzt:"
(Hier folgt obiger Text.)
Sie ist dadurch nötig geworden, daß die neuen Anteilsscheine nur über je tausend Mark lauten (§ 23 Abs. 1). Der Besitz von 9 neuen Anteilsscheinen steht dem von 3 alten gleich.

Näheres über die Ausführung s. im Reichsbankstatut (vgl. Anm. 94). Das Ausscheiden bezieht sich nicht auf die Stellvertreter. (Anders § 34.)

Wird eine Neuwahl aus anderen Gründen (Tod usw.) erforderlich, so erfolgt sie nur für den Rest der unterbrochenen Wahlperiode.

[96] Die Festsetzung ist durch besondere (nicht veröffentlichte) Verfügung des Reichskanzlers v. 26. Nov. 1875 geschehen. Vgl. auch § 34.

[97] Vgl. §§ 8, 15.

[98] Zusatz des Art. 5 IV d. BankG-Nov. v. 1. Juni 1909 (in Kraft v. 1. Jan. 1910), dahin lautend:

Effekten, über die Verteilung der Fonds auf die Zweiganstalten zur Einsicht vorgelegt, und zugleich die Ergebnisse der ordentlichen[99] und der außerordentlichen Kassenrevisionen, sowie die Ansichten und Vorschläge des Reichsbankdirektoriums über den Gang der Geschäfte im allgemeinen und über die etwa erforderlichen Maßregeln mitgeteilt.

Insbesondere ist der Zentralausschuß gutachtlich[100] zu hören:

a) über die Bilanz und die Gewinnberechnung, welche nach Ablauf des Geschäftsjahres vom Reichsbankdirektorium aufgestellt, mit dessen Gutachten dem Reichskanzler zur definitiven Festsetzung überreicht, und demnächst den An-

Im § 32 Abs. 1 d. Bankgesetzes wird nach den Worten „über den Ankauf von Gold, Wechseln" eingefügt:

„Schecks".

Vgl. § 13 Nr. 2 Anm. 40.

[99] Diese finden in der Regel am achten Tage jeden Monats statt.

[100] Einen ferneren Fall bloß gutachtlicher Äußerung siehe im Reichsbankstatut § 14 Abs. 2 (unten II). Zu hören ist der Zentralausschuß auch nach § 2 Abs. 3 (Erhöhung des Grundkapitals) und § 7 das. (Gebühr für die Vermerkung von Übertragungen usw.). Einer „Zustimmung" des Zentralausschusses bedarf es nur in den Fällen § 32 Abs. 2 Litt. d Satz 2, § 35 des BankG. und des § 15 Abs. 2 des Reichsbankstatuts.

teilseignern in deren ordentlicher Generalversammlung mitgeteilt wird[101];

b) über Abänderungen des Besoldungs- und Pensionsetats (§ 28);

c) über die Besetzung erledigter Stellen im Reichsbankdirektorium, mit Ausnahme der Stelle des Präsidenten, vor der Beschlußfassung des Bundesrats (§ 27);

d) über den Höchstbetrag, bis zu welchem die Fonds der Bank zu Lombarddarlehen verwendet werden können[102].

Der Ankauf von Effekten für Rechnung der Bank kann nur erfolgen, nachdem die Höhe des Betrages, bis zu welcher die Fonds der Bank zu diesem Zwecke verwendet werden können, zuvor mit Zustimmung des Zentralausschusses festgesetzt ist[103];

e) über die Höhe des Diskontosatzes und des Lombardzinsfußes[104], sowie über Veränderungen in den Grundsätzen und Fristen der Krediterteilung;

f) über Vereinbarungen mit anderen deutschen Banken (§ 19)[105], sowie über die in den Geschäftsbeziehungen zu denselben zu beobachtenden Grundsätze.

[101] Vgl. § 8 Anm. 20, §§ 24, 30 u. Reichsbankstatut §§ 13, 14, 21.

[102] Vgl. § 13 Nr. 3.

[103] Vgl. § 13 Nr. 4 u. Anm. 100.

[104] Vgl. § 15.

[105] Vgl. § 19 Anm. 72.

Allgemeine Geschäftsanweisungen und Dienstinstruktionen sind dem Zentralausschusse alsbald nach ihrem Erlasse (§ 26) zur Kenntnisnahme mitzuteilen.

§ 33. Die Mitglieder des Zentralausschusses beziehen keine Besoldung.

Wenn ein Ausschußmitglied das Bankgeheimnis (§ 39) verletzt, die durch sein Amt erlangten Aufschlüsse gemißbraucht oder sonst das öffentliche Vertrauen verloren hat, oder wenn durch dasselbe überhaupt das Interesse des Instituts gefährdet erscheint, so ist die Generalversammlung berechtigt, seine Ausschließung zu beschließen[106].

Ein Ausschußmitglied, welches in Konkurs gerät, während eines halben Jahres den Versammlungen nicht beigewohnt oder eine der Voraussetzungen seiner Wählbarkeit (§ 31) verloren hat, wird für ausgeschieden erachtet.

§ 34. Die fortlaufende spezielle Kontrolle über die Verwaltung der Reichsbank üben drei, von dem Zentralausschusse aus der Zahl seiner Mitglieder auf ein Jahr[107] gewählte Deputierte des Zentralausschusses beziehungsweise deren gleichzeitig zu wählende Stellvertreter. Die Geschäftsanweisung wird festsetzen, in welchen Fällen

[106] Vgl. Reichsbankstatut § 21. Über vorgängige Suspension von Deputierten s. BankG. § 34 Abs. 4.

[107] Wegen der im Laufe des Jahres eintretenden Erledigungen ist nichts bestimmt. Eine Ergänzung für den Rest der Wahlperiode ist wenigstens nicht ausgeschlossen. Vgl. Anm. 95 a. E.

und in welcher Reihenfolge die Einberufung von Stellvertretern zu bewirken ist[108].

Die Deputierten sind insbesondere berechtigt, allen Sitzungen des Reichsbankdirektoriums mit beratender Stimme beizuwohnen[109].

Sie sind ferner berechtigt und verpflichtet, in den gewöhnlichen Geschäftsstunden und im Beisein eines Mitgliedes des Reichsbankdirektoriums von dem Gange der Geschäfte Kenntnis zu nehmen, die Bücher und Portefeuilles der Bank einzusehen und den ordentlichen, wie außerordentlichen Kassenrevisionen beizuwohnen. Über ihre Wirksamkeit erstatten sie in den monatlichen Versammlungen des Zentralausschusses Bericht.

Im Fall des § 33 Abs. 2 kann ein Deputierter bereits vor der Entscheidung der Generalversammlung durch den Zentralausschuß suspendiert werden.

§ 35. Geschäfte mit den Finanzverwaltungen des Reichs oder deutscher Bundesstaaten dürfen nur innerhalb der Bestimmungen dieses Gesetzes und des Bankstatuts[110] gemacht und müssen, wenn andere als die allgemein geltenden Bedingungen des Bankverkehrs in

[108] Vgl. Reichsbankstatut § 24. — Die Geschäftsanweisung ist bisher nicht erlassen (vgl. Anm. 86, 96).

[109] Obligatorisch ist die Anhörung der Deputierten außerdem nur in Fällen des § 35. Wegen der ihnen obliegenden Prüfung der Jahresbilanz s. Reichsbankstatut § 14. Vgl. übrigens Anm. 100. Über ihre Verpflichtung s. BankG. § 39.

[110] Vgl. besonders BankG. § 13 und Statut §§ 10, 11.

Anwendung kommen sollen[111], zuvor zur Kenntnis der Deputierten gebracht, und, wenn auch nur einer derselben darauf anträgt, dem Zentralausschuß vorgelegt werden. Sie müssen unterbleiben, wenn der letztere nicht in einer beschlußfähigen Versammlung mit Stimmenmehrheit für die Zulässigkeit sich ausspricht.

§ 36. Außerhalb des Hauptsitzes der Bank sind an, vom Bundesrate zu bestimmenden, größeren Plätzen[112] Reichsbankhauptstellen zu errichten, welche unter Leitung eines aus wenigstens zwei Mitgliedern bestehenden Vorstandes und unter Aufsicht eines vom Kaiser ernannten Bankkommissarius stehen[113].

[111] Dieses ist die Bedingung, unter welcher hier die Mitwirkung der Organe der Bankanteilseigner anstatt der sonst ausreichenden Begutachtung (§ 32) gefordert wird. Es soll den Regierungen nicht ohne weiteres mehr gewährt werden dürfen als dem geschäftstreibenden Publikum. Die Vorschrift ist von grundsätzlicher Bedeutung für die Selbständigkeit der Reichsbank gegenüber etwaigen fiskalischen Anforderungen.

[112] Vgl. § 12 Abs. 3.

[113] 16 Hauptstellen sind aufgeführt in der auf Grund der §§ 36, 37 erlassenen Bek. d. Reichskanzlers v. 17. Dezember 1875 (unten XVIII).

Später hinzugetreten sind die früheren Reichsbankstellen zu Danzig (Bek. d. Reichskanzlers v. 24. April 1879, RAnz. Nr. 98), Kiel (Bek. d. Reichskanzlers v. 25. Juli 1901, RAnz. Nr. 176), Dresden (Bek. d. Reichskanzlers v. 19. Dez. 1902, RAnz. Nr. 303) und Nürnberg (Bek. d. Reichskanzlers v. 6. März 1909, RAnz. Nr. 63).

Vgl. auch die Bek. des Reichsbankdirektoriums v.

Bei jeder Reichsbankhauptstelle soll, wenn sich daselbst eine hinreichende Zahl geeigneter Anteilseigner vorfindet, ein Bezirksausschuß bestehen[114], dessen Mitglieder vom Reichskanzler aus den vom Bankkommissar und vom Zentralausschuß aufgestellten Vorschlagslisten der am Sitz der Bankhauptstelle oder in dessen unmittelbarer Nähe wohnhaften Anteilseigner ausgewählt werden[115]. Dem Ausschuß werden in seinen monatlich abzuhaltenden Sitzungen die Übersichten über die Geschäfte der Bankhauptstelle und die von der Zentralverwaltung ergangenen allgemeinen Anordnungen mitgeteilt. Anträge und Vorschläge des Bezirksausschusses, welchen vom Vorstande der Bankhauptstelle nicht in eigener Zuständigkeit entsprochen wird, werden von letzterem dem Reichskanzler mittels Berichts eingereicht[116].

Eine fortlaufende spezielle Kontrolle über den Geschäftsgang bei den Bankhauptstellen nach Maßgabe der Bestimmungen im § 34 üben, soweit es ohne Störung

1. Jan. 1876, den Beginn der Tätigkeit der Reichsbankanstalten betreffend (RAnz. 1876 Nr. 1).

Die Reichsbank wurde eröffnet mit 201 Anstalten. Bis Ende Dezember 1909 hat sich die Zahl derselben vermehrt auf 493.

Das Verzeichnis ist im Anhange (unter B) mitgeteilt.

[114] Gegenwärtig bei allen 20 Hauptstellen.

[115] Vgl. § 40 Nr. 7. Über das Verfahren s. Reichsbankstatut § 29; über Zahl und Wählbarkeit der Mitglieder das. §§ 27, 28.

[116] Die letztere Bestimmung ist ohne praktische Bedeutung geblieben.

der täglichen laufenden Geschäfte geschehen kann, zwei bis drei Beigeordnete, welche vom Bezirksausschuß aus seiner Mitte gewählt[117], oder, wo ein Bezirksausschuß nicht besteht[118], vom Reichskanzler nach Absatz 2 ernannt werden.

§ 37. Die Errichtung sonstiger Zweiganstalten erfolgt, sofern dieselben dem Reichsbankdirektorium unmittelbar untergeordnet werden (Reichsbankstellen), durch den Reichskanzler[119], sofern sie einer anderen Zweiganstalt

[117] Vgl. § 40 Nr. 7. Über das Verfahren s. Reichsbankstatut § 29 Abs. 2, über die Wählbarkeit das. § 28, über die Verpflichtung BankG. § 39.

[118] Vgl. Reichsbankstatut § 29 Abs. 1 und oben Anm. 114.

[119] Den in der Bek. v. 17. Dez. 1875 (Anm. 113) genannten 43 sind hinzugetreten die in Reichsbankstellen umgewandelten früheren Unteranstalten in Stolp (Bek. v. 16. Mai 1877, RAnz. Nr. 115), Cottbus (Bek. v. 9. Nov. 1883, RAnz. Nr. 265), Cöslin (Bek. v. 19. Juni 1889, RAnz. Nr. 144), Duisburg (Bek. v. 22. März 1892, RAnz. Nr. 72), Wiesbaden (Bek. v. 30. März 1894, RAnz. Nr. 75), Bochum (Bek. v. 16. Sept. 1896, RAnz. Nr. 223), Darmstadt (Bek. v. 11. März 1897, RAnz. Nr. 62), Plauen i. V. (Bek. v. 17. März 1897, RAnz. Nr. 66), Hildesheim (Bek. v. 8. Juni 1898, RAnz. Nr. 134), Ulm (Bek. v. 8. Sept. 1898, RAnz. Nr. 215), Freiburg i. B. (Bek. v. 29. Mai 1899, RAnz. Nr. 126), Schweidnitz (Bek. v. 3. Jan. 1900, RAnz. Nr. 5), Allenstein (Bek. v. 6. Jan. 1900, RAnz. Nr. 6), Insterburg (Bek. v. 6. Jan. 1900, RAnz. Nr. 6), Barmen (Bek. v. 8. Febr. 1900, RAnz. Nr. 37), Fulda (Bek. v. 15. Mai 1900, RAnz. Nr. 117), Mülheim (Ruhr) (Bek. v. 15. Jan. 1901, RAnz.

untergeordnet werden[120], durch das Reichsbankdirektorium.

§ 38. Die Reichsbank wird in allen Fällen, und zwar auch wo die Gesetze eine Spezialvollmacht erfordern, durch die Unterschrift des Reichsbankdirektoriums oder

Nr. 13), Würzburg (Bek. v. 17. Jan. 1901, RAnz. Nr. 17), Brandenburg a. H. (Bek. v. 4. März 1901, RAnz. Nr. 55), Altona (Bek. v. 29. Aug. 1901, RAnz. Nr. 207), Kreuznach (Bek. v. 8. Jan. 1903, RAnz. Nr. 12), Halberstadt (Bek. v. 13. Jan. 1903, RAnz. Nr. 12), Zwickau (Bek. v. 14. April 1903, RAnz. Nr. 88), Hamm (Bek. v. 8. Jan. 1904, RAnz. Nr. 7), Lissa (Bek. v. 5. April 1904, RAnz. Nr. 8), Remscheid (Bek. v. 8. Sept. 1904, RAnz. Nr. 214), Oppeln (Bek. v. 9. Juni 1905, RAnz. Nr. 137), Glatz (Bek. v. 1. Dez. 1905, RAnz. Nr. 286), Ludwigshafen (Bek. v. 5. Dez. 1905, RAnz. Nr. 288), Eisenach (Bek. v. 10. Aug. 1906, RAnz. Nr. 191), Göttingen (Bek. v. 3. Dez. 1906, RAnz. Nr. 286), Husum (Bek. v. 4. Dez. 1906, RAnz. Nr. 288), Wilhelmshaven (Bek. v. 18. April 1907, RAnz. Nr. 96), Charlottenburg (Bek. v. 15. Juni 1907, RAnz. Nr. 143), Lippstadt (Bek. v. 18. Mai 1908, RAnz. Nr. 121), Hagen i. W. (Bek. v. 10. Juni 1909, RAnz. Nr. 138). Weggefallen sind die Reichsbankstellen in Danzig, Dresden, Kiel und Nürnberg, welche in Reichsbankhauptstellen umgewandelt sind (vgl. Anm. 113).

120 Gegenwärtig (Ende 1909) 386 Reichsbanknebenstellen und 12 (hauptsächlich zur Vermittelung von Lombardgeschäften bestimmte) Warendepots. Vgl. d. Verzeichnis im Anh. B. Bei größeren Nebenstellen ist dem Bankvorstand ein zweiter Beamter (zuweilen mehrere Beamte) zur Unterstützung, hauptsächlich behufs der Kassenführung, beigegeben.

einer Reichsbankhauptstelle verpflichtet, sofern diese Unterschriften von zwei Mitgliedern des Reichsbankdirektoriums beziehungsweise [121] von zwei Mitgliedern des Vorstandes der Reichsbankhauptstelle oder den als Stellvertretern der letzteren bezeichneten Beamten vollzogen sind.

Unter welchen Voraussetzungen und in welcher Form die Unterschriften der Bankstellen [122] eine Verpflichtung für die Reichsbank begründen, wird vom Reichskanzler bestimmt und besonders bekannt gemacht [123].

[121] Nämlich innerhalb des Geschäftskreises der Reichsbankhauptstelle.

[122] Nicht der Nebenstellen, welche hauptsächlich nur zur Vermittelung von Geschäften dienen sollten, indessen in gewissem, nach und nach gewachsenem Umfange auch zu verbindlichen Erklärungen bzw. Geschäftsabschlüssen durch die Reichsbankverwaltung ermächtigt sind.

[123] Die Bestimmung ist enthalten in der Bek. des Reichskanzlers v. 27. Dezember 1875 (RZBl. S. 820):

Auf Grund des § 38 des Bankgesetzes vom 14. März d. J. (RGBl. S. 177) wird hierdurch bekannt gemacht, daß die Reichsbank durch die Unterschrift einer Reichsbankstelle in allen Fällen, und zwar auch wo die Gesetze eine Spezialvollmacht erfordern, verpflichtet wird, sofern diese Unterschrift von den beiden Mitgliedern des Vorstandes der Bankstelle oder den als Stellvertretern derselben bezeichneten Beamten vollzogen ist. Die Namen der Vorstandsmitglieder und ihrer Stellvertreter sowie die Unterschriften derselben werden in dem Geschäftsraume der Bankstelle ausgehängt.

Berlin, den 27. Dezember 1875.

Der Reichskanzler.
v. Bismarck.

Gegen die Reichsbankhauptstellen und Bankstellen[124] können alle Klagen, welche auf den Geschäftsbetrieb derselben Bezug haben, bei dem Gerichte des Orts erhoben werden, wo die Zweiganstalt errichtet ist[125].

§ 39. Sämtliche bei der Verwaltung der Bank als Beamte, Ausschußmitglieder, Beigeordnete beteiligte Personen sind verpflichtet, über alle einzelne Geschäfte der Bank, besonders über die mit Privatpersonen und über den Umfang des den letzteren gewährten Kredits, Schweigen zu beobachten. Die Deputierten des Zentralausschusses und deren Stellvertreter, sowie die Beigeordneten bei den Reichsbankhauptstellen sind hierzu vor Antritt ihrer Funktionen mittels Handschlags an Eides Statt besonders zu verpflichten[126].

§ 40. Das Statut der Reichsbank wird nach Maßgabe der vorstehend in den §§ 12 bis 39 enthaltenen Vorschriften vom Kaiser im Einvernehmen mit dem Bundesrat erlassen[127].

[124] Nicht gegen die Nebenstellen (s. Anm. 122).

[125] Die Bestimmung ist aufrecht erhalten nach § 13 Abs. 1 des EG. z. ZPO. Vgl. auch § 21 (früher 22) der ZPO. Im übrigen hat die Reichsbank ihren allgemeinen Gerichtsstand in Berlin (§ 12 Abs. 2).

[126] Vgl. § 33 Abs. 2, § 34 Abs. 4, § 36 Abs. 3.

[127] Wegen der Bedeutung des „Statuts" s. das. (II) Anm. 1. Dasselbe ist in mehreren Punkten abgeändert durch die Verordnungen v. 3. Sept. 1900 (RGBl. S. 793) und v. 18. Dez. 1909 (RGBl. S. 980 unten II Anm. 1) ergänzt durch die auf Grund des § 40 erlassenen Verordnungen, betr. die Pensionen und Kautionen der Reichsbankbeamten (Anm. 89) sowie die auf Grund

Dasselbe muß insbesondere Bestimmungen enthalten:

1. über die Form der Anteilscheine der Reichsbank und der dazu gehörigen Dividendenscheine und Talons[128];
2. über die bei Übertragung oder Verpfändung von Anteilscheinen zu beachtenden Formen[129];
3. über die Mortifikation verlorener oder vernichteter Anteilscheine, sowie über das Verfahren in betreff abhanden gekommener Dividendenscheine und Talons[130];
4. über die Grundsätze, nach denen die Jahresbilanz der Reichsbank aufzunehmen ist[131];
5. über Termine und Modalitäten der Erhebung der Dividende[132];
6. über die Form, in welcher die Zusammenberufung der Generalversammlungen geschieht, sowie über die Bedingungen und die Art der Ausübung des Stimmrechts der Anteilseigner; die Ausübung des Stimmrechts darf jedoch nicht durch den Besitz von mehr als einem Anteilscheine bedingt, noch dürfen mehr als drei-

der §§ 28 und 40 erlassenen Verordnungen, betr. die Fürsorge für die Witwen und Waisen der Reichsbankbeamten (ebenda).

[128] Vgl. Reichsbankstatut § 3.

[129] Vgl. §§ 4—6 das.; auch § 7 das.

[130] Vgl. §§ 8, 9 das.

[131] Vgl. §§ 12, 13 das.; auch § 14 das. und BankG. § 8 Abs. 3, 4.

[132] Vgl. Reichsbankstatut § 15.

hundert Stimmen in einer Hand vereinigt werden, wobei ein Anteilsschein zu dreitausend Mark dem Rechte auf drei Stimmen und ein Anteilsschein zu eintausend Mark dem Rechte auf eine Stimme entsprechen soll[133];

7. über die Modalitäten der Wahl des Zentralausschusses und der Deputierten desselben, der Bezirksausschüsse und der Beigeordneten bei den Reichsbankhauptstellen[134];

8. über die Form, in welcher die von der Gesellschaft ausgehenden Bekanntmachungen erfolgen, sowie über die öffentlichen Blätter, in welche dieselben aufzunehmen sind[135];

9. über die im Fall der Aufhebung der Reichsbank (§ 41) eintretende Liquidation[136];

[133] Vgl. §§ 16—22, 30 das. Das Wort „dreihundert" statt „hundert" und der Zusatz „wobei" bis „soll" sind infolge der Schaffung von Bankanteilen zu 1000 M durch Art. I des G. v. 7. Juni 1899 (oben Anm. 80) erforderlich geworden und von der Reichstagskommission hinzugefügt (s. Bericht d. VIII. Komm. von 1899 S. 19). Die Änderung ist durch Art. 4 dieses Gesetzes herbeigeführt worden, welcher lautet:

§ 40 Ziff. 6 wird durch folgende Bestimmung ersetzt:

(Hier folgt obiger Text, in welchem die Änderungen durch gesperrten Druck hervorgehoben sind.)

Vgl. auch Reichsbankstatut § 17.

[134] Vgl. §§ 22—29 das.

[135] Vgl. § 30 das.

[136] Vgl. § 31 das.

10. über die Form, in welcher die Mitwirkung der Anteilseigner oder deren Vertreter zu einer durch Reichsgesetz festzustellenden Erhöhung des Grundkapitals herbeigeführt werden soll[137];
11. über die Voraussetzungen der Sicherstellung, unter denen Effekten für fremde Rechnung gekauft oder verkauft werden dürfen[138].

§ 41. Das Reich behält sich das Recht vor, zuerst zum 1. Januar 1891, alsdann aber von zehn zu zehn Jahren nach vorausgegangener einjähriger Ankündigung[139], welche auf Kaiserliche Anordnung, im Einvernehmen mit dem Bundesrat, vom Reichskanzler an das Reichsbankdirektorium zu erlassen und von letzterem zu veröffentlichen ist, entweder

a) die auf Grund dieses Gesetzes errichtete Reichsbank aufzuheben und die Grundstücke derselben

[137] Vgl. §§ 2, 31 das.

[138] Vgl. BankG. § 13 Nr. 6 u. Reichsbankstatut § 10.

[139] Von dieser Ankündigung ist bisher kein Gebrauch gemacht worden, weder bis zum Ablauf der ersten Frist, nachdem die von den Regierungen vorgeschlagene Abänderung des § 24 (mittels G. v. 18. Dezember 1889) zustande gekommen war, noch innerhalb der zweiten, am 31. Dezember 1899 abgelaufenen Kündigungsfrist mit Rücksicht auf das G. v. 7. Juni 1899 (s. oben Anm. 80) und der dritten, bis 31. Dezbr. 1909 laufenden Frist nach der BankG.Nov. v. 1. Juni 1909 (Anm. 81).

Der in der Reichstagskomm. v. 1899 ursprünglich angenommene Antrag auf Verlängerung bis zum 1. Januar 1921 und dann weiter von 20 zu 20 Jahren ist dort in dritter Lesung abgelehnt (KommB. S. 45 ff.) und im Plenum nicht wieder aufgenommen.

gegen Erstattung des Buchwertes zu erwerben, oder

b) die sämtlichen Anteile der Reichsbank zum Nennwerte zu erwerben[140].

In beiden Fällen geht der bilanzmäßige Reservefonds, soweit derselbe nicht zur Deckung von Verlusten in Anspruch zu nehmen ist, zur einen Hälfte an die Anteilseigner, zur andern Hälfte an das Reich über.

Zur Verlängerung der Frist nach Inhalt des ersten Absatzes ist die Zustimmung des Reichstags erforderlich[141].

[140] Vgl. §§ 3, 6 Abs. 4 des Reichsbankstatuts. Nachdem der Reservefonds mehr als die volle gesetzliche Höhe von 60 Mill. M erreicht hat (s. § 24 Nr. 2), würden die Anteilseigner also zusammen 212 406 806,87 M (s. Abs. 2), d. h. 118 Proz., erhalten. Derselbe ist jedoch von neuem eröffnet (s. oben Anm. 81).

Die sog. „Verstaatlichung" (b) wurde bei der Beratung des Reichstags über die in Anm. 80 und 81 erwähnten Gesetzesvorlagen von mehreren Seiten angeregt, fand aber 1899 und 1909 wie 1889 nicht den Beifall der Mehrheit (s. StenB. v. 1889/90 S. 191 ff., 577 ff., 628—630; v. 1899 S. 696 ff., 721 ff., 749 ff., 1965 ff., 1993 ff., KommB. S. 9; StenB. v. 1909 S. 7047 ff., 7050, 7053 ff., 7058, 7073 ff., 7079, 7087, 8411).

[141] Die Bestimmung ist nicht ganz deutlich gefaßt. Nach der Entstehungsgeschichte (s. KommB. v. 1874 S. 52 bis 55) ging die Absicht dahin, daß das Reich nicht ohne den Reichstag, dessen Zustimmung sich in Annahme einer bezüglichen Gesetzesvorlage oder auch in einer bloßen Resolution und selbst stillschweigend (vgl. Anm. 80, 81, 139) äußern kann, von der Ausübung der Kündigungsbefugnis abstehen, d. h. das Privilegium der Reichsbank verlängern darf. In dieser

Titel III.
Privat-Notenbanken.

§ 42. Banken, welche sich bei Erlaß dieses Gesetzes im Besitze der Befugnis zur Notenausgabe befinden[142], dürfen außerhalb desjenigen Staates, welcher ihnen diese Befugnis erteilt hat, Bankgeschäfte durch Zweiganstalten weder betreiben noch durch Agenten für ihre Rechnung betreiben lassen, noch als Gesellschafter an Bankhäusern sich beteiligen[143].

Weise ist die Vorschrift bei Ablauf der Fristen bisher ausgelegt worden. Ein Versuch, den Abs 3 zu ändern, ist in der VIII. Reichstagskomm. v. 1899 vergeblich gemacht worden (s. KommB. S. 46).

[142] Das im Gesetze hinsichtlich der Privatnotenbanken angenommene System besteht in einer Vereinigung

erstens gewisser für alle Notenbanken unbedingt maßgebenden Vorschriften (hinsichtlich der Banknoten [§§ 2—6, 9, 10] und des sonstigen Geschäftsbetriebs [§ 7] mit der Verpflichtung zu gewissen Veröffentlichungen bzw. Mitteilungen [§ 8 u. Ges. v. 21. Dezbr. 1874 II — oben Anm. 13]; Beschränkung von Änderungen der Statuten usw. [§ 47] und Unterwerfung unter die Aufsicht des Reichskanzlers [§ 48])

und zweitens solcher (auf dem Gedanken, daß das Notenprivileg nicht über das Gebiet des erteilenden Staates hinaus wirke, beruhenden) Beschränkungen (§§ 42, 43), welchen die Banken dadurch entgehen konnten, daß sie sich bis zum 1. Januar 1876 gewissen anderen, im Gesetz also fakultativ vorgesehenen Beschränkungen unterwarfen (§§ 44—46).

[143] Die noch bestehenden Privatnotenbanken sind von diesen Beschränkungen nicht befreit (vgl. § 45 u. Anm. 166,

§ 43. Die Noten einer Bank, welche sich bei Erlaß dieses Gesetzes im Besitze der Befugnis zur Notenausgabe befindet[144], dürfen außerhalb desjenigen Staates, welcher derselben diese Befugnis erteilt hat, zu Zahlungen nicht gebraucht werden[145].

Der Umtausch solcher Noten gegen andere Banknoten, Papiergeld oder Münzen unterliegt diesem Verbote nicht.

§ 44. Die beschränkenden Bestimmungen des § 43 finden auf diejenigen Banken keine Anwendung, welche bis zum 1. Januar 1876 folgende Voraussetzungen erfüllen:

1. Die Bank darf ihre Betriebsmittel nur in den im § 13 unter 1 bis 4 bezeichneten Geschäften[146], und zwar zu 4 höchstens bis zur Höhe der Hälfte des Grundkapitals der Bank und der Reserven[147], anlegen.

   Bezüglich des Darlehnsgeschäfts[148] ist der Bank

sowie unten Nr. XIX 1). Im übrigen s. Anm. 2; § 44 Abs. 3, 4, § 45 Abs. 2 Nr. 1, §§ 48, 50 Abs. 1 Nr. 2 und die Strafbestimmung des § 58.

[144] Vgl. Anm. 142.

[145] Von dieser Beschränkung sind jetzt sämtliche Banken befreit (s. unten Nr. XIX 1). Im übrigen vgl. §§ 44—48, 50 Abs. 1 Nr. 3, § 54 und die Strafbestimmung des § 56. Zivilrechtlich bleiben die betreffenden Geschäfte gültig.

§ 43 gilt auch für das Papiergeld des § 54.

[146] Vgl. Anm. 38.

[147] Vgl. Anm. 51 und § 44 Abs. 4 sowie § 46.

[148] Vgl. § 13 Nr. 3.

eine Frist bis zum 1. Januar 1877 eingeräumt, innerhalb welcher sie ihre Darlehne den Bestimmungen des § 13 Nr. 3 zu konformieren hat.

Sie hat jeweilig den Prozentsatz öffentlich bekannt zu machen, zu welchem sie diskontiert oder zinsbare Darlehne gewährt[149].

2. Die Bank legt von dem sich jährlich über das Maß von $4^1/_2$ Prozent des Grundkapitals hinaus ergebenden Reingewinn jährlich mindestens 20 Prozent so lange zur Ansammlung eines Reservefonds zurück, als der letztere nicht ein Vierteil des Grundkapitals beträgt[150].

3. Die Bank verpflichtet sich, für den Betrag ihrer im Umlauf befindlichen Banknoten jederzeit mindestens ein Dritteil in kursfähigem deutschem Gelde, Reichskassenscheinen oder in Gold in Barren oder ausländischen Münzen, das Pfund fein zu 1392 Mark gerechnet, und den Rest in diskontierten Wechseln, welche eine Verfallzeit von höchstens drei Monaten haben und aus welchen in der Regel drei, mindestens aber zwei als zahlungsfähig bekannte Verpflichtete haften, in ihren Kassen als Deckung bereit zu halten[151].

[149] Vgl. § 15 u. Anm. 163.

[150] Abweichend von § 24 Nr. 2 in der neuen Fassung. Welche Banken ohne weiteres von dieser Beschränkung entbunden sind, s. in § 44 Abs. 4 u. Anm. 166.

[151] Übereinstimmend mit § 17, abgesehen von den dort durch die BankG.Nov. v. 1909 eingeschalteten

4. Die Bank verpflichtet sich, ihre Noten bei einer von ihr zu bezeichnenden Stelle in Berlin oder Frankfurt, deren Wahl der Genehmigung des Bundesrats unterliegt, dem Inhaber gegen kursfähiges deutsches Geld einzulösen.

Die Einlösung hat spätestens vor Ablauf des auf den Tag der Präsentation folgenden Tages zu erfolgen[152].

5. Die Bank verpflichtet sich, alle deutschen Banknoten, deren Umlauf im gesamten Reichsgebiete gestattet ist, an ihrem Sitze, sowie bei denjenigen ihrer Zweiganstalten, welche in Städten von mehr als 80000 Einwohnern ihren Sitz haben[153], zu ihrem vollen Nennwerte in Zahlung zu nehmen, solange die Bank, welche solche Noten ausgegeben hat, ihrer

Worten „oder Schecks, aus welchen mindestens zwei als zahlungsfähig bekannte Verpflichtete haften". Die Anpassung der Privatnotenbanken an diese Bestimmung ist herbeigeführt durch den neuen § 47a. Vgl. auch § 46.

[152] Für die Einlösung am Sitz (Hauptsitz) bestehen strengere Bestimmungen. Vgl. §§ 4, 18. Im übrigen vgl. § 45 Abs. 1 Nr. 2, Abs. 2 Nr. 2; §§ 46, 47, 50 Abs. 1 Nr. 3 b.

Neben Berlin oder Frankfurt (Main) bestehen zuweilen noch andere Einlösungsstellen (vgl. § 50 Nr. 3c).

[153] Vgl. Anm. 69. Die Verpflichtung der Reichsbank zur Annahme an Zahlungsstatt erstreckt sich außerdem noch auf den Sitz der ausgebenden Bank (§ 19 Anm. 70). Hinsichtlich der Verpflichtung der Reichsbank zum Umtausch von Privatbanknoten vgl. § 19 Abs. 2 u. Anm. 71. Auch die Annahmepflicht der Privatbanken ist zivilrechtlich erzwingbar.

Noteneinlösungspflicht pünktlich nachkommt. Alle bei einer Bank eingegangenen Noten einer anderen Bank dürfen, soweit es nicht Noten der Reichsbank sind, nur entweder zur Einlösung präsentiert, oder zu Zahlungen an diejenige Bank, welche dieselben ausgegeben hat, oder zu Zahlungen an dem Orte, wo letztere ihren Hauptsitz hat, verwendet werden[154].

6. Die Bank verzichtet auf jedes Widerspruchsrecht, welches ihr entweder gegen die Erteilung der Befugnis zur Ausgabe von Banknoten an andere Banken[155], oder gegen die Aufhebung einer etwa bestehenden Verpflichtung der Landesregierung, ihre Noten in den öffentlichen Kassen statt baren Geldes in Zahlung nehmen zu lassen[156], zustehen möchte.

7. Die Bank willigt ein, daß ihre Befugnis zur Ausgabe von Banknoten zu den in § 41 bezeichneten Terminen durch Beschluß der Landesregierung oder des Bundesrats mit einjähriger Kündigungsfrist aufgehoben werden könne, ohne daß ihr ein Anspruch auf irgendwelche Entschädigung zustände[157].

Von seiten des Bundesrats wird eine Kündigung nur eintreten zum Zwecke weiterer einheitlicher Rege-

[154] Die Bestimmung bezweckt die raschere Zurückleitung der Privatbanknoten an die Ausgabestelle und die Beschränkung der Umlaufsfähigkeit dieser Noten gegenüber denjenigen der Reichsbank. Vgl. auch § 46 Abs. 1.

[155] Vgl. § 1 u. Anm. 2.

[156] Vgl. § 2 u. Anm. 4.

[157] Vgl. G. v. 27. März 1870 § 3 (BGBl. S. 51).

lung des Notenbankwesens oder wenn eine Notenbank den Anordnungen gegenwärtigen Gesetzes zuwidergehandelt hat. Ob diese Voraussetzungen vorliegen, entscheidet der Bundesrat[158].

Einer Bank, welche die vorstehend unter 1 bis 7 bezeichneten Voraussetzungen erfüllt hat, kann der Betrieb von Bankgeschäften durch Zweiganstalten oder Agenturen[159] außerhalb des im § 42 bezeichneten Gebietes auf Antrag der für den Ort, wo dies geschehen soll, zuständigen Landesregierung[160] durch den Bundesrat gestattet werden[161].

Banken, welche bis zum 1. Januar 1876 nachweisen, daß der Betrag der nach ihrem Statut oder Privileg ihnen gestatteten Notenausgabe auf den Betrag des Grundkapitals eingeschränkt ist, welcher am 1. Januar 1874 eingezahlt war[162], sind von der Erfüllung der unter 2 bezeichneten Voraussetzung entbunden und erlangen mit der Gestattung des Umlaufs ihrer Noten im gesamten Reichsgebiete[163] zugleich die Befugnis, im

[158] Bisher (vgl. § 41) ist von der Befugnis kein Gebrauch gemacht.

[159] Nicht genannt ist die Beteiligung als Gesellschafter an Bankhäusern.

[160] Hierin liegt eine Einschränkung der fakultativen Befreiung von den Schranken des § 42.

[161] Ohne weiteres befreit sind die im folgenden Abs. 4 bezeichneten Banken unter den dortigen Voraussetzungen. Welche Banken den Nachweis geführt haben, ist aus den Bekanntmachungen (vgl. Anm. 166) nicht zu erkennen.

[162] Vgl. Anm. 161.

[163] Vgl. § 44 Abs. 1, § 45 Abs. 2 Nr. 1.

gesamten Reichsgebiete durch Zweiganstalten oder Agenturen Bankgeschäfte zu betreiben. Dem Bundesrat bleibt vorbehalten, diesen Banken einzelne der durch die Bestimmungen unter 1 ausgeschlossenen Formen der Krediterteilung, in deren Ausübung dieselben sich bisher befunden haben, auf Grund des nachgewiesenen besonderen Bedürfnisses zeitweilig oder widerruflich auch ferner zu gestatten und die hierfür etwa notwendigen Bedingungen festzusetzen[164].

§ 45. Banken, welche von den Bestimmungen im § 44 zu ihren Gunsten Gebrauch machen wollen, haben dem Reichskanzler nachzuweisen:

1. daß ihre Statuten den durch den § 44 aufgestellten Voraussetzungen entsprechen;
2. daß die erforderliche Einlösungsstelle[165] eingerichtet ist.

Sobald dieser Nachweis geführt ist, erläßt der Reichskanzler eine durch das Reichs-Gesetzblatt zu veröffentlichende Bekanntmachung[166], in welcher:

[164] Der Schlußsatz ist durch den Reichstag hinzugefügt.

Von der Befugnis ist insofern Gebrauch gemacht, als einzelnen Privatbanken die Beleihung gewisser, sonst gesetzlich nicht beleihbarer Papiere bis zu bestimmten Höchstbeträgen gestattet ist.

[165] Vgl. § 44 Abs. 1 Nr. 4.

[166] Es sind demzufolge erlassen: die Bekanntmachungen, betreffend die Anwendung der §§ 42 und 43 des BankG. v. 14. März 1875, v. 29. Dezember 1875 (RGBl. S. 390), v. 7. Januar 1876 (RGBl. S. 2), v. 3. September 1879 (RGBl.

1. die beschränkenden Bestimmungen der §§ 42 und 43 oder des § 43 dieses Gesetzes zugunsten der zu bezeichnenden Bank als nicht anwendbar erklärt,

S. 286) und v. 27. Februar 1883 (RGBl. S. 4), welche zugleich das Nötige wegen der Einlösungsstellen enthalten (unten XIX). Von den Beschränkungen des Notenumlaufs (§ 43) sind demnach alle z. Z. noch bestehenden (s. § 9 Anm. 26) Privatnotenbanken befreit. — Die älteren Statuten dieser Banken haben sämtlich teils infolge des Bankgesetzes, teils infolge der Aktienrechtsnovelle vom Jahre 1884 eingreifende Änderungen erfahren. Weitere Änderungen sind bei allen noch bestehenden vier Privatnotenbanken infolge des BGB. bzw. des HGB. u. der Bankgesetznovelle v. 1899 in den Jahren 1899 und 1900 erfolgt.

Eine wichtige ergänzende Bestimmung zu vorstehenden Paragraphen enthält das G. v. 7. Juni 1899 (s. oben Anm. 80) im Art. 7, §§ 2 und 3:

§ 2.

Der Bundesrat wird denjenigen Privatnotenbanken gegenüber, auf welche die beschränkenden Bestimmungen des § 43 des Bankgesetzes keine Anwendung finden, von dem vorbehaltenen Kündigungsrechte behufs Aufhebung der Befugnis zur Ausgabe von Banknoten zum 1. Januar 1901 Gebrauch machen, wenn diese Banken sich nicht bis zum 1. Dezember 1899 verpflichten, vom 1. Januar 1901 ab

1. nicht unter dem gemäß § 15 des Bankgesetzes öffentlich bekannt gemachten Prozentsatze der Reichsbank zu diskontieren, sobald dieser Satz vier Prozent erreicht oder überschreitet,

und

2. die Stelle, an welcher die Noten der Bank eingelöst werden, bezeichnet wird.

§ 46. Kann die Dauer einer bereits erworbenen Befugnis zur Ausgabe von Banknoten durch eine vom

2. im übrigen nicht um mehr als einviertel Prozent unter dem gemäß § 15 des Bankgesetzes öffentlich bekannt gemachten Prozentsatze der Reichsbank zu diskontieren, oder falls die Reichsbank selbst zu einem geringeren Satze diskontiert, nicht um mehr als einachtel Prozent unter diesem Satze.

§ 3.

Handelt eine Privatnotenbank der nach § 2 eingegangenen Verpflichtung entgegen, so wird die Entziehung der Befugnis zur Notenausgabe gemäß §§ 50ff. des Bankgesetzes durch gerichtliches Urteil ausgesprochen.

Mitglieder des Vorstandes, Vorsteher einer Zweiganstalt, sonstige Angestellte oder Agenten einer solchen Bank, welche für Rechnung der Bank der von ihr eingegangenen Verpflichtung entgegen, unter dem nach § 2 zulässigen Prozentsatze diskontieren, werden mit Geldstrafe bis zu fünftausend Mark bestraft.

Um eine Durchkreuzung der Diskontpolitik der Reichsbank (s. § 15) durch die Privatnotenbanken zu verhindern, schlug der Regierungsentwurf von 1899 Art. 5 vor, diese unbedingt zu verpflichten, nicht unter dem Prozentsatze der Reichsbank zu diskontieren (Begründung S. 10ff.). Schon in erster Lesung des Reichstags mehrfach angefochten (StenB. S. 727ff.), wurde der Vorschlag in der Kommission Gegenstand eingehender Debatten, welche zu der in den obigen Vorschriften enthaltenen, mit einer die sog. Privatdiskontierungen bei der Reichs-

Staate oder einer öffentlichen Behörde ausgehende, an einen bestimmten Termin gebundene Kündigung auf eine bestimmte Zeit beschränkt werden, so tritt diese Kündigung zu dem frühesten zulässigen Termine kraft gegenwärtigen Gesetzes ein, es sei denn, daß die Bank den zulässigen Betrag ihrer Notenausgabe auf den am 1. Januar 1874 eingezahlten Betrag ihres Grundkapitals beschränkt und

bank selbst betreffenden Bestimmung (Art. 7 § 1 — s. oben § 15 Anm. 59) in Verbindung stehenden Abschwächung führten (KommB. S. 32 ff.). Im Plenum wurden im Interesse der Privatnotenbanken Versuche gemacht, die Beschränkung derselben ganz oder teilweise zu beseitigen, jedoch ohne Erfolg (StenB. S. 1978 ff., 2002 ff.).

Die Privatnotenbanken sind danach nur dann, wenn die Reichsbank — infolge einer gewissen Geldversteifung oder aus anderen Gründen — zu dem (hohen) Diskont von mindestens 4 Proz. diskontiert, an diesen nach unten hin unbedingt gebunden. Ist der Diskont niedriger, so dürfen sie dagegen bis zu $^1/_4$ Proz. unter dem offiziellen Satze der Reichsbank bleiben. Diskontiert die Reichsbank selbst zum Privatsatze („zu einem geringeren Satze"), so darf die Differenz nicht mehr als $^1/_8$ Proz. betragen.

Hiermit ist gesetzlich ungefähr das festgelegt und durch eine scharfe Androhung (§ 3) gesichert, was die Reichsbank bisher durch Abkommen mit den Privatnotenbanken erstrebt hatte. Vgl. oben Einl. S. 37 ff.

Die Strafbestimmung (§ 3 Abs. 2) umfaßt auch „sonstige Angestellte", also einen weiteren Personenkreis als § 58 und trifft auch Umgehungen durch sog. Rückvergütung eines Teils des Diskonts, obschon diese nicht ausdrücklich genannt sind.

Die verlangte Erklärung ist rechtzeitig von allen hierher gehörenden Privatnotenbanken abgegeben worden.

sich den Bestimmungen im § 44 unter 1 und 3 bis 7 unterworfen hat[167].

Statutarische Bestimmungen, durch welche die Dauer einer Bank oder der derselben erteilten Befugnis zur Notenausgabe von der unveränderten Fortdauer des Notenprivilegiums des Preußischen Bank abhängig gemacht ist[168], treten außer Kraft.

§ 47. Jede Abänderung der Bestimmungen des Grundgesetzes, Statuts oder Privilegiums einer Bank, welche die Befugnis zur Ausgabe von Banknoten bereits erworben hat, bedarf, solange der Bank diese Befugnis zusteht, zu ihrer Gültigkeit der Genehmigung des Bundesrats, sofern sie das Grundkapital, den Reservefonds, den Geschäftskreis oder die Deckung der auszugebenden Noten, oder die Dauer der Befugnis zur Notenausgabe zum Gegenstande hat[169]. Landesgesetzliche Vorschriften und Konzessionsbedingungen, durch welche eine Bank bezüglich des Betriebs des Diskonto-, des Lombard-, des Effekten- und des Depositengeschäfts Beschränkungen unterworfen ist, welche das gegenwärtige Gesetz nicht enthält, stehen einer solchen Änderung nicht entgegen.

167 Vgl. § 47 Abs. 2. Die fraglichen in den Bekanntmachungen (Anm. 166) nicht genannten Notenbanken haben auf ihr Notenrecht verzichtet (vgl. § 9 Anm. 26).

168 Dies war der Fall bei den in den älteren preußischen Provinzen bestehenden Notenbanken. Vgl. auch G. v. 27. März 1870 § 4 (BGBl. S. 51).

169 Eine solche Genehmigung ist s. Z. verschiedenen der jetzt aufgehobenen preußischen Privatnotenbanken erteilt worden. Die Bestimmung gilt für alle Privat-

Die Genehmigung wird, nach Erfüllung der sonstigen gesetzlichen Erfordernisse, durch die beteiligte Landesregierung beantragt und muß versagt werden, wenn die Bank nicht von den Bestimmungen des § 44 Gebrauch macht.

Die bayerische Regierung ist berechtigt, bis zum Höchstbetrage von 70 Millionen Mark die Befugnis zur Ausgabe von Banknoten für die in Bayern bestehende Notenbank zu erweitern, oder diese Befugnis einer anderen Bank zu erteilen, sofern die Bank sich den Bestimmungen des § 44 unterwirft[170].

§ 47a[171]. Für Privatnotenbanken, auf welche die beschränkenden Bestimmungen des § 43 keine Anwendung finden, gelten hinsichtlich der Deckung ihrer im Umlaufe befindlichen Noten die Vorschriften des § 17.

§ 48. Der Reichskanzler ist jederzeit befugt, sich nötigenfalls durch kommissarische Einsichtnahme von den Büchern, Geschäftslokalen und Kassenbeständen der Noten ausgebenden Banken die Überzeugung zu verschaffen, daß

notenbanken ohne Ausnahme. Wegen der Geltung des § 47 für das Papiergeld des § 54 f. daselbst.

[170] Zufolge Vertrages mit der Bayerischen Hypotheken- und Wechselbank vom 20. März 1875 hat diese ihr Notenemissionsrecht der neu gegründeten Bayerischen Notenbank überlassen, welche sich den Bestimmungen in § 44 Nr. 1—7 unterworfen hat (vgl. Bek. v. 29. Dez. 1875 Nr. 7, unten XIX 1). Die entsprechende Gesetzesänderung enthält das bayerische Gesetz v. 15. April 1875 (Gesetz- und Verordnungsbl. Nr. 23).

[171] Mit Rücksicht auf die Zulassung von Schecks (§ 17)

dieselben die durch Gesetz oder Statut festgestellten Bedingungen und Beschränkungen der Notenausgabe innehalten, oder die Voraussetzungen der zu ihren Gunsten etwa ausgesprochenen Nichtanwendbarkeit der §§ 42 und 43 oder des § 43 dieses Gesetzes[172] erfüllen und daß die von ihnen veröffentlichten Wochen- und Jahresübersichten (§ 8), sowie die behufs der Steuerberechnung abgegebenen Nachweise (§ 10) der wirklichen Sachlage entsprechen[173].

Das Aufsichtsrecht der Landesregierungen wird durch diese Bestimmung nicht berührt.

§ 49. Die Befugnis zur Ausgabe von Banknoten geht verloren:

1. durch Ablauf der Zeitdauer, für welche sie erteilt ist[174],
2. durch Verzicht[175],
3. im Falle des Konkurses durch Eröffnung des Verfahrens gegen die Bank,

ist durch Art. 5 V d. BankG.Nov. v. 1. Juni 1909 die Vorschrift eingeschaltet:

„Hinter § 47 des Bankgesetzes wird als § 47a folgende Vorschrift eingestellt:“

(Hier folgt der obige Text.)

Art. 5 gilt laut Art. 8 vom 1. Januar 1910 ab.

172 Vgl. § 45. Der § 48 gilt aber für alle Notenbanken.

173 Hiervon ist einmal im Jahre 1901 gegenüber der (später aufgelösten) Bank für Süddeutschland Gebrauch gemacht.

174 Vgl. § 44 Nr. 7, §§ 46, 47 Abs. 1.

175 Vgl. §§ 9 Abs. 2, 19 Abs. 2, 82 Abs. 2 Lit. f.

4. durch Entziehung kraft richterlichen Urteils[176],
5. durch Verfügung der Landesregierung nach Maßgabe der Statuten oder Privilegien.

§ 50. Die Entziehung der Befugnis zur Notenausgabe wird auf Klage des Reichskanzlers oder der Regierung des Bundesstaates, in welchem die Bank ihren Sitz hat, durch gerichtliches Urteil ausgesprochen:

1. wenn die Vorschriften der Statuten, des Privilegiums oder des gegenwärtigen Gesetzes[177] über die Deckung für die umlaufenden Noten verletzt worden sind oder der Notenumlauf die durch Statut, Privilegium oder Gesetz[178] bestimmte Grenze überschritten hat;
2. wenn die Bank vor Erlaß der in § 45 erwähnten Bekanntmachung des Reichskanzlers außerhalb des durch § 42 ihr angewiesenen Gebiets die in § 42 ihr untersagten Geschäfte betreibt oder außerhalb des durch § 43 ihr angewiesenen Gebiets ihre Noten vertreibt oder vertreiben läßt[179];
3. wenn die Bank die Einlösung präsentierter Noten nicht bewirkt
   a) an ihrem Sitze am Tage der Präsentation,
   b) an ihrer Einlösungsstelle (§ 44 Nr. 4) bis zum

[176] Vgl. §§ 50—53.

[177] Vgl. § 44 Nr. 3, § 47. Auch der Fall des § 44 Abs. 4 gehört hierher (s. StenB. des Reichstags v. 1874/75 S. 1390).

[178] Vgl. §§ 44 Abs. 4, 47 Abs. 3, 48.

[179] Von der Reichstagskomm. zur Verhütung von Umgehungen hinzugefügt.

Ablaufe des auf den Tag der Präsentation folgenden Tages,

c) an sonstigen durch die Statuten bestimmten Einlösungsstellen bis zum Ablaufe des dritten Tages nach dem Tage der Präsentation[180];

4. sobald das Grundkapital sich durch Verluste um ein Dritteil vermindert hat.

Die Klage ist im ordentlichen Verfahren zu verhandeln. Der Rechtsstreit gilt im Sinne der Reichs- und Landesgesetze als Handelssache[181].

In dem Urteile ist zugleich die Verpflichtung zur Einziehung der Noten auszusprechen[182].

§ 51. Das Urteil ist erst nach Eintritt der Rechtskraft vollstreckbar. Die Vollstreckung wird auf Antrag durch das Prozeßgericht verfügt. Das Gericht bestimmt zu diesem Zwecke die Frist, innerhalb welcher von der Bankverwaltung die Bekanntmachung über die Einziehung der Noten zu erlassen ist.

[180] Es besteht danach eine Abstufung vom Sitze (§ 4) ab zur bankgesetzlichen, im einzelnen Fall obligatorisch gewählten, und weiter zur statutarischen Einlösungsstelle.

[181] Einen fünften Fall s. in Art. 7 § 3 Abs. 1 des Gesetzes vom 7. Juni 1899 (oben Anm. 166). Die Vorschrift des § 50 Abs. 2 ist in § 101 des Gerichtsverfassungsgesetzes v. 27. Januar 1877 (RGBl. S. 41) nicht berücksichtigt. Die vorliegenden Sachen gehören also vor die Zivilkammern der Landgerichte. Dagegen behält die Bestimmung ihre Bedeutung insofern, als die Zuständigkeit des Reichsgerichts durch die Landesgesetzgebung nicht beseitigt werden darf (EG. z. GVG. § 8 Abs. 2).

[182] Vgl. § 6 Abs. 4 u. 5, Anm. 10 u. 11.

Sofern nicht der Konkurs über die Bank ausgebrochen ist, setzt das Gericht einen Kurator ein, welcher die Einziehung der Noten zu überwachen und, wenn die Bank den für diesen Fall vorgesehenen Verpflichtungen nicht nachkommt, die Liquidation der Bank beim Gerichte zu beantragen verpflichtet ist.

Eingehende Noten sind von der Bank an eine vom Reichskanzler zu bezeichnende, am Sitze der Bank gelegene Kasse abzuliefern.

§ 52. Sechs Monate, nachdem das Urteil (§ 50) die Rechtskraft erlangt hat, zahlt die Bank an die vom Reichskanzler bezeichnete Kasse einen Betrag in barem Gelde ein, welcher dem bis dahin nicht abgelieferten Betrage ihrer Noten gleichkommt. Dieser Barbetrag wird ihr nach Maßgabe der weiter von ihr abgelieferten Noten und der verbleibende Rest nach Ablauf der letzten vom Bundesrate für die Einlösung festgesetzten Frist zurückgezahlt.

§ 53. Die an die Kasse abgelieferten Noten (§ 51 und § 52) werden in Gegenwart des Kurators der Kasse und des für die Einziehung der Noten bestellten Kurators vernichtet. Über die Vernichtung wird ein gerichtliches oder notarielles Protokoll aufgenommen. Die Verwaltung der Bank ist befugt, an der Vernichtung durch zwei Abgeordnete teilzunehmen. Der für die Vernichtung bestimmte Termin ist ihr jedesmal spätestens acht Tage vorher von der der Kasse vorgesetzten Behörde anzuzeigen. Die Vernichtung kann in einem oder in mehreren Terminen erfolgen.

§ 54. Für diejenigen Korporationen, welche, ohne Zettelbanken zu sein, sich beim Erlaß dieses Gesetzes im Besitz der Befugnis zur Ausgabe von Noten, Kassenscheinen oder sonstigen auf den Inhaber ausgestellten unverzinslichen Schuldverschreibungen befinden, und für das von ihnen ausgegebene Papiergeld gelten insolange, als sie von der Befugnis, Papiergeld in Umlauf zu erhalten, Gebrauch machen, die Bestimmungen der §§ 2 bis einschließlich 6, dann des § 43 und des § 47 Absatz 1 dieses Gesetzes, soweit sich derselbe auf die Befugnis zur Ausgabe von Papiergeld, auf deren Dauer, oder auf die Deckung des Papiergeldes bezieht[183].

Titel IV.
Strafbestimmungen.

§ 55. Wer unbefugt Banknoten oder sonstige auf den Inhaber lautende unverzinsliche Schuldverschreibungen ausgibt[184], wird mit einer Geldstrafe bestraft, welche

[183] Die Vorschrift betrifft das sog. Korporations- oder Kommunalpapiergeld. Vgl. auch MünzG. v. 9. Juli 1873 Art. 18 Abs. 2 (oben A III). Dergleichen Befugnis hatten einzelne Stadtgemeinden, ständische Verbände usw. erhalten, z. B. die Landständische Bank in Bautzen, welche keine Wechsel diskontierte und deshalb nicht zu den Notenbanken gerechnet war. Die Befugnis dieser Bank ist erloschen (s. oben Anm. 11). Das Papiergeld der Stadt Hannover ist im Jahre 1893 eingezogen worden. — Vgl. §§ 56, 59 Abs. 2. — Wegen ausländischer Scheine dieser Art vgl. §§ 11, 57.

[184] Vgl. §§ 1, 16, 42, 43, 44 Abs. 4, 46, 47, 48, 49, 54.

dem Zehnfachen des Betrages der von ihm ausgegebenen Wertzeichen gleichkommt, mindestens aber fünftausend Mark beträgt.

§ 56. Mit Geldstrafe bis zu einhundertfünfzig Mark wird bestraft, wer der Verbotsbestimmung des § 43 zuwider, Noten inländischer Banken, oder Noten oder sonstige Geldzeichen inländischer Korporationen[185] außerhalb desjenigen Landesgebiets, für welches dieselben zugelassen sind, zur Leistung von Zahlungen verwendet.

§ 57. Mit Geldstrafe von fünfzig Mark bis zu fünftausend Mark wird bestraft, wer der Verbotsbestimmung in § 11 zuwider, ausländische Banknoten oder sonstige auf den Inhaber lautende unverzinsliche Schuldverschreibungen ausländischer Korporationen, Gesellschaften oder Privaten, welche ausschließlich oder neben anderen Wertbestimmungen in Reichswährung oder einer deutschen Landeswährung ausgestellt sind, zur Leistung von Zahlungen verwendet.

Geschieht die Verwendung gewerbsmäßig, so tritt neben der Geldstrafe Gefängnis bis zu einem Jahre ein. Der Versuch ist strafbar.

§ 58. Mit Geldstrafe bis zu fünftausend Mark wird bestraft, wer den Bestimmungen im § 42 zuwider, für Rechnung von Banken als Vorsteher von Zweiganstalten oder als Agent Bankgeschäfte betreibt oder mit Banken als Gesellschafter in Verbindung tritt.

Die gleiche Strafe trifft die Mitglieder des Vorstandes einer Bank, welche den Bestimmungen des

[185] Vgl. § 54.

§ 7 entgegenhandeln, oder welche dem Verbote des § 42 zuwider

a) Zweiganstalten oder Agenturen bestellen, oder

b) die von ihnen vertretene Bank als Gesellschafter an Bankhäusern beteiligen.

§ 59[186]. Die Mitglieder des Vorstandes einer Bank werden:

1. wenn sie in den durch die Bestimmungen des § 8 vorgeschriebenen Veröffentlichungen wissentlich den Stand der Verhältnisse der Bank unwahr darstellen oder verschleiern, mit Gefängnis bis zu drei Monaten bestraft;
2. wenn sie durch unrichtige Aufstellung der im § 10 vorgeschriebenen Nachweisungen den steuerpflichtigen Notenumlauf zu gering angeben, mit einer Geldstrafe bestraft, welche dem Zehnfachen der hinterzogenen Steuer gleichsteht, mindestens aber fünfhundert Mark beträgt;
3. wenn die Bank mehr Noten ausgibt, als sie auszugeben befugt ist[187], mit einer Geldstrafe bestraft, welche dem Zehnfachen des zuviel ausgegebenen Betrages gleichkommt, mindestens aber fünftausend Mark beträgt.

Die Strafe zu 3 trifft auch die Mitglieder des Vor=

[186] Die Strafkammern der Landgerichte sind nach § 74 Nr. 5 des Gerichtsverfassungsgesetzes für diese Zuwiderhandlungen ausschließlich zuständig.

[187] Vgl. Anm. 184.

standes solcher Korporationen, welche zur Ausgabe von auf den Inhaber lautenden unverzinslichen Schuldverschreibungen befugt sind, wenn sie mehr solche Geldzeichen ausgeben, als die Korporation auszugeben befugt ist[188].

Titel V.
Schlußbestimmungen.

§ 60. Die §§ 6, 42 und 43, sowie die auf die letzteren bezüglichen Strafbestimmungen in den §§ 56 und 58 gegenwärtigen Gesetzes treten am 1. Januar 1876 in Kraft[189].

§ 61. Der Reichskanzler wird ermächtigt, mit der Königlich preußischen Regierung wegen Abtretung der Preußischen Bank an das Reich auf folgenden Grundlagen einen Vertrag abzuschließen[190]:

1. Preußen tritt nach Zurückziehung seines Einschußkapitals von 1906800 Talern, sowie der ihm zustehenden Hälfte des Reservefonds die Preußische Bank mit allen ihren Rechten und Verpflichtungen mit dem 1. Januar 1876 unter den nachstehend Ziff. 2 bis 6 bezeichneten Bedingungen an das Reich ab. Das Reich wird diese Bank an die nach Maßgabe der Bestimmungen dieses Gesetzes zu errichtende Reichsbank übertragen.

[188] Vgl. § 54.
[189] Vgl. Anm. 1.
[190] Vgl. den Vertrag über die Abtretung der Preußischen Bank an das Deutsche Reich v. 17./18. Mai 1875 (unten III).

2. Preußen empfängt für Abtretung der Bank eine Entschädigung von fünfzehn Millionen Mark, welche aus den Mitteln der Reichsbank zu decken ist.
3. Den bisherigen Anteilseignern der Preußischen Bank wird die Befugnis vorbehalten, gegen Verzicht auf alle ihnen durch ihre Bankanteilsscheine verbrieften Rechte zugunsten der Reichsbank den Umtausch dieser Urkunden gegen Anteilsscheine der Reichsbank von gleichem Nominalbetrage zu verlangen.
4. Die Reichsbank hat denjenigen Anteilseignern, welche nach den Bestimmungen der §§ 16 und 19 der Bankordnung vom 5. Oktober 1846 (Preuß. Gesetz-Samml. S. 435) die Herauszahlung des eingeschossenen Kapitals und ihres Anteils an dem Reservefonds der Preußischen Bank verlangen, diese Zahlung zu leisten.
5. Die Reichsbank wird zur Erfüllung der von der Preußischen Bank durch Vertrag vom 28./31. Januar 1856 hinsichtlich der Staatsanleihe von sechzehn Millionen fünfhundertachtundneunzigtausend Talern übernommenen Verbindlichkeiten an Preußen für die Jahre 1876 bis einschließlich 1925 jährlich 621910 Taler in halbjährlichen Raten zahlen. Wird die Konzession der Reichsbank nicht verlängert, so wird das Reich dafür sorgen, daß, solange keine andere Bank in diese Verpflichtung eintritt, die Rente bis zu dem ebengedachten Zeitpunkte der preußischen Staatskasse unverkürzt zufließe.

6. Eine Auseinandersetzung zwischen Preußen und der Reichsbank wegen der Grundstücke der Preußischen Bank bleibt vorbehalten.

§ 62. Der Reichskanzler wird ermächtigt:

1. diejenigen Anteilsscheine der Reichsbank zu begeben, welche nicht nach § 61 Nr. 3 gegen Anteilsscheine der Preußischen Bank umzutauschen sind[191],
2. auf Höhe der nicht begebenen Anteilsscheine zur Beschaffung des nach § 23 erforderlichen Grundkapitals der Reichsbank verzinsliche, spätestens am 1. Mai 1876 fällig werdende Schatzanweisungen auszugeben.

§ 63. Die Ausfertigung der Schatzanweisungen (§ 62 Nr. 2) wird der Preußischen Hauptverwaltung der Staatsschulden übertragen. Den Zinssatz bestimmt der Reichskanzler. Bis zum 1. Mai 1876 kann, nach Anordnung des Reichskanzlers, der Betrag der Schatz-

[191] Sämtliche nicht umgetauschte Anteilsscheine (im Gesamtnennwert von 60243000 M) sind begeben, und zwar:

20000 Stück im Wege öffentlicher Subskription (vgl. Bek. des Reichskanzlers v. 24. Mai 1875, RAnz. Nr. 120 erste Beilage v. 26. Mai 1875);

81 Stück (bei denen von der Umtauschbefugnis kein Gebrauch gemacht worden war) durch Verkauf an der Börse.

Von der in § 62 Nr. 2 erteilten Befugnis war mithin kein Gebrauch zu machen; die §§ 63—65 sind gegenstandslos geblieben.

Über die gemäß Art. 1 des Ges. v. 7. Juni 1899 begebenen 60000 Anteile (Art. 8 das.) s. Anm. 80.

Anlage zum § 9.

Laufende Nr.	Bezeichnung der Bank.	Ungedeckter Notenumlauf Mark
1.	Reichsbank	250000000
2.	Ritterschaftliche Privatbank in Pommern (Stettin)	1222000
3.	Städtische Bank in Breslau	1283000
4.	Bank des Berliner Kassenvereins	963000
5.	Kölnische Bank	1251000
6.	Magdeburger Privatbank	1173000
7.	Danziger Privat-Aktienbank	1272000
8.	Provinzial-Aktienbank des Großherzogtums Posen	1206000
9.	Kommunalständische Bank für die preußische Oberlausitz (Görlitz)	1307000
10.	Hannoversche Bank	6000000
11.	Landgräflich hessische konzessionierte Landesbank	159000
12.	Frankfurter Bank	10000000
13.	Bayerische Banken	32000000
14.	Sächsische Bank zu Dresden	16771000
15.	Leipziger Bank	5348000
16.	Leipziger Kassenverein	1440000
17.	Chemnitzer Stadtbank	441000
18.	Württembergische Notenbank	10000000
19.	Badische Bank	10000000
20.	Bank für Süddeutschland	10000000
21.	Rostocker Bank	1155000
22.	Weimarsche Bank	1971000
23.	Oldenburgische Landesbank	1881000
24.	Braunschweigische Bank	2829000
25.	Mitteldeutsche Kreditb. in Meiningen	3187000
26.	Privatbank zu Gotha	1344000
27.	Anhalt-Dessauische Landesbank	935000
28.	Thüringische Bank (Sondershausen)	1658000
29.	Geraer Bank	1651000
30.	Niedersächsische Bank (Bückeburg)	594000
31.	Lübecker Privatbank	500000
32.	Kommerzbank in Lübeck	959000
33.	Bremer Bank	4500000
	Zusammen	385000000

Die Anteile zu 2 bis 12, 15 bis 17, 20 bis 33 sind der Reichsbank zugewachsen (s. § 9 Anm. 26).

anweisungen wiederholt, jedoch nur zur Deckung der in Verkehr gesetzten Schatzanweisungen ausgegeben werden.

§ 64. Die zur Verzinsung und Einlösung der Schatzanweisungen erforderlichen Beträge müssen der Reichsschuldenverwaltung aus den bereitesten Einkünften des Reichs zur Verfallzeit zur Verfügung gestellt werden.

§ 65. Die Ausgabe der Schatzanweisungen ist durch die Reichskasse zu bewirken.

Die Zinsen der Schatzanweisungen verjähren binnen vier Jahren, die verschriebenen Kapitalbeträge binnen 30 Jahren nach Eintritt des in jeder Schatzanweisung auszudrückenden Fälligkeitstermins.

§ 66. Die Bestimmungen des Handelsgesetzbuchs über die Eintragung in das Handelsregister und die rechtlichen Folgen derselben finden auf die Reichsbank keine Anwendung[192].

[192] Die Bestimmung ist erst vom Reichstag bei der zweiten Lesung i. J. 1874 zur Beseitigung möglicher Zweifel hinzugefügt (StenB. d. Reichstags v. 1874/75 S. 1395 ff.). Vgl. § 12 Anm. 34.

II.

Statut der Reichsbank. Vom 21. Mai 1875.

(RGBl. S. 203. Ausgegeben den 24. Mai 1875.[1])

Wir ꝛc. erlassen auf Grund des § 40 des Bankgesetzes vom 14. März 1875 (Reichs-Gesetzbl. S. 177) im Ein-

[1] Das „Statut" der Reichsbank hat nur geringe Ähnlichkeit mit dem Statut einer Aktiengesellschaft. Es

vernehmen mit dem Bundesrat im Namen des Deutschen Reichs nachstehendes

Statut der Reichsbank.

§ 1. Die Reichsbank tritt am 1. Januar 1876 in Wirksamkeit.

enthält in Ergänzung des von der Reichsbank handelnden Titel II des BankG. v. 14. März 1875 Bestimmungen, welche ebensowohl in diesem selbst hätten enthalten sein können. Indessen ist diese Trennung beliebt, um das Gesetz nicht mit Detailbestimmungen zu überladen, welche teils mehr reglementarischen Inhalts sind (vgl. z. B. §§ 10, 13), teils nur die Verhältnisse der Bankanteilseigner betreffen, und um zugleich eine Ergänzung in bequemerer Form zu ermöglichen. In betreff der letzteren vgl. z. B. BankG. § 40 und oben C I Anm. 127. Wegen Abänderung des Statuts vgl. § 21 desselben. Solche Abänderungen sind auf Grund des angef. § 40 im Einvernehmen mit dem Bundesrat infolge des Gesetzes (betr. d. Abänderung des BankG. v. 14. März 1875) vom 7. Juni 1899 (s. oben C I Anm. 80) sowie des Gesetzes (betr. Änderung des BankG.) vom 1. Juni 1909 in Verbindung mit der Einführung der sog. Talonsteuer gemäß Reichsstempelgesetz v. 15. Juli 1909 (RGBl. S. 833), Tarifnummer 3 A a (oben C I Anm. 81 u. unten Anm. 10) erfolgt durch die Kaiserlichen Verordnungen vom 3. September 1900 (RGBl. S. 793) und vom 18. Dezember 1909 (RGBl. S. 980), welche eine Reihe von Paragraphen des Statuts umgestaltet haben. Die Generalversammlung der Anteilseigner vom 19. März 1900 hatte den ihr vorgelegten Entwurf zur Änderung gebilligt, ebenso die Generalversammlung vom 24. Juni 1909 die Änderung des Statuts in § 11. Die Generalversammlung vom 15. November 1909 hatte außerdem dem

Mit demselben Tage gehen alle Rechte und Verpflichtungen der Preußischen Bank, welche mit Ablauf des 31. Dezember 1875 ihre Wirksamkeit einstellt, nach Maßgabe des zwischen dem Reiche und Preußen unterm 17./18. Mai d. J. abgeschlossenen Vertrages[2], auf die Reichsbank über[3].

Entwurf zur Änderung des Statuts auch in § 3 gemäß V. v. 18. Dezember 1909 zugestimmt.

Die Zustimmung der Anteilseigner zu den Bestimmungen der BankG. Nov. v. 1899 und 1909 war, soweit erforderlich, in den außerordentlichen Generalversammlungen v. 18. Mai 1899 und 24. Juni 1909 erfolgt.

Die Verordnung vom 3. Sept. 1900 lautet:

Die §§ 2, 3, 8, 15, 16 und 17 des Statuts der Reichsbank vom 21. Mai 1875 (Reichs-Gesetzbl. S. 203) erhalten vom 1. Januar 1901 ab nachstehende Fassung:

(Hierauf folgen die vorgenannten neuen Paragraphen und der Schluß.)

Hinsichtlich der beiden Artikel der Kaiserlichen Verordnung v. 18. Dezember 1909 (RGBl. S. 980) vgl. § 3 Abs. 2 und § 11 des Statuts, ferner Anm. 10 u. 22 das.

[2] Insbesondere § 1 Abs. 2 bis 4 — unten III.

[3] Hierzu ist erlassen die Bekanntmachung des Reichskanzlers v. 16. Dezember 1875 (RZBl. S. 787):

„Nach § 1 des Statuts der Reichsbank v. 21. Mai d. Js. (RGBl. S. 203) tritt die Reichsbank am 1. Januar 1876 in Wirksamkeit, und gehen mit demselben Tage alle Rechte und Verpflichtungen der Preußischen Bank, welche mit Ablauf des 31. Dezember 1875 ihre Wirksamkeit einstellt, nach Maßgabe des zwischen dem Reiche und Preußen unter dem 17./18. Mai

§ 2. Das Grundkapital der Reichsbank von 180 Millionen Mark[4] ist nach Maßgabe des Bankgesetzes vom 14. März 1875 in Höhe von 120 Millionen Mark durch das Einschußkapital derjenigen Anteilseigner der Preußischen Bank, welche innerhalb der vom Reichskanzler bestimmten Frist den Umtausch ihrer Anteilsscheine gegen Anteilsscheine der Reichsbank verlangt haben[5], und durch die auf die neuen Bankanteilsscheine über 3000 Mark bis zu deren Nennbetrage geleisteten baren Einzahlungen gebildet worden[6].

In Höhe der nach Artikel 1 des Gesetzes vom 7. Juni 1899 (Reichs-Gesetzbl. S. 311) hinzutretenden 60 Millionen Mark wird dasselbe durch die baren Einzahlungen gebildet, welche auf die bis zum 31. Dezember 1900 und die

d. Js. abgeschlossenen Vertrages (RGBl. S. 215), auf die Reichsbank über.

Es sind daher vom 1. Januar 1876 an insbesondere auch die seither von der Preußischen Bank unter der Unterschrift des Königlich preußischen Hauptbankdirektoriums, — und zwar sowohl die in Talerwährung als die in Reichswährung, — ausgestellten Banknoten in allen rechtlichen Beziehungen als Noten der Reichsbank zu betrachten."

[4] Vgl. BankG. § 23.

[5] Vgl. BankG. § 61 Nr. 3 und die Bek. des Reichskanzlers v. 24. Mai 1875 (RAnz. Nr. 120, erste Beilage).

[6] Die Änderungen in Abs. 1: „180" statt „120", der Zusatz: „ist nach Maßgabe des BankG. vom 14. März 1875 in Höhe von 120 Millionen Mark" hinter „Millionen Mark", sowie die Einschaltung der

bis zum 31. Dezember 1905 zu begebenden je 30000 Bankanteilsscheine über 1000 Mark bis zu deren Nennbetrage zu leisten sind[7].

Bevor eine weitere Erhöhung des Grundkapitals durch Reichsgesetz festgestellt wird, hat, nachdem der Zentralausschuß gehört worden, die Generalversammlung über das Bedürfnis und das Maß der Erhöhung sowie über die folgeweise etwa erforderliche anderweite Regelung des Teilnahmeverhältnisses am Gewinne der Reichsbank (Bankgesetz § 24) Beschluß zu fassen[8].

§ 3. Die Reichsbankanteile sind unteilbar und vorbehaltlich der Bestimmungen im § 41 des Bankgesetzes unkündbar. Sie werden mit Angabe der Eigentümer nach Namen, Stand und Wohnort in die Stammbücher der Reichsbank eingetragen[9]. Über jeden Anteil wird ein Anteilsschein nach den beiliegenden Formu-

Worte „über 3000 Mark" hinter „neuen Bankanteilsscheine" sind durch die Erhöhung des Grundkapitals und die Schaffung von Anteilsscheinen zu 1000 M in dem G. v. 7. Juni 1899 (oben C I, Anm. 80) erforderlich geworden. (Statt „Nennbetrage" hieß es früher „Nominalbetrage"; das Wort „worden" am Schlusse fehlte bisher.)

Wegen der Begebung der Bankanteilsscheine, welche sämtlich vollbezahlt sind, vgl. Anm. 80 u. 191 zum BankG., oben C I.

[7] Abs. 2 ist durch die V. v. 3. Sept. 1900 (s. oben Anm. 1) aus gleichem Grunde neu eingeschaltet

Wegen der Begebung der neuen Anteilsscheine über 1000 M s. oben C I Anm. 80.

[8] Vgl. BankG. §§ 30—32, Anm. 93, 100.

[9] Vgl. HGB. von 1897 § 222.

laren ausgefertigt. Mit dem Anteilsschein erhält der Eigentümer zugleich die Dividendenscheine für die nächsten fünf Jahre und einen Talon zur Abhebung neuer Dividendenscheine nach Ablauf des fünfjährigen Zeitraums. Die Dividendenscheine und Talons lauten auf den Inhaber und sind nach den beiliegenden Formularen auszufertigen.

Vom 1. Januar 1910 ab werden gegen die Talons der abgelaufenen Dividendenbogen Dividendenscheine für 10 Jahre und Talons zur Abhebung neuer Dividendenscheine für weitere 10 Jahre nach den anliegenden Mustern ausgegeben[10 11].

[10] Vgl. BankG. § 24 Abs. 4. Die Änderung „nach den beiliegenden Formularen" statt „dem beiliegenden Formulare" und der Zusatz am Schlusse „und sind — auszufertigen" beruht auf dem G. v. 7. Juni 1899, wonach Formulare auch für die Anteilsscheine zu 1000 M gebraucht werden, und dem Bedürfnis eines ausdrücklichen Hinweises auf die (schon dem älteren Statut beigefügten) Formulare zu Dividendenscheinen und Talons.

Absatz 2 ist eingeschaltet durch die Kaiserl. Verordnung vom 18. Dezember 1909 (RGBl. S. 980, — oben Anm. 1) Art. 1, lautend:

In § 3 des Statuts der Reichsbank v. 21. Mai 1875 (Reichs-Gesetzbl. S. 203) wird als Absatz 2 nachstehende Vorschrift eingestellt: (Hier folgt obiger neuer Text.)

Die Ausreichung der Gewinnanteilscheinbogen mit Gewinnscheinen für 10 statt wie früher nach Abs. 1 für 5 Jahre ist die Folge des Reichsstempelges. v.

§ 4. Wenn das Eigentum eines Bankanteils auf einen anderen übergeht, so ist dies unter Vorlegung des Anteilsscheines bei der Reichsbank anzumelden und

15. Juli 1909 (RGBl. S. 833 — oben Anm. 1), dessen auf die sog. Talonsteuer bezüglichen Bestimmungen gemäß Tarifnummer 3 A a davon ausgehen, daß die stempelpflichtigen Bogen Gewinnanteilsscheine für 10 Jahre enthalten. Bei einem längeren Zeitraum erhöht sich die Abgabe; bei einem kürzeren tritt eine Ermäßigung aber nicht ein, so daß die Ausreichung von Bogen mit Scheinen für 5 Jahre eine Verdoppelung der Abgabe bedingen würde.

Die neuen Anteilsscheine unterlagen nach dem Tarif 1a zum Reichsstempelg. v. 14. Juni 1900 (RGBl. S. 275) einer Stempelabgabe von 2 M für das Hundert des Nennwertes zuzüglich des Aufgeldes, ebenso Interimsscheine vom Betrage der bescheinigten Einzahlung (unter späterer Anrechnung des versteuerten Betrags). Die ausdrückliche Hervorhebung der Reichsbankanteilsscheine beruht auf einem Beschlusse der Reichstagskommission (KommB. Nr. 870 der Drucksachen S. 16, 17). Nach Tarif 1a des Ges. wegen Änderung des Reichsstempelgesetzes v. 15. Juli 1909 (RGBl. S. 717) würden bei künftigen Emissionen die Reichsbankanteilsscheine eine Stempelabgabe von 3 vom Hundert des Nennwerts zu tragen haben.

Für Übertragungsvermerke auf den reichsstempelsteuerpflichtigen Papieren (d. s. die im Oktober 1900 und November 1904 — s. oben C I Anm. 80 — begebenen Anteile zu 1000 M) und in den Stammbüchern sind weitere (Reichs- und Staats-) Abgaben nicht zu entrichten (Reichsstempelg. v. 1909 § 4). Für die vor dem 1. Juli 1900 ausgegebenen Anteilsscheine (zu 3000 M) bewendet es jedoch bei dem bisherigen Recht (Reichsstempelg. v. 1900 u. 1909 § 5); d. h. die Übertragung durch In-

in den Stammbüchern, sowie auf dem Anteilsscheine zu bemerken.

Im Verhältnisse zu der Reichsbank wird nur derjenige als Anteilseigner angesehen, welcher als solcher in den Stammbüchern eingetragen ist[12].

Zur Prüfung der Legitimation ist die Reichsbank berechtigt, aber nicht verpflichtet[13].

§ 5. Die Übertragung der Bankanteile kann durch Indossament erfolgen.

In betreff der Form des Indossaments kommen die Bestimmungen der Artikel 11 bis 13 der Wechselordnung zur Anwendung[14].

§ 6. Wenn ein Bankanteil verpfändet ist[15], so ist dies unter Vorlegung des Anteilsscheines und der schriftlichen Erklärung des Anteilseigners bei der Reichs-

dossamente auf die Anteile oder durch Zession in besonderer Urkunde unterliegt, sofern das Indossament oder die Zession in Preußen erfolgt, dem preußischen Stempel, jetzt gemäß preuß. Stempelsteuergesetz v. 26. Juni 1909 mit Kraft v. 1. Juli 1909. Der Satz ist $^1/_{20}$ vom Hundert des Kurswertes, mindestens aber M 1.50 für den Anteil. Früher, seit 1. April 1896, $^1/_{50}$ vom Hundert (Ges. v. 31. Juli 1895).

[11] Wegen der abhanden gekommenen Talons und Dividendenscheine vgl. unten § 9. Die Muster s. S. 256 ff.

[12] S. unten § 6 Abs. 2, § 16 Abs. 2, 3, 4.

[13] Vgl. HGB. von 1897 § 223.

[14] Vgl. HGB. § 222.

[15] Einigung des Gläubigers und des Pfandgläubigers und die Übergabe des indossierten Papiers sind dazu erforderlich (BGB. § 1292).

bank anzumelden; auf Grund dieser Anmeldung ist die Verpfändung in den Stammbüchern und auf dem Anteilsscheine zu bemerken.

Im Verhältnisse zur Reichsbank wird nur derjenige als Pfandgläubiger angesehen, welcher als solcher in den Stammbüchern eingetragen ist.

Zur Prüfung der Echtheit und der Rechtsgültigkeit der Erklärung ist die Reichsbank berechtigt, aber nicht verpflichtet.

Der Eigentümer kann ohne Zustimmung des Pfandgläubigers keine neuen Dividendenscheine und im Falle des § 41 des Bankgesetzes keine Zahlung auf den Bankanteil erhalten, wird aber im übrigen in seinen ihm nach dem Bankgesetze und diesem Statute zustehenden Rechten nicht beschränkt.

Die Löschung des Pfandrechts erfolgt auf Vorlegung des Anteilsscheines und beglaubigter Einwilligung des Pfandgläubigers.

§ 7. Die für die Vermerkung von Übertragungen oder von Verpfändungen der Bankanteile zu entrichtende Gebühr bestimmt das Reichsbankdirektorium nach Anhörung des Zentralausschusses[16].

[16] Die Gebühr ist durch Verfügung v. 4. Jan. 1876 dahin bestimmt, daß für jeden Anteilsschein 3 M, bei gleichzeitiger Übertragung oder Vermerkung der Verpfändung von Bankanteilen desselben Eigners auf denselben Erwerber 1 M für den zweiten und jeden ferneren Anteil erhoben werden. Vgl. wegen der Stempelabgaben die oben, Anm. 10, genannten Stempel (Reichsstempelg. v. 14. Juni 1900 §§ 4, 5 Tarifnummer 1a; Reichs-

§ 8. Verlorene oder vernichtete Anteilsscheine können im Wege des Aufgebotsverfahrens für kraftlos erklärt werden. Hierbei finden die Vorschriften des §. 799 Abs. 2 und § 800 des Bürgerlichen Gesetzbuchs sowie die Vorschriften der Zivilprozeßordnung über das Aufgebotsverfahren zum Zwecke der Kraftloserklärung einer Urkunde mit folgenden Maßgaben Anwendung.

Ausschließlich zuständig für das Aufgebotsverfahren ist dasjenige Amtsgericht, in dessen Bezirke das Reichsbankdirektorium seinen Sitz hat.

Die öffentliche Bekanntmachung des Aufgebots und des Ausschlußurteils muß unbeschadet der Vorschriften der §§ 1009 und 1017 der Zivilprozeßordnung auch durch einmalige Einrückung in diejenigen Zeitungen erfolgen, welche vom Reichskanzler für die öffentliche Bekanntmachung des Aufgebots und des Ausschlußurteils bei Kraftloserklärung von Reichsschuldverschreibungen bestimmt sind.

Das Reichsbankdirektorium hat jährlich amtliche Listen der im abgelaufenen Jahre für kraftlos erklärten Bankanteilsscheine durch die

stempelg. v. 15. Juli 1909 §§ 4, 5 Tarifnummer 1a); ferner Reichsstempelg. v. 1909 §§ 9, 10, 12 Tarifnummer 3 A a (Talonsteuer), 4a 3 (Kauf- und sonstige Anschaffungsgeschäfte).

vorstehend bezeichneten Blätter sowie durch Aushang auf den Börsen zu Berlin, Hamburg, Leipzig, Frankfurt a. M. und München zu veröffentlichen.

Ein vor dem 1. Januar 1901 anhängiges gerichtliches Aufgebotsverfahren zum Zwecke der Kraftloserklärung eines Anteilsscheins ist nach den bisherigen Vorschriften zu erledigen[17].

§ 9. Wegen der abhanden gekommenen oder vernichteten Dividendenscheine und Talons ist ein Mortifikationsverfahren nicht zulässig, und ebensowenig ist die Reichsbank verpflichtet, bei Nachweis des Verlustes neue Dividendenscheine und Talons auszugeben oder den entsprechenden Geldbetrag zu zahlen. Ist jedoch der Verlust eines Dividendenscheines dem Reichsbank-

[17] Die bisherigen Vorschriften des § 8 beruhten in einer Anpassung an diejenigen des (jetzt aufgehobenen) G. v. 12. Mai 1873 (RGBl. S. 91). Nachdem die Reichsschuldenordnung v. 19. März 1900 (RGBl. S. 129 — unten E I) die einschlagenden Vorschriften bezüglich der Reichsschuldverschreibungen durch eine dem BGB. und der ZPO. entsprechende Neuregelung ersetzt hat, ist dies nun auch für die Reichsbankanteilsscheine durch die im Text wiedergegebenen Bestimmungen der V. v. 3. September 1900 (RGBl. S. 793, oben Anm. 1) geschehen, welche den Best. in § 17 Abs. 1, §§ 18, 19, 21 Abs. 1 u. § 22 der Reichsschuldenordnung nachgebildet sind.

„Vorschriften der Zivilprozeßordnung — Urkunde" — nämlich §§ 946 ff., 1003 ff.

„das Reichsbankdirektorium seinen Sitz hat" — gegenwärtig das Amtsgericht Berlin-Mitte.

direktorium innerhalb der Verjährungsfrist (§ 24 des Bankgesetzes) angezeigt, so ist dasselbe befugt[18], den Betrag nach Ablauf jener Frist dem Anzeigenden zahlen zu lassen, wenn der Dividendenschein nicht inzwischen präsentiert und eingelöst ist. Ist von dem Verluste eines Talons Anzeige gemacht, so vertritt die Vorlegung des Anteilsscheines die Einlieferung des Talons[19].

§ 10. Der Ankauf von Effekten für fremde Rechnung[20] darf erst erfolgen, nachdem die dazu erforderlichen Gelder bei der Bank wirklich eingegangen oder lombardmäßig (§ 13 Ziff. 3 des Bankgesetzes) sichergestellt sind. Ebenso muß bei Verkaufsaufträgen der Eingang der Effekten abgewartet werden.

Soll der Ankauf oder Verkauf von Effekten für Rechnung einer öffentlichen Behörde[21] erfolgen, so kann die Erklärung, daß die Gelder oder Effekten zur Verfügung der Bank stehen, für genügend erachtet werden.

§ 11. Die Reichsbank ist verpflichtet, die Geschäfte der Reichshauptkasse unentgeltlich zu besorgen[22].

[18] Aber nicht verpflichtet. (Anders BGB. § 804.)

[19] Entspricht der Praxis (Entsch. d. ROHG. Bd. 10 S. 313, Bd. 17 S. 31, 32. Vgl. BGB. § 805).

[20] Vgl. BankG. § 13 Nr. 6.

[21] Über diesen Begriff s. Entsch. d. RG. in StrS. Bd. 8 S. 9.

[22] Die neue Fassung des § 11 an Stelle der älteren „Der Reichsbank liegt ob, das Reichsguthaben (§ 22 des Bankgesetzes) unentgeltlich zu verwalten und über die für Rechnung des Reichs angenommenen und ge-

§ 12. Der Wert der von der Preußischen Bank übernommenen Grundstücke ist in die für den 1. Januar 1876 aufzustellende Bilanz mit dem Betrage von 12 Millionen Mark, zuzüglich der in der Zeit vom 1. April bis 31. Dezember 1875 auf die Grundstücke noch zur Verwendung gelangenden Kosten aufzunehmen[23].

§ 13. Für die Aufstellung der Jahresbilanz[24] sind folgende Vorschriften maßgebend:

1. Kurshabende Papiere dürfen höchstens zu dem Kurswerte, welchen sie zur Zeit der Bilanzaufstellung haben, angesetzt werden.
2. Von den Kosten der Organisation und Verwaltung dürfen nur die Ausgaben für die Herstellung der Banknoten auf mehrere Jahre verteilt werden. Alle übrigen Kosten sind ihrem vollen Betrage nach in der Jahresrechnung unter den Ausgaben aufzuführen.

leisteten Zahlungen Buch zu führen und Rechnung zu legen" stimmt wörtlich überein mit § 22 d. BankG. in seiner neuen Fassung. Die Änderung ist bewirkt durch die Kaiserl. Verordnung vom 18. Dezbr. 1909 Art. 2 (RGBl. S. 980). Vgl. BankG. Anm. 78, 79 u. Statut Anm 1, 10.

[23] Vgl. BankG. § 61 Nr. 6 und Vertrag v. 17./18. Mai 1875 § 8 (unten C III). Die fraglichen Kosten betrugen 751012 Mark 85 Pfennig (Verwaltungsbericht der Preuß. Bank für 1875 S. 7, Anlagen D u. N; Verwaltungsbericht der Reichsbank für 1876 S. 9, Anlagen F u. P).

[24] Vgl. BankG. § 8 Nr. 2, Anm. 18 u. 20.

3. Der Betrag des Grundkapitals und des Reservefonds[25] ist unter die Passiva aufzunehmen.
4. Der aus der Vergleichung sämtlicher Aktiva und sämtlicher Passiva sich ergebende Gewinn oder Verlust muß am Schlusse der Bilanz besonders angegeben werden.

§ 14. Die Prüfung der Jahresbilanz erfolgt auf Grund der Bücher der Reichsbank durch die Deputierten, welche über das Ergebnis dem Zentralausschusse berichten[26].

Letzterer äußert sich gutachtlich über den Befund und über die Höhe der den Anteilseignern zu gewährenden Dividende. Das von den sämtlichen in der betreffenden Versammlung anwesenden Mitgliedern des Zentralausschusses zu vollziehende Gutachten wird von diesem dem Reichsbankdirektorium eingereicht[27].

§ 15. Die Dividende wird spätestens vom 1. April des folgenden Jahres ab bei der Reichsbankhauptkasse und sämtlichen Reichsbankhauptstellen und Bankstellen[28] gegen Einreichung der Dividendenscheine gezahlt.

Mit Zustimmung des Zentralausschusses können auf die Dividende halbjährige Abschlagszahlungen bis zu $1^{3}/_{4}$ Prozent am 1. Juli und 2. Januar geleistet werden[29].

[25] BankG. §§ 23, 24 Nr. 2.
[26] BankG. §§ 32a, 34.
[27] BankG. § 32a.
[28] Auch bei den Nebenstellen mit Kasseneinrichtung (s. BankG. § 37 Anm. 120.
[29] Vgl. BankG. §§ 24, 32a u. Anm. 100.

§ 16. Die Generalversammlung (§ 30 des Bankgesetzes) vertritt die Gesamtheit der Reichsbankanteilseigner.

Zur Teilnahme ist jeder männliche und verfügungsfähige Anteilseigner berechtigt, welcher durch eine spätestens am Tage vor der Generalversammlung im Archiv der Reichsbank abzuhebende Bescheinigung nachweist, daß und mit welchem Nennbetrage von Anteilen er in den Stammbüchern der Reichsbank als Eigner eingetragen ist[30].

Eintragungen, welche nicht mindestens 14 Tage vor dem Tage der Generalversammlung geschehen sind, werden nicht berücksichtigt.

Öffentliche Behörden, juristische Personen, Gesellschaften[31] und Verfügungsunfähige können durch ihre Vertreter, Ehefrauen durch ihre Ehemänner teilnehmen.

Aktiengesellschaften ist dies untersagt (HGB. v. 10. Mai 1897 § 215). Die Änderung „$1^3/_4$" statt „$2^1/_4$" entspricht schon dem G. v. 18. Dez. 1889 (s. oben C I Anm. 81), ist aber erst durch die V. v. 3. Sept. 1900 (s. oben C II Anm. 1) in dem Statut bewirkt worden.

[30] Vgl. oben § 4 Abs. 2. Die Änderung „mit welchem Nennbetrage von" statt „mit wie vielen" ist in der V. v. 3. Sept. 1900 enthalten und ist eine Folge der Schaffung von Anteilen zu 1000 Mark neben den älteren von 3000 Mark (s. oben Anm. 1 Abs. 2 und Anm. 6).

[31] Für Kollektivfirmen (offene Handelsgesellschaften, Kommanditgesellschaften) kann nur ein Gesellschafter bzw. Komplementar teilnehmen, und zwar ein solcher, welcher nicht von der Vertretung der Gesellschaft aus-

Als Bevollmächtigte werden nur in den Stammbüchern der Bank eingetragene Anteilseigner zugelassen, welche sich durch eine gerichtliche oder notarielle Vollmacht[32] ihres Auftraggebers legitimieren. Ein und derselbe Bevollmächtigte darf nicht mehrere Anteilseigner vertreten[33].

§ 17. Die Stimmenzahl, die jeder Erschienene hat, bestimmt sich nach dem Nennbetrage der durch ihn vertretenen Bankanteile mit der Maßgabe, daß der Betrag von je 1000 Mark dem Rechte auf eine Stimme entspricht. Mehr als 300 Stimmen dürfen nicht in einer Hand vereinigt werden[34].

geschlossen ist. Für Gesellschaften mit beschränkter Haftung handelt der Geschäftsführer, für Aktiengesellschaften und eingetragene Genossenschaften ein, wie jener, statutenmäßig (oder kraft Vollmacht) vertretungsberechtigtes Vorstandsmitglied oder ein anderer Bevollmächtigter. Vgl. unten § 22 Abs. 5.

Hinsichtlich des Begriffs „öffentliche Behörde" s. Anm. 21.

[32] Auch eine Prokura unterliegt den Erfordernissen des Abs. 5.

[33] Vgl. HGB. von 1897 § 252. Die Beschränkung gilt nur für Bevollmächtigte, nicht für andere Vertreter.

[34] § 17 lautete ursprünglich:

„Jeder Erschienene (§ 16) hat soviel Stimmen, als er Bankanteile vertritt, jedoch nicht mehr als 100 Stimmen.

Die einfache Stimmenmehrheit ist entscheidend. Bei Stimmengleichheit gibt die Stimme desjenigeu den

Die einfache Stimmenmehrheit ist entscheidend. Bei Stimmengleichheit gibt die Stimme desjenigen den Ausschlag, welcher den höchsten Nennbetrag von Bankanteilen vertritt.

§ 18. Die Generalversammlung findet alljährlich zu Berlin im März statt, kann aber auch jederzeit außerordentlich berufen werden. Die Berufung geschieht durch den Reichskanzler mittels einer mindestens 14 Tage vorher in die dazu bestimmten Blätter (§ 30) aufzunehmenden öffentlichen Bekanntmachung.

§ 19. In der Generalversammlung führt der Reichskanzler oder dessen Vertreter[35], und in deren Behinderung der Präsident des Reichsbankdirektoriums den Vorsitz. Das Reichsbankdirektorium wohnt derselben bei; die Mitglieder können sich an der Beratung beteiligen, ohne jedoch stimmberechtigt zu sein.

§ 20. Über die Verhandlungen und Beschlüsse wird von einem Mitgliede des Reichsbankdirektoriums ein

Ausschlag, welcher die größte Anzahl von Bankanteilen vertritt."

Die Änderungen der V. v. 3. Sept. 1900, wonach es nicht mehr auf die Zahl der Anteile, sondern auf den Nennbetrag ankommt, sind durch die Schaffung von Anteilen zu 1000 M notwendig geworden. Vgl. § 16 Anm. 30. Die Beschränkung auf 300 Stimmen höchstens entspricht der durch Art. 4 d. G. v. 7. Juni 1899 (oben C I Anm. 80) herbeigeführten neuen Gestalt des § 40 Nr. 6. Vgl. BankG. § 40 Ziff. 6 Anm. 133.

[35] Vgl. BankG. § 26 und Anm. 85.

Protokoll aufgenommen und von dem Vorsitzenden, einem Mitgliede des Zentralausschusses, zwei Reichsbankanteilseignern und dem Protokollführer unterschrieben.

§ 21. Die Generalversammlung empfängt jährlich den Verwaltungsbericht nebst der Bilanz und Gewinnberechnung (§ 32a des Bankgesetzes), wählt die Mitglieder des Zentralausschusses (§ 31 das.) und beschließt über deren Ausschließung (§ 33 das.). Sie beschließt ferner über Erhöhung des Grundkapitals (§ 2 des Statuts) und über Abänderung des Statuts, sofern diese Gegenstände in der Berufung ausdrücklich erwähnt sind.

Außerordentliche Generalversammlungen[36] können nur über Gegenstände beschließen, welche in der Berufung ausdrücklich erwähnt sind.

§ 22. Die Wahl der Mitglieder des Zentralausschusses, sowie ihrer Stellvertreter (§ 31 des Bankgesetzes) erfolgt mittels verdeckter Stimmzettel für jede Stelle besonders.

Gewählt ist nur derjenige, welcher die absolute Stimmenmehrheit erhalten hat.

Wenn sich auch bei der zweiten Abstimmung eine absolute Stimmenmehrheit nicht herausstellt, so sind die beiden Kandidaten, welche die meisten Stimmen erhalten haben, auf eine engere Wahl zu bringen. Bei Stimmengleichheit entscheidet das Los.

Wählbar sind nur Männer.

Von mehreren Inhabern einer Handelsfirma kann

[36] Vgl. oben § 18.

nur einer Mitglied des Zentralausschusses oder Stellvertreter sein.

§ 23. Das Ausscheiden eines Dritteils der Mitglieder des Zentralausschusses (§ 31 Abs. 1 des Bankgesetzes) erfolgt in den beiden ersten Jahren nach dem Lose, späterhin nach dem Alter des Eintritts.

§ 24. Bei der Wahl der Deputierten des Zentralausschusses und ihrer Stellvertreter (§ 34 des Bankgesetzes) hat jedes Mitglied nur eine Stimme abzugeben; im übrigen finden die Bestimmungen des § 22 auch hier Anwendung.

§ 25. Die Protokolle über die Verhandlungen und Beschlüsse des Zentralausschusses werden von dem Vorsitzenden, zwei Ausschußmitgliedern und dem protokollierenden Mitgliede des Reichsbankdirektoriums unterzeichnet.

§ 26. Die Mitglieder des Reichsbankdirektoriums nehmen an den Beratungen des Zentralausschusses, nicht aber an den Abstimmungen teil.

§ 27. Die Bezirksausschüsse (§ 36 des Bankgesetzes) bestehen aus wenigstens vier und höchstens zehn Mitgliedern, von denen jährlich die Hälfte — das erstemal nach dem Lose, demnächst nach dem Alter des Eintritts — ausscheidet. Die Ausscheidenden sind wieder wählbar.

§ 28. Zu Mitgliedern der Bezirksausschüsse und zu Beigeordneten (§ 36 des Bankgesetzes) können Anteilseigner nicht ausgewählt werden, welche nach § 22 Absatz 4 und 5 zum Zentralausschusse nicht wählbar sind.

§ 29. Zum Zweck der Auswahl der Mitglieder der Bezirksausschüsse und der Beigeordneten, wo diese vom

Zentralausschusse vorzuschlagen sind (§ 36 des Bankgesetzes), ist dem Zentralausschusse die Vorschlagsliste des Bankkommissars und ein Verzeichnis der auswählbaren Anteilseigner vorzulegen.

Für die Wahl der Beigeordneten, insofern dieselbe durch die Bezirksausschüsse erfolgt, sind die Bestimmungen in § 24 maßgebend.

§ 30. Die für die Anteilseigner bestimmten Bekanntmachungen werden von dem Reichskanzler erlassen und in dem Deutschen Reichsanzeiger, sowie am Sitze einer jeden Reichsbankhauptstelle in einem durch Bekanntmachung[37] zu bestimmenden Blatte veröffentlicht. Spezieller Benachrichtigung für die einzelnen Anteilseigner bedarf es nicht.

Die gleichen Blätter sind für die öffentlichen Bekanntmachungen des Reichsbankdirektoriums zu benutzen, soweit der Zweck derselben nicht lokal beschränkt ist.

§ 31[38]. Im Falle der Aufhebung der Reichsbank (§ 41 des Bankgesetzes) erfolgt die Liquidation unter Leitung des Reichskanzlers durch das Reichsbankdirektorium. Das letztere hat die laufenden Geschäfte zu beendigen, die Verpflichtungen der Reichsbank zu erfüllen, die Forderungen derselben einzuziehen und das Vermögen zu versilbern.

Zur Beendigung schwebender Geschäfte können auch

[37] Vgl. die Bek. des Reichskanzlers v. 3. Nov. 1875 (RAnz. Nr. 261). An Stelle einzelner inzwischen eingegangenen Blätter sind andere bestimmt worden.

[38] Vgl. HGB. von 1897 §§ 297 ff.

neue Geschäfte eingegangen werden. Nach außen hin bleibt das Reichsbankdirektorium zur Vertretung der Reichsbank nach Maßgabe von § 38 des Bankgesetzes bis zur Beendigung der Liquidation ermächtigt.

§ 32. Das Reichsbankdirektorium hat die schließliche Auseinandersetzung zwischen dem Reiche und den Anteilseignern, sowie unter diesen herbeizuführen.

§ 33. Die erste ordentliche Generalversammlung der Reichsbankanteilseigner findet im März 1877 statt. Bis dahin werden die Funktionen derselben durch eine Generalversammlung wahrgenommen, welche aus nachstehenden Personen gebildet wird:

1. aus denjenigen Eignern von Anteilen der Preußischen Bank, welche innerhalb der von dem Reichskanzler bestimmten Frist den Umtausch ihrer Anteilsscheine gegen solche der Reichsbank verlangt haben, oder deren Rechtsnachfolgern;
2. aus denjenigen Personen, welchen nach erfolgter Zeichnung ein Reichsbankanteil zugeteilt worden ist, oder deren Rechtsnachfolgern.

Dieselbe wird noch vor dem 1. Januar 1876 behufs Vornahme der Wahlen zum Zentralausschusse aus den zu 1 und 2 bezeichneten Personen berufen, kann aber bis zum Zusammentritt der ersten ordentlichen Generalversammlung (Abs. 1) jederzeit berufen werden. Der Zentralausschuß tritt noch vor dem 1. Januar 1876 zusammen und wählt aus seinen Mitgliedern die Deputierten und deren Stellvertreter. Die Auswahl der Mitglieder der Bezirksausschüsse und der Beigeordneten erfolgt gleichfalls noch vor dem 1. Januar 1876 aus den zu 1 und 2 bezeichneten Personen.

§ 34. Hinsichtlich der in § 33 geordneten einstweiligen Vertretung der Reichsbankanteilseigner kommen die Bestimmungen des Bankgesetzes und dieses Statuts, welche von der Generalversammlung, dem Zentralausschusse, den Deputierten desselben, den Bezirksausschüssen und den Beigeordneten handeln, überall zu entsprechender Anwendung.

Reichsbank.

Reichsbank-Anteils-Schein.

No ....

Der Reichsbankanteil *No.* .... über *Dreitausend Mark* ist in Gemäßheit des § 3 des Statuts der Reichsbank für ....

....

....

in die Stammbücher der Reichsbank eingetragen.

Berlin, den ....ten 19

Reichsbank-Direktorium.

(L. S.)

Archivar: Buchführer:

Bestimmungen

über das Verfahren bei Eigentumsveränderungen und Verpfändungen.

1. Die Übertragung der Reichsbankanteile kann durch Indossament — also entweder

mittels vollständiger Ausfüllung eines der umstehend vorgedruckten Giros oder mittels bloßer Namensunterschrift (Wechselordnung Art. 11—13) — geschehen.

2. Wenn das Eigentum eines Bankanteils auf einen andern übergeht, so ist dies unter Vorlegung des Anteilsscheins und der zum Nachweise des Überganges etwa erforderlichen Urkunden bei der Reichsbank anzumelden. Im Verhältnisse zur Reichsbank wird nur der als Anteilseigner angesehen, welcher als solcher in den Stammbüchern eingetragen ist.

Zur Prüfung der Legitimation ist die Reichsbank berechtigt, aber nicht verpflichtet.

Die Eintragung des Überganges in die Stammbücher wird auf dem Anteilsscheine bemerkt und dieser demnächst zurückgegeben, während die übrigen Urkunden bei den Akten der Bank bleiben.

3. Wenn ein Bankanteil verpfändet ist, so ist dies unter Vorlegung des Anteilsscheins und der schriftlichen Erklärung des Anteilseigners bei der Reichsbank anzumelden. Im Verhältnisse zu der Reichsbank wird nur derjenige als Pfandgläubiger angesehen, welcher als solcher in den Stammbüchern eingetragen ist. Zur Prüfung der Echtheit und der Rechtsgültigkeit der Erklärung ist die Reichsbank berechtigt, aber nicht verpflichtet. Der Eigentümer kann ohne die Zustimmung des Pfandgläubigers keine neuen Dividendenscheine und im Falle des § 41 des Bankgesetzes keine Zahlung auf den Bankanteil erhalten, wird aber im übrigen in seinen ihm nach dem Bankgesetz und dem Statute zustehenden Rechten nicht beschränkt. Die Löschung des Pfandrechts erfolgt auf Vorlegung des Anteilsscheins und beglaubigter Einwilligung des Pfandgläubigers.

Im übrigen kommen die Bestimmungen unter Ziff. 2 zur Anwendung.

Für mich an die Order ...

... den ... ten ...

Übertragen auf ...

...

Berlin, den ... ten ...

...

Reichsbank-Direktorium.

(L. S.)

Archivar: Buchführer:

Für mich an die Order ...

... den ... ten ...

Übertragen auf ...

...

Berlin, den ... ten ...

...

Reichsbank-Direktorium.

(L. S.)

Archivar: Buchführer:

19..

(Nr.) Reihe **Erstes Halbjahr.** Reihe (Nr.)

Der Inhaber dieses Scheines empfängt gegen dessen Rückgabe am **1. Juli 19** auf die für das Jahr **19** festzusetzende Dividende des Reichsbankanteils *Nr.* ______ als erste halbjährige Abschlagszahlung

Zweiundfünfzig Mark fünfzig Pfennig

bei der Reichsbankhauptkasse und sämtlichen Reichsbankhauptstellen und Bankstellen.

Berlin, den 19

Reichsbank-Direktorium.

Archivar: Buchfuhrer:

(L. S.)

Dividendenrückstände verjähren binnen vier Jahren, vom Tage ihrer Fälligkeit an gerechnet, zum Vorteile der Bank (§ 24 des Bankgesetzes).

19

19. ...

(Nr.) Reihe ...... **Zweites Halbjahr.** ..... Reihe (Nr.)

Der Inhaber dieses Scheines empfängt gegen dessen Rückgabe am **2. Januar 19**....... auf die für das Jahr **19** festzusetzende Dividende des Reichsbankanteils *Nr.* ▒ als zweite halbjährige Abschlagszahlung

Zweiundfünfzig Mark fünfzig Pfennig

bei der Reichsbankhauptkasse und sämtlichen Reichsbankhauptstellen und Bankstellen.

Berlin, den ... ... 19 .

Reichsbank-Direktorium.

Archivar: Buchführer:

(L. S.)

Dividendenrückstände verjähren binnen vier Jahren, vom Tage der Fälligkeit an gerechnet, zum Vorteile der Bank (§ 24 des Bankgesetzes).

. . 61

19 . . . . .

(Nr.) Reihe . . **Restzahlung.** Reihe (Nr.)

Der Inhaber dieses Scheines empfängt gegen dessen Rückgabe auf die für das Jahr **19** . festgesetzte Dividende des Bankanteils *Nr* die Restzahlung bei der Reichsbankhauptkasse und sämtlichen Reichsbankhauptstellen und Bankstellen.

Der Betrag derselben sowie die Zeit der Zahlung werden von dem Reichskanzler öffentlich bekannt gemacht (Bankgesetz §§ 24, 32a, Statut §§ 15, 21, 30).

19 .

Berlin, den . . 19 . .

Reichsbank-Direktorium.

Archivar: Buchführer:

(L. S.)

Dividendenrückstände verjähren binnen vier Jahren, vom Tage der Fälligkeit an gerechnet, zum Vorteile der Bank (§ 24 des Bankgesetzes).

Talon

Reihe .... .. **Talon** Reihe

zu dem Reichsbankanteile *Nr.*

Der Inhaber dieses Talons empfängt gegen dessen Rückgabe die Dividendenscheine für die zehn Jahre .... bis einschließlich nebst Talon. — Wird von dem Verluste eines Talons Anzeige gemacht, so vertritt die Vorlegung des Anteilscheines die Einlieferung des Talons (§ 9 des Statuts).

Berlin, den ... .. 19...

Reichsbank-Direktorium.

Archivar: Buchführer:

(L. S.)

Talon

Die durch die V. v. 3. September 1900 (oben C II Anm. 1) hinzugekommenen Formulare zu den Reichsbankanteilsscheinen über 1000 M, Dividendenscheinen und Talons entsprechen den Formularen zu den Reichsbankanteilsscheinen über 3000 M usw. wörtlich bis auf die durch die verschiedene Größe der Anteile bedingten Abweichungen; sie sind daher hier nicht abgedruckt.

III.
Vertrag zwischen Preußen und dem Deutschen Reiche über die Abtretung der Preußischen Bank an das Deutsche Reich. Vom 17./18. Mai 1875.

(RGBl. S. 215. Ausgegeben am 24. Mai 1875.)[1]

Auf Grund der im § 61 des Bankgesetzes vom 14. März d. J. (Reichs-Gesetzbl. S. 177)[2] und im § 1 des Gesetzes vom 27. März d. J. (Preuß. Ges.-Samml. S. 166) erteilten Ermächtigungen ist zwischen dem Reichskanzler Fürsten von Bismarck namens des Deutschen Reichs einerseits, und dem Königlich preußischen Finanzminister, Vizepräsidenten des Staatsministeriums Camphausen, sowie dem Königlich preußischen Minister für Handel, Gewerbe und öffentliche Arbeiten Dr. Achenbach namens der Königlich preußischen Staatsregierung andererseits, folgender Vertrag abgeschlossen worden:

§ 1. Der preußische Staat zieht sein Einschußkapital bei der Preußischen Bank von 5720400 Mark und seinen Anteil von deren Reservefonds mit 9000000 Mark mit dem 1. Januar 1876 zurück.

Mit diesem Tage geht die Preußische Bank nach

[1] Vgl. die preußische Bankordnung v. 5. Okt. 1846 (PrGBl. S. 435), Vertrag v. 28./31. Jan. 1856 (PrGBl. S. 336), G. v. 7. Mai 1856 (PrGBl. S. 342). Die in § 2 dieses Gesetzes vorgesehene Kündigung war vor dem 31. Dez. 1871 erfolgt. Der Vertrag v. 17./18. Mai 1875 ist auch abgedruckt in PrGBl. 1875 S. 224.

[2] Oben C I.

Maßgabe dieses Vertrages mit allen ihren Rechten und Verpflichtungen auf das Reich über.

Das Reich wird diese Bank auf die Reichsbank (§ 12 des Reichsbankgesetzes) übertragen[3].

Die Übergabe der Preußischen Bank an das Reich erfolgt in der Art, daß der Chef der Preußischen Bank das Vermögen der letzteren dem Reichsbankdirektorium von dem gedachten Tage ab schriftlich zur weiteren Verwaltung überweist[4].

§ 2. Die Beamten der Preußischen Bank werden unter Beibehaltung ihres Ranges, ihrer Anciennität und ihres Diensteinkommens von der Reichsbank übernommen.

Beamte, welche in den Dienst der letzteren überzutreten nicht geneigt sein sollten, werden von der Königlich preußischen Staatsregierung einstweilig in den Ruhestand versetzt. Ansprüche auf Diensteinkommen, Wartegeld oder Ruhegehalt, welche ein Beamter der Preußischen Bank für die Zeit vom 1. Januar 1876 ab zu erheben berechtigt ist, sind von der Reichsbank zu vertreten. Dasselbe gilt von den Bezügen der Hinterbliebenen von Beamten der Preußischen Bank mit Ausschluß der bei der Königlich Preußischen Allgemeinen Witwen-Verpflegungsanstalt versicherten Pensionen.

[3] Dies ist geschehen durch § 1 des Statuts der Reichsbank (oben C II).

[4] Dies ist geschehen durch Erlaß des Chefs der Preußischen Bank v. 31. Dez. 1875.

§ 3. Preußen erhält vom Reiche für Abtretung der Preußischen Bank eine Entschädigung von 15000000 Mark, welche aus den Mitteln der Reichsbank zu decken und Preußen vom 1. Januar 1876 ab zur Verfügung zu stellen ist[5].

§ 4. Den bisherigen Anteilseignern der Preußischen Bank wird die Befugnis vorbehalten, innerhalb einer von dem Reichskanzler zu bestimmenden Frist gegen Verzicht auf alle ihnen durch ihre Bankanteilsscheine verbrieften Rechte zugunsten der Reichsbank den Umtausch dieser Urkunden gegen Anteilsscheine der Reichsbank von gleichem Nominalbetrage zu verlangen[6].

§ 5. Die Reichsbank übernimmt die Befriedigung der Ansprüche, zu deren Erhebung die legitimierten Eigner solcher Anteilsscheine der Preußischen Bank berechtigt sind, welche nicht nach § 4 gegen Reichsbankanteilsscheine umgetauscht werden. Die Reichsbank hat demgemäß vom 1. Januar 1876 ab diesen Anteilseignern die Zahlung ihres Einschußkapitals, sowie ihres Anteils am Reservefonds nach Maßgabe der Bestimmungen in den §§ 16 und 19 der Bankordnung vom 5. Oktober 1846 zu leisten[7].

[5] Vgl. BankG. § 61 Nr. 2. Die Entschädigung ist aus dem bei der ersten Subskription auf Reichsbankanteile gewonnenen Aufgelde bezahlt. Vgl. Anm. 80 zum BankG. § 23.

[6] Vgl. BankG. § 61 Nr. 3. Vgl. Bek. des Reichskanzlers v. 24. Mai 1875 (RAnz. Nr. 120, 1. Beilage).

[7] Vgl. BankG. § 61 Nr. 4. 81 Anteilseigner haben den Umtausch nicht bewirkt und sind in der hier vor-

§ 6. Die Reichsbank zahlt zur Erfüllung der von der Preußischen Bank durch den Vertrag vom 28./31. Januar 1856 hinsichtlich der Staatsanleihe von 16598000 Tlr. übernommenen Verbindlichkeiten an Preußen vom 1. Januar 1876 ab jährlich 621910 Tlr. = 1865730 Mark in halbjährlichen Raten[8]. Diese Verbindlichkeit erlischt mit dem 1. Juli 1925, so daß für das Jahr 1925 nur der an diesem Tage fällige Betrag von 310955 Tlr. = 932865 Mark zu zahlen ist.

Wird die Konzession der Reichsbank nicht verlängert[9], so wird das Reich dafür sorgen, daß, solange keine andere Bank in diese Verpflichtung eintritt, die Rente bis zu dem gedachten Zeitpunkte der preußischen Staatskasse unverkürzt zufließe.

Das der Preußischen Bank in dem Vertrage vom 28./31. Januar 1856 in Verbindung mit dem Übereinkommen vom 22. April 1874 zugestandene Recht, einen dem jedesmaligen, gemäß § 6 des Vertrages vom 28./31. Januar 1856 festzustellenden Betrage des Tilgungsfonds der Staatsanleihe von 1856 gleichen Betrag in Schuldverschreibungen der $4^1/_2$ prozentigen konsolidierten Staatsanleihe nach dem Nennwert an die preußische Staatskasse abzuliefern und auf die zu zahlenden Raten von 621910 Tlr. abzurechnen, erlischt mit Ablauf des Jahres 1875.

gesehenen Art befriedigt. Vgl. Anm. 191 zum BankG. § 62.

[8] Vgl. BankG. § 61 Nr. 5 u. den in Anm. 1 zitierten Vertrag vom 28./31. Jan. 1856 § 5.

[9] Vgl. BankG. § 41.

§ 7. Die Vermögensbilanz und die Gewinnberechnung der Preußischen Bank für das Jahr 1875 werden in Gemäßheit der §§ 95 und 96 der Bankordnung vom 5. Oktober 1846 und der seither beobachteten Grundsätze durch das Reichsbank-Direktorium unter Mitwirkung des Zentralausschusses der Preußischen Bank und seiner Deputierten aufgemacht und mit den Vorschlägen über die Verteilung des Gewinnes und die Höhe der Dividende für die bisherigen Anteilseigner der Preußischen Bank dem Königlich preußischen Minister für Handel, Gewerbe und öffentliche Arbeiten zur definitiven Festsetzung und Erteilung der Decharge eingereicht.

§ 8. In die Bilanz (§ 7) sind die Grundstücke der Preußischen Bank zu demjenigen Betrage aufzunehmen, welcher im Einverständnis mit dem Reichskanzler als der wirkliche Wert derselben ermittelt ist.

Die nach § 61 Ziffer 6 des Bankgesetzes vorbehaltene Auseinandersetzung Preußens mit der Reichsbank wegen der gedachten Grundstücke ist damit vollzogen. Nachforderungen wegen etwaigen Mehr- oder Minderwerts sind ausgeschlossen[10].

§ 9. Die Reichsbank übernimmt, solange die Königlich preußische Staatsregierung es verlangt, die fernere Einziehung der in Nr. II der Königlich preußischen Kabinettsorder vom 18. Juli 1846 bezeichneten Aktiva für Rechnung des preußischen Staats in der-

[10] Vgl. Reichsbankstatut § 12 (oben C II).

selben Weise, wie solche bisher der Preußischen Bank obgelegen hat. Die darauf erfolgenden Eingänge sind an die preußische Staatskasse abzuführen[11].

§ 10. Der auf Grund der in den §§ 7 und 8 gedachten Verhandlungen zu entwerfende Verwaltungsbericht nebst dem Jahresabschlusse für das Jahr 1875 wird von dem Königlich preußischen Minister für Handel, Gewerbe und öffentliche Arbeiten einer spätestens auf den 31. März 1876 durch ihn zu berufenden Versammlung der Meistbeteiligten vorgelegt, welcher das Reichsbankdirektorium beiwohnt.

Dieselbe wird aus denjenigen 200 Personen gebildet, welche nach den Stammbüchern der Preußischen Bank am 31. Dezember 1875 die größte Anzahl von Anteilen derselben besessen haben, gleichviel ob sie den Umtausch gegen Reichsbankanteilsscheine (§ 4) verlangt haben oder nicht. Im übrigen kommen die §§ 61 bis 65 und 97 der Bankordnung vom 5. Oktober 1846 mit den sich aus der Natur der Sache ergebenden Änderungen auch auf diese letzte Generalversammlung zur Anwendung. Die Auszahlung der Restdividende gegen Einreichung der betreffenden Dividendenscheine an den von dem Königlich preußischen Minister für Handel, Gewerbe und öffentliche Arbeiten zu bestimmenden Orten übernimmt die Reichsbank.

§ 11. Vorbehaltlich der in dem gegenwärtigen Vertrage enthaltenen Bestimmungen hören die durch

[11] Dies ist bisher wiederholt geschehen.

die Bankordnung vom 5. Oktober 1846, das Gesetz vom 7. Mai 1856 (Preuß. Ges.=Samml. S. 342) und den Vertrag vom 28./31. Januar 1856 begründeten Rechtsverhältnisse zwischen dem preußischen Staat und der Preußischen Bank mit dem 1. Januar 1876 auf.

§ 12. Die in den §§ 21, 22, 23 und 25 der Bankordnung vom 5. Oktober 1846 (Preuß. Ges.=Samml. S. 435) bestimmten Rechte und Verpflichtungen der Preußischen Bank, betreffend die Belegung von Geldern der gerichtlichen Depositorien, der Kirchen, Schulen, Hospitäler und anderen milden Stiftungen und öffentlichen Anstalten, sowie die auf Grund jener Bestimmungen hinterlegten Beträge werden mit der Preußischen Bank auf die Reichsbank übertragen.

Beide Teile behalten sich das Recht der Kündigung mit halbjähriger Frist unter nachstehenden Maßgaben vor:

1. Wenn und soweit die Kündigung erfolgt, hören die eingangs erwähnten Rechte und Verpflichtungen mit dem Ablauf der Kündigungsfrist für die Zukunft auf und ist alsdann die Rückzahlung der hinterlegten Gelder zu bewirken.
2. Bezüglich der Gelder aus gerichtlichen Depositorien kann die Kündigung seitens der preußischen Staatsregierung frühestens am 1. Februar 1876, seitens des Reichs frühestens am 1. Februar 1877 erfolgen[12]. Die Rückzahlung der beim Ablauf der

[12] Die Kündigung ist bezüglich der Gelder aus gerichtlichen Depositorien seitens der preußischen Staats=

Kündigungsfrist hinterlegten Gelder dieser Art erfolgt, abgesehen von den im laufenden Geschäftsverkehr zu leistenden Rückzahlungen, in fünf gleichen Raten, welche in aufeinanderfolgenden Fristen von je drei Monaten fällig sind, und von denen die erste mit dem Ablauf der Kündigungsfrist zahlbar ist.

Werden die Vorschriften der preußischen Gesetzgebung über die Unterbringung und Ausleihung von Geldern aus gerichtlichen Depositorien aufgehoben, so hört vom Tage der Gesetzeskraft dieser Aufhebung die Verpflichtung zur Belegung solcher Gelder bei der Reichsbank für die Zukunft auf[13].

§ 13. Die im § 12 vereinbarten Bestimmungen treten nur in dem Falle in Wirksamkeit, wenn der Königlich preußischen Staatsregierung die gesetzliche Ermächtigung zum Abschluß eines Vertrages mit dem

regierung unterm 1. Febr. 1876, bezüglich der Gelder der Kirchen, Schulen usw. seitens der Reichsbank unterm 26. Nov. 1878 erfolgt. Unterm 3. Dez. 1878 hat die Reichsbank endlich auch die von Vormündern, Pflegern und Privatpersonen zinsbar belegten Gelder gekündigt und von da ab solche nicht mehr angenommen. Vgl. noch BankG. § 13 Anm. 54 und Bek. des Reichsbankdirektoriums v. 3. Febr. 1878 (RAnz. Nr. 287, Börsenbeilage).

[13] Vgl. preuß. G., betr. das Hinterlegungswesen, v. 19. Juli 1875 (PrGBl. S. 531), Hinterlegungsordnung v. 14. März 1879 (PrGBl. S. 249), Vormundschaftsordnung v. 5. Juli 1875 § 39 (PrGBl. S. 431), BGB. § 1808.

Reiche über die Belegung von Geldern der gerichtlichen Depositorien usw. im Laufe des Jahres 1875 erteilt wird [14].

Zu Urkund dessen haben die Unterzeichneten den gegenwärtigen Vertrag in doppelter Ausfertigung vollzogen.

Friedrichsruh, den 18. Mai 1875. Berlin, den 17. Mai 1875.

(L. S.)	(L. S.)	
Der Reichskanzler.	Der Königlich preußische Finanzminister, Vize-Präsident des Staatsministeriums.	Der Königlich preußische Minister für Handel, Gewerbe und öffentliche Arbeiten.
v. Bismarck.	**Camphausen.**	**Achenbach.**

[14] Die bezügliche Ermächtigung enthält das preuß. G. v. 19. Juni 1875 (PrGBl. S. 368).

IV.

Gesetz, betreffend die Abänderung des Bankgesetzes vom 14. März 1875. Vom 7. Juni 1899.

(RGBl. S. 311. Ausgegeben am 13. Juni 1899[1].)

Artikel 1.

Der § 23 des Bankgesetzes vom 14. März 1875 (Reichs-Gesetzbl. S. 177) wird durch folgende Bestimmung ersetzt:

[1] Die Gesetze v. 1899 u. 1909 sind in IV. u. V. ohne Erläuterungen nochmals im Zusammenhange wörtlich abgedruckt.

Das Grundkapital der Reichsbank besteht aus einhundertundachtzig Millionen Mark, geteilt in vierzigtausend Anteile von je dreitausend und sechzigtausend Anteile von je eintausend Mark.

Von letzteren sind dreißigtausend Anteile bis zum 31. Dezember 1900 und dreißigtausend Anteile bis zum 31. Dezember 1905 zu begeben. Auf die Begebung findet der § 38 des Gesetzes vom 22. Juni 1896 (Prospektzwang) keine Anwendung.

Die Anteile lauten auf Namen.

Die Anteilseigner haften persönlich für die Verbindlichkeiten der Reichsbank nicht.

Artikel 2.

Der § 24 des Bankgesetzes erhält unter Aufhebung des Artikels 1 des Gesetzes vom 18. Dezember 1889 (Reichs-Gesetzbl. S. 201) nachstehende Fassung:

Aus dem beim Jahresschlusse sich ergebenden Reingewinne der Reichsbank wird:

1. zunächst den Anteilseignern eine ordentliche Dividende von dreiundeinhalb Prozent des Grundkapitals berechnet, sodann
2. von dem Mehrbetrag eine Quote von zwanzig Prozent dem Reservefonds zugeschrieben, solange derselbe nicht den Betrag von sechzig Millionen Mark erreicht hat,
3. von dem weiter verbleibenden Reste den Anteilseignern ein Viertel, der Reichskasse drei Viertel überwiesen.

Erreicht der Reingewinn nicht volle dreiundeinhalb Prozent des Grundkapitals, so ist das Fehlende aus dem Reservefonds zu ergänzen.

Das bei Begebung von Anteilsscheinen der Reichsbank etwa zu gewinnende Aufgeld fließt dem Reservefonds zu.

Dividendenrückstände verjähren binnen vier Jahren, von dem Tage ihrer Fälligkeit an gerechnet, zum Vorteile der Bank.

Artikel 3.

Im § 31 wird der dritte Satz von „Die Mitglieder" bis „gewählt" durch folgende Bestimmung ersetzt:

Die Mitglieder und die Stellvertreter werden von der Generalversammlung aus der Zahl derjenigen Anteilseigner gewählt, welche auf ihren Namen lautende Anteilsscheine über einen Mindestbetrag von je neuntausend Mark besitzen.

Artikel 4.

§ 40 Ziffer 6 wird durch folgende Bestimmung ersetzt:

6. über die Form, in welcher die Zusammenberufung der Generalversammlungen geschieht, sowie über die Bedingungen und die Art der Ausübung des Stimmrechts der Anteilseigner; die Ausübung des Stimmrechts darf jedoch nicht durch den Besitz von mehr als einem Anteilsscheine bedingt, noch dürfen mehr als dreihundert Stimmen in einer Hand vereinigt werden, wobei ein Anteilsschein zu drei-

tausend Mark dem Rechte auf drei Stimmen und ein Anteilsschein zu eintausend Mark dem Rechte auf eine Stimme entsprechen soll.

Artikel 5.

Der nach Maßgabe der Anlage zum § 9 des Bankgesetzes der Reichsbank zustehende Anteil an dem Gesamtbetrage des der Steuer nicht unterliegenden ungedeckten Notenumlaufs, einschließlich der ihr inzwischen zugewachsenen Anteile der unter Nr. 2 bis 11, 15 bis 17, 21 bis 23 und 25 bis 33 bezeichneten Banken wird auf vierhundertundfünfzig Millionen Mark festgesetzt, unter gleichzeitiger Erhöhung des Gesamtbetrags auf fünfhunderteinundvierzig Millionen sechshunderttausend Mark.

Artikel 6.

Dem § 13 des Bankgesetzes Ziffer 3 wird unter b nach den Worten „des Kurswertes;“ folgender Satz beigefügt:

diesen Pfandbriefen stehen gleich andere auf den Inhaber lautende Schuldverschreibungen der bezeichneten Institute und Banken, welche auf Grund von Darlehnen ausgestellt werden, die an inländische kommunale Korporationen oder gegen Übernahme der Garantie durch eine solche Korporation gewährt sind.

Artikel 7.

§ 1.

Die Reichsbank darf vom 1. Januar 1901 ab nicht unter dem von ihr gemäß § 15 des Bankgesetzes jeweilig öffentlich bekannt gemachten Prozentsatze diskontieren, sobald dieser Satz vier Prozent erreicht oder überschreitet.

Wenn die Reichsbank zu einem geringeren als dem öffentlich bekannt gemachten Prozentsatze diskontiert, so hat sie diesen Satz im Reichsanzeiger bekannt zu machen.

§ 2.

Der Bundesrat wird denjenigen Privatnotenbanken gegenüber, auf welche die beschränkenden Bestimmungen des § 43 des Bankgesetzes keine Anwendung finden, von dem vorbehaltenen Kündigungsrechte behufs Aufhebung der Befugnis zur Ausgabe von Banknoten zum 1. Januar 1901 Gebrauch machen, wenn diese Banken sich nicht bis zum 1. Dezember 1899 verpflichten, vom 1. Januar 1901 ab

1. nicht unter dem gemäß § 15 des Bankgesetzes öffentlich bekannt gemachten Prozentsatze der Reichsbank zu diskontieren, sobald dieser Satz vier Prozent erreicht oder überschreitet,

   und

2. im übrigen nicht um mehr als ein viertel Prozent unter dem gemäß § 15 des Bankgesetzes öffentlich bekannt gemachten Prozentsatze der Reichsbank zu diskontieren, oder falls die Reichsbank selbst zu einem geringeren Satze diskontiert, nicht um mehr als ein achtel Prozent unter diesem Satze.

§ 3.

Handelt eine Privatnotenbank der nach § 2 eingegangenen Verpflichtung entgegen, so wird die Entziehung der Befugnis zur Notenausgabe gemäß §§ 50 ff. des Bankgesetzes durch gerichtliches Urteil ausgesprochen.

Mitglieder des Vorstandes, Vorsteher einer Zweiganstalt, sonstige Angestellte oder Agenten einer solchen Bank, welche für Rechnung der Bank der von ihr eingegangenen Verpflichtung entgegen, unter dem nach § 2 zulässigen Prozentsatze diskontieren, werden mit Geldstrafe bis zu fünftausend Mark bestraft.

Artikel 8.

Der Reichskanzler wird ermächtigt, die auf Grund des Artikels 1 dieses Gesetzes auszugebenden neuen Anteilsscheine im Wege öffentlicher Zeichnung zu begeben.

Die Höhe des bei Begebung der neuen Anteilsscheine zu entrichtenden Aufgeldes und die Fristen für die Einzahlung des Gegenwertes bestimmt der Reichskanzler.

Artikel 9.

§ 1.

Die Reichsbank zahlt am 1. Januar 1901 an die Reichskasse einen Betrag, welcher dem Nennwerte der dann noch im Umlaufe befindlichen Noten der vormaligen Preußischen Bank entspricht.

§ 2.

Das Reich erstattet der Reichsbank diejenigen Beträge, zu welchen sie vom 1. Januar 1901 ab Noten der im § 1 bezeichneten Art einlöst oder in Zahlung nimmt, oder mit welchen sie für dieselben nach § 4 des Bankgesetzes Ersatz leistet.

§ 3.

Vom 1. Januar 1901 ab werden die Noten der vormaligen Preußischen Bank bei Feststellung des Notenumlaufs der Reichsbank gemäß §§ 8, 9, 10 und 17 des Bankgesetzes außer Ansatz gelassen.

Artikel 10.

Die Artikel 1, 2, 5 und 6 dieses Gesetzes treten am 1. Januar 1901 in Kraft.

V.

Gesetz, betreffend Änderung des Bankgesetzes. Vom 1. Juni 1909.

(RGBl. S. 515. Ausgegeben am 5. Juli 1909.)

Artikel 1.

§ 24 des Bankgesetzes vom 14. März 1875 (RGBl. S. 177) erhält unter Aufhebung des Artikel 2 des Gesetzes vom 7. Juni 1899 (RGBl. S. 311) nachstehende Fassung:

Aus dem beim Jahresabschlusse sich ergebenden Reingewinne der Reichsbank wird:

1. zunächst den Anteilseignern eine ordentliche Dividende von dreiundeinhalb vom Hundert des Grundkapitals berechnet,
2. von dem verbleibenden Reste den Anteilseignern ein Viertel, der Reichskasse drei Viertel überwiesen; jedoch werden von diesem Reste zehn

Hundertstel dem Reservefonds zugeschrieben, die je zur Hälfte auf Anteilseigner und Reich entfallen.

Erreicht der Reingewinn nicht volle dreiundeinhalb vom Hundert des Grundkapitals, so ist das Fehlende aus dem Reservefonds zu ergänzen.

Das bei Begebung von Anteilsscheinen der Reichsbank etwa zu gewinnende Aufgeld fließt dem Reservefonds zu.

Dividendenrückstände verjähren binnen vier Jahren, von dem Tage ihrer Fälligkeit an gerechnet, zum Vorteile der Bank.

Artikel 2.

An die Stelle des Artikel 5 des Gesetzes vom 7. Juni 1899 (RGBl. S. 311) tritt folgende Vorschrift:

Der nach Maßgabe der Anlage zum § 9 des Bankgesetzes der Reichsbank zustehende Anteil an dem Gesamtbetrage des der Steuer nicht unterliegenden ungedeckten Notenumlaufs, einschließlich der ihr inzwischen zugewachsenen Anteile der unter Nr. 2 bis 12, 15 bis 17 und 20 bis 33 bezeichneten Banken, wird auf fünfhundertundfünfzig Millionen Mark festgesetzt, unter gleichzeitiger Erhöhung des Gesamtbetrags auf sechshundertachtzehn Millionen siebenhunderteinundsiebzigtausend Mark.

Für die auf Grund der Nachweisungen für den Letzten des März, des Juni, des September und des Dezember jedes Kalenderjahrs aufzustellende Steuerberechnung (§ 10 des Bankgesetzes) tritt eine Erhöhung des Anteils der Reichsbank auf siebenhundertundfünfzig Millionen Mark und eine Erhöhung des Gesamtbetrags auf achthundertachtzehn Millionen siebenhunderteinundsiebzigtausend Mark ein.

Artikel 3.

Die Noten der Reichsbank sind gesetzliches Zahlungsmittel. Im übrigen bleiben die Vorschriften des § 2 des Bankgesetzes unberührt.

Artikel 4.

I. Im § 18 des Bankgesetzes werden die Worte „kursfähiges deutsches Geld" ersetzt durch die Worte: „deutsche Goldmünzen".

II. § 19 Abs. 1 des Bankgesetzes erhält folgende Fassung:

Die Reichsbank ist verpflichtet, die Noten der vom Reichskanzler nach der Bestimmung im § 45 dieses Gesetzes bekannt gemachten Banken sowohl in Berlin, als auch bei ihren Zweiganstalten in Städten von mehr als 80000 Einwohnern oder am Sitze der Bank, welche die Noten ausgegeben hat, zum vollen Nennwert in Zahlung zu nehmen, solange die ausgebende Bank ihrer Noteneinlösungspflicht pünktlich nachkommt.

Unter der gleichen Voraussetzung ist die Reichsbank verpflichtet, die Noten jeder der vorbezeichneten Banken innerhalb des Staates, der ihnen die Befugnis zur Notenausgabe erteilt hat, bei ihren Zweiganstalten, soweit es deren Notenbestände und Zahlungsbedürfnisse gestatten, dem Inhaber gegen Reichsbanknoten umzutauschen.

Die nach Abs. 1 und 2 angenommenen oder eingetauschten Noten dürfen von der Reichsbank nur entweder zur Einlösung präsentiert oder zu Zahlungen an diejenige Bank, welche sie ausgegeben hat, oder zu Zahlungen an dem Orte, wo die Bank ihren Hauptsitz hat, verwendet werden.

Artikel 5.

I. Im § 8 Abs. 2 des Bankgesetzes werden in der Nr. 2 nach den Worten „an Wechseln" eingefügt die Worte:

„und Schecks".

II. Im § 13 des Bankgesetzes werden in der Nr. 2 nach dem Worte „haften," eingeschaltet die Worte:

„ebenso Schecks, aus welchen mindestens zwei als zahlungsfähig bekannte Verpflichtete haften,".

III. Im § 17 des Bankgesetzes werden hinter dem Worte „haften," eingeschaltet die Worte:

„oder Schecks, aus welchen mindestens zwei als zahlungsfähig bekannte Verpflichtete haften,".

IV. Im § 32 Abs. 1 des Bankgesetzes wird nach den Worten „über den An- und Verkauf von Gold, Wechseln" eingefügt:

„, Schecks".

V. Hinter § 47 des Bankgesetzes wird als § 47a folgende Vorschrift eingestellt:

§ 47 a.

Für Privatnotenbanken, auf welche die beschränkenden Bestimmungen des § 43 keine Anwendung finden, gelten hinsichtlich der Deckung ihrer im Umlaufe befindlichen Noten die Vorschriften des § 17.

Artikel 6.

I. Artikel 6 des Gesetzes vom 7. Juni 1899 (RGBl. S. 311) erhält nachstehende Fassung:

Dem § 13 des Bankgesetzes Nr. 3 wird unter b nach den Worten „des Kurswertes;" folgender Satz beigefügt:

„diesen Pfandbriefen stehen gleich die auf den Inhaber lautenden Schuldverschreibungen öffentlichrechtlicher Bodenkreditinstitute des Inlandes sowie diejenigen auf den Inhaber lautenden Schuldverschreibungen der übrigen vorbezeichneten Institute und Banken, welche auf Grund von Darlehnen ausgestellt werden, die an inländische kommunale Korporationen oder gegen Übernahme der Garantie durch eine solche Korporation gewährt sind,".

II. Im § 13 des Bankgesetzes wird als Nr. 9 folgende Vorschrift eingestellt:

9. zinsbare Darlehne auf nicht länger als drei Monate im Lombardverkehr auch gegen Verpfändung von Forderungen, die in dem Reichsschuldbuch oder in dem Staatsschuldbuch eines deutschen Staates eingetragen sind, zu höchstens

drei Viertel des Kurswerts der umgewandelten Schuldverschreibungen zu erteilen.

III. Hinter § 20 des Bankgesetzes werden als §§ 20a und 20b folgende Vorschriften eingestellt:

§ 20a.

Soll zugunsten der Reichsbank ein Pfandrecht an einer Forderung, die im Reichsschuldbuch oder im Staatsschuldbuch eines deutschen Staates eingetragen ist (§ 13 Nr. 9), in das Schuldbuch eingetragen werden, so genügt für den Antrag die Beglaubigung durch die Personen, durch welche gemäß § 38 die Reichsbank verpflichtet wird. Soweit diese Vorschrift die Unterschriften von zwei Mitgliedern des Reichsbankdirektoriums erfordert, sind an Stelle der letzteren auch andere von dem Reichsbankdirektorium der Schuldbuchverwaltung bezeichnete Beamte der Reichsbank zur Vornahme der Beglaubigung befugt.

Auf die Beglaubigung finden die Vorschriften des § 183 des Gesetzes über die Angelegenheiten der freiwilligen Gerichtsbarkeit entsprechende Anwendung.

§ 20b.

Ist zugunsten der Reichsbank ein Pfandrecht in das Schuldbuch eingetragen (§ 13 Nr. 9), so erwirbt die Reichsbank das Pfandrecht auch dann, wenn die Forderung einem Dritten zusteht, und geht das Pfandrecht dem vor der Verpfändung begründeten Rechte eines Dritten an der Forderung vor, es sei denn, daß das Recht des Dritten zu der Zeit der Eintragung des Pfandrechts im Schuldbuch eingetragen oder in diesem Zeitpunkte der Reichsbank bekannt oder infolge grober Fahrlässigkeit unbekannt war.

Ist der Schuldner mit der Erfüllung der durch das Pfandrecht gesicherten Forderung im Verzuge, so ist die Schuldbuchverwaltung auf schriftliches Verlangen der Reichsbank berechtigt und verpflichtet, der Reichsbank auch ohne Nachweis des Verzugs gegen Löschung der eingetragenen Forderung oder eines entsprechenden Teiles dieser Forderung auf den Inhaber lautende Schuldverschreibungen auszureichen, es sei denn, daß eine gerichtliche Anordnung vorliegt, welche die Ausreichung an die Reichsbank untersagt, oder in dem Schuldbuche solche Rechte Dritter oder Verfügungsbeschränkungen zugunsten Dritter vermerkt sind, welche früher als das Pfandrecht der Reichsbank eingetragen worden waren. Das Pfand haftet auch für die durch die Ausreichung entstehenden Kosten.

Die Schuldbuchverwaltung hat spätere Eintragungen bei der Ausreichung der Schuldverschreibungen der Reichsbank mitzuteilen.

Auf die Befriedigung der Reichsbank aus den von der Schuldbuchverwaltung ausgereichten Schuldverschreibungen finden die Vorschriften des § 20 entsprechende Anwendung.

Artikel 7.

§ 22 des Bankgesetzes wird durch folgende Vorschrift ersetzt:

Die Reichsbank ist verpflichtet, die Geschäfte der Reichshauptkasse unentgeltlich zu besorgen.

Sie ist berechtigt, entsprechende Kassengeschäfte für die Bundesstaaten zu übernehmen.

Artikel 8.

Die Artikel 3, 4, 5 und 6 dieses Gesetzes treten am 1. Januar 1910 in Kraft. Im übrigen tritt dieses Gesetz am 1. Januar 1911 in Kraft.

VI.

Bekanntmachung, betreffend die Vorschriften über die von den Notenbanken in der Jahresbilanz gesondert nachzuweisenden Aktiva und Passiva. Vom 15. Januar 1877.

(RZBl. S. 24[1].)

Der Bundesrat hat auf Grund des § 8 des Bankgesetzes vom 14. März 1875 (RGBl. S. 177) bestimmt, daß in den von den notenausgebenden Banken zu veröffentlichenden Jahresbilanzen folgende Kategorien der Aktiva und Passiva gesondert nachzuweisen sind:

I. auf seiten der Passiva:

1. das Grundkapital;
2. der Reservefonds, — und zwar, sofern derselbe die vorgeschriebene Höhe noch nicht erreicht hat, unter Angabe:

[1] Vgl. BankG. § 8 Anm. 20 — oben C I.

a) des Bestandes am Schlusse des Vorjahres,
b) des für das Geschäftsjahr statutenmäßig überwiesenen Betrages und des aus a und b sich ergebenden Bestandes;

3. der etwa angelegte Reservefonds für zweifelhafte Forderungen (Delkrederekonto);
4. der Gesamtbetrag der emittierten (in den Betrieb gegebenen) Banknoten, unter Angabe der Beträge, welche hiervon auf die einzelnen Notenabschnitte entfallen;
5. das Guthaben der Giro- und Kontokurrentgläubiger;
6. der Betrag der Depositen, und zwar:
   a) der verzinslichen, unter Sonderung der Beträge nach Zinssatz und Kündigungsfrist,
   b) der unverzinslichen;
7. der Betrag der schuldigen Depositenzinsen;
8. der Betrag der nach §§ 9, 10 des Bankgesetzes an die Reichskasse etwa abzuführenden Notensteuer;
9. der Betrag des aus dem gleichzeitig zu veröffentlichenden Jahresabschlusse des Gewinn- und Verlustkontos (§ 8 Abs. 1 Ziffer 2 des Bankgesetzes) sich ergebenden Reingewinnes;

II. auf seiten der Aktiva:

1. der Bestand an Gold in Barren oder ausländischen Münzen, das Pfund fein zu 1392 Mark gerechnet;
2. der Kassenbestand, und zwar an:

a) kursfähigem deutschen geprägten Gelde[2],
b) Reichskassenscheinen,
c) eigenen Banknoten unter Angabe der Beträge, welche hiervon auf die einzelnen Notenabschnitte entfallen,
d) Reichsbanknoten,
e) Noten anderer Banken;

3. der Bestand an Silber in Barren und Sorten[3];
4. die Wechselbestände ausschließlich der unter Ziffer 8 bezeichneten, und zwar:
   a) Platzwechsel,
   b) Remessenwechsel[4] auf deutsche Plätze
   (zu a und b unter gesonderter Angabe der innerhalb der nächsten fünfzehn Tage fälligen),
   c) Wechsel auf außerdeutsche Plätze nach den Valuten gesondert;
5. der Betrag der Lombardforderungen ausschließlich der unter Ziffer 8 bezeichneten, und zwar:
   a) auf Gold oder Silber,
   b) auf Effekten (einschließlich Wechsel) der in § 13 Ziffer 3 Buchstaben b, c, d des Bankgesetzes bezeichneten Art,

[2] Wegen Sonderung der deutschen Münzsorten vgl. oben C I Anm. 17.

[3] Die Reichsbank besitzt solches Silber nicht mehr.

[4] D. s. Wechsel, die zwecks Einzugs an andere Bankanstalten „remittiert" werden (jetzt „Versandwechsel" bzw. „Einzugswechsel"). Den Wechseln treten die Schecks hinzu (BankG.Nov. v. 1. Juni 1909, Art. 5 — oben C I Anm. 17 u. 40).

c) auf andere Effekten,
d) auf Waren;

6. der Bestand an Effekten, und zwar:
a) an diskontierten Wertpapieren,
b) an eigenen Effekten,
c) an Effekten des Reservefonds,
zu b und c unter Angabe der einzelnen Sorten und des Wertes, zu welchem sie in die Bilanz aufgenommen worden sind;

7. das Guthaben der Bank im Kontokurrentverkehr unter Sonderung der Beträge nach der Art der gewährten Deckung (Bürgschaft, Faustpfand in Effekten, Waren, Hypotheken usw.);

8. der Betrag der fälligen, aber unbezahlt gebliebenen Wechsel- und Lombardforderungen;

9. der Wert der der Bank gehörigen Grundstücke.

Außerdem sind in der Jahresbilanz, gemäß der Schlußbestimmung in § 8 des Bankgesetzes, die aus weiterbegebenen, im Inlande zahlbaren Wechseln entsprungenen eventuellen Verbindlichkeiten ersichtlich zu machen.

Berlin, den 15. Januar 1877.

Der Reichskanzler.
In Vertretung: Hofmann.

VII.

Verordnung, betreffend die Anstellung der Beamten und die Zuständigkeit zur Ausführung des Gesetzes vom 31. März 1873 bei der Verwaltung der Reichsbank. Vom 19. Dezember 1875.

(RGBl. S. 378. Ausgegeben am 29. Dezember 1875.)[1]

Wir usw. verordnen im Namen des Deutschen Reichs in Ergänzung der Verordnung, betreffend die Zuständigkeit der Reichsbehörden zur Ausführung des Gesetzes vom 31. März 1873[2] und die Anstellung der Reichsbeamten, vom 23. November 1874 (RGBl. S. 135)[3], was folgt:

§ 1. Die Beamten der Reichsbank, soweit sie nicht in Gemäßheit der §§ 27 und 36 des Bankgesetzes vom 14. März d. J. (RGBl. S. 177) vom Kaiser zu ernennen sind[4], werden von dem Reichskanzler oder auf

[1] Vgl. BankG. § 28 Anm. 88 — oben C I.

[2] Das wiederholt, zuletzt durch das Ges. v. 17. Mai 1907 (RGBl. Nr. 201) abgeänderte Ges. betr. die Rechtsverhältnisse der Reichsbeamten v. 31. März 1873 ist später (gemäß Art. 3 des Ges. v. 17. Mai 1907) unter Berücksichtigung der inzwischen ergangenen Novellen und in der Behördenorganisation eingetretenen Änderungen als Reichsbeamtengesetz (RGBl. 1907 S. 245) publiziert. Siehe dazu die Bek. d. RKanzlers betr. die Fassung des Reichsbeamtengesetzes. V. 18. Mai 1907 (ebenda S. 245).

[3] Diese Verordnung ist nicht wie Nr. VIII bis XIV zur Ergänzung des Statuts der Reichsbank ergangen.

[4] Nämlich Präsident, Vizepräsident und Mitglieder

Grund der von dem letzteren erteilten Ermächtigung[5] von dem Präsidenten des Reichsbankdirektoriums angestellt.

§ 2. Zur Ausübung derjenigen Funktionen, welche in dem Gesetze, betreffend die Rechtsverhältnisse der Reichsbeamten, vom 31. März 1873 (RGBl. S. 61) der obersten Reichsbehörde, den höheren Reichsbehörden, den vorgesetzten Dienstbehörden und den unmittelbar vorgesetzten Behörden beigelegt sind, sind im Bereiche der Reichsbankverwaltung zuständig:

A. in bezug auf den Präsidenten und die Mitglieder des Reichsbankdirektoriums:
der Reichskanzler;

B. in bezug auf die übrigen Reichsbankbeamten:
 I. als oberste Reichsbehörde:
 das Reichsbankdirektorium;
 II. als höhere, der obersten Reichsbehörde unmittelbar untergeordnete Reichsbehörden:
 die Reichsbankhauptstellen;
 III. als vorgesetzte Dienstbehörde:
 der Präsident des Reichsbankdirektoriums;
 IV. als unmittelbar vorgesetzte Behörden bzw. Beamte:

des Reichsbankdirektoriums (vgl. BankG. § 27), sowie die Bankkommissarien bei den Reichsbankhauptstellen (vgl. BankG. § 36). Vgl. V. v. 23. Nov. 1874 § 4 (RGBl. S. 135).

[5] Die erteilte Ermächtigung erstreckt sich auf alle nicht vom Kaiser zu ernennenden Beamten mit Ausnahme der ersten Vorstandsbeamten der Reichsbankhauptstellen.

1. der Vorsteher jeder Bankanstalt hinsichtlich der bei ihr angestellten Beamten[6];
2. jede Bankanstalt, welcher eine andere unmittelbar untergeben ist, hinsichtlich des Vorstehers oder, wo ein solcher fehlt[7], hinsichtlich der Beamten der untergebenen Behörde[8].

[6] Der Vorstand der Reichsbankhauptstellen und der Reichsbankstellen besteht aus („wenigstens") zwei Mitgliedern (BankG. § 36 Abs. 1, Bek. d. Reichskanzlers v. 17. Dez. 1875 — oben C I und unten XVIII); „Vorsteher" im Sinne der obigen Verord. IV, 1 ist aber wohl nur der erste Vorstandsbeamte, welchem instruktionsmäßig die Leitung der Anstalt obliegt, bei den Nebenstellen der „Bankvorstand".

[7] Diese Voraussetzung trifft auch bei den Nebenstellen und Warendepots niemals zu.

[8] Also die Reichsbankhauptstellen bzw. Reichsbankstellen hinsichtlich des Vorstandes der Nebenstellen usw.

VIII.

Verordnung, betreffend die Pensionen und Kautionen der Reichsbankbeamten. Vom 23. Dezember 1875.

(RGBl. S. 380. Ausgegeben am 29. Dezember 1875[1].)

Wir usw. verordnen auf Grund des § 40 des Bankgesetzes vom 14. März 1875 (RGBl. S. 177)[2]

[1] Vgl. BankG. §§ 28 u. 40, Anm. 89 u. 127 — oben C I.

zur Ergänzung des Statuts der Reichsbank vom 21. Mai 1875 (RGBl. S. 203)[3], nach Einvernehmen mit dem Bundesrat, im Namen des Deutschen Reichs, was folgt:

§ 1. Die zur Regelung der Pensions- und Kautionsverhältnisse der Reichsbeamten ergangenen gesetzlichen Bestimmungen, insbesondere die §§ 34 bis 71 des Reichsbeamtengesetzes vom 31. März 1873 (RGBl. S. 61)[4], der § 8 des Gesetzes über die Bewilligung von Wohnungsgeldzuschüssen vom 30. Juni 1873 (RGBl. S. 166) und das Gesetz, betreffend die Kautionen der Bundesbeamten, vom 2. Juni 1869 (BGBl. S. 161) finden auf die Reichsbankbeamten entsprechende Anwendung[5], und zwar, was die Kautionsverhältnisse anlangt, mit den nachfolgenden Maßgaben.

§§ 2, 3. Dieselben sind ersetzt durch die V. v. 31. März 1880 (unten IX).

Die über die Kautionspflicht der Reichsbankbeamten bestehenden Bestimmungen werden durch das Gesetz wegen Aufhebung der Kautionspflicht der Reichsbeamten vom 20. Februar 1898 (RGBl. S. 29) nicht berührt.

[2] Vgl. Anm. 1 u. 3.

[3] Oben C II Anm. 1, C I Anm. 127.

[4] Siehe oben C VII Anm. 2.

[5] Die hier angeführten Bestimmungen beziehen sich an sich nur auf diejenigen Reichsbeamten, welche ihr Gehalt aus der Reichskasse empfangen, während die Reichsbankbeamten zwar die Rechte und Pflichten der Reichsbeamten haben, aber ihre Besoldungen usw. aus der Kasse der Reichsbank erhalten (BankG. § 28).

§ 4. Den Bankagenten (Vorstehern der Reichsbank-nebenstellen)[6] kann von dem Präsidenten des Reichsbankdirektoriums die Kautionsbestellung in anderen als den im § 5 des Gesetzes vom 2. Juni 1869 bezeichneten Papieren nach dem Kurswerte mit angemessenem Abschlag oder in Hypotheken gestattet werden.

§ 5. Unterbeamten und kontraktlichen Dienern, welche die Kaution auf einmal zu beschaffen außerstande sind, kann von dem Präsidenten des Reichsbankdirektoriums ausnahmsweise gestattet werden, die Beschaffung der Kaution nachträglich durch Ansammlung von Gehaltsabzügen im Betrage von fünf bis zehn Mark monatlich zu bewirken.

§ 6. Die Aufbewahrung der Kautionen, sowie die Ansammlung der Gehaltsabzüge (§ 5) erfolgt bei dem Reichsbank-Komtor für Wertpapiere zu Berlin[7].

[6] Die jetzige Bezeichnung ist „Bankvorstand".
[7] Vgl. unten Anh. A XIII. Die Aufbewahrung geschieht unentgeltlich. Eine Verwaltung ist damit gesetzlich nicht verbunden.

IX.

Verordnung wegen Ergänzung und Abänderung der Verordnung vom 23. Dezember 1875, betreffend die Pensionen und Kautionen der Reichsbankbeamten. Vom 31. März 1880[1].

(RGBl. S. 97. Ausgegeben am 2. April 1880.)

An die Stelle der §§ 2, 3 der Verordnung vom 23. Dezember 1875 (RGBl. S. 380)[2] treten folgende Bestimmungen:

§ 2. Zur Kautionsleistung sind mit den daneben angegebenen Beträgen verpflichtet:

1. der Rendant der Reichsbankhauptkasse mit . . . . 18000 M.,
2. der Vorsteher des Lombardkontors bei der Reichshauptbank mit . . . 9000 M.,
3. die Vorstandsbeamten der Reichsbankhauptstellen, Reichsbankstellen und Reichsbankkommanditen[3] mit 6000 M. bis 18000 M.,
4. die Kassierer und die mit der Aufbewahrung oder Verwaltung von Wertschaften außerdem beauftragten Beamten bei der Hauptbank und den Zweiganstalten mit . . 3000 M. bis 9000 M.,

[1] Vgl. oben C VII Anm. 3 wegen der Eingangsformel. Diese nimmt hier außer dem Statut den § 40 des Bankges. („auf Grund") in Bezug.

[2] Vgl. oben C VIII.

[3] Reichsbankkommanditen sind nicht mehr vorhanden. Die letzte, zu Insterburg, ist zur Reichsbankstelle erhoben (s. BankG. § 37, C I Anm. 119).

5. der Kontrolleur der Diskontokasse[4] mit . . . . 2400 M.,
6. die Geldzähler mit . . . . 750 M.,
7. die Kassendiener, Hausdiener und Hilfskassendiener mit . . . . . . 600 M.,
8. die Bankagenten (Vorsteher von Reichsbanknebenstellen)[5] mit 1000 M. bis 150000 M.

§ 3. Die Höhe der Kautionen bei den in § 2 unter Ziffer 3, 4 und 8 bezeichneten Beamten wird in jedem Falle von dem Präsidenten des Reichsbankdirektoriums innerhalb der daselbst angegebenen Grenzen bei der Berufung des Beamten nach dem voraussichtlichen Geschäftsumfange festgesetzt.

[4] Die Stelle ist später aufgehoben.
[5] Vgl. oben C VIII Anm. 6.

X.

Verordnung wegen Änderung der Verordnung vom 23. Dezember 1875 über die Pensionen und Kautionen der Reichsbankbeamten. Vom 3. August 1905[1].

(RGBl. S. 713. Ausgegeben am 10. August 1905.)

Das Gesetz vom 22. April 1905 (Reichs-Gesetzbl. S. 316), betreffend Aufhebung des § 42 Nr. 6 des Reichsbeamtengesetzes vom 31. März 1873, findet auf die Reichsbankbeamten entsprechende Anwendung[2].

[1] Wegen der Eingangsformel s. oben C VII Anm. 3. Die Verordn. zitiert außer dem Statut nur das Bankgesetz im allgemeinen.
[2] § 42 lautet im Eingange: Der Berechnung der

XI.

Verordnung, betreffend die Fürsorge für die Witwen und Waisen der Reichsbankbeamten. Vom 8. Juni 1881.

(RGBl. S. 117. Ausgegeben am 21. Juni 1881.)

Wir usw. verordnen auf Grund der §§ 28 u. 40 des Bankgesetzes vom 14. März 1875 (RGBl. S. 177)[1] zur Ergänzung des Statuts der Reichsbank vom 21. Mai 1875 (RGBl. S. 203)[2] nach Einvernehmen mit dem Bundesrat, im Namen des Reichs, was folgt:

Die Bestimmungen des Gesetzes, betreffend die Fürsorge für die Witwen und Waisen der Reichsbeamten der Zivilverwaltung vom 20. April d. J. (RGBl. S. 85), finden auf die Reichsbankbeamten mit folgenden Maßgaben entsprechende Anwendung:

I. An Stelle der Reichskasse tritt überall die Kasse der Reichsbank.

Pension wird das von dem Beamten zuletzt bezogene gesamte Diensteinkommen, soweit es nicht zur Bestreitung von Repräsentations- oder Dienstaufwandskosten gewährt wird, nach Maßgabe der folgenden näheren Bestimmungen zugrunde gelegt usw.

Die aufgehobene (§ 42) Nr. 6 a. a. O. lautete:

Wenn das nach den Bestimmungen dieses Paragraphen ermittelte Einkommen eines Beamten insgesamt mehr als 4000 Taler beträgt, wird von dem überschießenden Betrage nur die Hälfte in Anrechnung gebracht.

[1] Vgl. oben C VII, Anm. 3. Hier ist auch BankG. §§ 28 u. 40 in Bezug genommen. Dieselbe Eingangsformel wiederholt sich bei XII, XIII, XIV, XV, XVI

[2] Oben C II.

II. Die Witwen- und Waisengeldbeiträge werden bei der Reichsbank zu einem besonderen Fonds angesammelt und verwaltet[3]. Insofern derselbe nicht zu den laufenden Zahlungen an Witwen- und Waisengeld zu verwenden ist, erfolgt die zinsbare Anlegung in Schuldverschreibungen des Reichs oder deutscher Bundesstaaten nach Bestimmung des Reichsbankdirektoriums.

III. Diese Verordnung tritt mit dem 1. Juli 1881 in Kraft.

[3] Zu diesem inzwischen ausgeschütteten Fonds sind auch die zufolge Art. II § 2 des G. v. 5. März 1888 (RGBl. S. 65) nachentrichteten Beiträge (s. V. v. 18. März 1888 Nr. II — unten XIII) geflossen.

XII.

Verordnung wegen Ergänzung der Verordnung vom 23. Dezember 1875, betreffend die Pensionen und Kautionen der Reichsbankbeamten und der Verordnung, betreffend die Fürsorge für die Witwen und Waisen der Reichsbankbeamten, vom 8. Juni 1881[1]. Vom 20. Juni 1886[2].

(RGBl. S. 203. Ausgegeben den 25. Juni 1886.)

Die Bestimmungen des Gesetzes vom 21. April 1886

[1] Oben VIII, XI.

[2] Oben VII Anm. 3. Die Eingangsformel nimmt außer auf das Statut auf BankG. §§ 28, 40 Bezug. Sie ist dieselbe wie bei XI.

(RGBl. S. 80)[3] finden auf die Reichsbankbeamten entsprechende Anwendung[4].

[3] Dasselbe enthält Ergänzungen und Abänderungen der §§ 34, 41, 48, 60 des ReichsbeamtenG. v. 31. März 1873 (RGBl. S. 61), insonderheit eine (auch auf die Höhe des Witwen- und Waisengeldes gesetzlich ihren Einfluß äußernde) Erhöhung der Pensionen.
[4] Vgl. oben VIII Anm. 5.

XIII.

Verordnung, betreffend den Erlaß der Witwen- und Waisengeldbeiträge der Reichsbankbeamten. Vom 18. März 1888.

(RGBl. S. 80. Ausgegeben den 23. März 1888[1].)

Die Bestimmungen des Gesetzes, betreffend den Erlaß der Witwen- und Waisengeldbeiträge von Angehörigen der Reichszivilverwaltung, des Reichsheeres und der Kaiserlichen Marine, vom 5. März d. J. (RGBl. S. 65)[2] finden auf die Reichsbankbeamten mit folgenden Maßgaben entsprechende Anwendung:

I. An Stelle der Reichskasse tritt die Kasse der Reichsbank.

[1] Vgl. oben VII Anm. 3. Die Eingangsformel ist dieselbe wie bei XI.
[2] Das Gesetz hebt die Witwen- und Waisengeldbeiträge v. 1. April 1888 ab auf und läßt den Widerruf früherer Verzichte auf Witwen- und Waisengeld gegen Nachentrichtung der Beiträge mit gewissen Erleichterungen zu.

II. Die zufolge Artikel II § 2 des Geſetzes nachentrichteten Beträge treten dem nach der Verordnung vom 8. Juni 1881 (RGBl. S. 117) unter II gebildeten Fonds hinzu, welcher weiter zu den laufenden Zahlungen an Witwen- und Waiſengeld zu verwenden iſt[3].

[3] Vgl. oben XI Anm. 3.

XIV.

Verordnung, betreffend die anderweite Bemeſſung der Witwen- und Waiſengelder für die Hinterbliebenen der Reichsbankbeamten. Vom 26. Juli 1897.

(RGBl. S. 613. Ausgegeben den 2. Auguſt 1897[1].)

Die Beſtimmungen in Artikel I, IV und VI des Geſetzes wegen anderweiter Bemeſſung der Witwen- und Waiſengelder vom 17. Mai 1897 (RGBl. S. 455)[2] finden auf die Reichsbankbeamten entſprechende Anwendung.

[1] Eingangsformel wie XI.

[2] Das Geſetz erhöht das Witwengeld und folgeweiſe das Waiſengeld, indem Art. I an Stelle von § 8 des G. v. 20. April 1881 (RGBl. S. 85) tritt und Art. IV dem § 12 dieſes G., dem § 13 d. G. v. 17. Juni 1887 (RGBl. S. 237) und dem § 4 d. G. v. 13. Juni 1895 (RGBl. S. 261) hinzutritt. Art. VI beſtimmt: „Dieſes Geſetz tritt mit dem 1. April 1897 in Kraft."

XV.

Verordnung, betreffend die anderweite Anrechnung des Wohnungsgeldzuschusses bei Bemessung der Pension für die Reichsbankbeamten. Vom 24. November 1902.

(RGBl. S. 281. Ausgegeben den 27. November 1902[1].)

Die Bestimmung im § 2 Abs. 1 des Gesetzes, betreffend den Servistarif und die Klasseneinteilung der Orte sowie Abänderung des Gesetzes über die Bewilligung von Wohnungsgeldzuschüssen, vom 7. Juli 1902 (RGBl. S. 239)[2] findet auf die Reichsbankbeamten entsprechende Anwendung.

[1] Eingangsformel wie XI.

[2] § 2 Abs. 1 bestimmt, daß vom 1. April 1901 ab bei Bemessung der Pension der Durchschnittssatz des Wohnungsgeldzuschusses für die Servisklassen I—IV in Anrechnung gebracht wird.

XVI.

Verordnung, betreffend die Pensionen und die Fürsorge für die Hinterbliebenen der Reichsbankbeamten. Vom 4. November 1907.

(RGBl. S. 742. Ausgegeben den 11. November 1907[1].)

Die Vorschriften des Gesetzes vom 17. Mai 1907 (RGBl. S. 201), betreffend Änderungen des Reichs-

[1] Die §§ 28 u. 40 d. BankG. sind in der Eingangsformel nicht besonders in Bezug genommen, im übrigen wie bei XI.

beamtengesetzes vom 31. März 1873, und die Vorschriften des Beamtenhinterbliebenengesetzes vom 17. Mai 1907 (RGBl. S. 208) finden auf die Reichsbankbeamten und deren Hinterbliebene entsprechende Anwendung.

XVII.
Bekanntmachung, betreffend die Reichshauptkasse. Vom 29. Dezember 1875.

(RZBl. S. 821.)

In Gemäßheit der Bestimmungen in § 22 des Bankgesetzes vom 14. März 1875 (RGBl. S. 177)[1] und des § 11 des Statuts der Reichsbank vom 21. Mai 1875 (RGBl. S. 203)[2] ist die Wahrnehmung der Zentralkassengeschäfte des Deutschen Reichs vom 1. Januar 1876 ab auf die Reichsbankhauptkasse hierselbst übertragen, welche dieselben unter der Benennung „Reichshauptkasse" führen wird.

Für die Buchführungsgeschäfte der Reichshauptkasse ist bei der Reichsbankhauptkasse eine besondere Geschäftsabteilung eingerichtet. Alle amtlichen Ausfertigungen der Reichshauptkasse müssen die Unterschrift des Vorstehers dieser Geschäftsabteilung oder seines geordneten Vertreters, und die Unterschrift eines derselben angehörigen Buchhalters tragen.

[1] Vgl. oben C I Anm. 78.
[2] Oben C II Anm. 22.

Hier am Orte sind Zahlungen an die Reichshauptkasse für deren Rechnung an die Reichsbankhauptkasse zu leisten. Quittungen der Reichshauptkasse über solche Zahlungen bedürfen, neben den Unterschriften der vorgedachten beiden Beamten der Reichshauptkasse, noch der Unterschrift des betreffenden Kassierers der Reichsbankhauptkasse[3].

Berlin, den 29. Dezember 1875.

Der Reichskanzler.
v. Bismarck.

[3] Die Bestimmung in § 2 der V. v. 22. Jan. 1874 (RGBl. S. 9), wonach die Beamten der Rendantur des Reichskriegsschatzes aus dem Personal der Reichshauptkasse zu entnehmen sind, ist aufgehoben durch V. v. 31. März 1897 (RGBl. S. 169).
Nach Übernahme der Kassengeschäfte des Reichsmarineamts sind mehrere Marinebeamte dem Personal der Reichshauptkasse hinzugetreten.

XVIII.
Reichsbankhauptstellen und Reichsbankstellen.
Bekanntmachung vom 17. Dezember 1875.
(RZBl. S. 802[1].)

Auf Grund des § 36 des Bankgesetzes vom 14. März d. J. (RGBl. S. 177) hat der Bundesrat beschlossen,

[1] Vgl. oben C I Anm. 113 u. 119 u. d. Verzeichnis der Zweiganstalten im Anhange B.

daß die Zweiganstalten der Preußischen Bank in Königsberg, Stettin, Posen, Breslau, Magdeburg, Hannover, Dortmund, Cöln, Frankfurt a. M., Bremen, Leipzig, Mannheim und Straßburg im Elsaß vom 1. Januar 1876 ab in Reichsbankhauptstellen umzuwandeln, und daß außerdem in München, Stuttgart und Hamburg Reichsbankhauptstellen zu errichten sind. Ferner habe ich auf Grund des § 37 a. a. O. die Umwandlung der preußischen Bankkontore in Münster und Danzig und der preußischen Bankkommanditen in Aachen, Bielefeld, Braunschweig, Bromberg, Carlsruhe, Cassel, Chemnitz, Coblenz, Crefeld, Dresden, Düsseldorf, Elberfeld, Elbing, Emden, Erfurt, Essen, Flensburg, Frankfurt a. O., Gleiwitz, Glogau, Görlitz, Graudenz, Halle, Kiel, Landsberg a. W., Liegnitz, Mainz, Memel, Metz, Minden, Mülhausen i. E., Nordhausen, Osnabrück, Siegen, Stralsund, Thorn und Tilsit in Reichsbankstellen, sowie die Errichtung neuer Reichsbankstellen in Augsburg, Nürnberg, Gera und Lübeck beschlossen.

Über die Einrichtung, den Geschäftsbezirk und die Eröffnung der neu zu errichtenden Reichsbankhauptstellen und Reichsbankstellen wird das Reichsbankdirektorium das Nähere bekannt machen[2].

Berlin, den 17. Dezember 1875.

Der Reichskanzler.
v. Bismarck.

[2] Vgl. die an den in Anm. 1 angeführten Stellen

XIX.

Privatnotenbanken.

1. Bekanntmachung, betreffend die Anwendung der §§ 42 und 43 des Bankgesetzes vom 14. März 1875. Vom 29. Dezember 1875.

(RGBl. S. 390. Ausgegeben am 31. Dezember 1875[1].)

Nachdem die unten benannten Privatnotenbanken die in § 45 des Bankgesetzes vom 14. März 1875 (RGBl. S. 177) vorgesehenen Nachweise erbracht haben[2], werden hierdurch die beschränkenden Bestimmungen der §§ 42 und 43 des Bankgesetzes zugunsten folgender Banken:

(1—5 sämtlich erloschen)

und die beschränkenden Bestimmungen des § 43 des Bankgesetzes zugunsten folgender Banken:

zitierten Bekanntmachungen des Reichskanzlers (betreffend die Errichtung von Reichsbankhauptstellen in Danzig, Kiel, Dresden und Nürnberg) und des Reichsbankdirektoriums (betreffend die Errichtung von Reichsbankstellen in Stolp usw.).

[1] Vgl. oben C I Anm. 142—145, 152, 166.

Die mit der Bek. v. 29. Dezember 1875 in der Hauptsache gleichlautende Zweite Bekanntmachung, betreffend die Anwendung der §§ 42 und 43 des BankG. v. 14. März 1875, vom 7. Januar 1876 (RGBl. S. 2) ist, nachdem sämtliche von ihr betroffenen Banken erloschen sind, gegenstandslos geworden.

[2] Oben C I S. 213.

6. der Frankfurter Bank[3],
7. der Bayerischen Notenbank,
8. der Sächsischen Bank zu Dresden,
9. der Württembergischen Notenbank,
10. der Badischen Bank,
11. der Bank für Süddeutschland zu Darmstadt[4]

als nicht anwendbar erklärt.

Die Noten der vorbezeichneten Banken werden an den aus der Anlage ersichtlichen Stellen eingelöst werden.

Die Prüfung der von einigen anderen Privatnotenbanken zufolge des § 45 a. a. O. vorgelegten Nachweise ist noch nicht abgeschlossen.

Berlin, den 29. Dezember 1875.

Der Reichskanzler.
v. Bismarck.

[3] Hat auf ihr Notenrecht verzichtet.
[4] Hat auf ihr Notenrecht verzichtet und ist erloschen.

Anlage.

Es werden eingelöst

Die Noten	
(1, 2, 4, 5 sind erloschen)	in Berlin:
3. der Sächsischen Bank zu Dresden . . .	bei dem Bankhause F. Mart. Magnus[5].

Die Noten	
(6, 7, 11 sind erloschen)	in Frankfurt a. M.:
8. der Bayerischen Notenbank	bei der „Frankfurter Bank".
9. der Württembergischen Notenbank	bei der „Frankfurter Bank".
10. der Badischen Bank .	bei der „Frankfurter Bank".

2. Bekanntmachung, betreffend die Einlösung der Banknoten der Sächsischen Bank. Vom 3. September 1879.

(RGBl. S. 286. Ausgegeben am 4. September 1879.)

Die Banknoten der Sächsischen Bank zu Dresden werden in Berlin vom 1. September d. J. ab bei dem Bankhause S. Bleichröder eingelöst.

Dies wird unter Bezugnahme auf die Bek. vom 29. De=

[5] Jetzt bei S. Bleichröder — vgl. die nachfolgende Bek. 2.

zember 1875 (RGBl. S. 390)[6] hiermit zur öffentlichen Kenntnis gebracht.

Berlin, den 3. September 1879.

Der Stellvertreter des Reichskanzlers.
Otto Graf zu Stolberg.

[6] Oben C XIX, Bek. 1.

Anhang.

A. Auszug aus den „Allgemeinen Bestimmungen über den Geschäftsverkehr mit der Reichsbank"[1].

I. Allgemeine Grundsätze.

1. Jeder ordentliche Geschäftsmann kann nach Maßgabe der nachfolgenden Bestimmungen mit der Reichsbank in Geschäftsverkehr treten. Er hat zuvor der Bankanstalt, in deren Bezirk er seinen Wohnsitz hat, die erforderlichen Mitteilungen über seine Verhältnisse zu machen, und wenn seine Firma in das Handelsregister eingetragen ist, einen beglaubigten Auszug aus demselben zu überreichen.
2. Soll der Geschäftsverkehr durch Prokuristen oder Bevollmächtigte vermittelt werden, so ist eine nur für

---

[1] Diese „Allgemeinen Bestimmungen", sowie das Verzeichnis der Bankplätze (Anhang B), das zugleich die nähere Anweisung über das Indossament, die Anfertigung der Verzeichnisse und Rechnungen über die zum Diskont eingereichten Wechsel enthält, werden bei jeder Reichsbankanstalt an die Interessenten unentgeltlich abgegeben.

den Verkehr mit der Reichsbank gültige Vollmacht nach dem von ihr bestimmten Muster auszustellen und bei ihr niederzulegen. Sollen an solche Personen Zahlungen geleistet werden, so muß noch eine persönliche Vorstellung der letzteren durch den Auftraggeber hinzutreten.

Diskontierungsgeschäft[2].

II. Ankauf von Wechseln und Schecks auf das Inland.

a) Wechsel.

1. (Erfordernisse der Wechsel.) Die Wechsel müssen der Wechselordnung beziehungsweise den an dem ausländischen Ausstellungsorte geltenden wechselrechtlichen Bestimmungen entsprechen, ordnungsmäßig gestempelt sein, auf einen Bankplatz lauten, eine Laufzeit von höchstens drei Monaten haben und die Unterschriften von in der Regel drei, mindestens aber zwei als zahlungsfähig bekannten Personen oder Firmen tragen; sie sind an die Bankanstalt des Zahlungsorts zu girieren.

Wechsel, welche am Sitze der ankaufenden Bankanstalt zahlbar sind, müssen vor dem Ankaufe mit Annahmevermerk versehen sein, ausgenommen solche Wechsel in Beträgen bis zu 500 M, die nur noch 14 Tage zu laufen haben oder, falls sie in weniger als 30 Tagen verfallen, mindestens drei Unterschriften tragen.

Unakzeptierte Domizilwechsel, welche länger als 8 Tage zu laufen haben, werden nur dann angekauft, wenn der Bezogene an einem Bankplatze wohnt.

---

[2] Vgl. BankG. § 13 Nr. 2, oben C I.

Wechsel, welche die Einschränkung „*oder Wert*" enthalten, oder auf einen andern Tag als den im Wechsel angegebenen Verfalltag akzeptiert sind, oder *Rasuren* oder *Korrekturen* enthalten, werden von der Reichsbank *nicht angekauft*.

Bei Wechseln mit *offenem (Blanko-)Giro* muß jedenfalls das Indossament an den Verkäufer und dasjenige des letzteren an die Bank ausgefüllt sein. Bei dem Indossament an die Reichsbank *kann* die Bezeichnung (Hauptstelle, Stelle oder Nebenstelle) und der Sitz der Bankanstalt des Zahlungsorts weggelassen werden, so daß das Giro lautet „An die Reichsbank . . . . . ." (Ort, Datum, Unterschrift). Bei Anwendung dieses abgekürzten Giros hat der Diskontant die Reichsbank in einem besonderen Reverse zu ermächtigen, das Giro durch Anfügung der Bezeichnung (Hauptstelle usw.) und des Sitzes der Bankanstalt des Zahlungsortes zu ergänzen. Wechsel auf Berlin müssen stets das volle Giro an das Reichsbankdirektorium tragen. Allongen müssen stets eine vollständige Bezeichnung des betreffenden Wechsels enthalten.

Die Wechsel sind mit den Fälligkeitstagen zu überschreiben, mit einer *Rechnung* einzureichen und übereinstimmend mit derselben zu ordnen.

2. (*Berechnung der Zinsen.*) Bei der Zinsberechnung wird jeder Monat zu 30 Tagen angenommen; indessen wird der Monat Februar bei solchen Wechseln, welche am letzten Februar fällig sind, nur zu 28 bzw. 29 Tagen gerechnet. Der Tag des Ankaufs wird nicht mitgezählt.

Mithin sind zu berechnen bei Wechseln

am	15. Februar	angekauft	per	5. März	20	Tage
„	15. „	„	„	28. Februar	13	„
„	15. „	„	„	29. „	14	„
„	28. „	„	„	5. März	7	„

An Zinsen sind mindestens zu berechnen:

a) 4 Tage auf Wechsel, welche am Ankaufsorte zahlbar sind;

b) 5 Tage auf solche nicht am Ankaufsorte zahlbaren Wechsel, welche in Stücken von 10000 M und mehr, oder bei Posten von mindestens 20000 M in Stücken von nicht unter 5000 M eingereicht werden;

c) 10 Tage für alle übrigen Wechsel.

Für jeden einzelnen Wechsel im Betrage von 100 M und weniger werden jedoch mindestens 30 Pf., für jeden Wechsel über mehr als 100 M mindestens 50 Pf. erhoben.

Für Wechsel in Beträgen von 100 M und weniger, welche so kurzsichtig sind, daß sie an den Bestimmungsort direkt versandt werden müssen, hat der Verkäufer das Versendungsporto zu tragen.

b) Schecks.

Die Bestimmungen für den Ankauf von Inlandswechseln gelten sinngemäß angewendet auch für den Ankauf von Schecks auf das Inland. Diese müssen daher den Anforderungen der §§ 1, 2 und 7 des Scheckgesetzes vom 11. März 1908 (RGBl. S. 71) entsprechen, ordnungsmäßig gestempelt sein, auf Bankplätze lauten und die Unterschriften von mindestens zwei als zahlungsfähig bekannten Verpflichteten tragen. Indes müssen der Diskontant wie der Bezogene des anzukaufenden Schecks Girokunden der Reichsbank sein. Schecks, die auf den Platz des Ankaufs lauten, sind von der Diskontierung ausgeschlossen. Im Auslande ausgestellte Schecks auf das Inland werden angekauft, falls sie nach den Rechten des Ausstellungslandes als Schecks mit entsprechender Regreßpflicht des Ausstellers und der Indossanten anzusehen sind.

Die Zinsen sind stets für fünf Tage zum Banksatz zu berechnen; für den einzelnen Scheck von 100 M und weniger sind jedoch mindestens 30 Pf., für jeden größeren Abschnitt mindestens 50 Pf. an Zinsen zu entrichten.

III. Der Ankauf von Wechseln und Schecks auf das Ausland[3].

Die Reichsbank kauft Wechsel auf Belgien, Dänemark, England, Frankreich, Holland, Italien, Norwegen, Schweden und die Schweiz, sowie Schecks auf diese Länder (mit Ausnahme Hollands), die in Belgien, Dänemark, Deutschland, England, Frankreich, Italien, Norwegen, Österreich-Ungarn, Portugal, Schweden, der Schweiz, Spanien oder Nordamerika ausgestellt sind, falls diese Papiere nach den in Betracht kommenden Gesetzen Wechselkraft haben und den gesetzmäßigen Anforderungen bezüglich der Form und der Stempelung entsprechen. Die Papiere müssen ferner hinsichtlich der Laufzeit und der Unterschriften den Bestimmungen des Bankgesetzes entsprechen und in der Geldsorte des Landes, in dem sie zahlbar sind, ausgestellt sein. Hinsichtlich der in „Mark"-Währung lautenden Auslandswechsel siehe unten.

Auf kurze Auslandswechsel und Schecks kommt gleichmäßig eine Ankaufsgebühr von $1/2$ pro Mille, mindestens 30 Pf. für das Stück, zur Erhebung. Der Ankauf erfolgt — von den Fällen, in denen das Reichsbankdirektorium einen anderweitigen Ankaufskurs festsetzt, abgesehen — zum letzten den Bankanstalten bekannt gewordenen amtlichen Kurs der Berliner Börse,

---

[3] Hinsichtlich der auswärtigen Plätze, auf welche Wechsel und Schecks angekauft werden können, sowie der Ankaufsbedingungen im einzelnen siehe Anm. 1.

bei Wechseln auf die Schweiz jedoch an den süddeutschen Anstalten zu den Notierungen der Frankfurter Börse. Der amtliche Kurs gilt so, wie notiert, indes nur für die Hauptplätze[4]. Die auf die Nebenplätze lautenden Papiere werden mit einem Abzug von 1 pro Mille, mindestens 30 Pf. für das Stück, angekauft. Papiere, welche die normale Größe nicht erreichen (nämlich 1000 Francs, Lire, Kronen oder 500 Florin und darüber), bedingen einen weiteren Abzug von 1 pro Mille. (Wechsel auf England in kleinen Beträgen unterliegen diesem Abzug nicht.)

Bei der Wertberechnung kommt bei Sichtpapieren und Wechseln mit einer Laufzeit bis zu 14 Tagen der kurze Kurs, bei längerer Laufzeit der lange Kurs in Anwendung. Schecks London (nicht jedoch London agents) und Paris machen eine Ausnahme, insofern deren Übernahme zum betreffenden Scheckkurs erfolgt, Abschnitte unter 50 £ jedoch mit einem Kursabschlag von 1 Pf. für 1 £, solche unter 1000 Fr. mit einem Kursabschlag von 5 Pf. für 100 Fr. Stimmt die Verfallzeit eines Wechsels nicht mit derjenigen überein, für welche die anzuwendende Kursnotiz sich versteht, so muß für den Unterschied dieser beiden Verfallzeiten eine Zinsenverrechnung nach dem Gesichtspunkt eintreten, daß ein Wechsel um so weniger wert ist, je länger er ist, und umgekehrt. Wenn der lange Kurs nicht notiert ist, wird bei allen Auslandswechseln der kurze Kurs mit Abzug der Zinsen für die über 8 Tage — bei Italien und Skandinavien über 10 Tage — hinausgehende Laufzeit zum Bankzinsfuß des Auslandes berechnet. Kurze Wechsel auf Paris mit börsenmäßiger Laufzeit sind, wenn an dem dem Geschäftsabschluß vorhergegangenen Devisentage der kurze Kurs nicht notiert war, zum

[4] London, Paris, Antwerpen, Brüssel, Amsterdam, Rotterdam usw.

letztnotierten Scheckkurs unter Kürzung der Zinsen für die Zeitdifferenz zwischen der Laufzeit des Schecks (2, wenn der zweite Tag in Paris ein gesetzlicher Feiertag ist: 3 Tage) und der des kurzen Papiers (5 bis 14 Tage) zum Pariser Bankzinsfuße zu berechnen. Nach dem gleichen Grundsatz ist langes Pariser Papier auf der Grundlage des Pariser Scheckkurses zu berechnen, wenn weder der lange, noch der kurze Pariser Kurs notiert ist.

Bei der Zinsberechnung werden die einzelnen Monate, falls der lange Kurs in Anwendung kommt, zu 30 Tagen, wenn hingegen der kurze Kurs oder der Scheckkurs angewendet wird, mit ihrer kalendermäßigen Tageszahl in Ansatz gebracht. Hat dabei der Verkäufer Zinsen an die Bank zu vergüten, so sind sie zu dem Diskontsatze des betreffenden Landes zu berechnen. Hat die Bank aber Zinsen zu erstatten, so ist ein Unterschied zwischen kurzen (Laufzeit bis zu 14 Tagen), langsichtigen (bei Wechseln auf England 75—90 Tage, sonst 45—90 Tage Laufzeit) und mittelsichtigen Wechseln (bei Wechseln auf England 15—74, sonst 15—44 Tage) zu machen. Auf kurze Wechsel von normaler Größe (siehe oben), sowie auf langsichtige Wechsel werden an Zinsen erstattet $^1/_2$ % unter dem ausländischen Diskontsatz, sofern dieser 4 % oder weniger beträgt, sonst 1 % unter dem ausländischen Satze; bei mittelsichtigen Papieren ist der Abschlag um $^1/_2$ % größer, er beträgt nämlich 1 und $1^1/_2$ %.

Bei Sichtpapieren und Schecks auf London und Paris findet eine Zinsberechnung nicht statt (weil die Übernahme zum Scheckkurs erfolgt, in welchem die Zinsdifferenz bereits zum Ausdruck gebracht ist).

Bei Sichtpapieren und Schecks auf die übrigen Länder (Übernahme zum kurzen Kurs) in normalen Abschnitten und auf die Hauptplätze lautend werden auf den kurzen Kurs Zinsen für 5 — bei Wechseln auf Italien und

Skandinavien aber für 7 — Tage zu einer den offiziellen Banksatz des Zahlungsortes um 1 % unterschreitenden Rate vergütet. Auf kleinere Abschnitte erfolgt eine Zinsvergütung nicht, vielmehr wird nur der kurze Kurs mit einem Abzug von 1 pro Mille bezahlt. Lauten die kleinen Abschnitte auf Nebenplätze, so tritt — wie bei allen Papieren auf Nebenplätze (siehe oben) — ein weiterer Abzug von 1 pro Mille, mindestens 30 Pf. für das Stück ein.

Auslandswechsel, die in „Mark"währung ausgestellt sind, können zum jeweiligen Diskontsatz der Reichsbank, wenn der Zinssatz im Ausland aber höher ist, zu diesem diskontiert werden. An Zinsen sind nicht weniger als 10 Tage, mindestens 30 Pf., bei Abschnitten von mehr als 100 M mindestens 50 Pf. für das Stück zu berechnen. Bei Wechseln mit einer kürzeren als 15 tägigen Laufzeit kommt noch eine Gebühr von ½ pro Mille, mindestens 30 Pf. für das Stück in Anrechnung; beim Ankauf von Markwechseln und von „o. K."-Wechseln auf Holland ist je eine Sondergebühr von 1 pro Mille in Abzug zu bringen.

Die angekauften Auslandswechsel sind vom Verkäufer an das Reichsbankdirektorium in Berlin zu girieren.

IV. Abgabe und Beschaffung von Wechseln, Schecks und Auszahlungen auf das Ausland[5].

Anträge sind an diejenige Bankanstalt zu richten, zu deren Bezirk der Antragsteller seinem Wohnsitz nach gehört. Der Auftrag kann durch die beteiligte Bankanstalt auch auf telegraphischem Wege nach Berlin übermittelt werden, wenn der Auftraggeber die Kosten des Telegramms trägt.

---

[5] Siehe Anm. 1 S. 303.

Wechsel auf das Ausland werden, soweit vorhanden, aus dem Portefeuille der Reichshauptbank in kurzer, längstens 14 tägiger Sicht — am Devisentage zum Tageskurs — abgegeben, wenn aber nötig und erwünscht, auftragsweise an der Börse beschafft.

Die Beschaffung von Wechseln auf Nebenplätze kann nicht in Aussicht gestellt werden. Als holländische Wechsel sind solche auf Amsterdam oder Rotterdam, als belgische solche auf Brüssel oder Antwerpen nach Wahl des Verkäufers gleichmäßig lieferbar.

Schecks auf das Ausland läßt das Reichsbankdirektorium werktäglich bis zu einer gewissen Höhe ausschreiben, und zwar auf die Korrespondenten in: London (bis zu 5000 £), Paris, Bordeaux, Le Havre, Lyon, Marseille, Nizza (50000 Frs.), Brüssel, Antwerpen, Basel, Zürich, Mailand, Florenz, Genua, Livorno, Neapel, Rom, Turin, Venedig (30000 Frs. oder Lire), Amsterdam, Rotterdam (20000 fl.), Kopenhagen, Stockholm (10000 Kr.). Höhere Summen bleiben vorbehalten.

Auszahlungen auf das Ausland leistet die Reichsbank auf die oben genannten Plätze sowie eine Anzahl englischer Nebenplätze. Die Auszahlung erfolgt an dem Tage, an welchem der Auftrag bei dem Korrespondenten der Reichsbank eintrifft. Bei den — englischen — Nebenplätzen erfolgt die Gutschrift auf dem Konto des Bankhauses des Empfängers in der Regel einen Tag nach dem Eintreffen des Avises bei den Londoner Korrespondenten.

Soll die Auszahlung an einem späteren Termin stattfinden, so werden dem Käufer für die Tage, um welche die Auszahlung später als die durch den Postenlauf (2—3 Tage) bedingte normale Auszahlungsfrist erfolgt, Zinsen vergütet.

Die Berechnung der abgegebenen Schecks oder Auszahlungen auf Paris und London (einschließlich der englischen Nebenplätze) erfolgt zu den betreffenden Scheckkursen, diejenigen der Schecks und Auszahlungen auf die übrigen Plätze zum betreffenden kurzen Kurse mit einem Zuschlag von Zinsen für 8 Tage bei Italien und Schweden, sonst für 6 Tage, zum entsprechenden Bankdiskont.

Die Berechnung von Abgaben, die an Devisentagen erfolgen, ist zum Tageskurs zu bewirken, diejenige von Auszahlungen zum Kurs des Tages, an dem an der Berliner Börse die Deckung beschafft werden kann.

Bei Kaufaufträgen, die an Nichtdevisentagen in Berlin eintreffen, ist der Berechnung der Kurs des vorangegangenen Börsentages zugrunde zu legen, sofern die Beträge in den einzelnen Valuten sich innerhalb bestimmter (auf S. 311 näher bezeichneter) Grenzen halten; bei höheren Beträgen kommt der Kurs des nächsten Devisentages zur Anwendung.

Bei Auslandswechseln, die vom Tage der Abnahme an noch eine längere als die usancemäßige Laufzeit haben, sind dem Käufer für die überschießenden Tage Zinsen zu dem betreffenden ausländischen Bankplatze zu vergüten.

Ist der kurze Pariser Kurs nicht notiert, so erfolgt die Berechnung kurzer Pariser Papiere auf der Grundlage des Pariser Scheckkurses.

An Gebühren ist auf die Abgabe von Wechseln, Schecks und Auszahlungen 1 pro Mille des Rechnungsbetrages, mindestens ein Betrag von 50 Pf. für jeden Posten auf dasselbe Land zu berechnen.

Werden für den Geldbetrag vom Käufer Wechseldiskont- oder Lombardgeschäfte mit mindestens 10tägigem Zinsgewinn gemacht, so werden weder beim auftragsweisen Ankauf, noch bei Abgaben aus dem Portefeuille oder für von der Reichsbank ausgestellte Schecks irgendwelche Gebühren in Rechnung gestellt. Die Gebührenberechnung kann auch dann unterbleiben, wenn und soweit der 10tägige Zins des Auslandswechselbetrages durch Diskontierung eines größeren Betrages von Wechseln mit kürzerer oder eines kleineren mit längerer als 10 tägiger Laufzeit erzielt wird.

Auch werden von sämtlichen Korrespondenten im Ausland Einzahlungen für die Reichsbank und deren Zweiganstalten in Deutschland zugunsten Dritter angenommen. An Gebühren kommen 1 pro Mille, mindestens 1 M in Anrechnung. Werden die Wechsel oder Schecks in mehreren Exemplaren (Original und Kopie bzw. Prima und Sekunda oder Kopie) eingereicht, so ist stets nur eins derselben vom Verkäufer an die Reichsbank zu girieren. Bei Wechseln auf gewisse bedeutendere Plätze, welche eine mehr als 20 tägige Laufzeit haben und über größere Beträge lauten, pflegt die Reichsbank die Annahme einzuholen, ohne daß eine Verpflichtung dieserhalb übernommen wird.

V. Ankauf gekündigter Wertpapiere[6].

Schuldverschreibungen des Reichs, eines deutschen Bundesstaats oder inländischer kommunaler Korporationen, landschaftliche Pfandbriefe, Provinzialrentenbriefe, Stammaktien und Prioritätsobligationen verstaatlichter deutscher Eisenbahnen, welche nach spätestens drei Monaten mit ihrem Nennwerte fällig sind, ferner Steuervergütungsanerkenntnisse auch mit einer über drei Monate hinausgehenden Laufzeit werden von sämtlichen Bankanstalten unter Kürzung der Zinsen bis zum Verfalltage zum Bankdiskont angekauft.

Das Porto, welches durch die unter voller Wertangabe erfolgende Einsendung diskontierter Wertpapiere an eine andere Bankanstalt entsteht, hat der Verkäufer zu tragen. Nur bei Steuervergütungsanerkenntnissen trägt die Reichsbank die Kosten der Versendung.

---

[6] Vgl. BankG. § 13 Nr. 2.

Soweit derartige Wertpapiere der Stempelabgabe nach Tarif Pos. 4 zum Reichsstempelgesetz vom 15. Juli 1909 unterliegen, hat der Verkäufer die hierfür verauslagten Kosten zu übernehmen.

Die Zinsberechnung entspricht derjenigen für den Ankauf von Inlandswechseln (vgl. S. 305, 306).

VI. Lombardverkehr[7].

Die Reichsbank erteilt in Berlin und bei den Zweiganstalten[8] Lombarddarlehne zu einem öffentlich bekanntgemachten Zinssatze[9] gegen Verpfändung von edlen Metallen, im Inlande lagernden Kaufmannswaren, Wechseln und — einschließlich der Reichs- und Staatsschuldbuchforderungen — von solchen Wertpapieren, deren Beleihungsfähigkeit das Reichsbankdirektorium ausgesprochen hat. Sind die letzteren bei dem Kontor der Reichshauptbank für Wertpapiere (unten Anh. XIII) niedergelegt, so genügt die Übergabe der hierüber ausgefertigten Depotscheine nebst einer Bescheinigung des Kontors über die Umlaufsfähigkeit der niedergelegten Papiere.

---

[7] Vgl. BankG. § 13 Nr. 3 u. 9, oben C I. Hinsichtlich der Gruppen von beleihbaren Wertpapieren und der Beleihungsgrenzen siehe ebenda. Das spezielle Verzeichnis der beleihbaren Papiere ist abgedruckt in den „Allgemeinen Bestimmungen usw.". S. Anm. 1 S. 303.

[8] Die Portokosten für die Hin- und Rücksendung von Unterpfändern zwischen den Reichsbanknebenstellen und deren vorgesetzten Bankanstalten trägt der Verpfänder, wenn das Darlehen vor Ablauf von 14 Tagen zurückgezahlt wird.

[9] Stempelabgaben, die etwa auf Grund der besonderen Landesgesetzgebung aus der Darlehnsgewährung erwachsen, trägt gleichfalls der Verpfänder. Vgl. auch § 21 der Bedingungen (Warenverpfändung).

Bedingungen
des
Lombardgeschäfts der Reichsbank.

A. Allgemeine.

§ 1. Darlehne in Beträgen von weniger als 500 M werden in der Regel nicht erteilt. Nach § 13 Nr. 3 des Bankgesetzes vom 14. März 1875 darf das Darlehn nicht auf länger als drei Monate erteilt werden.

§ 2. Das Darlehen kann täglich zurückgezahlt und täglich ohne Kündigungsfrist zurückgefordert werden. Zum Nachweise der Rückforderung genügt die Absendung eines eingeschriebenen Briefes an die Adresse des Darlehnsnehmers.

§ 3. Gerät der Schuldner mit der Rückzahlung in Verzug (§ 2) oder bleiben die Zinsen rückständig (§ 5), so ist die Reichsbank berechtigt, das Pfand unter Beobachtung des § 20 des Bankgesetzes vom 14. März 1875 und unter Ausschluß der Vorschriften in §§ 1234 und 1238 des BGB. bzw. § 368 des HGB. verkaufen zu lassen und sich aus dem Erlöse wegen Kapitals, Zinsen und Kosten bezahlt zu machen.

§ 4. Die Reichsbank ist berechtigt, wenn sie es zu ihrer Sicherheit, zum Zwecke des Verkaufs oder aus sonstigen Gründen für angemessen erachtet, das Unterpfand auf Gefahr und Kosten des Verpfänders nach anderen Lagerstellen, sei es am Orte selbst oder außerhalb, bringen und dort aufbewahren oder verkaufen zu lassen.

§ 5. **Die Zinsen sind alle drei Monate und möglichst vor dem Schlusse der Kalenderquartale zu entrichten.** Wird das Kapital jedoch schon früher vollständig zurückgezahlt, so sind die Zinsen gleichzeitig zu entrichten.

Die Zinsen werden bei Darlehnen gegen Verpfändung von Wertpapieren, einschließlich der Wechsel, wenn das

Darlehn vor dem Vierteljahrsschluß über den letzten Werktag des Vierteljahrs hinaus oder am ersten Werktage des neuen Vierteljahrs entnommen wird, mindestens für zehn Tage berechnet. Erfolgt die Rückzahlung des Darlehns aber erst nach dem siebenten Tage des ersten Monats im neuen Vierteljahr, so sind die Zinsen mindestens für vierzehn Tage zu entrichten. Bei allen übrigen Darlehnen werden die Zinsen nur bis zum Tage der Rückzahlung berechnet.

Auf jeden Pfandschein ist mindestens eine Mark Zinsen zu zahlen. Wird der Zinsfuß der Reichsbank allgemein erhöht oder ermäßigt, so tritt bei allen Darlehnen der neue Zinssatz sofort vom Tage der Einführung an in Kraft.

§ 6. Teilzahlungen sind nur in Beträgen von mindestens 10 vom Hundert der schuldigen Summe, jedoch nicht unter fünfhundert Mark, gestattet.

§ 7. Die Reichsbank behält sich zwar das Recht vor, übernimmt aber keine Verpflichtung, die Legitimation des Inhabers des Pfandscheins oder dessen, der über den Rückempfang des Pfandes quittiert, sowie die Echtheit der Quittung zu prüfen, sondern darf jeden, welcher den Pfandschein vorlegt, für den rechtmäßigen Eigentümer halten. Der Verpfänder hat daher den Pfandschein gehörig aufzubewahren, damit das Unterpfand nicht an einen unrechtmäßigen Inhaber ausgeantwortet werde oder ein solcher neue Darlehne darauf aufnehme.

Nach vollständiger Rückzahlung des Darlehns nebst Zinsen wird das Unterpfand, oder im Falle des Verkaufs der dem Verpfänder etwa verbliebene, bei der Reichsbank zinslos aufzubewahrende Überschuß nur gegen Rückgabe des quittierten Pfandscheins oder nach gerichtlicher Kraftloserklärung desselben herausgegeben. Die Quittung muß (ohne weiteren Zusatz) lauten:

„Das Unterpfand habe $\frac{\text{ich}}{\text{wir}}$ zurückerhalten."

(Ort, Datum, Unterschrift.)

§ 8. Alle Zahlungen des Schuldners an Kapital, Zinsen und Kosten werden von der Reichsbank vorschriftsmäßig gebucht, außerdem aber ohne weitere Quittungserteilung auf dem Pfandschein sowie auf dessen Abschrift (§ 12) eingetragen. Rückzahlungen, welche an eine von nur einem Beamten verwaltete Reichsbanknebenstelle[10] geleistet werden, haben der Reichsbank gegenüber nur dann Gültigkeit, wenn der Zahlende gleichzeitig derjenigen Reichsbankhauptstelle oder Reichsbankstelle, welche den Pfandschein ausgestellt hat, unmittelbar davon Anzeige macht.

§ 9. Reicht das Unterpfand zur vollständigen Befriedigung der Reichsbank nicht aus, so bleibt der persönliche Anspruch wegen des Fehlenden an den Verpfänder vorbehalten, selbst wenn er seine Rechte und Verbindlichkeiten aus dem Pfandschein einem anderen übertragen sollte.

§ 10. Die von der Reichsbank auf dem Pfandschein eingetragenen Vermerke über Veränderungen am Kapital oder am Unterpfande haben für beide Teile volle Beweiskraft und Verbindlichkeit.

§ 11. Alle Bestimmungen des Pfandscheins gelten für die etwa zugeschriebenen neuen Unterpfänder und Darlehne ebenfalls. Die sämtlichen Unterpfänder haften für die ganze Forderung der Reichsbank, gleichviel zu welcher Zeit die Zuschreibung neuer Unterpfänder oder Darlehne erfolgt ist, und können nach der Wahl der Reichsbank zusammen oder einzeln zur Berichtigung der Forderung an Kapital, Zinsen und Kosten nach § 3 veräußert werden.

§ 12. Der Verpfänder hat über den Empfang des Pfandscheins auf einer Abschrift davon, welche bei der Reichsbank bleibt, quittiert. Wenn dieser Pfandschein abhanden kommt, so soll gedachte Abschrift mit den darauf

---

[10] Vgl. BankG. § 37 und Anm. 119, 120 — oben C I.

von der Reichsbank nachgetragenen Veränderungen für beide Teile volle Beweiskraft und Verbindlichkeit haben.

§ 13. In bezug auf die Verwahrung der Unterpfänder hat die Reichsbank — vorbehaltlich der besonderen Vorschriften in § 20 — nur für diejenige Sorgfalt einzustehen, welche sie in eigenen Angelegenheiten anzuwenden pflegt (§ 277 BGB.). Zu einer Fortschaffung der Unterpfänder an einen anderen Ort ist die Reichsbank in keinem Fall, insbesondere auch nicht im Kriegsfall, verpflichtet.

B. Besondere.

I. Bei Verpfändungen von Reichs-, Staats- und Kommunalpapieren, Pfandbriefen, Eisenbahnaktien und anderen dergleichen Wertpapieren, sowie auch von Wechseln und Schuldbuchforderungen.[11]

§ 14. Die Reichsbank überwacht nicht, ob die ihr verpfändeten Wertpapiere zur Auszahlung aufgerufen, ausgelost oder gekündigt werden, oder ob sonst eine Veränderung betreffs derselben eintritt oder vorzunehmen ist. Hierauf zu achten und das Geeignete zu veranlassen

---

[11] Außer dem Reichsschuldbuch kommen zurzeit die Schuldbücher für Preußen, das Königreich Sachsen, die Großherzogtümer Hessen und Sachsen-Weimar (hinsichtlich der Buchschulden der Landes-Kreditkasse), Bremen und Hamburg in Frage. Der Darlehnsnehmer hat bei Verpfändung von Schuldbuchforderungen außer der Abgabe der von ihm handschriftlich zu vollziehenden Verpfändungserklärung einen Antrag auf Eintragung des Pfandrechts zugunsten der Reichsbank an die betreffende Schuldbuch-Verwaltung zu richten. Anstelle der notariellen oder gerichtlichen Beglaubigung erfolgt die Beglaubigung dieses Antrags durch die Reichsbank selbst.

ist lediglich Sache des Verpfänders, den auch allein die nachteiligen Folgen treffen, wenn die nötigen Maßregeln unterbleiben. — Dies gilt auch hinsichtlich der Folgen einer nicht rechtzeitigen oder nicht richtigen Abtrennung, Verwertung, Aushändigung und Neubeschaffung der Zinsscheine, mag die Abtrennung usw. vom Verpfänder selbst oder von Beamten der Reichsbank auf oder ohne Antrag des Verpfänders bewirkt werden.

§ 15. Sinkt während der Dauer des Darlehns der Kurs des Unterpfandes um fünf vom Hundert, so ist der Verpfänder verpflichtet, binnen drei Tagen die ursprüngliche Sicherheit dadurch wiederherzustellen, daß er nach Wahl der Reichsbank entweder eine verhältnismäßige Abschlagszahlung macht, oder das Unterpfand auf das ursprüngliche Verhältnis erhöht, widrigenfalls die Reichsbank, wenn sie nicht die Wiederherstellung der Sicherheit im Rechtswege verfolgen will, jederzeit berechtigt, aber nicht verpflichtet ist, sich aus dem Unterpfande nach § 3 bezahlt zu machen und den etwaigen Ausfall nach § 9 von dem Verpfänder einzuziehen.

§ 16. Wechsel und andere nicht auf jeden Inhaber lautenden Papiere müssen mit dem Blankogiro des Verpfänders versehen sein, und ist die Reichsbank behufs ihrer Befriedigung berechtigt, solche entweder nach § 3 verkaufen zu lassen, oder auf Gefahr des Verpfänders von den Schuldnern einzuziehen und in jedem Falle das Blankogiro auf sich selbst oder einen Dritten auszufüllen. Das Blankogiro begründet — auch der Reichsbank gegenüber — wechselmäßige Verpflichtung.

§ 16a. Im Falle der Verpfändung von Schuldbuchforderungen ist die Reichsbank, wenn der Schuldner mit der Rückzahlung des Darlehns (§ 2) oder mit der Entrichtung der Zinsen (§ 5) in Verzug gerät, berechtigt, von der Schuldbuchverwaltung die Ausreichung auf den Inhaber lautender Schuldverschreibungen gegen Löschung der Buchforderung oder eines entsprechenden Teiles dieser

Forderung zu verlangen. Das Pfand haftet auch für die durch die Ausreichung entstehenden Kosten. Auf die Befriedigung der Reichsbank aus den von der Schuldbuchverwaltung ausgereichten Schuldverschreibungen finden die Bestimmungen unter § 3 Anwendung. Ist das Darlehn nebst Zinsen vollständig zurückgezahlt, so wird dem Schuldner gegen Rückgabe des quittierten Pfandscheins — oder nach dessen gerichtlicher Kraftloserklärung — die kassierte Verpfändungserklärung sowie eine an die Schuldbuchverwaltung gerichtete Löschungsbewilligung gegen Quittung ausgehändigt.

II. Bei Warenverpfändungen.

§ 17. Der Lagerort der Waren, deren Besitz an die Reichsbank übertragen ist[12], und das Datum der Abschätzung sind im Pfandschein zu bemerken. Der Lagerort darf ohne Genehmigung der Reichsbank nicht geändert werden. Eine Umlagerung des Pfandes berührt den Pfandbesitz der Reichsbank nicht, welcher auch an dem neuen Lagerorte unverändert und ohne eine neue Übergabe fortgesetzt wird.

§ 18. Lagern die Waren auf Packhöfen, in Magazinen oder Niederlagen unter der Aufsicht öffentlicher Beamten, oder in einem mehreren Privatpersonen gemeinschaftlich gehörigen Speicher oder Lagerhause, oder sonst außerhalb der Reichsbank, so ist die Übergabe des Pfandes an die Reichsbank in der nach Verschiedenheit jedes dieser Fälle gesetzlich erforderlichen Form zu bewirken.

§ 19. Die Waren müssen, solange sie der Reichs-

[12] Vgl. BGB. § 1205. Wegen des (indossablen) die Ware vertretenden Lagerscheins (Warrants) s. HGB. v. 1897 § 363 Abs. 2, § 424. Die fragliche Ermächtigung zur Ausstellung indossabler Lagerscheine ist z. B. in Lübeck der dortigen Kaufmannschaft erteilt (AusfG. v. 30. Okt. 1899 § 165).

bank als Pfand dienen, gegen Feuersgefahr zur vollständigen Deckung der Reichsbank versichert werden. Der Versicherungsschein wird der Reichsbank ausgehändigt und dadurch mit der Befugnis verpfändet, sich daraus bei entstehendem Feuerschaden bezahlt zu machen. Die Reichsbank ist berechtigt, aber nicht verpflichtet, die Versicherung auf Gefahr und Kosten des Verpfänders zu bewirken und zu erneuern, und sind ihr alsdann die darüber erhaltenen Versicherungs- und Erneuerungsscheine, es mögen diese auf ihren oder des Verpfänders Namen lauten, mit derselben Befugnis verpfändet. Bei entstehendem Feuerschaden liegt dem Verpfänder allein ob, die Verpflichtungen des Versicherten aus dem Versicherungsschein zu erfüllen, die Reichsbank übernimmt deshalb keine Verantwortlichkeit, es möge die Versicherung von ihr selbst oder von dem Verpfänder bewirkt sein. Verpfänder ist aber verpflichtet, bei den Verhandlungen, welche über Feststellung eines Brandschadens an den verpfändeten Gegenständen (Waren) mit den Versicherungsgesellschaften gepflogen werden, die Reichsbank zuzuziehen und darf ohne ihre Zustimmung keinen Vergleich schließen, bei dem die Lombardschuld nebst Zinsen und Kosten nicht gedeckt ist.

§ 20. Die Reichsbank haftet für keinerlei Schaden, welcher ohne ihr grobes Versehen während des Lagerns an den Waren entsteht, sei es durch Verderben, Lecke an den Gebinden, Eintrocknen, Wurmfraß oder sonst, es mögen die Waren in den Gebäuden der Reichsbank oder anderswo lagern. Es ist Sache des Verpfänders, öfters nach den Waren zu sehen und zu ihrer Erhaltung selbst das Erforderliche vorzukehren, woran er von der Reichsbank nicht verhindert werden wird.

§ 21. Entstehen der Reichsbank durch die Versendung, die Abschätzung, Lagerung, Beaufsichtigung, Umpackung oder Sonderung der Waren, oder durch sonstige von der Reichsbank für nötig erachtete Maßregeln, Kosten, so trägt diese der Verpfänder. Für die Lagerung der Waren in den Gebäuden der Reichsbank sind die von dieser bestimmten Kosten zu entrichten. Für alle Kosten einschließlich der etwaigen Auslagen für die Versicherung gegen Feuersgefahr (§ 19) dienen der Reichsbank die Waren und der Versicherungsschein nebst den etwaigen Erneuerungsscheinen gleichfalls zum Unterpfande.

§ 22. Wenn die verpfändeten Waren um den sechsten Teil ihres Schätzungs- oder marktgängigen Wertes im Preise sinken oder ebensoviel während des Lagerns durch Veränderung ihrer Beschaffenheit oder Menge nach einer von der Reichsbank allein durch einen ihrer Beamten, ihren Schätzer oder einen anderen Sachverständigen zu veranlassenden Abschätzung am Werte verlieren, so ist der Schuldner verbunden, das Unterpfand sogleich verhältnismäßig zu verstärken oder einen entsprechenden Teil des Darlehns zurückzuzahlen. Geschieht binnen drei Tagen keines von beiden, so ist die Reichsbank, wenn sie nicht die Wiederherstellung der Sicherheit im Rechtswege verfolgen will, jederzeit berechtigt, aber nicht verpflichtet, sich aus dem Unterpfande nach § 3 bezahlt zu machen und den etwaigen Ausfall nach § 9 von dem Verpfänder einzuziehen.

VII. Giroverkehr.

Bestimmungen für den Giroverkehr der Reichsbank[13].

1. Die Anträge auf Eröffnung eines Kontos sind an diejenige Reichsbankanstalt zu richten, zu deren Bezirk der Antragsteller seinem Wohnsitze nach gehört.

---

[13] Vgl. BankG. § 12, Anm. 35 u. § 13 Nr. 7, Anm. 54 — oben C I.

Für den Giroverkehr der Reichsbankhauptstelle in

2. Wird der Antrag genehmigt, so erhält der Antragsteller außer den nötigen Formularen ein Kontogegenbuch, in welches seitens der Reichsbank alle von ihm oder für ihn bar oder durch Verrechnung eingehenden Gelder eingetragen werden. Andere Bescheinigungen werden nicht erteilt.

3. Bare Einzahlungen, angekaufte Wechsel und erteilte Lombarddarlehne, ferner Wechsel und Schecks, welche bei der das Konto führenden Reichsbankanstalt zahlbar und gehörig gedeckt sind, werden dem Girokonto sofort gutgeschrieben.

4. Über sein Guthaben kann der Kontoinhaber in beliebigen Teilbeträgen jederzeit verfügen, aber, abgesehen von den Bestimmungen unter Nr. 8, nur durch Schecks auf Formularen, welche ihm die Reichsbank geliefert hat. Verfügungen anderer Art werden nicht beachtet.

5. Bare Abhebungen erfolgen durch weiße Schecks, welche auf eine bestimmte Person oder Firma mit dem Zusatze „oder Überbringer" lauten. Die Reichsbank zahlt den Betrag an den Überbringer ohne Legitimationsprüfung, auch wenn der Scheck an eine bestimmte Person giriert ist[14].

Hamburg sind besondere, im einzelnen abweichende Bestimmungen erlassen.

Die kostenfreie Einziehung der den selbständigen Bankanstalten seitens ihrer Girointeressenten zu diesem Zwecke übergebenen Wechsel, Anweisungen usw. findet seit 1. April 1905 nicht mehr statt.

[14] Die „weißen" Schecks unterliegen dem Fixstempel von 10 Pfennig f. d. Stück gemäß Tarif Nr. 10 des Reichsstempelges. v. 15. Juli 1909. Wegen deren Einlösung bei einer anderen Stelle als derjenigen, welche das betreffende Konto führt, vgl. Anhang IXa, unten S. 335ff.

Soll der Scheck nur zur Verrechnung mit der Reichsbank oder einem Kontoinhaber benutzt werden, so muß er gekreuzt, d. h. auf der Vorderseite mit dem quer über den Text geschriebenen oder gedruckten Vermerke versehen werden: „Nur zur Verrechnung". In diesem Falle darf die Reichsbank den Betrag nicht bar auszahlen.

Zu Übertragungen auf Konten an demselben oder an einem anderen Bankplatze sind die roten Scheckformulare bestimmt. Sie müssen auf den Namen ausgestellt werden und sind nicht übertragbar[15].

Das Guthaben haftet der Reichsbank für ihre Forderungen aus allen Geschäftszweigen. Sie darf dagegen

[15] Da die Bank sich auf eine Prüfung, ob die bezeichneten Empfänger ein Girokonto bei der Reichsbank besitzen, nicht einläßt, so dient zur genauen Angabe der Namen usw. das „Verzeichnis der Inhaber von Girokonten bei der Reichsbank" (Berlin, A. Bath). In derselben Richtung wirkt es, daß viele Girokunden ihre Briefbogen und Formulare mit dem Aufdruck: „Reichsbank-Girokonto" versehen lassen.

Werden die für Übertragungen auf einen anderen Bankplatz bestimmten roten Schecks in der Zeit von 4 bis $4^1/_2$ Uhr nachmittags eingeliefert, so ist für jede Überweisung eine Gebühr von 50 Pfennig, bei Einlieferung in der Zeit von $4^1/_2$ bis 5 Uhr eine solche von einer Mark zu entrichten.

Für jede zurückgezogene Überweisung wird eine Gebühr von einer Mark erhoben.

Auf jede Überweisung nach außerhalb, welche auf den Wunsch des Einlieferers des roten Schecks behufs Beschleunigung sofort mittels besonderer schriftlicher Anmeldung erfolgen soll, ist außer der Portovergütung eine Gebühr von einer Mark zu zahlen, wenn nicht in Höhe der zu übertragenden Summe gleichzeitig langsichtige Wechsel diskontiert werden.

auch solche Forderungen aufrechnen, welche noch nicht fällig sind.

6. Alle die Ausführung eines Giroauftrages betreffenden Ansprüche der Kontoinhaber verjähren in zwei Jahren. Die Verjährung beginnt mit dem Schlusse des Jahres, in welchem der Auftrag der Reichsbank zugegangen ist.

7. Die Scheckformulare werden jedem Kontoinhaber nach Bedarf in Heften von mindestens 50 Stück gegen Quittung von der Reichsbank geliefert[16]. Er ist verpflichtet, die Formulare sorgfältig aufzubewahren und trägt alle Folgen und Nachteile, welche aus dem Verluste oder sonstigem Abhandenkommen dieser Formulare entstehen, wenn er nicht die sein Konto führende Bankanstalt rechtzeitig von dem Abhandenkommen schriftlich benachrichtigt hat, um die Zahlung an einen Unberechtigten zu verhindern.

Ebenso ist der Kontoinhaber der Reichsbank dafür verantwortlich, wenn er die in den Scheckformularen offen gelassenen Stellen nicht so ausfüllt, daß eine Fälschung unmöglich ist, oder wenn er von der auf der rechten Seite der weißen Schecks befindlichen Zahlenreihe nicht diejenigen Zahlen vor der Ausgabe abtrennt, welche den Betrag des Schecks übersteigen. Schecks, welche geschriebene Zusätze zwischen den vorgedruckten Zeilen enthalten, werden zurückgewiesen.

Verdorbene Scheckformulare sind mit dem Firma-

---

[16] Zum Zwecke der Erhebung eines neuen Scheckbuches befindet sich eine sorgfältig aufzubewahrende Empfangsbescheinigung vor dem letzten Scheckformular. Die Aushändigung des neuen Scheckbuches findet nur gegen diese von dem Kontoinhaber oder dessen Vertreter vollzogene Empfangsbescheinigung an den Überbringer statt. Zur Prüfung der Echtheit und Gültigkeit der Unterschriften ist die Reichsbank zwar berechtigt, aber nicht verpflichtet.

stempel oder dem Namen des Kontoinhabers versehen an die Reichsbank zurückzuliefern.

8. Wechsel, aus welchen ein Kontoinhaber zu einer Zahlung verpflichtet ist, sind bei der Reichsbank oder einem anderen Bankhause, welches mit der Reichsbank ausweislich des bei ihr aufgelegten Verzeichnisses[17] in täglicher Abrechnung steht[18], zahlbar zu machen und rechtzeitig zu avisieren. Im Besitze der Reichsbank befindliche Wechsel, welche weder bei ihr noch einem der in diesem Verzeichnisse genannten Bankhäuser zahlbar gemacht oder nicht rechtzeitig avisiert sind, müssen bar bezahlt werden.

Eingelöste Papiere werden dem Kontoinhaber gegen Empfangsbescheinigung ausgeliefert.

9. Verfügt der Kontoinhaber über mehr, als sein Guthaben beträgt, so lehnt die Reichsbank nicht nur die Zahlung ab, sondern behält sich auch vor, den Verkehr mit ihm sofort gänzlich abzubrechen. Verfügt er über sein ganzes Guthaben, so drückt er damit die Absicht aus, sein Konto zu schließen. Bei Schließung des

---

[17] Auch die bei einem Kontoinhaber domizilierten Wechsel können zur Zahlung bei der Bankanstalt, welche sein Girokonto führt, angewiesen werden. Zu diesem Behufe ist der Domizilvermerk wie folgt zu fassen: „Zahlbar bei der Reichsbank in zu Lasten des Girokontos von . ....."

Die Teilnehmer am Abrechnungsverkehr der Reichsbank sind in dem Verzeichnis der Inhaber von Girokonten (s. Anm. 15) mit einem Stern bezeichnet und außerdem — auch in den „Allgemeinen Bestimmungen" (Anm. 1) — besonders zusammengestellt.

[18] Diese Vorschrift steht mit der Einrichtung von Abrechnungsstellen (und Scheckvereinen) an den bedeutendsten Bankplätzen in Verbindung (s. oben BankG. § 12 Anm. 35 und unten Anh. IX Anm. 29, 30).

Kontos sind sämtliche unbenutzt gebliebenen Scheckformulare an die Reichsbank zurückzuliefern.

10. Die Girogelder werden nicht verzinst.

11. Die Kontogegenbücher sind möglichst oft[19], aber jedenfalls am 4. jedes Monats (mit Ausnahme des 4. Januar) und am 28. Dezember[20] abgeschlossen einzureichen.

12. Die Reichsbank erwartet, daß die Kontoinhaber von den ihnen vorstehend unter Nr. 8 eingeräumten Befugnissen regelmäßig Gebrauch machen, die Giroeinrichtung aber nur für sich selbst oder für andere Kontoinhaber, nicht für dritte Personen benutzen und ein der Mühewaltung entsprechendes bares Guthaben halten werden. Sie behält sich das Recht vor, den Vertrag ohne weiteres durch schriftliche Benachrichtigung aufzuheben, wenn dieser Erwartung nicht entsprochen wird oder wenn sie aus anderen Gründen die Aufhebung für angemessen erachtet.

Außerdem können die vorstehenden Bestimmungen nach 14 Tage vorhergegangener öffentlicher Ankündigung in den nach § 30 des Reichsbankstatuts bestimmten Blättern jederzeit abgeändert werden.

---

[19] Die Kontogegenbücher sind bei baren Einzahlungen möglichst jedesmal vorzulegen. Die Eintragungen der Kreditposten erfolgen durch die Beamten der Reichsbank. Die Führung der Debetseite kann dem Kontoinhaber selbst übertragen werden; derselbe hat alsdann die Aufrechnung zu bewirken.

[20] Für Berlin am 7. Juli und 31. Dezember. Behufs beschleunigter Aufklärung von Differenzen ist es erwünscht, wenn der Kontoinhaber beim Abschlusse jeder Seite oder, soweit dies wegen der großen Zahl der eingetragenen Posten untunlich erscheint, wöchentlich einmal den Saldo im Gegenbuche zieht und ihn auf neue Rechnung vorträgt.

13. Vor Eröffnung des Kontos hat sich der Kontoinhaber mit diesen Bestimmungen durch Vollziehung des unter denselben vorgedruckten Vermerks einverstanden zu erklären. Die Unterschriften der übrigen Personen, welche als Geschäftsteilhaber oder sonst zur Zeichnung des Namens oder der Firma des Kontoinhabers berechtigt sind, müssen bei der Reichsbank niedergelegt werden. Für Prokuristen oder Bevollmächtigte sind außerdem besondere Vollmachten nach den bei der Reichsbank eingeführten Formularen niederzulegen. Alle der Reichsbank mitgeteilten Unterschriften und Vollmachten bleiben so lange gültig, bis der das Konto führenden Bankanstalt schriftlich von dem Erlöschen Anzeige gemacht worden ist.

Die vorstehenden Bestimmungen für den Giroverkehr der Reichsbank sind zunächst für das Girokontor der Reichshauptbank, für die Reichsbankhauptstellen und Reichsbankstellen erlassen[21], demnächst auf die mit mindestens zwei Beamten besetzten, in dem Verzeichnis der Reichsbankanstalten (S. 368ff.) mit einem Stern (*) bezeichneten Reichsbanknebenstellen (mit erweiterten Befugnissen) ausgedehnt und finden auch auf die nur von einem Beamten verwalteten Reichsbanknebenstellen mit Kasseneinrichtung[22] mit folgenden Beschränkungen Anwendung:

1. Anträge auf Eröffnung eines Kontos sind an die Reichsbanknebenstelle zu richten, welche dasselbe führen soll.
2. Übersteigt eine bei der Reichsbanknebenstelle zum Zwecke der Gutschrift geleistete Einzahlung den Be-

---

[21] Vgl. BankG. §§ 36, 37 Anm. 113, 119, oben C I.
[22] Vgl. BankG. § 37 Anm. 120.

trag von 5000 Mark, so genügt die Eintragung in das Kontogegenbuch zum Nachweise der Zahlung der Reichsbank gegenüber nur dann, wenn der Kontoinhaber am Tage der Einzahlung der der Nebenstelle vorgesetzten Bankanstalt davon schriftliche Mitteilung macht. In Fällen, in welchen an einem Tage mehrere Einzahlungen geleistet werden, von denen jede für sich weniger als 5000 Mark beträgt, deren Gesamtsumme aber 5000 Mark überschreitet, hat die schriftliche Mitteilung wegen sämtlicher Einzahlungen zu erfolgen.

3. Bare Abhebungen erfolgen durch weiße Schecks, welche auf eine bestimmte Person oder Firma mit dem Zusatze „oder Überbringer" lauten, und zwar sowohl bei der Nebenstelle, soweit deren Bestände dies gestatten, als auch bei der derselben vorgesetzten Bankanstalt. Die Reichsbank zahlt den Betrag an den Überbringer ohne Legitimationsprüfung, auch wenn der Scheck an eine bestimmte Person giriert ist.
4. Wünscht der Kontoinhaber die Einlösung eines weißen Schecks bei der vorgesetzten Bankanstalt, so hat er denselben der Nebenstelle zuvor behufs der nötigen Buchung zum Abstempeln vorzulegen.
5. Giroübertragungen auf Grund roter Schecks in Beträgen von 1000 bis 150000 Mark werden der Bestimmungsanstalt unmittelbar — ohne Vermittlung der vorgesetzten Bankanstalt — von der Nebenstelle überwiesen, Summen von mehr als 50000 Mark jedoch nur, wenn gegen die Überweisung Wechsel- oder Lombardgeschäfte gemacht werden, aus welchen der Reichsbank ein mindestens zehntägiger Zinsgewinn erwächst[23]. Giroübertragungen auf Grund roter

[23] Diese Bestimmung ist dahin auszulegen, daß, unter Festhaltung der Mindestgrenze von 1000 Mark, die ersten 50000 Mark einer Übertragung stets, die

Schecks in Beträgen unter 1000 Mark werden der Bestimmungsanstalt direkt nur dann überwiesen, wenn vom Einlieferer eine Gebühr von 30 Pfennig für jede Überweisung gezahlt wird.

6. Wechsel, aus welchen ein Kontoinhaber zu einer Zahlung verpflichtet ist, sind bei der Reichsbanknebenstelle, oder der derselben vorgesetzten Bankanstalt, oder bei einem mit dieser letzteren ausweislich des bei ihr aufgelegten Verzeichnisses in täglicher Abrechnung stehenden Bankhause[24] zahlbar zu machen und rechtzeitig zu avisieren. Im Besitze der Reichsbanknebenstelle befindliche Wechsel, welche nicht bei ihr zahlbar gemacht oder nicht rechtzeitig avisiert sind, müssen bar bezahlt werden.
7. Halbjährlich einmal sind die Kontogegenbücher der Nebenstelle zur Übersendung an die derselben vorgesetzte Bankanstalt behufs Prüfung der Eintragungen einzureichen.
8. Vor Eröffnung des Kontos hat sich der Kontoinhaber mit den Bestimmungen durch Vollziehung des unter denselben vorgedruckten Vermerks einverstanden zu erklären. Die Unterschriften der übrigen Personen, welche als Geschäftsteilhaber oder sonst zur Zeichnung des Namens oder der Firma des Kontoinhabers berechtigt sind, müssen bei der Reichsbanknebenstelle und bei der derselben vorgesetzten Bankanstalt niedergelegt

---

darüber hinausgehenden Teilbeträge aber nur insoweit der Bestimmungsanstalt unmittelbar zu überweisen sind, als dagegen Geschäfte mit mindestens zehntägigem Zinsgewinne gemacht werden. Unter derselben Bedingung werden auch Giroübertragungen auf Grund von Einzahlungen eines Nichtgirokontoinhabers in Beträgen von 3000 bis 150000 Mark der Bestimmungsanstalt unmittelbar überwiesen.

[24] Vgl. Anm. 17, oben S. 326.

werden. Für Prokuristen oder Bevollmächtigte sind außerdem besondere Vollmachten nach den bei der Reichsbank eingeführten Formularen bei der Reichsbanknebenstelle niederzulegen. Alle der Reichsbank mitgeteilten Unterschriften und Vollmachten bleiben so lange gültig, bis der Reichsbanknebenstelle, sowie der derselben vorgesetzten Bankanstalt schriftlich von dem Erlöschen Anzeige gemacht worden ist.

VIII. Ein- und Auszahlungsverkehr[25].

Die Reichsbank vermittelt Zahlungen für Rechnung Dritter durch ihre Anstalten im Inlande sowie durch ihre Korrespondenten im Auslande.

Geschäfte der nachstehenden unter Ziff. 2, 3 und 4 angegebenen Art werden von den zum Ankaufe von Wechseln berechtigten Reichsbanknebenstellen nur vermittelt.

1. Einzahlungen für auswärtige Girokonten[26].

Für Rechnung sämtlicher Firmen, welche bei einer der Bankanstalten ein Girokonto besitzen, können während der Geschäftsstunden bare Einzahlungen zur Gutschrift angenommen werden.

Eingehende Postanweisungsbeträge für Nichtkontoinhaber können dem Girokonto eines anderen überwiesen werden.

Ansprüche wegen unrichtiger Gutschrift verjähren in sechs Monaten.

Übersteigt eine bei einer von nur einem Beamten verwalteten Reichsbanknebenstelle zum

---

[25] Vgl. BankG. § 13 Nr. 5, oben C I.

[26] Siehe oben Anhang VII.

Zwecke der Gutschrift oder zur Auszahlung bei einer anderen Reichsbankanstalt geleistete Einzahlung den Betrag von 5000 M, so ist die über die Einzahlung ausgestellte Quittung für die Reichsbank nur dann verpflichtend, wenn der Einzahler von der erfolgten Einzahlung noch an demselben Tage der der Nebenstelle vorgesetzten Bankanstalt schriftliche Mitteilung macht.

Die Gebühr beträgt 0,10 M für jede angefangenen 1000 M, mindestens aber 0,30 M für jede Einzahlung. Erfolgt eine derartige Einzahlung während der Geschäftszeit von $12^1/_2$ bis 1 Uhr vormittags oder in den Nachmittagsdienststunden bis 4 Uhr, so ist für jede einzelne Einzahlung noch eine Zuschlagsgebühr von 0,50 M, nach 4 Uhr eine solche von 1 M zu entrichten.

Wird eine Einzahlung von Nichtkontoinhabern oder von Kontoinhabern anderer Bankanstalten mit der Post eingesandt, so wird dafür, gleichviel ob dieselbe für ein Konto am Empfangsort oder für ein auswärtiges Konto bestimmt ist, eine Gebühr von 0,20 M für jede 1000 M, mindestens aber 0,50 M für jeden gutzuschreibenden oder zu überweisenden Einzelbetrag erhoben.

Gebührenfrei erfolgt nur die Überweisung

a) der Beträge solcher Wechsel- oder Lombardgeschäfte, aus welchen der Reichsbank ein mindestens zehntägiger Zinsgewinn von der zu überweisenden Summe erwächst;
b) der bar eingezahlten Beträge zur Gutschrift auf das Girokonto des Kontors der Reichshauptbank für Wertpapiere, welche zum Ankaufe von Wertpapieren oder als Zinsen von hinterlegten Hypothekenbriefen für Rechnung des Niederlegers bestimmt sind.

2. Einzahlungen zur Wiederauszahlung im Inland[27].

An sämtlichen mit Kasseneinrichtung versehenen Bankanstalten werden Einzahlungen zur Wiederauszahlung an Dritte bei einer dieser Bankanstalten angenommen, doch dürfen solche Einzahlungen, welche zur Wiederauszahlung bei einer nur von einem Beamten verwalteten Reichsbanknebenstelle bestimmt sind, den Betrag von 20000 M nicht übersteigen.

Über die geleisteten Einzahlungen erteilen die selbständigen Bankanstalten und die mit mindestens zwei Beamten besetzten Reichsbanknebenstellen eine Empfangsbescheinigung, dagegen die übrigen, nur von einem Beamten verwalteten Reichsbanknebenstellen eine vorläufige Quittung, welche gegen eine von der vorgesetzten Bankanstalt auszustellende Empfangsbescheinigung umgetauscht wird. Wegen Einzahlungen von mehr als 5000 M bei diesen Nebenstellen vgl. oben 1, Abs. 4.

An Gebühren werden berechnet für jede Einzahlung $^1/_5\,^0/_{00}$ für Summen bis zu 2500 M, mindestens aber 0,50 M; bei höheren Beträgen 1 Pf. mehr für jede angefangenen oder vollen 50 M.

Erfolgt eine derartige Einzahlung während der Geschäftszeit von $12^1/_2$ bis 1 Uhr vormittags oder in den Nachmittagsdienststunden bis 4 Uhr, so ist für jede einzelne Einzahlung noch eine Zuschlagsgebühr von 0,50 M, nach 4 Uhr eine solche von 1 M zu entrichten.

Gebührenfrei bleiben:

a) Geldüberweisungen von einer Bankanstalt an die

---

[27] Hinsichtlich der Einzahlungen zur Wiederauszahlung im Auslande sowie der Einzahlungen im Auslande zur Wiederauszahlung in Deutschland siehe oben Anhang IV S. 310ff.

andere, welche durch die Ausführung gebührenpflichtiger Geschäfte in Wertpapieren veranlaßt werden;

b) Einzahlungen, wenn gleichzeitig Wechsel- und Lombardgeschäfte mit einem Zinsgewinne gemacht werden, welcher einem zehntägigen Zinse von der zu überweisenden Summe zum jeweiligen Diskontsatz entspricht;

c) Geldüberweisungen von Girokontoinhabern an eine Bankanstalt, wenn der Betrag zur Deckung von Wechseln bestimmt ist.

3. Anweisungen.

Die Reichsbankhauptkasse, Reichsbankhauptstellen und Reichsbankstellen stellen auf besonderen Antrag Anweisungen ohne Beschränkungen hinsichtlich der Summe aufeinander aus. Der Antragsteller hat die Kosten des dafür zu verwendenden Stempels zu tragen. Von bekannten Häusern angebotene Bankanweisungen, die bei einer anderen Bankanstalt zahlbar sind, werden nach Rückfrage bei der bezogenen Bankanstalt gegen Kürzung der für die Ausstellung von Bankanweisungen festgesetzten Gebühr eingelöst. Gebührenberechnung erfolgt wie unter Ziff. 2.

Gebühren werden nicht erhoben, wenn gleichzeitig Diskont- oder Lombardgeschäfte mit einem Zinsgewinne gemacht werden, welcher einem zehntägigen Zinse von der zu überweisenden Summe zum jeweiligen Diskontsatz entspricht.

4. Kreditbriefe.

Einfache sowie Zirkular-Kreditbriefe mit höchstens sechswöchiger Gültigkeit können von den selbständigen Bankanstalten auf die Hauptbank sowie auf sämtliche Reichsbankhauptstellen und Reichsbankstellen erteilt werden.

Vor Ausstellung des Kreditbriefes hat der Antragsteller vollständige Deckung für den Betrag in barem Gelde, lombardfähigen Wertpapieren oder diskontablen Wechseln bei der Reichsbank zu hinterlegen. Wertpapiere werden hierbei nach den im Lombardverkehr vorgeschriebenen Beleihungssätzen berechnet.

An Gebühr wird für derartige Kreditbriefe $^1/_2$ ‰ des vollen Betrags, auf den sie lauten, erhoben, ohne Rücksicht darauf, ob der Kredit in vollem Umfang oder nur teilweise benutzt wird.

Wenn der Empfänger eines Kreditbriefs bei der Abrechnung die als Deckung hinterlegten oder andere Wechsel verkauft oder ein Lombarddarlehn entnimmt, so wird ihm die Gebühr bis auf die entsprechende Höhe, also $^1/_2$ ‰ des diskontierten Wechselbetrags oder des entnommenen Lombarddarlehns, zurückerstattet oder angerechnet, sofern der Bank aus diesen Geschäften unter Hinzurechnung der vereinnahmten Zinsen auf die abgehobenen Beträge ein mindestens zehntägiger Zinsgewinn erwächst.

IX. Auftragsgeschäfte[28].

a) Einziehungsgeschäft.

Wechsel, Anweisungen, Schecks auf inländische Bankhäuser sowie Wertpapiere aller Art, welche spätestens nach 14 Tagen an einem Bankplatz in Mark zahlbar sind, ferner Zins- und Gewinnanteilsscheine, Reichsschatzanweisungen, Wechsel und Schecks auf das Ausland, und zwar auf die Länder, auf welche die Reichsbank Wechsel und Schecks ankauft, endlich ausländische Banknoten

[28] Vgl. BankG. § 13 Nr. 5 oben C I. Die Reichsbank ist hier Einziehungskommissionär.

werden von den Bankanstalten von Personen und Firmen, welche zu ihrem Geschäftsbezirk gehören, zur Einziehung übernommen.

Aufträge, welche einer Bankanstalt von Personen oder Firmen außerhalb ihres Geschäftsbezirks unmittelbar zugehen, werden nur ausnahmsweise unter besonderen Umständen und dann gegen eine erhöhte Gebühr ausgeführt.

In Berlin und im Ausland zahlbare Papiere sind an das Reichsbankdirektorium, die übrigen an diejenige Bankanstalt zu girieren, an deren Sitz sie zahlbar sind. Dem Giro ist der für solche Fälle vorgesehene Vermerk „zum Inkasso" usw. hinzuzufügen. Auch müssen die Papiere gehörig versteuert sein und eine ausreichend lange Laufzeit besitzen, um vor Verfall am Zahlungsort eintreffen zu können; wenn sie weniger als 5 Tage zu laufen haben, so müssen die Abgeber die Reichsbank von der Verpflichtung zur rechtzeitigen Vorlegung und Protestaufnahme entbinden.

Die Gebühren betragen:

für Wechsel, Anweisungen, Schecks auf inländische Bankhäuser, welche einer Abrechnungsstelle[29] nicht angehören, Quittungen usw. auf auswärtige Reichsbankplätze bis zu 10000 M 1 ‰, für den 10000 M übersteigenden Betrag $^1/_5$ ‰, mindestens 50 Pf. für das Stück;

für Wechsel usw., die einer Bankanstalt von Personen usw. außerhalb ihres Geschäftsbezirks zugehen: 2 ‰, mindestens 50 Pf. für das Stück;

für Schecks auf Mitglieder der bei der Reichsbank bestehenden auswärtigen Abrechnungsstellen[30] sowie für weiße Schecks auf die Reichsbank[31], die bei einer anderen Bankanstalt als der-

---

[29], [30] Vgl. BankG. § 12 Anm. 35 und Anhang VII Anm. 18.

[31] Vgl. Anhang VII; hinsichtlich der Domizile im Giroverkehr siehe Anm. 17, ebenda S. 326.

jenigen, welche das betreffende Konto führt, zur Zahlung vorgelegt werden müssen, $^1/_5$ ‰, mindestens 30 Pf. für das Stück;

für die bei der Reichsbank domizilierten Auftragswechsel[32], ohne Unterschied, von wo und wie sie an die einziehende Reichsbankanstalt gelangen, $^1/_5$ ‰, mindestens 50 Pf. für das Stück;

für Zins- und Gewinnanteilscheine, die an einem Bankplatz zahlbar sind, $^1/_4$ %, mindestens 50 Pf. für jede Gattung (die Einlösung der Zinsscheine, für welche die Reichsbankanstalten Zahlstellen sind, erfolgt bei Vorlegung in deren Geschäftslokalen kostenfrei);

für Wechsel und Schecks auf das Ausland auf Hauptplätze 1 ‰, auf Nebenplätze $2^1/_2$ ‰, mindestens 1 M für jedes Papier;

für ausländische Banknoten $1^1/_2$ ‰, mindestens 1 M, dabei sind die Versendungsporti vom Einlieferer zu tragen;

für unbezahlt gebliebene Papiere außer den verauslagten Protest- und Portokosten 1 M für das Stück; hat eine Protesterhebung nicht stattgefunden, so werden außer Portokosten nur 50 Pf. für das Stück erhoben. Für gleichartige Papiere auf das Ausland: 1,50 M bzw. 1 M.

Kostenfrei erfolgt die Einziehung von Reichsschatzanweisungen, Schatzanweisungen des Großherzogtums Hessen sowie von Schecks auf die Preuß. Zentralgenossenschaftskasse in Berlin.

b) Einholung von Wechselakzepten und Abhebung von Duplikatwechseln.

Den Girokunden der Reichsbank ist es gestattet, sich der Vermittelung der letzteren zur Einholung von

---

32 Auch Nichtgirokontoinhaber haben das Recht, bei der Reichsbank Wechsel zahlbar zu machen.

Wechselakzepten und zur Abhebung von Originalwechseln gegen Vorzeigung von Duplikaten oder Kopien an Orten, auf welche die Bank Wechsel ankauft (Bankplätze), zu bedienen.

Der Auftrag ist von dem Auftraggeber unmittelbar an diejenige Bankanstalt, welche die Akzepteinholung oder -abhebung bewirken soll, portofrei einzusenden.

An Gebühren sind für jeden Wechsel ohne Rücksicht auf die Höhe des Betrags 0,50 M bar oder in deutschen Postbriefmarken beizufügen.

c) Vermittlung der Umwandlung von Reichsanleihen, sowie preußischen, hessischen und Bremer Staatsanleihen in Buchschulden.

Von sämtlichen mit Kasseneinrichtung versehenen Bankanstalten und von dem Kontor der Reichshauptbank für Wertpapiere in Berlin werden in Verbindung mit den auszuführenden Aufträgen zum Ankaufe von:
Reichsschuldverschreibungen,
preußischen Staatsschuldverschreibungen,
hessischen Staatsschuldverschreibungen,
Bremer Staatsschuldverschreibungen
auf Wunsch auch Aufträge zur Umwandlung der angekauften Stücke in Buchschulden entgegengenommen.

Gebühren werden für diese Vermittlung der Umwandlung in Buchschulden nicht berechnet.

Werden dagegen Schuldverschreibungen zu dem gleichen Zweck an den Schaltern der Bankanstalten eingeliefert, so ist für die Vermittlung eine Gebühr von $1/5$ ‰ des Nennwerts — bei einem Mindestsatze von 0,50 M — zu entrichten, auch sind die Portokosten zu erstatten.

d) Vermittlung der Umschreibung von ostpreußischen Pfandbriefen auf den Namen des Inhabers.

Sie erfolgt durch sämtliche Bankanstalten (mit Ausnahme der Reichsbankhauptstelle Königsberg).

Gebühr 15 Pf. für den Pfandbrief, mindestens 50 Pf. für den Posten; außerdem sind vom Auftraggeber die Porti zu erstatten.

e) An- und Verkauf von Wertpapieren[33].

Aufträge zum An- und Verkaufe von Wertpapieren werden von der Börsenabteilung des Kontors der Reichshauptbank für Wertpapiere in Berlin sowie von allen auswärtigen Bankanstalten entgegengenommen.

Ankaufsaufträge werden erst dann ausgeführt, wenn der dazu erforderliche Geldbetrag bei dem Kontor der Reichshauptbank für Wertpapiere oder der betreffenden Bankanstalt bar eingezahlt oder bankmäßig sichergestellt ist; in letzterem Falle werden die Zinsen für etwaige Vorschüsse zum Bankzinsfuß, für Vorschüsse auf lombardfähige Wertpapiere zum Lombardzinsfuß berechnet. Verkaufsaufträge kommen erst dann zur Ausführung, wenn die zu verkaufenden Papiere eingeliefert und in Ordnung befunden sind[34].

Die Versendung der angekauften oder der zu verkaufenden Papiere erfolgt unter voller Wertangabe, wenn der Auftraggeber nicht eine andere Wertangabe ausdrücklich vorgeschrieben hat. Das entstehende Porto fällt dem Auftraggeber zur Last.

An Gebühren berechnet die Reichsbank für den

[33] Vgl. BankG. § 13 Nr. 6 — oben C I.

[34] Vgl. ebenda und Reichsbankstatut § 10 — oben C II.

Ankauf und Verkauf vom Nennwert der Wertpapiere $1\,^1/_2\,^0/_{00}$, jedoch mindestens 0,50 M für jede Gattung und die verauslagten Stempelgebühren. Maklergebühr bleibt außer Ansatz.

Wollen Personen Papiere, welche sie dem Kontor der Reichshauptbank für Wertpapiere in Verwahrung und Verwaltung gegeben haben, verkaufen, so haben sie dem betreffenden schriftlichen Auftrage den Depotschein beizufügen.

X. Einlösung von Zins- und Gewinnanteilsscheinen und gekündigten Wertpapieren sowie Ausreichung neuer Zins- und Gewinnanteilsscheine.

Die Einlösung von Zins- und Gewinnanteilsscheinen nachstehender Wertpapiere erfolgt bei sämtlichen mit Kasseneinrichtung versehenen Bankanstalten in den Vormittagsstunden kostenfrei:

1. Reichsschatzanweisungen, 2. Reichsanleihen, 3. Preußische Schatzanweisungen, 4. Konsolidierte Preußische Staatsanleihen, 5. Deutsche Schutzgebietsanleihe von 1908, 6. Hamburgische Staatsrente von 1879 zu $3\,^1/_2\,\%$ (Einlösung nur bei den selbständigen Bankanstalten), 7. Landschaftliche Zentral-Pfandbriefe, auch die gekündigten Stücke (Einlösung in Berlin nicht bei der Reichsbank, sondern nur bei der Zentrallandschaft), 8. Ostpreußische Pfandbriefe und Schuldverschreibungen (Einlösung in Königsberg nicht bei der Reichsbank, sondern nur bei der Ostpreuß. Generallandschaftskasse), 9. Reichsbankanteile (Dividendenscheine).

Die Einlösung der Zinsscheine 1—6 und 8 findet vom 21. des dem Fälligkeitstermin voraufgehenden Monats ab statt.

Für die durch die Post eingehenden Zinsscheine der Ziff. 5—9 wird für die Versendung des entsprechenden Geldbetrages eine Gebühr von $^1/_5\,‰$, mindestens aber 0,50 M für jede Sendung erhoben.

Die Ausreichung neuer Zinsscheinbogen zu 2, 4 und 9 erfolgt durch sämtliche mit Kasseneinrichtung versehenen Bankanstalten, zu 6 nur durch die selbständigen Bankanstalten.

XI. Hypothekenzahlungsverkehr[35].

1. Die Reichsbank nimmt Hypothekendokumente aller Art (Hypothekenbriefe, Abtretungserklärungen, Löschungsbewilligungen und überhaupt alle im Hypothekengeschäfte vorkommenden Urkunden), die Zug um Zug gegen Zahlung an einen anderen ausgeliefert werden sollen, zu getreuer Hand entgegen, bewahrt sie bis zum Zahlungstag auf, gibt dem andern Teil Gelegenheit zur Prüfung der Dokumente und händigt sie ihm am Zahlungstage gegen Empfang der Zahlung aus. Voraussetzung ist, daß die Zahlung durch Giroüberweisung zwischen zwei Kontoinhabern oder aus dem Giroguthaben eines Kontoinhabers oder zur Gutschrift auf das Girokonto eines Kontoinhabers erfolgt.

2. Der Zahlungsempfänger hat die Dokumente spätestens am siebenten Werktage vor dem Zahlungstermin der zuständigen Reichsbankanstalt zu übergeben. Die Dokumente sind in einem unverschlossenen, aber umschnürten Umschlag einzureichen, auf welchem

---

[35] Der Hypothekenzahlungsverkehr ist seit 1. Februar 1908 bei der Reichshauptbank, den Reichsbankhauptstellen, den Reichsbankstellen und den von mindestens zwei Beamten verwalteten Reichsbanknebenstellen eingeführt. Die nur von einem Beamten verwalteten Reichsbanknebenstellen bleiben von dem neuen Geschäftszweig zunächst ausgeschlossen.

a) Zeichen und Nummer des Umschlags (wird durch die Reichsbank ausgefüllt),
b) die Anzahl der darin enthaltenen Dokumente,
c) der Name und Wohnort des Einlieferers,
d) der Name und Wohnort des Zahlers und Empfängers der Dokumente oder seines Bevollmächtigten, letzterenfalls unter Kenntlichmachung des Vollmachtverhältnisses,
e) der Betrag der Zahlung,
f) der Tag der Zahlung und Aushändigung der Dokumente,
g) der Name und Wohnort des Zahlungsempfängers

angegeben sind.

In dem Umschlage muß sich ein Verzeichnis der darin enthaltenen Dokumente befinden, damit erforderlichenfalls die Richtigkeit des Inhalts geprüft werden kann.

3. Über den Empfang der Dokumente wird dem Einlieferer von der Reichsbank Quittung erteilt.

4. Die Reichsbankanstalt, bei der die Dokumente eingeliefert werden, übersendet diese ohne Verzug derjenigen Reichsbankanstalt, in deren Bezirk der Empfänger wohnt.

5. Sache des Einlieferers der Dokumente ist es, den Empfänger von der Einlieferung zu benachrichtigen und ihn zur Prüfung der Dokumente und Empfangnahme gegen Zahlung aufzufordern. Es empfiehlt sich, hierzu das eingeführte Formular zu benutzen.

Eine Benachrichtigung des Empfängers durch die Reichsbank erfolgt nicht.

6. Die Prüfung hat in den Geschäftsräumen der Reichsbank in Gegenwart eines Reichsbankbeamten, und zwar spätestens am dritten Werktage vor dem Zahlungstermin zu geschehen.

Hypothekenbanken und sonstigen Kreditanstalten sowie Versicherungsunternehmungen kann auf ihren An=

trag ein für allemal, jedoch vorbehaltlich des jederzeitigen Widerrufs, nötigenfalls gegen Sicherheitsleistung, die Prüfung der Dokumente in ihren eigenen Bureaus gestattet werden. Über den Antrag und die Art und Höhe der zu leistenden Sicherheit entscheidet das Reichsbankdirektorium.

Öffentlichen (staatlichen, provinziellen oder kommunalen) Anstalten und Notaren kann die Prüfung der Dokumente in ihren eigenen Bureaus durch die aushändigende Reichsbankanstalt ohne Sicherheitsleistung gestattet werden.

7. Ergeben sich bei der Prüfung Beanstandungen, so hat der Dokumentenempfänger hiervon dem Einlieferer sofort Mitteilung zu machen, und dieser hat, wenn möglich, die rechtzeitige Erledigung zu veranlassen.

8. Hat der Zahler ein Girokonto, so hat er bis zum Zahlungstage für das Vorhandensein eines entsprechenden Guthabens auf diesem Konto zu sorgen und am Zahlungstage die Überweisung der Zahlung in der für den Giroverkehr vorgeschriebenen Form zu betätigen oder die bereits erfolgte Überweisung nachzuweisen, wogegen ihm die Reichsbank die vorher von ihm eingesehenen Dokumente im umschnürten Umschlage gegen Quittung aushändigt.

Hat er kein Girokonto, so erfolgt die Aushändigung der Dokumente gegen bare Zahlung des von dem Einlieferer auf dem Umschlag angegebenen Betrags.

Hat der Zahlungsempfänger ein Girokonto, so wird die empfangene Zahlung diesem Konto gutgeschrieben. Hat er ein solches nicht, so wird der Betrag der Bankanstalt seines Wohnsitzes gebührenfrei überwiesen, woselbst er die Geldsumme bar in Empfang nehmen oder auf andere Weise darüber verfügen kann.

9. Dokumente, die am Zahlungstage nicht zur Einlösung gelangen, werden von der Reichsbank am folgen-

den Tage zurückgesandt und dem Einlieferer gegen dessen Quittung ausgehändigt.

10. Als Gebühr erhebt die Reichsbank 0,10 M von jedem angefangenen Tausend des Betrags der gegen Aushändigung der Dokumente zu leistenden Zahlung, mindestens aber 2 und höchstens 20 M. Die Gebühr ist von dem Einlieferer der Dokumente bei der Einlieferung zu entrichten, sofern sie nicht anderweit sichergestellt ist. Sie wird zur Hälfte zurückerstattet, wenn Abnahme der Dokumente und Zahlung abgelehnt werden.

XII. Annahme unverzinslicher Depositengelder. Bardepositen[36].

Depositengelder werden von der Reichsbank nicht verzinst, dagegen kann jedermann unverzinsliche Gelder bei ihr hinterlegen, und zwar unter folgenden

Bedingungen:

1. Die Rechte aus dem über die geleistete Einzahlung erteilten Quittungsbuche sind nicht übertragbar.

2. Die erste Einlage muß mindestens 150 M betragen. Alle, auch die späteren Einlagen müssen durch 10 teilbar sein. Alle Ein- und Auszahlungen werden ausschließlich von der Bank eingetragen. Diese Vermerke haben volle Beweiskraft, sowohl dem Einleger, als der Bank gegenüber, wenn sie mit dem Stempel der Bankstelle und den Unterschriften der diese vertretenden Beamten versehen sind. Kann das Quittungsbuch nicht vorgelegt werden, so beweisen an dessen Stelle die Bücher der Bank.

3. Die Rückzahlung der Einlagen erfolgt auf Wunsch jederzeit. Sie kann sich auf einen Teil des Guthabens

[36] Vgl. BankG. § 13 Nr. 7 — oben C I.

beschränken; er darf aber nicht unter 50 M betragen und muß durch 10 teilbar sein.

4. Die Reichsbank ist berechtigt, den deponierten Betrag zu kündigen; dies geschieht gültig durch die Absendung eines eingeschriebenen Briefes an die Adresse des Deponenten.

5. Rückzahlungen dürfen an jeden erfolgen, der das Quittungsbuch vorlegt; zur Prüfung der Legitimation ist die Bank zwar berechtigt, aber nicht verpflichtet.

6. Der Verlust oder das Abhandenkommen des Quittungsbuchs ist der Reichsbank sogleich schriftlich anzuzeigen. Weitere Zahlungen erfolgen alsdann nur gegen den Nachweis gerichtlicher Kraftloserklärung.

7. Den Stempel auf Quittungen über zurückgezahlte unverzinsliche Depositen trägt die Reichsbank.

XIII. Offene Depots von Wertpapieren[37].

Das Kontor der Reichshauptbank für Wertpapiere in Berlin, SW. 19, nimmt Wertpapiere und Dokumente jeder Art in Verwahrung. Die Übergabe kann auch durch einen Beauftragten oder durch die Post erfolgen. Das Kontor selbst ist werktäglich von 9 bis 12½ Uhr geöffnet. — Die Beamten des Kontors sind verpflichtet, über alle zu ihrer Kenntnis gelangenden Vermögensangelegenheiten der Niederleger gegen jedermann das unverbrüchlichste Stillschweigen zu beobachten. — Wollen Behörden, Körperschaften, Stiftungen, Anstalten, Gesellschaften oder Handelsfirmen von der Einrichtung Gebrauch machen, so bedarf es dieserhalb erst einer besonderen Verständigung. — Mehrere einzelne Personen, höchstens aber fünf, können gemeinschaftlich Papiere niederlegen, wenn sie den Niederlegungsantrag (Deklaration)

---

[37] Vgl. BankG. § 13 Nr. 8 — oben C I.

mit folgendem Zusatz einreichen: „Über die hinterlegten Wertpapiere, sowie die eingehenden Gelder kann durch jeden einzelnen von uns oder durch die Rechtsnachfolger eines jeden verfügt und quittiert werden." Über jede Gattung von Papieren wird ein besonderer Depotschein erteilt; für eine jede ist daher ein besonderer Niederlegungsantrag einzureichen. Die Depotscheine werden namens des Kontors ausgestellt und von drei Vorstandsbeamten unterschrieben. Die Nummern der Papiere werden auf den Depotscheinen nicht verzeichnet. — Nur bei verlosbaren Papieren kann der Niederleger eine Abschrift des Nummernverzeichnisses dem Niederlegungsantrage beifügen, welche er im Falle der Annahme des Depots mit dem Depotschein abgestempelt zurückerhält. — Den Niederlegern ist gestattet, ein beliebig zu wählendes Paßwort verschlossen einzureichen, ohne dessen Angabe die Auslieferung des Depots versagt werden kann (vgl. Bed. Nr. 10). Da das Paßwort nur beachtet werden kann, sofern der Depotschein mit einem darauf bezüglichen Vermerke seitens des Kontors versehen ist, so empfiehlt sich, es sogleich bei der Niederlegung der Papiere einzureichen. — Die Aufbewahrung der Papiere erfolgt unter nachstehenden

A. Bedingungen

für die Aufbewahrung von offenen Depots bei der Reichsbank (ausschließlich der Mündeldepots).

1. Die Reichsbank übernimmt für die sichere und getreue Aufbewahrung der ihr übergebenen Papiere die gesetzliche Gewähr und außerdem die Verpflichtung:
   a) die zu den Papieren gehörigen Zins- und Gewinnanteilsscheine, wenn sie in Berlin oder

am Sitze einer Zweiganstalt der Reichsbank zu einem festen Kurse in Reichswährung eingelöst werden, an den Fälligkeitstagen einzuziehen, andernfalls an der Berliner Börse oder anderweit bestens verkaufen zu lassen;

b) die in der allgemeinen Verlosungstabelle nach Vereinbarung mit der Reichsbank, der Königlichen Seehandlung (Preußische Staatsbank) und dem Zentralverbande des Deutschen Bank- und Bankiergewerbes, zusammengestellt von Ulrich Levysohn in Berlin, während der Dauer der Aufbewahrung erscheinenden Ziehungs- oder Verlosungslisten und Bekanntmachungen über Kündigung oder Konvertierung von Papieren nachsehen zu lassen und die danach zur Rückzahlung gelangenden Stücke an den festgesetzten Zeitpunkten zur Einlösung vorzulegen oder die beantragte Konvertierung zu besorgen, auch die Stücke, wenn sie in Berlin oder am Sitze einer Zweiganstalt der Reichsbank zu einem festen Kurse in Reichswährung nicht eingelöst werden, an der Börse oder anderweit bestens verkaufen zu lassen.

Die Benachrichtigung der Niederleger über Kündigungen und Konvertierungen erfolgt durch gewöhnliche Briefe oder, wenn es sich um ganze Gattungen oder Serien von Wertpapieren handelt, durch den Deutschen Reichs- und Königlich Preußischen Staatsanzeiger, sowie andere geeignete öffentliche Blätter nach Wahl der Reichsbank. Jedenfalls ist die Reichsbank ermächtigt, in Ermangelung besonderer Anträge oder Erklärungen der Niederleger, deren Interesse nach bestem Ermessen wahrzunehmen, insbesondere angebotene Konvertierungen für deren Rechnung zu besorgen;

c) die nach a und b eingehenden Beträge in Berlin bei dem Kontor für Wertpapiere spätestens am dritten Werktage, bei den Reichsbankanstalten und im Fall der Überweisung auf Giro- oder Postscheckkonto spätestens am achten Werktage nach Fälligkeit zur Verfügung des Empfangsberechtigten zu stellen;

d) die neuen Zins- und Gewinnanteilsscheine rechtzeitig abheben zu lassen, wenn der betreffende Erneuerungsschein mit den Papieren niedergelegt ist oder die Abhebung gegen Vorzeigung der Papiere selbst erfolgen kann;

e) vollgezahlte Interimsscheine in endgültige Stücke umzutauschen;

f) das mit den niedergelegten Papieren jetzt oder später etwa verbundene Bezugsrecht auf neue Papiere geltend zu machen, und die weiteren Einzahlungen auf nicht vollgezahlte Papiere für den Niederleger zu leisten, wenn er solches spätestens acht Tage vor Ablauf der dazu festgesetzten Zeitpunkte schriftlich beantragt und den erforderlichen Geldbetrag mit den Gebühren (vgl. Nr. 2) gleichzeitig einzahlt.

Der Verkauf an der Börse (a und b) erfolgt acht Tage vor Fälligkeit der in Europa zahlbaren und 14 Tage vor Fälligkeit der an außereuropäischen Plätzen zahlbaren Zinsscheine oder Papiere.

2. Für die mit diesen Leistungen verbundene Mühewaltung und Gefahr ist für das Jahr eine Gebühr von $^1/_2$ vom Tausend, bei im Auslande ausgestellten Papieren von $^3/_4$ vom Tausend — also 50 oder 75 Pfennig für je angefangene 1000 Mark des Nennwertes der Papiere — mindestens aber 2 Mark bei Lospapieren und Inhaberpapieren mit Prämien, sowie bei im Auslande ausgestellten Papieren

mindestens 3 Mark für jeden Depotschein zu entrichten. Läßt sich der Wert eines Dokuments in einer bestimmten Geldsumme nicht abschätzen, so beträgt die Gebühr 15 Mark für das Jahr. Das Jahr wird von dem **Ersten des Monats, in welchem die Niederlegung stattfindet, bis zum Ersten des entsprechenden Monats im nächsten Jahr** gerechnet. — Papiere in ausländischer Währung werden behufs Ermittelung der Gebühren nach untenstehenden festen Sätzen, im übrigen nach dem Berliner Börsenbrauch in Reichswährung umgerechnet[38]. — Für die Erhebung und Auszahlung von baren Geldern bei verlosten, gekündigten oder konvertierten Papieren (1 b), ferner für die Geltendmachung des Bezugsrechts und für Einzahlungen (1 f) berechnet die Reichsbank außer den Auslagen an Porto, Maklergebühr usw. $^1/_8$ vom Hundert (mindestens aber 50 Pfennig) der zu leistenden oder zu erhebenden Zahlungen. Für die Abhebung neuer Zins- und Gewinnanteilsscheine, sowie für den Umtausch der Interimsscheine (1 d, e) werden nur die baren Auslagen berechnet.

3. Die Gebühren sind ohne Rücksicht auf die Dauer der Aufbewahrung für je ein volles Jahr im voraus zu entrichten. Sie werden den Zinsen oder sonst

---

[38] Umrechnung nach Nr. 2 der Bed.: 1 Pfund Sterling = 20,40 M. 1 Frank, Lira, Peseta, Leu = 0,80 M. 1 österr. Gulden (Gold) = 2,00 M. 1 österr. Gulden (Währung) = 1,70 M. 1 österr.-ungarische Krone = 0,85 M. 1 Gulden holl. Währung = 1,70 M. 1 skandinav. Krone = 1,125 M. 1 alter Goldrubel = 3,20 M. 1 Rubel, Kreditrubel = 2,16 M. 1 Peso (Gold) = 4,00 M. 1 Peso (Papier) = 1,75 M. 1 Dollar = 4,20 M. 7 Gulden süddeutscher Währung = 12,00 M. 1 Mark Banko = 1,50 M.

vorhandenen Beträgen entnommen und in deren Ermangelung durch Postnachnahme eingezogen. Ist auch hierdurch die Zahlung nicht zu erreichen, so wird die Rücknahme des Depots verlangt (vgl. Nr. 15). Wegen der rückständigen Gebühren darf sich die Reichsbank aus dem Depot ohne gerichtliches Verfahren, nötigenfalls mittels Verkaufs nach § 20 des Bankgesetzes bezahlt machen.

4. Die gezahlten Gebühren werden in keinem Falle zurückerstattet. Dagegen werden die vor Ablauf des Depotjahrs infolge von Auslosung, Verkauf oder Zurücknahme eines Teiles der niedergelegten Papiere über den Rest der betreffenden Depots auszustellenden neuen Depotscheine sowie diejenigen Depotscheine, deren Neuausfertigung durch eine Konvertierung bedingt wird, für den bereits gezahlten Zeitraum kostenfrei erteilt.

Falls weitere Wertpapiere niedergelegt werden sollen, deren Vereinigung mit vorhandenen Depots zulässig ist, kann auf Antrag und gegen Rückgabe der in Betracht kommenden Depotscheine die Zusammenlegung zu einem Depot erfolgen. Die im voraus entrichteten Jahresgebühren (Nr. 3 der Bedingungen) werden alsdann, soweit sie auf den noch nicht abgelaufenen Teil des Depotjahres entfallen, bei Erhebung der Gebühren für das neue Gesamtdepot in Anrechnung gebracht. In gleicher Weise können kleinere Depots zu einem größeren vereinigt werden.

5. Nachteile, welche durch unrichtige Bezeichnung der Papiere oder unrichtige Eintragung der Nummern in die Niederlegungsanträge entstehen, sind von der Reichsbank nicht zu vertreten. Insbesondere erfolgt das Nachsehen der Verlosungen usw. (1 b) lediglich nach Maßgabe der Eintragungen in den Anträgen.

6. Irrtümer, welche bei der Ausstellung der Depotscheine vorgekommen sind, müssen sofort bei deren Empfang gerügt werden.
7. Die Depotscheine lauten auf den Namen und sind nicht übertragbar. Werden sie trotzdem übertragen oder verpfändet, oder werden die Depots gerichtlich gepfändet, so ist die Reichsbank berechtigt, die Papiere auf Gefahr und Kosten des Niederlegers bei der öffentlichen Hinterlegungsstelle zu hinterlegen oder die ihr nach diesen Bedingungen obliegende Verwaltung des Depots, insbesondere die Erhebung und Auszahlung der Zinsen usw. ohne Hinterlegung der Papiere einzustellen.
8. Die Zinsen von Hypothekenbriefen können bei der Kasse des Kontors für Wertpapiere oder bei einer Reichsbankanstalt auf Girokonto des Kontors für Wertpapiere für Rechnung des Niederlegers unter Angabe der Nummer des Depotscheins eingezahlt werden. Die Einzahlung und Überweisung erfolgt gebührenfrei. Es ist Sache des Niederlegers, die Schuldner zur Zahlung an die Reichsbank anzuweisen.
9. Die Niederleger müssen in dem Niederlegungsantrage angeben, ob die eingehenden Zinsen bei einer Zweiganstalt der Reichsbank, durch Übertragung auf ein Girokonto, durch Überweisung auf Postscheckkonto oder durch Barzahlung[39] an der Kasse des Kontors erhoben werden sollen. — Abänderungen in dieser Beziehung, sowie ein Wechsel hinsichtlich der ursprünglich gewählten Bankanstalt oder des be-

---

[39] Barzahlungen finden statt:
bei den Zweiganstalten werktäglich von 9 bis 12 Uhr vormittags;
an der Kasse des Kontors werktäglich zwischen 9 und 12½ Uhr.

zeichneten Giro- oder Postscheckkontos sind spätestens vier Wochen vor Fälligkeit derjenigen Zinsscheine, bei welchen die neue Art der Abhebung in Kraft treten soll, mittels besonderen Schreibens anzuzeigen, widrigenfalls die Auszahlung in der früher beantragten Weise erfolgt. Die Erhebung an mehreren Orten ist nicht zulässig. Die Erhebung kann auch durch einen Bevollmächtigten oder durch die Post erfolgen. Im letzteren Falle hat der Niederleger seinem Antrage die Quittung über den Betrag, den er abheben will, beizufügen. Die Absendung des Geldes geschieht an die von dem Niederleger angegebene Adresse. Sind mehr als 300 Mark aus Zinsen verfügbar, so können sie in Teilbeträgen abgehoben werden, aber nicht unter 150 Mark. Die Abhebung der Zinsscheine in natura ist nur bei den im Auslande ausgestellten Papieren zulässig, wenn dies bei ihrer Niederlegung ausdrücklich gewünscht wird.

10. Jedes einzelne Depot kann nur im ganzen zurückgenommen werden. Die Herausgabe erfolgt nur gegen Rückgabe des auf der Vorderseite mit Quittung: „Das vorstehende Depot habe ich zurückerhalten. Ort, Datum, Unterschrift," versehenen Depotscheins oder, wenn er verloren ist, nach seiner gerichtlichen Kraftloserklärung. Soll die Auslieferung nicht an den Niederleger, sondern an eine bestimmte andere Person oder Firma erfolgen, so ist dem Kontor vorher schriftlich Nachricht zu geben. Die Legitimation des Inhabers des Depotscheins, sowie die Gültigkeit und Echtheit der Quittung zu prüfen, ist die Bank zwar berechtigt, und sie wird von dieser Befugnis jedenfalls dann Gebrauch machen, wenn der Überbringer des Depotscheines das etwa eingereichte Paßwort nicht anzugeben vermag; eine Verpflichtung zu einer solchen

Prüfung übernimmt sie aber nicht; sie behält sich vielmehr das Recht vor, das Depot an jeden herauszugeben, der ihr den Depotschein überbringt. Wird die Herausgabe seitens der Erben oder Testamentsvollstrecker eines verstorbenen Niederlegers beantragt, so ist die Bank in allen Fällen berechtigt, die Vorlage eines Erbscheins oder eines Testamentvollstreckerzeugnisses zu verlangen.

11. Die Versendung der hinterlegten Papiere, sowie der Erneuerungs-, Zins- und Gewinnanteilsscheine (1 d und e), ebenso die Versendung von Depotscheinen, Dokumenten, Wechseln, Schecks und Anweisungen durch die Post geschieht auf Gefahr und Kosten des Niederlegers, bei Depotscheinen, Erneuerungsscheinen, Wechseln, Schecks, Anweisungen und Hypothekendokumenten usw. mittels „eingeschriebenen" Briefes, bei den übrigen Wertschaften unter voller Wertangabe, wenn der Niederleger nicht etwas anderes ausdrücklich beantragt hat. Bare Geldsendungen werden stets voll deklariert. Die Versicherung von Wertsendungen bei Privatgesellschaften vermittelt die Reichsbank nicht.

12a. Es ist gestattet, in dem Niederlegungsantrage zu erklären, daß der Niederleger als Inhaber der elterlichen Gewalt (Vater oder Mutter), als Vormund oder als Pfleger von nach Namen, sowie nach Alter oder sonstigen Gründen der Geschäftsunfähigkeit genau zu bezeichnenden Personen handle.

Eltern haben dabei die Geburtsscheine der Kinder und bei Deponierung nach § 1814 BGB. außerdem noch die die Hinterlegung anordnende gerichtliche Verfügung einzureichen. Vormünder und Pfleger haben die erteilte Bestallung vorzulegen und, wenn die Niederlegung nicht mit der unter b angegebenen Bestimmung erfolgen soll, den Nachweis zu erbringen, daß sie von der Vorschrift des

§ 1814 BGB. befreit sind. Die Reichsbank zahlt alsdann dem Niederleger zwar die eingehenden Zinsen und Gewinnanteile ohne Berechtigungsprüfung; will er aber die Wertpapiere selbst oder die dafür nach 1b eingehenden Beträge erheben, so muß er sich als Inhaber der elterlichen Gewalt erneut ausweisen oder seine Bestallung als Vormund oder Pfleger abermals vorlegen und sich, falls er dem Kontor nicht bekannt ist, durch eine diesem bekannte zuverlässige Person vorstellen lassen. Ist dies nicht möglich und besteht er dennoch auf der Ausantwortung, so wird diese durch Versendung an ihn mit der Post bewirkt. (Nr. 11.)

b. Die Niederlegung kann mit der in den Depotschein aufzunehmenden Bestimmung erfolgen, daß über die Wertpapiere (einschließlich der Erneuerungsscheine) nur mit Genehmigung des Vormundschaftsgerichts verfügt werden kann. (§ 1814 BGB.)

In diesem Fall ist, so lange die Beendigung der elterlichen Gewalt, Vormundschaft oder Pflegschaft nicht nachgewiesen wird, zur Ausantwortung auch noch die seitens des Gerichts auf dem Depotscheine erklärte Genehmigung der Aushändigung an den namentlich zu bezeichnenden Empfänger erforderlich.

c. Zur Prüfung der Echtheit und Gültigkeit der Quittung, der Bestallung oder der Genehmigung des Vormundschaftsgerichts ist die Reichsbank nicht verpflichtet. Die Aufhebung der Vormundschaft, Pflegschaft oder elterlichen Gewalt über einzelne von mehreren Miteigentümern eines Depots hat auf das vorliegende Verhältnis keinen Einfluß.

13. Soll zur Erhebung der Zinsen und Gewinnanteile und zur rechtsgültigen Quittungsleistung darüber

eine dritte Person berechtigt sein, so ist dies in einer von jener Person mitvollzogenen, bei dem Kontor niederzulegenden Erklärung auszusprechen. — Desgleichen bedarf es der Niederlegung einer besonderen Vollmacht nach bestimmtem Muster, sofern eine dritte Person (sei es auch ein Prokurist oder Generalbevollmächtigter) befugt sein soll, für den Niederleger Erklärungen rechtsgültig abzugeben und über die Depots und Zinsen usw. zu verfügen und zu quittieren.

14. A. Soll eine dritte Person vertragsmäßig oder auf Grund einer letztwilligen Verfügung lebenslänglich die Zinsen oder Gewinnanteile der hinterlegten Papiere beziehen, — oder

B. sind die Wertpapiere zur Sicherung des einem Offizier bei seiner Verheiratung zugesicherten Zuschusses niedergelegt, — oder

C. ist die Niederlegung mit der Bestimmung erfolgt, daß die Herausgabe der Wertpapiere einschließlich der Erneuerungsscheine **nur mit Zustimmung einer dritten Person verlangt werden kann,**

so ist eine entsprechende Erklärung nach bestimmtem Muster dem Kontor bei der Niederlegung zu behändigen und der Niederlegungsantrag mit dem Zusatze (am Schlusse über die Unterschrift) zu versehen: „Gesperrt nach Nr. 14 A — oder B oder C — der Bedingungen." Der Depotschein wird alsdann mit dem gleichen Vermerke bedruckt. In den Fällen A und B erfolgt die Zahlung der Zinsen und Gewinnanteile, sowie die Rückgabe des Depots **an den Niederleger oder dessen Rechtsnachfolger:** zu A, ohne Zustimmung jener dritten Person **nur bei Vorlegung einer standesamtlichen Bescheinigung über deren Tod;** zu B, nur **unter schriftlicher Zustimmung**

der zuständigen Militärbehörde. In dem Fall zu C werden die Wertpapiere einschließlich der Erneuerungsscheine dem Niederleger oder dessen Rechtsnachfolgern nur **mit Zustimmung jener dritten Person** oder ihrer Rechtsnachfolger herausgegeben. — Auf die Prüfung der Echtheit und Gültigkeit der Zustimmungserklärungen finden in den Fällen A und C die Bestimmungen unter Nr. 10 entsprechende Anwendung.

15. Die Reichsbank kann jederzeit ohne Angabe von Gründen die Rücknahme des Depots verlangen, und wenn die Rücknahme binnen 14 Tagen nach Absendung schriftlicher Aufforderung nicht erfolgt, die Papiere auf Gefahr und Kosten des Niederlegers bei der öffentlichen Hinterlegungsstelle hinterlegen, oder die ihr nach diesen Bedingungen obliegende Verwaltung des Depots, insbesondere die Erhebung und Auszahlung der Zinsen usw. ohne Hinterlegung der Papiere einstellen.

16. Die Reichsbank behält sich vor, die Niederlegungsbedingungen zu verändern. Die Veränderung ist in den zu öffentlichen Bekanntmachungen des Reichsbankdirektoriums bestimmten Blättern und durch Aushang im Kontor für Wertpapiere vor dem 15. November bekannt zu machen, wenn die neuen Bestimmungen schon für das nächste Kalenderjahr hinsichtlich der vorhandenen Depots Geltung haben sollen.

Zur Beachtung. Sofern die in Verwahrung gegegebenen Papiere nach den Bestimmungen über den Lombardverkehr dazu geeignet und nicht nach Nr. 14 der Bedingungen gesperrt sind, kann der Niederleger bei der Reichshauptbank, sowie bei den Zweiganstalten der Reichsbank gegen Verpfändung der Papiere unter gleichzeitiger Niederlegung des Depotscheins Lombarddarlehne erhalten. Er muß jedoch die Umlaufsfähigkeit der Papiere durch eine Bescheinigung des Kontors für Wertpapiere nachweisen, welche auf Verlangen jederzeit erteilt wird[40].

B. Bedingungen

für die Verwahrung von „Mündeldepots" bei der Reichsbank.

1. Wertpapiere, welche zum Bestandteile eines Mündelvermögens gehören und der Aufsicht des Vormundschaftsgerichts unterliegen (§ 1814 des BGB.), werden bei sämtlichen Reichsbankhauptstellen und Reichsbankstellen[41] zur Verwahrung angenommen, sofern deren Einlieferung ohne Zins- oder Gewinnanteilscheine, aber mit den Erneuerungsscheinen (Anweisungen, Talons) erfolgt.

   Desgleichen ist die Annahme von Papieren als Mündeldepots zulässig in den Fällen, in welchen die Inhaber der elterlichen Gewalt (Vater oder Mutter) auf Grund der §§ 1667, 1686 BGB. zur Hinterlegung von Papieren nach § 1814 a. a. O. angewiesen sind.
2. Die Übergabe kann durch den Vormund oder den Pfleger, den Vater oder die Mutter selbst oder durch einen Beauftragten mit eigenhändig vollzogenem Niederlegungsantrage direkt oder mit der Post geschehen; in jedem Falle ist die gerichtliche Bestallung, bei gesetzlicher Vertretung die die Hinterlegung anordnende gerichtliche Verfügung zur Einsicht vorzulegen. — Formulare zu den Niederlegungsanträgen sind bei den Reichsbankanstalten zu haben.

---

[40] Vgl. oben Anhang VI S. 314ff.

[41] Die Reichsbanknebenstellen erteilen Auskünfte über die Verwahrung von Mündeldepots, verabfolgen auch die erforderlichen Formulare zu Niederlegungsanträgen, nehmen solche Depots jedoch nicht entgegen.

3. Für die sichere und getreue Verwahrung der Papiere übernimmt die Reichsbank die gesetzliche Gewähr; irgend welche Verwaltungshandlungen übt sie nicht aus; es ist lediglich Sache des Vormundes, Pflegers oder gesetzlichen Vertreters, die Zinsscheinbogen rechtzeitig zu erneuern, die Ziehungs- oder Verlosungslisten und Bekanntmachungen über Kündigung oder Konvertierung der Papiere nachzusehen und die zur Rückzahlung gelangenden Stücke an den festgesetzten Zeitpunkten zur Einlösung zu bringen bzw. die Konvertierung zu besorgen, Interimsscheine in endgültige Stücke umzutauschen, das mit den niedergelegten Papieren etwa verbundene Bezugsrecht auf neue Papiere geltend zu machen und die weiteren Einzahlungen auf nicht vollbezahlte Papiere zu leisten usw.[42].
4. Über sämtliche gleichzeitig eingelieferten Papiere wird ein Mündeldepotbuch ausgestellt, in welches die Papiere nach Gattungen und Beträgen, nicht aber deren Nummern eingetragen werden. Nur bei verlosbaren Papieren kann der Niederleger eine Abschrift des Nummernverzeichnisses dem Niederlegungsantrage beifügen, die er im Falle der Annahme des Depots mit dem Depotbuch abgestempelt zurückerhält.
5. Die Mündeldepotbücher werden namens der betreffenden Reichsbankhauptstellen oder Reichsbankstellen ausgefertigt und nach Beidrückung des Amtssiegels von zwei Vorstandsbeamten unterschrieben.

[42] Will der Vormund, daß die Ausübung dieser Verwaltungshandlungen seitens der Reichsbank geschieht, so hat er die Hinterlegung der Papiere bei dem Kontor der Reichshauptbank für Wertpapiere in Berlin nach Maßgabe der dort bestehenden Bedingungen und unter Bezugnahme auf § 1814 des BGB. zu bewirken.

Bei jeder Einlieferung sowohl wie bei jeder Herausnahme von Papieren ist das Mündeldepotbuch der betreffenden Bankanstalt zur Eintragung der stattgehabten Veränderungen zu übergeben. — Irrtümer, welche bei Ausstellung oder Veränderung der Bücher vorgekommen sind, müssen sofort bei deren Empfangnahme gemeldet werden.

6. Solange die Aufhebung der Vormundschaft, Pflegschaft oder Vertretung nicht nachgewiesen wird, ist zur Ausantwortung der Papiere oder eines Teiles derselben sowie der Erneuerungsscheine (Anweisungen, Talons) die seitens des Gerichts erklärte Genehmigung der Aushändigung an den namentlich zu bezeichnenden Empfänger erforderlich. Letzterer hat auf der gerichtlichen Verfügung über den Empfang der darin bezeichneten Papiere bzw. der Erneuerungsscheine zu quittieren und falls er den Beamten der Bank nicht persönlich bekannt ist, seine Identität durch Vorlegung geeigneter Dokumente (Bestallung usw.) nachzuweisen. Ist ihm dies nicht möglich oder hegt die Bank Zweifel an der Echtheit der Unterschrift, so ist sie berechtigt, eine Beglaubigung zu verlangen oder die Versendung der Papiere an den bezeichneten Empfänger mit der Post zu bewirken. Eine Verpflichtung hierzu sowie zur Prüfung der Gültigkeit und Echtheit der Quittung oder der gerichtlichen Herausgabegenehmigung übernimmt die Bank indessen nicht, behält sich vielmehr das Recht vor, nach Vorlage der gerichtlichen Genehmigung die Papiere an jeden herauszugeben, der ihr das Mündeldepotbuch oder, falls dieses verloren, das gerichtliche Amortisationserkenntnis überbringt. Das Buch ist daher aufs sorgfältigste zu verwahren.

7. Die dem Vormund oder Pfleger zum Zwecke der Erhebung neuer Zinsscheinbogen erteilte gerichtliche

Genehmigung zur Herausnahme der Erneuerungsscheine wird diesem bei ihrer Rückgabe mit einer die Wiedereinlieferung betreffenden Bescheinigung der Verwahrungsstelle zum Ausweise für das Vormundschaftsgericht zurückgegeben. Eine Kontrolle über die Rücklieferung dieser Erneuerungsscheine übt die Reichsbank nicht aus.

8. Die Versendung der hinterlegten Papiere sowie der Mündeldepotbücher geschieht auf Gefahr und Kosten des Niederlegers, und zwar, solange dieser nichts anderes bestimmt hat, bei ersteren unter voller Wertangabe, bei letzteren mittels eingeschriebenen Briefes.

9. An Gebühren sind zu entrichten:
   1. eine einmalige Gebühr von 1 M, bei Ausfertigung jedes Mündeldepotbuches;
   2. eine fortlaufende jährliche Verwahrungsgebühr von $^1/_5$ vom Tausend für je angefangene 1000 M des Gesamtnennwertes der jedesmal gleichzeitig eingelieferten oder der zu Anfang jedes neuen Depositionsjahres vorhandenen Papiere.

   Papiere in ausländischer Währung werden behufs Ermittelung der Gebühren nach den auf S. 349 angegebenen festen Sätzen in Reichswährung umgerechnet.

10. Das Depositionsjahr läuft vom Ersten des Monats, in welchem die erste, in dem Depotbuche verzeichnete Niederlegung stattgefunden hat, bis zum Ersten des entsprechenden Monats im nächsten Jahre und gilt gleichmäßig für alle in dasselbe Buch später eingetragenen Papiere Der Vormund kann für später niedergelegte Wertpapiere die Ausstellung eines besonderen Depotbuchs mit eigenem Depositionsjahr verlangen.

11. Die Gebühren sind ohne Rücksicht auf die Dauer der Verwahrung für je ein volles Jahr im voraus zu zahlen; über den Empfang wird in dem Mündel-

depotbuch bescheinigt, welches deshalb bei jeder Gebührenzahlung der Bankanstalt vorzulegen ist. Gezahlte oder bereits belastete Gebühren werden in keinem Falle zurückgerechnet.

12. Die Mündeldepotbücher sind nicht übertragbar; werden sie trotzdem übertragen oder verpfändet, oder werden die Papiere gerichtlich gepfändet, so ist die Bank berechtigt, sie auf Gefahr und Kosten der Mündel bei der öffentlichen Hinterlegungsstelle zu hinterlegen. Das gleiche gilt, wenn die Bank — ohne Angabe von Gründen — die Rücknahme des Depots verlangt und die Rücknahme innerhalb vier Wochen nach Absendung der schriftlichen Aufforderung nicht erfolgt.

13. Die Reichsbank behält sich vor, diese Bedingungen zu verändern. Die Veränderung ist in den zu öffentlichen Bekanntmachungen des Reichsbankdirektoriums bestimmten Blättern und durch Aushang in den Geschäftsräumen der einzelnen Bankanstalten vor dem 15. November bekannt zu machen, wenn die neuen Bestimmungen schon im nächsten Kalenderjahr für die vorhandenen Depots Geltung haben sollen.

XIV. Verschlossene Depositen[43].

Bedingungen,

unter welchen die Reichsbank verschlossene Depositen in Verwahrung nimmt, soweit der vorhandene Raum es gestattet.

1. Die Annahme und Ausgabe verschlossener Depositen findet nur während der Vormittagsdienststunden statt[44].

[43] Vgl. BankG. § 13 Nr. 8 — oben C I.

[44] Die zur Verwendung gelangenden Formulare werden unentgeltlich verabfolgt.

2. Die Depositen müssen mit dem Vor- und Zunamen beziehungsweise der Firma des Niederlegers deutlich bezeichnet und dergestalt verschlossen und versiegelt sein, daß sie ohne Verletzung der Siegel nicht geöffnet werden können.

Mit jedem Depositum ist ein vom Niederleger ausgefüllter und unterzeichneter Einlieferungsschein einzureichen.

3. Die Reichsbank nimmt von dem Inhalt der Depositen keine Kenntnis und haftet für jedes Depositum höchstens bis zum Wertbetrage von fünftausend Mark, außer wenn dasselbe zu einem höheren Werte angegeben und die hierfür bestimmte Versicherungsgebühr neben dem Lagergelde entrichtet worden ist. Für höhere Gewalt oder inneren Verderb ist die Reichsbank nicht verantwortlich. Sie hat nur für diejenige Sorgfalt einzustehen, welche sie in eigenen Angelegenheiten anzuwenden pflegt. Zu einer Fortschaffung des Depositums an einen anderen Ort ist sie in keinem Fall, insbesondere auch nicht im Kriegsfall, verpflichtet.

Bei der Reichshauptbank in Berlin SW 19, Jägerstraße 34/36, ist das Kontor für verschlossene Depositen werktäglich von 9—12½ Uhr geöffnet.

Daselbst stehen während dieser Zeit dem Publikum verschließbare Räume zwecks ungestörter Öffnung der Depositen zur Verfügung, für deren Benutzung jedesmal 50 Pf. zu entrichten sind.

Von der beabsichtigten Abhebung eines Depositums ist dem Kontor für verschlossene Depositen in der Regel tags zuvor mündlich oder schriftlich Mitteilung zu machen, auch wenn das Depositum nur vorübergehend herausgenommen werden soll. Zu dem schriftlichen Antrag können Postkarten verwendet werden, welche das Kontor unentgeltlich austeilt.

4. Über jedes Depositum erhält der Niederleger einen mit laufender Nummer versehenen Depositalschein.

5. Das Lagergeld für das Jahr beträgt bei Depositen:
   bis zu 30 cm Breite und Höhe, 40 cm Länge und 10 kg Gewicht . . . . 10 M,
   darüber hinaus:
   bis zu 60 cm Breite und Höhe, 70 cm Länge und 25 kg Gewicht . . . . . . 20 M,
   bei noch größeren:
   bis zu 100 cm Länge, Breite und Höhe, oder einem Gewicht von mehr als 25 kg 30 M.

   Depositen von mehr als 100 cm Länge, Breite und Höhe werden nicht angenommen

   Die Versicherungsgebühr beträgt für jedes angefangene Tausend des über fünftausend Mark hinaus angegebenen Mehrwerts 25 Pf. für das Jahr.

   In beiden Fällen läuft das Jahr[45] vom Tage der Niederlegung ab, diesen eingerechnet.

6. Lagergeld und Versicherungsgebühr sind bei der Niederlegung und sodann alljährlich[46] im voraus zu entrichten. Bei nachträglicher Versicherung im Laufe des Niederlegungsjahres ist für das letztere die volle Versicherungsgebühr zu zahlen. Geht das Lagergeld nicht pünktlich ein, so darf die Reichsbank ohne gerichtliches Verfahren das Depositum auf Gefahr und Kosten des Niederlegers bei der öffentlichen Hinterlegungsstelle hinterlegen. Solange die Versicherungsgebühr rückständig ist, haftet die Reichsbank nicht für den angegebenen Mehrwert. Die Verpflichtung des Niederlegers zur Zahlung der Versicherungsgebühr wird dadurch nicht aufgehoben.

   Die verhältnismäßige Erstattung des Lagergeldes oder der Versicherungsgebühr findet nicht statt.

---

[45], [46] Wegen der Niederlegung von Depositen auf ein Vierteljahr s. unten Nr. 7 S. 364.

7. Außerdem werden bis auf weiteres auch solche Depositen zugelassen, welche zunächst nur für ein Vierteljahr hinterlegt werden sollen.

Das Lagergeld für diese Depositen beträgt unter Zugrundelegung der Abmessungen und Gewichte (vgl. Nr. 5), welche eine Jahresgebühr von 10, 20 oder 30 M bedingen,

3, 6 oder 9 M.

Die Verlängerung tritt stillschweigend für den gleichen Zeitraum zu den vorbezeichneten Sätzen ein.

Die Versicherungsgebühr wird auch für diese Depositen stets für ein Jahr berechnet und ist mit dem Lagergelde bei der Niederlegung zu entrichten. Für den Fall einer Verlängerung der Lagerzeit wird eine neue Versicherungsgebühr erst bei Beginn eines neuen Lagerjahrs erhoben.

8. Die Herausgabe eines Depositums kann nur gegen Rückgabe des quittierten Depositalscheins oder gegen den Nachweis seiner gerichtlichen Kraftloserklärung beansprucht werden, gleichviel ob das Depositum dauernd oder nur vorübergehend herausgenommen wird.

Liefert der Niederleger das Depositum binnen acht Werktagen wieder ein, so ist nur eine Zuschlagsgebühr von einer Mark zu entrichten[47].

Diese Gebühr wird nicht erhoben, wenn das Depositum innerhalb der letzten acht Werktage vor Ablauf des Niederlegungsjahres wieder eingeliefert und gleichzeitig die Lagergebühr für ein weiteres Jahr entrichtet wird.

9. Soll eine andere Person statt des Niederlegers oder neben demselben, oder soll bei mehreren Niederlegern einer oder jeder oder ein Teil derselben zur Ab-

[47] Vgl. Anm. 44 Abs. 3 u. 4.

hebung des Depositums befugt sein, oder will der Niederleger sein Depositum gegen Rückgabe des von ihm selbst quittierten Depositalscheins durch einen Beauftragten abholen lassen, so muß der Niederlegungsstelle eine entsprechende schriftliche Erklärung oder Mitteilung tunlichst bei der Niederlegung übergeben werden.

Unterliegen solche Schriftstücke der Stempelpflicht, so ist die rechtzeitige und ausreichende Versteuerung Sache der Niederleger.

Übrigens ist die Reichsbank berechtigt, aber nicht verpflichtet, das Depositum an jeden Vorzeiger des Depositalscheins ohne weitere Prüfung seiner Legitimation oder der Echtheit und Gültigkeit der Quittung auszuliefern.

10. Eine direkte Übersendung der Depositen an die Niederleger oder an andere Personen ist ausgeschlossen.

Die Reichsbank übernimmt jedoch auf schriftlichen Antrag des Niederlegers oder dessen Bevollmächtigten und gegen Erstattung der Kosten die Versendung an jede Zweiganstalt der Reichsbank, welche zur Aufbewahrung verschlossener Depositen ermächtigt ist.

Die Anträge dazu sind doppelt gleichlautend auszufertigen, zu unterzeichnen und mit den quittierten Depositalscheinen der Niederlegungsstelle zu übergeben.

11. Bereits entrichtete Lager- und Versicherungsgebühren für das laufende Niederlegungsjahr haben auch für den neuen Aufbewahrungsort Gültigkeit.

12. Den vorstehenden Bedingungen widersprechende Erklärungen oder Anordnungen der Niederleger für die Behandlung von Depositen, auch wenn sie auf den Depositalscheinen oder den Depositen selbst schriftlich vermerkt werden, begründen keine Verpflichtung der Reichsbank.

XV. Übernahme von Bürgschaften für Zoll- und Holzkredite.

Zollkredite. Die selbständigen Reichsbankanstalten übernehmen bis auf weiteres Bürgschaften den Königlich Preußischen Hauptzollämtern gegenüber für Dritten zu stundende Zölle und indirekte Steuern.

Die Bürgschaften werden nur für mit der Reichsbank in Geschäftsverbindung stehende Firmen oder Personen geleistet und sind durch Verpfändung lombardfähiger Wertpapiere oder Hinterlegung von Sichtwechseln, aus denen drei, mindestens zwei, als zweifellos zahlungsfähig bekannte Verpflichtete haften, nach Maßgabe der Vorschriften in § 13 Ziff. 3 des Bankgesetzes vom 14. März 1875 sicherzustellen.

Holzkredite. Unter den gleichen Bedingungen übernimmt die Reichsbank bis auf weiteres auch Bürgschaften den Preußischen Regierungen und Sächsischen Forstrentämtern gegenüber für Sicherstellung der Kredite bei Holzverkäufen der Staatsforstverwaltungen.

Für beide Arten von Bürgschaften wird vierteljährlich eine Gebühr von $^1/_8$ % der Bürgschaftssumme erhoben.

Die Reichsbanknebenstellen sind ermächtigt, entsprechende Anträge zur Übermittelung an die vorgesetzte Bankanstalt entgegenzunehmen.

B. Verzeichnis
sämtlicher vom
Reichsbankdirektorium zu Berlin
unmittelbar oder mittelbar abhängigen
Zweiganstalten[48].

1. Die in dem nachstehenden Verzeichnis aufgeführten, nicht eingeklammerten und nicht mit einem Kreuz (†) bezeichneten Orte sind Bankplätze.
2. An Bankplätzen und auf solche werden Wechsel angekauft oder zum Einzug übernommen. Die Bankplätze sind in den Giroverkehr der Reichsbank einbezogen. Die selbständigen Bankanstalten (Reichsbankhauptstellen und Reichsbankstellen, durch fetten Druck hervorgehoben) haben vollen Giroverkehr, die durch einen Stern (*) bezeichneten (ausnahmslos Nebenstellen) haben erweiterte Befugnisse[49] im Giroverkehr, der sich von dem vollen praktisch nur unwesentlich unterscheidet.

   Auch auf die in dem Verzeichnis eingeklammerten Orte und Vororte werden Wechsel angekauft. Diese sind an die unmittelbar vorhergenannte Bankanstalt zu girieren.
3. Wechsel, welche an den mit einem Kreuz (†) bezeichneten Orten zahlbar sind, werden von der Reichsbank nicht angekauft. Die Tätigkeit der an diesen Orten befindlichen Bankanstalten (Nebenstellen ohne Kasseneinrichtung sowie Warendepots) beschränkt sich vielmehr auf die Vermittelung von Wechselankäufen und Lombardgeschäften.
4. An den durch zwei Sterne (**) bezeichneten Orten

---

[48] Vgl. BankG. §§ 36, 37 Anm. 113, 119, 120 — oben C I.

[49] Vgl. oben Anhang VII, S. 328.

werden die Noten der nach der Bestimmung im § 45 des BankG. bekannt gemachten Banken[50] in Zahlung genommen.

Hinsichtlich des Charakters der Zweiganstalten, ob Reichsbankhauptstelle, Reichsbankstelle, Reichsbanknebenstelle oder Warendepot, und der selbständigen Bankanstalten, welchen die Nebenstellen und Warendepots untergeordnet sind, siehe die „Allgemeinen Bestimmungen über den Geschäftsverkehr mit der Reichsbank“[51] und die Verwaltungsberichte der Reichsbank.

Berlin **
Aachen **
Aalen (Württ.) (Unterkochen, Wasseralfingen)
Ahlen (Westf.)
Alfeld (Leine)
Allenburg †
Allenstein
Alsfeld (Hessen)
Altena (Westf.)
Altenburg* (S.-A.)
Altona ** (Elbe)
Amberg[52]
Andernach
Angerburg (Ostpr.)
Anklam
Ansbach
Apenrade
Apolda
Arnsberg (Westf.)
Arnstadt
Arnswalde
Aschaffenburg*
Aschersleben*
Aue (Erzgeb.) (Auerhammer, Lößnitz, Neustädtel bei Schneeberg i. S., Schneeberg [Sa.])
Auerbach* (Vgtl.) (Lengenfeld [Vogtl.], Rodewisch)
Augsburg **
Backnang
Baden-Baden
Bamberg
Barmen **
Bartenstein (Ostpr.)

---

[50] Jetzt noch die Noten der
Badischen Bank
Bayerischen Notenbank,
Sächsischen Bank zu Dresden,
Württembergischen Notenbank,
Vgl. BankG. §§ 19, 45 u. Anm. 166 — oben C I.

[51] Vgl. oben Anh. Anm. 1 Hinsichtlich der Plätze mit Reichsbankhauptstellen und Reichsbankstellen s. auch oben C XVIII.

[52] Eröffnet am 20. Januar 1910.

Barth
Bautzen*
Bayreuth
Beckum
Belgard (Persante)
Bensheim
(Auerbach-Hessen)
Berlinchen
Bernburg*
Beuthen* (Obschl.)
Biberach (Riß)
Biebrich
Biedenkopf
(Laasphe)
Bielefeld
Bingen (Rhein)
(Bingerbrück)
Bischofsburg†
Bitterfeld
Bleicherode
Bocholt*
Bochum**
Bonn* u. **
Brandenburg (Hvl.)
Braunsberg (Ostp.)
Braunschweig**
(Wolfenbüttel)
Bremen**
Breslau**
Brieg* (Bez. Breslau)
Briesen (Westpr.)
Bromberg
Bruchsal*
Buchholz (Sachsen)
(Annaberg [Erzg.], Rückerswalde)
Bühl (Baden)
Bünde (Westf.)
Bunzlau
Bütow † (Bez. Köslin)
Cassel**
Celle*
Cham (Oberpfalz)
Charlottenburg**
Chemnitz**
(Neustadt b. Chemn., Reichenbrand, Schönau b. Chemn., Siegmar)
Cleve*
Coblenz
Coburg
(Cortendorf b. Coburg, Ketschendorf bei Coburg, Neuses b. Coburg, Wüstenahorn)
Colditz
(Rochlitz-Sachsen)
Colmar* (Elsaß)
Cöln**
Cöthen* (Anhalt)
Cottbus
Crefeld**
Crimmitschau*
(Neukirchen [Plsze.])
Culm
Culmsee
Cüstrin*
Danzig**
Darmstadt**
Demmin
Dessau*
Detmold*
Deutsch-Eylau
Deutsch-Krone
Dillenburg
Dirschau
Döbeln
(Großbauchlitz, Kleinbauchlitz und Roßwein)
Dortmund**
Dresden**
Driesen
(Muhlendorf b. Vordamm, Vordamm)
Duisburg**
„ —Meiderich* u. **
„ —Ruhrort* u. **
Dülken
Düren* (Rheinland)
Düsseldorf**
Eberswalde
Eckernförde
(Borby)
Eickel (Kr. Gelsenkirchen)
(Wanne)
Einbeck
Eisenach
Eisleben
Elberfeld**
(Ronsdorf, Vohwinkel)
Elbing
Elmshorn*

Emden
Emmerich*
Erfurt **
Eschwege
Eschweiler
Essen ** (Ruhr)
Eßlingen (Neckar)
Eupen
Euskirchen
Falkenstein (Vgtl.) (Ellefeld [Vogtl.])
Finsterwalde N.-L.
Fischhausen †
Flatow † (Westpr.)
Flensburg
Forst* (Lausitz)
Frankenberg i. S. (Heinichen)
Frankenstein (Schlesien)
Frankenthal (Pfalz)
Frankfurt ** a. M.
Frankfurt (Oder)
Fraustadt
Freiberg (Sachsen)
Freiburg (Breisg.)
Freiburg i. Schl.
Friedberg (Hessen) (Bad Nauheim)
Friedrichshafen (Bodensee)
Fulda
Fürstenwalde (Spree)
Fürth* (Bayern)
Gandersheim (Seesen [Harz])
Gebweiler (Sulz [Ob.-Els.])
Geestemünde* (Bremerhaven u. Lehe)
Geislingen (Steige) (Altenstadt—Geislingen)
Gelnhausen
Gelsenkirchen* u.** (Schalke)
Gera (Reuß j. L.) (Debschwitz, Pforten [Reuß], Untermhaus)
Gevelsberg*
Gießen*
M.-Gladbach*
Gladbeck (Westf.)
Glatz
Glauchau (Callnberg bei Lichtenstein, Lichtenstein, Penig, St. Egidien i. S., Waldenburg i. S.)
Gleiwitz
Glogau
Gmünd (Schwäb.)
Gnesen*
Goch
Goldap
Gollub †
Göppingen*
Görlitz **
Goslar
Gotha*
Göttingen
Graetz (Bez. Posen)
Graudenz
Greifswald
Greiz*
Großenhain
Grünberg* i. Schl.
Guben*
Gumbinnen
Gummersbach
Gütersloh*
Guttstadt
Habelschwerdt
Hadersleben* (Schlesw.)
Hagen (Westfalen)
Hagenau i. Els.
Halberstadt
Halle ** (Saale)
Hamborn* (Bruckhausen [Rhein], Marxloh [Kr. Ruhrort], Neumühl [Kr. Ruhrort])
Hamburg **
Hameln*
Hamm (Westfalen)
Hanau*
Hannover **
Harburg* (Elbe)
Hattingen* (Ruhr)
Haynau i. Schl.
Heide
Heidelberg*
Heidenheim (Brenz)

Heilbronn* (Neckar)
Helmstedt
Herford*
Herne
Hersfeld
Heydekrug †
Hilden
Hildesheim
Hirschberg i. Schl.*
Hof* (Saale)
Hohenlimburg
Hohensalza
Höhr (Grenzhausen)
Holzminden* (Höxter)
Homberg (Rhein)
Hörde (Schwerte a. d. R.)
Husum
Jarmen †
Jauer*
Jena
Ingolstadt
Insterburg
Iserlohn*
Itzehoe
Kaiserslautern*
Kamen
Kappeln (Schlei)
Karlsruhe** (Baden) (Durlach, Ettlingen [Baden])
Kattowitz* i. Obschl.
Kaufbeuren
Kaukehmen
Kempten* (Algäu)
Kiel**
Kirchberg (Sachs.)
Kirchen (Sieg) (Betzdorf)
Kirn
Kitzingen
Kolberg
Königsberg** (P.)
Königshütte (Oberschl.)
Konitz (Westpr.)
Konstanz*
Körlin (Persante) †
Köslin
Kosten (Bez. Pos.)
Kreuzburg (O.-S.)
Kreuznach
Krotoschin
Kulmbach
Labiau †
Lahr* (Baden)
Landau (Pfalz)
Landeshut* (Schl.)
Landsberg (Warthe)
Landshut (Bayern)
Langenberg (Rhl.) (Neviges)
Langenbielau
Langendreer (Lütgendortmund, Werne [Bez. Arnsberg])
Lauban*
Lauenburg (Pom.)
Lautenburg (W.P.)
Lauterbach (Hessen)
Leer (Ostfriesland)
Leipzig**
Leisnig (Fischendorf, Tragnitz)
Lemgo
Lennep
Liegnitz
Limbach (Sachsen) (Oberfrohna)
Limburg* (Lahn) (Diez)
Lindau (Bodensee)
Linden* (v. Hann.)
Lingen
Lippstadt
Lissa (Bez. Posen)
Lohr (Main)
Lörrach
Lötzen
Lübeck**
Luckenwalde
Lüdenscheid*
Ludwigshafen (Rhein)
Lüneburg
Lyck
Magdeburg**
Mainz**
Mannheim**
Marburg (Bez. Cassel)
Marggrabowa
Marienburg (W.-Pr.)

Marienwerder (W.-Pr.)
Markneukirchen (Adorf i. V.)
Markt-Redwitz (Dörflas, Oberredwitz, Wunsiedel)
Meerane* (Sachs.)
Meiderich s. Duisburg—Meiderich
Meiningen* (S.M.)
Meißen
Memel
Memmingen
Menden (Bez. Arnsberg)
Meseritz (Bez. Posen)
Mettmann
Metz
Miltenberg
Minden (Westfalen)
Mittweida
Mörs
Mühlhausen* i. Th.
Mülhausen** (Els.) (Brunstatt [Ob.-Els.], Burzweiler [Ob.-Els.], Dornach b. Mülh. [Els.], Pfastatt, Riedisheim [Ob.-Els.])
Mülheim* (Rhein)
Mülheim** (Ruhr)
München**
München-Gladbach* s. unter Gladbach
Münster** (Westfalen)
Muskau
Nakel (Netze)
Naumburg* (Saale)
Neheim (Hüsten)
Neisse*
Neubrandenburg (Mecklenbg.)
Neuenburg † (Westpr.)
Neumünster*
Neunkirchen* (Bez. Trier)
Neurode
Neu-Ruppin
Neusalz (Oder)
Neuß*
Neustadt* (Haardt)
Neustettin
Neuwied*
Nienburg (Weser)
Norden
Nordhausen
Nördlingen
Northeim (Hannover)
Nürnberg**
Oberhausen* (Rhl.)
Oberlahnstein (Niederlahnstein)
Oberstein (Idar)
Ochsenfurt
Oelsnitz (Vogtl.) (Voigtsberg)
Offenbach* (Main)
Offenburg (Baden)
Ohligs (Merscheid, Weyer [Rhld.])
Oldenburg* (Grßh.) (Osternburg)
Olpe
Opladen
Oppeln
Oschatz (Mügeln b. Oschatz [Bez. Lpz.])
Oschersleben
Osnabrück
Osterode (Harz)
Osterode (Ostpr.)
Ostrowo (Bez. Pos.)
Paderborn*
Pasewalk †
Passau
Pegau (Sachsen) (Carsdorf b. Pegau, Neucarsdorf b. Pegau, Groitzsch [Bez. Leipzig])
Peine
Pforzheim*
Pillkallen
Pirmasens
Pirna (Copitz [Elbe])
Plauen** (Vogtl.)
Pleschen
Posen**

Pößneck* (Neustadt [Orla])
Potsdam* (Nowawes)
Prenzlau
Preuß. Stargard
Pyritz †
Quedlinburg*
Rastatt
Rastenburg (O.Pr.)
Ratibor*
Ratingen
Ravensburg* (Weingarten [Württembg.])
Rawitsch
Recklinghausen*
Regensburg*[53] (Reinhausen [Oberpfalz], Stadtamhof, Steinweg)
Reichenbach* (Schles.)
Reichenbach* (Vgtl.) (Mylau u. Netzschkau)
Remscheid
Rendsburg*
Reutlingen*
Rheine (Westf.)
Rheydt* (Odenkirchen)
Riesa (Elbe)
Rixdorf* u. **
Rosenheim
Rostock* (Mcklbg.)
Rottweil
Rüdesheim (Rh.)
Rügenwalde †
Ruhrort* u. ** s. Duisburg-Ruhrort
Ruß † (Ostpr.)
Saalfeld (Saale) (Rudolstadt)
Saarbrücken* u. **
Saarburg (Lothr.)
Saarlouis
Säckingen
Sagan
Sankt Ingbert
Sangerhausen
Schirwindt †
Schlawe (Pomm.)
Schleswig
Schlettstadt
Schmalkalden
Schmölln (S.-A.) (Gößnitz)
Schneidemühl
Schöneberg** b. Berl.
Schöningen (Kr. Helmstedt)
Schwabach
Schwarzenberg i. S. (Beierfeld u Obersachsenfeld)
Schwedt
Schweidnitz
Schweinfurt*
Schwelm*
Schwetz (Weichsel)
Schwiebus
Senftenberg i. L.
Sensburg
Siegen
Soest*
Soldau (Ostpr.)
Solingen*
Sommerfeld (Bez. Frankfurt [Oder])
Sonderburg*
Sonneberg (S.-M.)
Sorau* (N.-L.) (Seifersdorf b. Sorau)
Spandau
Speier
Spremberg i. L.
Stadthagen
Stallupönen
Stargard (Pomm.)
Staßfurt (Leopoldshall)
Steele (Königssteele)
Stettin **
Stolberg (Rheinl.)
Stolp (Pommern)
Stralsund
Strasburg (U.M.) †
Straßburg i. E.** (Bischheim, Schiltigheim, Stadt Kehl)
Straubing
Striegau
Stuttgart ** (Cannstadt,

[53] Vom 1. April 1910 ab Reichsbankstelle.

Feuerbach, Untertürkheim)
Suhl
Swinemünde
Tapiau †
Tarnowitz
Thorn
Tilsit
Tondern
Traben-Trarbach
Treuen
Triberg
Trier*
Tuttlingen
Uerdingen* (Niederrhein)
Ulm (Donau) (Neu-Ulm [Schwaben])
Unna
Varel (Oldbg.)
Velbert* (Rheinl.)
Viersen*
Villingen (Baden)
Waldenburg* i. Schl.
Waldheim
Waldkirch (Breisg.)
Warburg
Wehlau †
Weiden
Weimar (Thür.)
Weinheim (Bergstraße)
Weißenfels* a. S.
Weißwasser (O.-L.)
Werdau* (Sachsen)
Werden (Ruhr)
Wermelskirchen
Wertheim a. M.
Wesel*
Wetter (Ruhr)
Wetzlar
Wiesbaden**
Wilhelmshaven (Bant, Heppens, Neuende)
Wilmersdorf** bei Berlin
Wismar (Mecklenb.)
Witten* (Ruhr)
Wittenberg (Bz. Halle)
Wittenberge (Bez. Potsdam)
Wolgast †
Wongrowitz
Wormditt †
Worms*
Würzburg**
Wurzen
Zabern (Unterelf.)
Zabrze
Zeitz*
Zielenzig
Zittau*
Zweibrücken
Zwickau (Sachsen)

Ende 1909 waren an Zweiganstalten vorhanden:

20	Reichsbankhauptstellen,
75	Reichsbankstellen,
377	Reichsbanknebenstellen mit Kasseneinrichtung,
9	Reichsbanknebenstellen ohne Kasseneinrichtung,
12	Reichsbankwarendepots

Insgesamt 493 (darunter 114 Nebenstellen mit erweitertem Giroverkehr und 263 Nebenstellen mit beschränktem Giroverkehr).

XX.

Die Ausgabe von Banknoten in den deutschen Schutzgebieten[1].

Die rechtliche Grundlage der Notenausgabe in den Schutzgebieten[2] bildet, neben BGB. § 795[3] in Verbindung mit § 34 des G. über die Konsulargerichtsbarkeit vom 7. April 1900[4] und § 3 Satz 2 des Schutzgebietsgesetzes[5],[6], die Kaiserliche Verordnung, betreffend die Ausgabe von Banknoten in den Schutzgebieten, vom 30. Oktober 1904:

> Wir usw. verordnen auf Grund des § 1 des Schutzgebietsgesetzes (RGBl. 1900 S. 813) für die deutschen Schutzgebiete im Namen des Reichs, was folgt:
>
> Die Befugnis zur Ausgabe von Banknoten in den Schutzgebieten kann nur durch eine vom Reichskanzler zu erteilende Konzession erworben werden; in der Konzession sind Bestimmungen zu treffen über

---

[1] S. die Denkschrift über die Errichtung der Deutsch-Ostafrik. Bank. Nr. 682 d. Drucks. d. Reichstags, XI. Leg.Per. I. Sess. 1903/05.

[2] Die Bestimmungen des BankG. v. 14. März 1875 finden auf die Schutzgebiete keine Anwendung (s. oben C I Anm. 1).

[3] § 795 betrifft die Ausgabe von Inhaberschuldverschreibungen.

[4] RGBl. S. 213.

[5] RGBl. 1888 S. 75, RGBl. 1899 S. 365, RGBl. 1900 S. 813.

[6] Nach § 34 d. G. über die Konsulargerichtsbarkeit in Verbindung mit § 3 Satz 2 des Schutzgebietsgesetzes dürfen in den Schutzgebieten ausgestellte Inhaberschuldverschreibungen nur mit Genehmigung des Reichskanzlers in Verkehr gebracht werden.

die Stückelung, die Einlösung und Einziehung der Banknoten, über die Deckung des Notenumlaufs, über den Geschäftskreis und die Publikationsverpflichtung der mit der Befugnis der Notenausgabe auszustattenden Bank, über die Beteiligung des Schutzgebietsfiskus am Reingewinne der Bank, über die Rechte der Aufsichtsbehörde sowie über alle anderen Punkte, deren Regelung im Interesse der Sicherung des Notenumlaufs und des Geldverkehrs erforderlich erscheint.

Urkundlich usw.

1.

Für die Schutzgebiete, in denen die Reichsmarkrechnung eingeführt ist, werden die Vorschriften dieser Verordnung kaum je zur Anwendung gelangen. Der Umlauf von Reichsbanknoten und Reichskassenscheinen, zu deren Annahme die Kassen der Schutzgebiete ermächtigt (Verord. d. RKanzlers v. 1. Febr. 1905 § 7)[7], ja ausdrücklich angewiesen sind (Bestimmungen der Kolonialabteilung v. 6. Febr. 1905 § 6 Abs. 2)[8], genügt wohl allen berechtigten Anforderungen. Anders verhält es sich mit Deutsch-Ostafrika mit seiner eigenen Rupienwährung sowie mit Kiautschou mit chinesischem

[7] Oben A VI S. 109ff. Die Deutsch-Westafrikanische Bank in Berlin, auf Grund des § 11 des Schutzgebietsges. (RGBl. 1900 S. 813) als Kolonialgesellschaft errichtet, mit der Befugnis, überall in Togo und Kamerun sowie mit Zustimmung des Reichskanzlers in anderen Territorien Zweiganstalten zu errichten, besitzt das Recht der Notenausgabe nicht, hat aber sonst mit der Deutsch-Ostafrikanischen Bank so ziemlich die gleichen Aufgaben zu erfüllen.

[8] Oben A VI S. 112.

Geldwesen. Für diese beiden Schutzgebiete ist die Verordnung praktisch geworden; zum erstenmal durch die Verleihung des Notenrechts an die am 6. Januar 1905 gegründete „Deutsch-Ostafrikanische Bank", deren Verfassung, Rechte und Pflichten durch die ihr vom Reichskanzler am 15. Jan. 1905 erteilte Konzession und die gleichzeitig erfolgte Genehmigung der der Konzession beigefügten Satzungen (KolG. Bd. IX S. 23 ff.) geregelt sind.

Der Zweck der Deutsch-Ostafrikanischen Bank, einer Kolonialgesellschaft[9], ist die Errichtung und der Betrieb einer Bank im Deutsch-Ostafrikanischen Schutzgebiet, wo ein Emissionsinstitut im Interesse der Ergänzung des metallischen Geldumlaufs durch eine elastische Notenzirkulation und der Regulierung des Rupienkurses dringend notwendig ist. Die diesem Institut durch Konzession und Satzungen übertragene Aufgabe ist, den Geldumlauf und die Zahlungsausgleichungen sowie den Geldverkehr des Schutzgebiets mit Deutschland und dem Ausland zu regeln und zu erleichtern und Bankgeschäfte nach Maßgabe der in der Konzession enthaltenen Bestimmungen zu betreiben.

Die in Berlin domizilierende Gesellschaft ist berechtigt, in Deutsch-Ostafrika überall, in anderen Territorien mit Zustimmung des Reichskanzlers Zweigniederlassungen und Agenturen zu begründen. Das Grundkapital ist zunächst auf 2 Millionen Mark, eingeteilt in 4000 Anteile zu je 500 M, festgesetzt. Es kann nach Vollzahlung der Anteile ohne weitere Zustimmung des Reichskanzlers auf 10 Millionen Mark erhöht werden. Die Organe der Gesellschaft sind der Vorstand, der Verwaltungsrat und die Hauptversammlung. Der Geschäftskreis ist nach denselben Grundsätzen normiert, die auch

---

[9] Nach § 11 des Schutzgebietsgesetzes — oben Anm. 5.

für die Beschränkung des Geschäftskreises der Reichsbank[10] und der übrigen deutschen Notenbanken[11] wie der mit einem Notenrecht ausgestatteten englischen und französischen Kolonialbanken maßgebend waren. Doch ist der Bank, um ihr eine Anpassung an die anders gearteten Verhältnisse der Kolonie und an die Formen des überseeischen Geldverkehrs zu ermöglichen, in einzelnen Punkten ein freierer Spielraum gelassen, als ihn die §§ 13 und 44 Ziffer 1 des Bankgesetzes gewähren[12]. Die Einlösung der auf Rupien lautenden Noten ist gesichert durch die Beschränkung ihres Gesamtumlaufs auf den dreifachen Betrag des eingezahlten Grundkapitals und die Annahme des Prinzips der Drittelbeckung sowie eines an § 9 des Bankgesetzes angelehnten Systems der indirekten Kontingentierung. Und zwar tritt die an den Fiskus des Schutzgebiets zu entrichtende 5prozentige Notensteuer ein, wenn der Notenumlauf den doppelten Betrag des Barvorrats überschreitet. Sie wird nur

[10] § 13 des BankG. v. 1875 — oben C I.

[11] § 44 Ziffer 1 des BankG. v. 1875 — oben C I.

[12] Die Konzession gestattet der Deutsch-Ostafrikanischen Bank u. a. den Ankauf von Wechseln und wechselähnlichen Papieren (Schecks und sog. Promessen usw.) mit einer Verfallzeit bis zu 6 Monaten und die Beleihung solcher Papiere im Lombardverkehr auf 6 Monate, die Beleihung anderer Papiere auf 4 Monate. Die anzukaufenden Wechsel, Promessen usw. brauchen nur zwei sichere Unterschriften, von denen die eine durch bestimmte Garantien (z. B. die Beigabe der Seeverschiffungspapiere derjenigen Waren, auf deren Valuta der Wechsel gezogen ist) ersetzt sein kann. Auch ist in der Konzession vorgesehen, daß sich die Bank mit Genehmigung des Reichskanzlers bis zu $^1/_3$ ihres eingezahlten Grundkapitals an Unternehmungen mit gleichartigen Betriebsvorschriften beteiligen darf.

von dem Notenumlauf erhoben, der den Betrag von 500000 Rupien überschreitet. Auch die Bestimmungen über den Verlust des Notenrechts, die Aufhebung oder den Erwerb der Bank seitens des Landesfiskus, über die Beteiligung des letzteren am Reingewinn, über die Publikationspflicht, über die Einlösung der Noten, die Ersatzleistung für beschädigte Noten und die Außerkurssetzung der Noten sind den entsprechenden Bestimmungen des Bankgesetzes entweder nachgebildet oder doch an sie angelehnt

Die Deutsch-Ostafrikanische Bank leistet laut Vertrag mit dem Kaiserlichen Gouvernement von Deutsch-Ostafrika vom 25. Februar 1905 (KolG. Bd. IX S. 61) im Interesse der kolonialen Finanzverwaltung ähnliche Dienste wie die Reichsbank dem Reich gegenüber gemäß § 22 des Bankgesetzes und § 11 des Statuts.

Durch einen weiteren Vertrag mit der Kolonialabteilung des Auswärtigen Amts vom 4. März 1905 (ebenda S. 69) sind die bisher der Legationskasse in Berlin und der Gouvernementshauptkasse in Daressalaam hauptsächlich zum Zwecke der Aufrechterhaltung des Rupienkurses übertragenen Funktionen der Abgabe von Tratten und Zahlungsanweisungen auf Daressalam oder auf Berlin der Bank ebenfalls auferlegt worden[13].

Mit Rücksicht auf das Anwachsen des Notenumlaufs, Ende 1908 1308720 Rupien, in Abschnitten zu 5, 10, 50 und 100 Rupien, sind in diesem Jahre weitere 25 % auf das ausstehende Grundkapital eingefordert worden, auf das damit 50 % eingezahlt sind. Der Abschluß bilanziert mit rund 7½ Millionen Mark in Aktiva und Passiva.

2.

Nach anderem Prinzipe erfolgt die Notenausgabe in Kiautschou. Sie ist der im Jahr 1889 errichteten

---

[13] S. oben A VI S. 121, 122.

Deutsch-Asiatischen Bank vom Reichskanzler mit Konzession vom 8. Juni 1906 (KolG. Bd. X S. 356) auf die Dauer von 15 Jahren übertragen. Sitz der Bank, einer Aktiengesellschaft mit $7^1/_2$ Millionen Shanghai-Taels Stammkapital, ist Shanghai, der Aufsichtsrat und die Hauptleitung aber befinden sich in Berlin. Niederlassungen bestehen (Ende 1909) außerdem in Hamburg, Kalkutta (Indien), Singapore (Straits Settlements), Kobe und Yokohama (Japan), in Tsingtau sowie in Hongkong, Peking, Tientsin, Hankou und Tsinanfu.

Das Recht der Ausgabe ist nicht auf das Schutzgebiet beschränkt, erstreckt sich vielmehr auf alle in China befindlichen Niederlassungen unter den folgenden Bedingungen. Die Banknoten sind in Abschnitten zu 1, 5, 10, 25, 50 Dollars und von 1, 5, 10, 20 Taels auszufertigen. In der Provinz Schantung dürfen nur Noten, die auf die in Tsingtau geltende Währung lauten, ausgegeben werden. Als Dollar im Sinne der Konzession gilt die unter dem Namen „Mexikanischer Dollar" umlaufende Handelsmünze mit einem Feingehalt von 902,7 Tausendteilen, einem Gewicht von 27,073 g und einem Mindestgewicht von 26,633 g, oder eine durch den allgemeinen Handelsverkehr an den einzelnen Ausgabeplätzen oder durch gesetzliche Bestimmung als gleichwertig anerkannte Münze. Als Tael gilt die bei Ausgabe der Banknoten am Ausgabeort gültige gleichnamige Werteinheit der chinesischen Silberwährung.

Die Einlösung hat am Ausgabeort auf Vorzeigung zum Nennwert, bei den übrigen Niederlassungen nach Maßgabe der Barbestände und Geldbedürfnisse zum jeweiligen Wechselkurse zu erfolgen. Auf gleicher Grundlage hat auch die Annahme an Zahlungs Statt zu erfolgen. Die auf Tsingtauwährung lautenden Noten sind bei allen innerhalb des Schutzgebiets und der chinesischen Provinz Schantung belegenen Zweiganstalten zum Nennwert einzulösen und in Zahlung zu nehmen.

Die Ausgabe ist weder an eine metallische Deckung, noch an eine obere Grenze gebunden. Sie erfolgt vielmehr gegen Sicherheitsleistung[14] — durch Stellung von Bürgen, Hinterlegung von Wertpapieren oder Bestellung von Hypotheken an Grundstücken der Bank. Für das Recht der Notenausgabe ist eine Abgabe von 1 % auf den Jahresdurchschnitt des täglichen Notenumlaufs zu entrichten. Für Nachteile, die die Bank durch Änderung der Währung in China oder dem Schutzgebiete erleiden sollte, stehen der Bank Ersatzansprüche an die Reichsregierung nicht zu.

Der Gesamtbetrieb der Bank regelt sich nach ihrem Statut und den über den Geschäftskreis erlassenen allgemeinen Anweisungen, die vom Aufsichtsrat festgestellt werden. Ausgeschlossen sind laut Statut allein der Warenhandel für eigene Rechnung sowie Giro- und Depositengeschäfte innerhalb des Deutschen Reichs.

Der Betrag der umlaufenden Noten bildet in den Bilanzen der Bank keinen erheblicheren Posten. Er betrug Ende 1908 978461 (am 20. November 1909 1004843) Shanghai-Taels bei 53539657 Taels Passiva überhaupt.

[14] Siehe dazu die Anweisung des Reichskanzlers zur Ausführung der Konzession für die Banknotenausgabe vom 8. Juni 1906 (KolG. Bd. X S. 359).

D. Prämien-Papiere.

Gesetz, betreffend die Inhaberpapiere mit Prämien. Vom 8. Juni 1871.

(RGBl. S. 210. Ausgegeben am 14. Juni 1871[1].)

§ 1. Auf den Inhaber lautende Schuldverschreibungen, in welchen allen Gläubigern oder einem Teile derselben außer der Zahlung der verschriebenen Geldsumme eine Prämie dergestalt zugesichert wird, daß durch Auslosung oder durch eine andere auf den Zufall gestellte Art der Ermittelung die zu prämiierenden Schuldverschreibungen und die Höhe der ihnen zufallenden Prämie bestimmt werden sollen (Inhaberpapiere mit Prämien), dürfen innerhalb des Deutschen Reichs nur auf Grund eines Reichsgesetzes[2] und nur zum Zwecke der Anleihe eines Bundesstaats oder des Reichs ausgegeben werden.

[1] Die Zuständigkeit d. Reichsgesetzgebung für dieses Gesetz beruht auf Art. 4 Nr. 13 der Reichsverfassung v. 16. April 1871 (in der Fassung des G. v. 20. Dez. 1873 [RGBl. S. 379]). Die Wirksamkeit desselben ist durch das G. v. 27. Januar 1872 auf Elsaß-Lothringen (GBl. für Elsaß-Lothringen S. 111) ausgedehnt. — Das Gesetz enthält Emissions- (§ 1) und Verkehrsbeschränkungen (§§ 2—5) hinsichtlich der im § 1 bezeichneten Papiere. Zuwiderhandlungen sind nach § 6 strafbar.

[2] Ein solches Gesetz ist bisher nicht erlassen.

§ 2. Inhaberpapiere mit Prämien, welche nach Verkündigung des gegenwärtigen Gesetzes[3], der Bestimmung im § 1 zuwider, im Inlande ausgegeben sein möchten, imgleichen Inhaberpapiere mit Prämien, welche nach dem 30. April 1871 im Auslande ausgegeben sind, dürfen weder weiter begeben, noch an den Börsen, noch an anderen zum Verkehr mit Wertpapieren bestimmten Versammlungsorten zum Gegenstande eines Geschäfts oder einer Geschäftsvermittelung gemacht werden.

§ 3. Dasselbe gilt vom 15. Juli 1871[4] ab von ausländischen Inhaberpapieren mit Prämien, deren Ausgabe vor dem 1. Mai 1871[5] erfolgt ist, sofern dieselben nicht abgestempelt sind (§§ 4, 5).

§ 4. Die Schuldverschreibungen, deren Abstempelung erfolgen soll, müssen spätestens am 15. Juli 1871[4] zu diesem Zwecke eingereicht werden.

Für die Abstempelung ist eine Gebühr zu entrichten, welche für eine Schuldverschreibung, deren Nominalbetrag den Wert von einhundert Talern nicht übersteigt . . . . 5 Sgr. oder $17^1/_2$ Kr. S. W.,
für eine Schuldverschreibung,
deren Nominalbetrag den

[3] D. i. nach dem 14. Juni 1871 (vgl. Überschrift).

[4] Für Elsaß-Lothringen ist dieser Termin erst mit dem 15. März 1872 eingetreten (G. v. 27. Jan. 1872 — Gesetzbl. für Elsaß-Lothringen S. 111).

[5] Ein Verzeichnis der hierher gehörigen Papiere enthält die (nicht wieder aufgenommene) Anlage B der Bek. v. 19. Juni 1871 (s. Anm. 7).

Wert von einhundert Talern
übersteigt . . . . 10 Sgr. oder 35 Kr.S.W.
beträgt[6].

Der Ertrag dieser Abstempelungsgebühr fließt zur Reichskasse.

§ 5. Der Bundesrat wird die zur Ausführung dieses Gesetzes erforderliche Instruktion[7] erlassen und in derselben festsetzen, unter welchen Umständen ein gutgläubiger Inhaber, der aus entschuldbaren Gründen die

[6] Die auf Grund dieser Bestimmung abgestempelten ausländischen Inhaberpapiere mit Prämien waren von der Verpflichtung zur Errichtung der unter Tarifnummer 2 b des G., betreffend die Erhebung von Reichsstempelabgaben (RGBl. 1885 S. 179) bezeichneten Stempelabgabe befreit (vgl. Tarif Nr. I 2 b, dd, RGBl. S. 192).

[7] Dieselbe ist enthalten in der Bekanntmachung des Reichskanzlers, betreffend die Vorschriften zur Ausführung des Reichsgesetzes v. 8. Juni 1871 über die Inhaberpapiere mit Prämien, v. 19. Juni 1871 (RGBl. S. 255). Mit der gleichen Überschrift ist für Elsaß-Lothringen eine denselben Gegenstand betreffende Bek. vom Reichskanzler unter dem 20. Januar 1872 (GBl. für Elsaß-Lothringen S. 113) erlassen, welche nur in wenigen Bestimmungen von der erstgenannten Bek. abweicht. Die Vorschriften der Bek. v. 19. Juni 1871 sind ergänzt durch die Bek. v. 1. Juli 1871 (RGBl. S 304) und v. 10. Juli 1871 (RGBl. S. 314); die Bek. v. 1. Juli 1871 ist abgeändert durch die Bek. v. 4. Dezember 1871 (RGBl. S. 408).

Bezüglich der ausländischen Inhaberpapiere mit Prämien, deren Abstempelung den darüber erlassenen Vorschriften nicht entspricht, vgl. das Zirkular der Preuß. Ministers für Handel und Gewerbe v. 18. November 1879 (PrMBl. für die ges. innere Verw. 1880 S. 21).

Einreichungsfrist versäumt hat, noch nachträglich Abstempelung seiner Schuldverschreibungen erlangen kann[8]. Der Bundesrat wird ferner zur Berechnung der Stempelabgabe den Talerwert der fremden Valuten feststellen[9], auch die Behörden bestimmen, bei welchen die Einreichung zur Abstempelung (§ 4) zu erfolgen hat[10].

§ 6[11]. Wer den Bestimmungen der §§ 1, 2 oder 3 zuwiderhandelt, verfällt in eine Geldstrafe, welche dem fünften Teile des Nennwertes der den Gegenstand der Zuwiderhandlung bildenden Papiere gleichkommt, mindestens aber einhundert Taler betragen soll.

Mit Geldstrafe bis einhundert Talern oder Ge-

[8] Vgl. § 9 der Bek. v. 19. Juni 1871 (s. Anm. 7). Dieselbe bestimmte als letzte Frist den 31. Dezember 1871, binnen deren der betreffende Antrag bei der Landesfinanzverwaltung eingereicht werden mußte.

[9] Ist in § 5 der Bek. v. 19. Juni 1871 für fünf fremde Währungen geschehen.

[10] Diese Bestimmung enthält die (wegen mangelnden Interesses hier nicht mehr aufgenommene) Anlage A zu § 1 der Bek. v. 19. Juni 1871. Die nachträgliche Abstempelung definitiver Stücke nach vorausgegangener Abstempelung der Interimsscheine war bis 31. Dezember 1871 bzw. 31. März 1872 bei der Hauptkasse der Seehandlung, später dem Hauptsteueramt für inländische Gegenstände in Berlin gestattet [vgl. Nr. 4, 5 der Bek. v. 1. Juli 1871 und Nr. 1 der Bek. v. 4. Dezember 1871 (s. Anm. 7)].

[11] Für die Zuwiderhandlungen gegen die Bestimmungen der §§ 1, 2, 3 sind die Strafkammern der Landgerichte als erkennende Gerichte ausschließlich zuständig (GerichtsverfassungsG. § 74 Nr. 3).

fängnis bis zu drei Monaten wird bestraft[12], wer ein im § 2 oder § 3 bezeichnetes Inhaberpapier mit Prämie öffentlich ankündigt, ausbietet oder empfiehlt, oder zur Feststellung eines Kurswertes notiert[13].

[12] Hier tritt die Regel des § 27 des StrGB. ein, wonach der Mindestbetrag der Geldstrafe bei Vergehen drei Mark ist.

[13] Über die zivilrechtlichen Folgen der Zuwiderhandlungen vgl. Entsch. des Reichsoberhandelsgerichts Bd. 20 S. 418; Mandry-Geib, Der zivilrechtliche Inhalt der Reichsgesetze, 4. Aufl. S. 208; Brunner, in Endemanns Handbuch des D. Handels-, See- und Wechselrechts, Bd. 2 S. 199, 210.

E. Reichsschuldenwesen.

I.

Reichsschuldenordnung. Vom 19. März 1900.

(RGBl. S. 129. Ausgegeben am 22. März 1900[1].)

[1] Die Aufnahme von Reichsanleihen beruht auf Art. 73 der RVerf.; sie kann, ebenso wie die Übernahme einer Garantie zu Lasten des Reiches (vgl. z. B. G. v. 14. November 1886, betr. die Bürgschaft des Reiches für die Zinsen usw. einer ägyptischen Staatsanleihe — RGBl. S. 301) nur im Wege der Reichsgesetzgebung (Anleihegesetze, Etatsgesetze) in Fällen eines außerordentlichen Bedürfnisses erfolgen (unten § 1). Das erste G. dieser Art ist das G. v. 9. Nov. 1867 (BGBl. S. 157), welches durch die G. v. 20. Mai 1869 (BGBl. S. 137) und 6. April 1870 (BGBl. S. 65) ergänzt und abgeändert ist. Die Verwaltung der nach Maßgabe des G. v. 1867 aufzunehmenden Bundesanleihe war durch G. v. 19. Juni 1868 (BGBl. S. 339) „bis zum Erlaß eines definitiven G. über die Bundesschulden-Verwaltung der Preuß. Hauptverwaltung der Staatsschulden übertragen" (vgl. unten §§ 9 ff.). Die folgenden G. nehmen alsdann stets auf die genannten G. v. 9. November 1867 und 6. April 1870 sowie auf das G. v. 12. Mai 1873, betr. das Aufgebot und die Amortisation verlorener oder vernichteter Schuldurkunden des Norddeutschen Bundes und des Deutschen Reichs, später auch auf das G. vom 27. Januar 1875, welches jene G. ebenfalls anführt, Bezug. Das G. v. 6. April 1870

veränderte das Tilgungssystem dahin, daß fortan — außer verzinslichen und unverzinslichen Reichsschatzanweisungen mit fester Verfallzeit (unten Anm. 12) — nur wiederverkäufliche Rentenschulden emittiert werden, die durch Ankauf von Schuldverschreibungen oder Kündigung zur Einlösung binnen einer gesetzlich festzusetzenden Frist aus durch den Reichshaushalts-Etat dazu zu bestimmenden Mitteln zu tilgen sind. Nach dem G. v. 9. November 1867 war die Tilgung durch Kündigung, Ankauf oder Auslosung zu jährlich mindestens einem Prozent des Schuldkapitals unter Bildung eines Tilgungsfonds vorgesehen, dem die durch die Tilgung ersparten sowie die unerhobenen verjährten Zinsen zuflossen. S. unten E III.

Die Ausgabe verzinslicher Schatzanweisungen gemäß G. v. 9. November 1867 und G. v. 20. Mai 1869 war genehmigt durch die Erl. v. 4. Juli 1868 (BGBl. S. 435), 15. März 1869 (BGBl. S. 71), 4. Dezember 1869 (BGBl. S. 697) und 6. Februar 1870 (BGBl. S. 35).

Der Norddeutsche Bund hat fernerhin Anleihen aufgenommen auf Grund der G. v. 21. Juli 1870 (BGBl. S. 491), v. 29. November 1870 (BGBl. S. 619), v. 26. April 1871 (BGBl. S. 91). Die Ermächtigung hierzu war erteilt durch die Allerhöchsten Erlasse v. 24. Juli u. 2. Oktober 1870 (BGBl. S. 505 u. 545) u. v. 27. Januar 1871 (BGBl. S. 29). Wegen der Tilgung der auf Grund des G. v. 21. Juli 1870 aufgenommenen fünfprozentigen Anleihe s. G. v. 28. Oktober 1871 (RGBl. S. 343). Auf Grund der beiden anderen KriegsanleiheG. waren nur Schatzanweisungen ausgegeben, welche sämtlich eingelöst sind gemäß G. v. 2. Juli 1873 (RGBl. S. 185).

Auch die Anleihen des Norddeutschen Bundes auf Grund der G. v 1867 u. 1869 sind aus der französischen Kriegskostenentschädigung vollständig getilgt.

Dauernde (fundierte) Reichsanleihen sind seit 1877, mit welchem Jahre die Verschuldung des Reichs (auf Grund v. AnleiheG. der Jahre 1875—1877) beginnt, zahlreich aufgenommen. Hierbei ist seit dem Jahre 1901 eine Reihe von Grundsätzen aufgestellt und meist auch beobachtet worden, die in den Denkschriften zu den Hauptetats niedergelegt sind. „Das Fehlen derartiger fester Normen hat im vorigen Jahrhundert, insbesondere in den Zeiten der hohen Überweisungen (von Zöllen u. Steuern an die Bundesstaaten auf Grund der Franckensteinschen Klausel) dem Reiche erheblichen Schaden zugefügt." Vgl. diese Denkschriften namentlich für die Jahre 1901, 1902 und 1907 sowie die Begründung zum Entwurf d. G. betr. Änderungen im Finanzwesen, v. 15. Juli 1909 (RGBl. S. 744) Nr. 992 d. Reichstagsdrucksachen, XII. LegPer. I. Sess. 1907/09; ferner die alljährlich dem Reichstag erstatteten Berichte der Reichsschuldenkommission und Denkschriften zu den seit dem Jahre 1875 erlassenen AnleiheG.

Hinsichtlich des jeweiligen Standes der Reichsschuld vgl. auch das Statistische Jahrbuch für das Deutsche Reich und Saling's Börsen-Papiere (2. Teil).

Stand der Reichsschuld Ende Februar 1910:

3% fundierte Anleihen M 1 783 500 000
3½% „ „ „ 2 020 000 000
4% „ „ „ 750 000 000, unkündbar bis 1918

4% Schatzanweisungen M 340 000 000, mit vierjähriger Laufzeit, fällig in den Jahren 1911 und 1912,

außerdem unverzinsliche Schatzanweisungen gegen Zinsabzug — Diskont —, begeben auf Grund der Etatsgesetze „zur vorübergehenden Verstärkung der ordentlichen Betriebsmittel der Reichshauptkasse". Die Ausgabe erfolgt in ungleich großen Stücken und mit verschiedener Laufzeit (unten § 7, Anm. 12); die im Rechnungsjahr 1909 höchstzulässige Ausgabe ist durch Gesetz vom 4. April 1909 (RGBl. S. 345) auf 600000000 M festgesetzt.

Bis zum Finanzjahr 1881 ermächtigten die Etatsgesetze — von den Nachtragsetats abgesehen — zur Ausgabe unverzinslicher Schatzanweisungen pro Jahr nur in Höhe von 24—40 Mill. M. Seitdem ist die obere Grenze dieser Ausgabe immer weiter hinausgerückt und von den erteilten Vollmachten in zunehmendem Grade Gebrauch gemacht worden. Ende der Finanzjahre 1872—1876, 1883 und 1888—1901 waren keine, Ende 1902 12 Mill. und Ende 1908 474 Mill. M an unverzinslichen Schatzanweisungen im Umlauf.

Die seit 1902 in wachsendem Maße — regelmäßig an die Reichsbank — begebenen unverzinslichen Reichsschatzanweisungen bilden für diese einen wichtigen Faktor in Durchführung ihrer Diskontpolitik (Rediskontierung am offenen Markte zum Zwecke der Beeinflussung des Börsendiskonts).

Den Entw. zur Reichsschuldenordnung nebst Begründung s. in Nr. 268 d. Drucks. d. Reichstags X. LegPer. I. Sess. 1898/1900. Nach der am 6. Juni 1899 stattgefundenen 1. Beratung wurde die Vorlage der Budgetkommission überwiesen (StenB. S. 2351 ff.) und von dieser mit unbedeutenden Änderungen angenommen (Mündl.B. Nr. 509 d. Drucksachen). In der 2. u. 3. Beratung — am 9. Jan., 7. März u. 10. März 1900 — wurde das G. mit einigen Abänderungen vom Plenum des Reichstags angenommen (StenB. S. 3407 ff., 4482 ff., 4572).

Die Reichsschuldenordnung bezweckt — schon im Interesse größerer Übersichtlichkeit — eine Zusammenstellung der über die Aufnahme und Verwaltung der

§ 1[2]. Die Bereitstellung der außerordentlichen, im Wege des Kredits zu beschaffenden Geldmittel, welche in dem Reichshaushaltsplane zur Bestreitung einmaliger Ausgaben für Zwecke der Reichsverwaltung vorgesehen sind, erfolgt auf Grund einer gesetzlichen Ermächtigung[3]

Reichsschulden bestehenden, in zahlreichen G. zerstreuten Bestimmungen [die vorhin genannten G. v. 9. Nov. 1867, 19. Juni 1868, 6. April 1870, 12. Mai 1873, 27. Jan. 1875 u. 30. März 1887, denen noch die preuß. V. v. 16. Juni 1819 (PrGBl. S. 157) u. d. preuß. G. v. 24. Febr. 1850 (PrGBl. S. 57) hinzutreten], zugleich unter Berücksichtigung der nicht ohne weiteres auf Reichsschulden anwendbaren Vorschriften des BGB. und der ZPO. (vgl. EG. z. BGB. v. 18. Aug. 1896 Art. 32 — RGBl. S. 604, EG. z. ZPO. v. 30. Jan. 1877 § 13 — RGBl. S. 244).

Zweifel, bei Ausführung der Reichsschuldenordnung darüber entstanden, ob und inwieweit eine Erschöpfung des durch das Etatsgesetz dem Reichskanzler zur Verfügung gestellten Anleihekredits schon dann vorliegt, sofern zur Beschaffung der Geldmittel zunächst Schatzanweisungen ausgegeben werden (§ 1 Abs. 1 und § 7 Abs. 2), führten zum Erlaß des Gesetzes, betreffend Änderung der Reichsschuldenordnung, vom 22. Februar 1904 (RGBl. S. 66). Den GEntw. nebst Begründung s. in Nr. 208 d. Drucks. d. Reichstags, XI. LegPer. I. Sess. 1903/04. 1. u. 2. Beratung am 11. Febr., 3. Beratung am 17. Febr. 1904 — StenB. S. 859 ff., 1029. Die Bestimmungen d. Gesetzes sind in den Text (in gesperrtem Druck) aufgenommen.

[2] § 1 regelt die Voraussetzungen der Zulässigkeit der Inanspruchnahme des öffentlichen Kredits im allgemeinen.

[3] Der Entw. enthielt vor „gesetzlichen" noch das Wort „besonderen"; da die Ermächtigung auch durch einen Paragraphen des alljährlich wiederkehrenden Etats-

des Reichskanzlers bis zur Höhe der bewilligten Summe in dem zu ihrer Beschaffung erforderlichen Nennbetrage durch Aufnahme einer verzinslichen Anleihe oder durch Ausgabe von Schatzanweisungen. Diese Ermächtigung enthält zugleich die Befugnis, Schatzanweisungen durch Ausgabe von neuen Schatzanweisungen und von Schuldverschreibungen in dem erforderlichen Nennbetrag einzulösen[4]. Über die Ausführung des die Ermächtigung erteilenden

gesetzes erteilt werden kann und dies sogar die Regel bildet, so ist dieses Wort bei der 2. Lesung im Reichstage gestrichen worden (StenB. S. 3407, 3408).

„Bestreitung einmaliger Ausgaben" — Der Begriff ist dehnbar; die Bestimmung hat die Bestreitung ordentlicher Ausgaben durch Anleihen, sog. Zuschußanleihen, in den Etatsjahren 1903 (72102415 M) und 1904 (5035200 M) nicht verhindern können.

[4] Der Satz „Diese Ermächtigung ... einzulösen" ist eingeschaltet durch das G. v. 22. Febr. 1904 (RGBl. S. 66) lautend:

Art. 1. Die Reichsschuldenordnung wird geändert wie folgt:

I. In dem § 1 Abs. 1 wird nach dem ersten Satze folgender Satz eingefügt: (Es folgt obiger Text.)

II. (Siehe § 7 Abs. 2.)

Art. 2. Dieses Gesetz findet auch auf die vor seinem Inkrafttreten bewilligten Kredite Anwendung.

Vgl. Anm. 1 a. E.

Der folgende Satz (3) entspricht dem § 5 d. G. v. 27 Jan. 1875.

Gesetzes hat der Reichskanzler dem Reichstage bei dessen nächster Zusammenkunft Rechenschaft abzulegen.

Die Ermächtigung des Reichskanzlers, zur vorübergehenden Verstärkung der ordentlichen Betriebsmittel der Reichshauptkasse nach Bedarf Schatzanweisungen auszugeben, hat gleichfalls durch Gesetz zu erfolgen[5].

§ 2. Die Bestimmung darüber, zu welcher Zeit, durch welche Stelle und in welchen Beträgen Schuldverschreibungen der verzinslichen Anleihe ausgegeben werden sollen, steht, soweit nicht in der im § 1 Abs. 1 vorgesehenen Ermächtigung ein anderes vorgeschrieben ist, dem Reichskanzler zu. Das gleiche gilt von der Bestimmung des Zinssatzes, der Kündigungsbedingungen und des Kurses, zu welchem die Ausgabe erfolgen soll[6].

§ 3. Die Schuldverschreibungen nebst den dazu

[5] Auch der Höchstbetrag wird fernerhin durch die jährlichen Etatsgesetze festgestellt. Die §§ 7 ff. beziehen sich auch auf Schatzanweisungen dieser Art, die eine „schwebende Schuld" des Reichs darstellen und in der Regel unverzinslich ausgegeben werden.

[6] Bisher war Vorschrift, daß die Zinsen der Anleihe und die Termine vom Bundespräsidium festgesetzt wurden (G. v. 9. Nov. 1867 § 2, v. 27. Jan. 1875 § 2 usw. — oben Anm. 1). Die neue Bestimmung gibt dem Reichskanzler die nötige Bewegungsfreiheit (vgl. z. B. preuß. G. v. 20. Mai 1898 § 3 — PrGBl. S. 91 usw.). Es werden jedoch nur seine wichtigsten Befugnisse hervorgehoben. Die Worte „soweit nicht ... vorgeschrieben ist" sind ein Zusatz der Reichstagskommission, in welche § 2 zurückverwiesen worden war.

gehörenden Zinsscheinen und Erneuerungsscheinen werden von der Reichsschuldenverwaltung ausgestellt[7].

§ 4. Die Gültigkeit der Unterzeichnung der auf den Inhaber lautenden Schuldverschreibungen, Zinsscheine und Erneuerungsscheine hängt davon ab, daß dieselben vorschriftsmäßig ausgefertigt sind. Der Aufnahme dieser Bestimmung in die Urkunde bedarf es nicht.

Die Ausfertigung erfolgt bei den Schuldverschreibungen durch eigenhändige Unterzeichnung des Vermerkes „Ausgefertigt" seitens des damit beauftragten Beamten, bei Zinsscheinen und Erneuerungsscheinen durch Aufdruck eines den Reichsadler enthaltenden Trockenstempels[8].

[7] Es fehlte bisher an einer Bestimmung, daß die „Reichsschuldenverwaltung" (s. § 9) die Reichsschuldverschreibungen auszufertigen habe.

„ausgestellt" — im Gegensatz zu der engeren Tätigkeit in § 4. Vgl. auch ZPO. §§ 416, 417, BGB. §§ 793, 794.

„Zinsscheinen" — nicht gerade bloß auf vier Jahre (G. v. 9. Nov. 1867 § 2); gegenwärtig erfolgt die Ausfertigung für zehn Jahre.

„Erneuerungsscheinen" — bei Widerspruch an den Besitzer der Schuldverschreibung gegen besondere Quittung (G. v. 9. Nov. 1867 § 2) nach BGB. §§ 805, 368.

[8] Die Vorschrift des § 4 ist neu und dient zur Unterscheidung bloßer Formulare von der ausgefertigten Schuldurkunde. Sie beruht auf Art. 100 Nr. 1 d. EG. z. BGB. (vgl. BGB. § 793 Abs. 2). Ebenso preuß. AG. z. BGB. Art. 17 § 1, welchem im Reichstage die Fassung des Abs. 1 angepaßt ist (StenB. S. 3410). Die Unterzeichnung der Schuldverschreibungen, Zins- und Erneuerungsscheine durch die Reichsschuldenver-

§ 5. Die Tilgung der Anleihe geschieht in der Weise, daß die durch den Haushaltsplan dazu bestimmten Mittel zum Ankauf einer entsprechenden Anzahl von Schuldverschreibungen verwendet werden[9].

Die durch besondere Gesetze angeordnete Verminderung der Schuld durch Absetzung vom Anleihesoll ist einer Tilgung gleich zu achten[10].

§ 6. Dem Reiche bleibt das Recht vorbehalten, die im Umlaufe befindlichen Schuldverschreibungen insgesamt oder in angemessenen Teilbeträgen zur Einlösung gegen Barzahlung des Nennbetrags binnen einer gesetzlich festzusetzenden Frist zu kündigen.

Den Inhabern der Schuldverschreibungen steht ein Kündigungsrecht gegen das Reich nicht zu[11].

waltung kann nach wie vor durch faksimilierten Druck erfolgen (vgl. BGB. § 793 Abs. 2).

Die fragliche Bestimmung hat ebenso wie § 7 Abs. 4 Satz 1 selbstverständlich keine rückwirkende Kraft auf die mit früherer Ermächtigung ausgegebenen Schuldurkunden (s. § 21 und Begründnng S. 21); vgl. auch BGB. § 793 Abs. 2.

[9] Abs. 1 entspricht dem § 3 d. G. v. 6. April 1870 (oben Anm. 1). Er gilt selbstverständlich nur für wirklich ausgegebene Schuldverschreibungen.

[10] Vgl. z. B. § 2 Abs. 2 d. G. v. 24. März 1897 (RGBl. S. 95 — unten S. 418). Die Vorschrift lehnt sich an § 1 Satz 2 d. preuß. G. v. 8. März 1897 an (PrGBl. S. 43). Eine etwa erforderliche weitere Regelung ist den Einzelgesetzen überlassen.

[11] § 6 schließt sich im allgemeinen an § 4 d. G. v. 6. April 1870 an. Durch Einschaltung der Worte „insgesamt oder in angemessenen Teilbeträgen"

§ 7. Die Bestimmung darüber, zu welcher Zeit und in welchen Beträgen Schatzanweisungen ausgegeben werden sollen, steht, soweit nicht in den im § 1 vorgesehenen Ermächtigungen ein anderes vorgeschrieben ist, dem Reichskanzler zu. Das gleiche gilt von der Bestimmung des Zinssatzes und der Umlaufszeit; der Fälligkeitstermin ist in den Schatzanweisungen anzugeben.

Nach Anordnung des Reichskanzlers können Schatzanweisungen wiederholt, jedoch nur zur Deckung der in den Verkehr gelangten Schatzanweisungen ausgegeben werden. Schatzanweisungen oder Schuldverschreibungen, die zur Einlösung von fällig werdenden Schatzanweisungen bestimmt sind, hat die Reichsschuldenverwaltung auf Anordnung des Reichskanzlers vierzehn Tage vor dem Fälligkeitstermine zur Verfügung zu halten. Die Verzinsung der neuen Schuldpapiere darf nicht vor dem Zeitpunkte beginnen, mit dem die Verzinsung der einzulösenden Schatzanweisungen aufhört.

Die Umlaufszeit der zur vorübergehenden Verstärkung der ordentlichen Betriebsmittel der Reichshauptkasse

wird außer Zweifel gestellt, daß das Reich befugt sein soll, auch einzelne Kategorien der umlaufenden Schuldverschreibungen zu kündigen, welchen übrigens die eingetragenen Buchschulden gleichstehen (G. v. 31. Mai 1891 § 16 — unten IV S. 426 ff.).

Die Sondervorschrift im § 10 d. G. v. 8. März 1897 (unten II S. 408 ff.) ist durch § 6 nicht berührt.

bestimmten Schatzanweisungen darf den Zeitraum von sechs Monaten nach dem Ablaufe des betreffenden Rechnungsjahrs nicht überschreiten.

Die Schatzanweisungen werden von der Reichsschuldenverwaltung ausgestellt; auf die Ausfertigung finden die Vorschriften des § 4 Anwendung. Die Ausgabe der Schatzanweisungen wird durch die Reichskasse bewirkt[12].

[12] § 7 Abs. 1—3 lehnt sich im allgemeinen an § 3 d. G. v. 27. Jan. 1875 in Verbindung mit § 8 Abs. 2 d. G. v. 9. Nov. 1867 und an die Bestimmungen der jährlichen Gesetze, betreffend die Feststellung des Reichshaushaltsetats (z. B. G. v. 25. März 1899 §§ 4, 6 Abs. 2) an. Jedoch ist davon abgesehen, für die an Stelle von Schuldverschreibungen etwa auszugebenden Schatzanweisungen die Dauer der Umlaufszeit wie bisher — in der Regel — auf ein Jahr gesetzlich festzulegen, da nach § 1 Abs. 1 Satz 3 der Reichskanzler dem Reichstage bereits bei dessen nächster Zusammenkunft über die Ausführung des Anleihegesetzes Rechenschaft abzulegen hat.

Die Worte „soweit ... ist" in Abs. 1 sind Zusatz der Reichstagskommission. (Vgl. oben Anm. 6.)

An Stelle der früheren Anordnung des Abs. 2 lautend:

„Innerhalb der Umlaufszeit kann nach Anordnung des Reichskanzlers der Betrag der Schatzanweisungen wiederholt, jedoch nur zur Deckung der in den Verkehr gelangten Schatzanweisungen ausgegeben werden"

bestimmt das G. v. 22. Febr. 1904 in Art. 1 II:

In dem § 7 erhält der Abs. 2 folgende Fassung: (Hier folgt obiger Text.)

Die Umlaufszeit der nach § 7 Abs. 3 auszugebenden Schatzanweisungen durfte sich bis zum Etatsjahr 1876, dieses eingeschlossen, nicht über den 30. Juni des

§ 8. Die für die Verzinsung und Tilgung der Anleihe, sowie für die Verzinsung und Einlösung der Schatzanweisungen erforderlichen Beträge müssen der Reichs-

folgenden Jahres hinaus erstrecken. Durch Etatsges. v. 26. März 1877 (RGBl. S. 407) ist die Frist erstmalig bis zum 30. September verlängert. Durch die Bestimmung wird die Ausgabe von Schatzanweisungen mit einer Laufzeit bis zu $1^1/_2$ Jahren zugelassen. Sie beträgt durchschnittlich $^1/_4$ Jahr. Ferner gestattet die Bestimmung während der Monate April bis September den Umlauf von Schatzanweisungen zweier Etatsjahre — des verflossenen und des laufenden Finanzjahres — nebeneinander.

Schatzanweisungen mit längerer Laufzeit sind Ende 1870 und Anfang 1871 auf Grund des G. v. 29. November 1870 (BGBl. S. 619) im Betrage von je 51 Mill. Taler ausgegeben worden. Die zu 5 Proz. verzinslichen Schatzanweisungen hatten 5jährige Umlaufszeit, waren jedoch von der Regierung mit 6monatlicher Frist kündbar. Sie waren nebst den Zinsscheinen im Wertverhältnis von 6 T. 24 Sgr. für 1 £ Sterling gleichzeitig auf inländische Silberwährung und auf englische Goldwährung zahlbar gestellt. Die Kündigung ist bereits 1871/72 erfolgt. Von diesem Falle abgesehen, hatte die Ausgabe von verzinslichen Schatzanweisungen an Stelle von Schuldverschreibungen bisher keine größere Bedeutung erlangt. Mit Erlaß der Reichsschuldenordnung ist eine Änderung eingetreten. Von den Befugnissen des § 7 Abs. 1 ist im September 1900 Gebrauch gemacht worden und seitdem wiederholt. Vgl. Anm. 1.

Wegen Abs. 4 s. oben Anm. 7, 8. Satz 2 wiederholt § 8 Abs. 1 d. G. v. 9. Nov. 1867 (vgl. § 3 Abs. 2 d. G. v. 27. Jan. 1875) und die Vorschriften der jährlichen G. betr. die Feststellung des Reichshaushaltsetats. S. § 6 Abs. 1 d. G. v. 25. März 1899 (RGBl. S. 157).

schuldenverwaltung zur Verfallzeit aus den bereitesten Einkünften des Reichs zur Verfügung gestellt werden [13].

Welche Teile der Anleihe getilgt werden sollen, bestimmt in Ermangelung besonderer gesetzlicher Vorschriften der Reichskanzler [14].

§ 9. Die Verwaltung der Reichsanleihe verbleibt bis auf weiteres der Preußischen Hauptverwaltung der Staatsschulden unter der Bezeichnung „Reichsschuldenverwaltung". Für die Verwaltung sind die Vorschriften des preußischen Gesetzes vom 24. Februar 1850 (Gesetz-Samml. S. 57) maßgebend. Die sich aus § 6 des genannten Gesetzes ergebende unbedingte Verantwortlichkeit der Reichsschuldenverwaltung erstreckt sich auch darauf, daß eine Umwandlung der Schuldverschreibungen nur auf Grund eines sie anordnenden oder zulassenden Gesetzes und nach Bewilligung der erforderlichen Mittel vorgenommen wird [15].

[13] So § 4 d. G. v. 27. Jan. 1875 und die entsprechenden Vorschriften in den jährlichen Gesetzen über den Reichshaushalt (vgl. z. B. G. v. 25. März 1899 § 5).

[14] Siehe oben Anm. 6. Bestimmungen über die Verjährung nicht erhobener Zinsen aus Schuldverschreibungen oder Schatzanweisungen und der in letzteren verschriebenen Kapitalbeträge erübrigen sich im Hinblick auf BGB. §§ 195, 197, 801–803. Soweit Zinsscheine nicht beigegeben sind, verjähren die Zinsen nach BGB. in vier Jahren.

[15] Die §§ 9–15 wiederholen im allgemeinen die Bestimmungen d. G. v. 19. Juni 1868 (BGBl. S. 339). „Umwandlung" — lediglich zum Zwecke der Zinsherabsetzung („Konvertierung") — G. v. 19. Juni 1868 § 1.

§ 10. Die obere Leitung steht dem Reichskanzler zu, soweit dies mit der der Reichsschuldenverwaltung beigelegten Unabhängigkeit vereinbar ist.

§ 11. Der Präsident und die Mitglieder der Preußischen Hauptverwaltung der Staatsschulden haben zu Protokoll zu erklären, daß sie den von ihnen gemäß § 9 des preußischen Gesetzes vom 24. Februar 1850 und § 1 des preußischen Gesetzes vom 29. Januar 1879 (Gesetz-Samml. S. 10) geleisteten Eid auch für die durch bundes- oder reichsgesetzliche Bestimmungen ihnen übertragene Verwaltung der Reichsschulden als maßgebend anerkennen.

Das Protokoll ist dem Bundesrat und dem Reichstage vorzulegen.

§ 12. Die Geschäfte der im § 1 des preußischen Gesetzes vom 24. Februar 1850 bezeichneten Staatsschuldenkommission werden von einer Reichsschuldenkommission wahrgenommen.

Die Reichsschuldenkommission besteht aus sechs Bevollmächtigten oder stellvertretenden Bevollmächtigten zum Bundesrat, und zwar aus dem jedesmaligen Vorsitzenden des Ausschusses für das Rechnungswesen oder einem Stellvertreter des Vorsitzenden und fünf Mitgliedern des Ausschusses, sowie aus sechs Mitgliedern des Reichstags und bis zur Errichtung einer eigenen Rechnungsbehörde für das Reich aus dem Chefpräsidenten der preußischen Oberrechnungskammer in seiner gleichzeitigen Eigenschaft als Chefpräsident des Rechnungshofs für das Deutsche Reich; der Chefpräsident ist für die durch dieses Gesetz ihm vorläufig übertragenen Verpflichtungen besonders zu beeidigen[16].

§ 13. Der Bundesrat wählt jährlich aus den Mitgliedern des Ausschusses für das Rechnungswesen die der Reichsschuldenkommission hinzutretenden Mitglieder. Die aus dem Reichstage zu entsendenden Mitglieder der Kommission werden von diesem mit Stimmenmehrheit für die Dauer der Legislaturperiode gewählt[17].

Scheidet vor dem Ablaufe der im Abs. 1 bestimmten Fristen ein Mitglied der Kommission aus dem Bundesrat

[16] Die Zahl der zu wählenden Mitglieder der Reichsschuldenkommission betrug bisher nur die Hälfte (G. v. 19. Juni 1868 § 4), abgesehen von der Verwaltung des Invalidenfonds (G. v. 23. Febr. 1876 § 3, RGBl. S. 24). Diese geschäftliche Trennung hat sich nicht bewährt, ebensowenig wie die (in § 20 Abs. 2 aufgehobene) beschränkte Berechtigung des nach § 16 Abs. 2 des BankG. (s. oben C I Anm. 64) hinzutretenden Mitgliedes. Bundesrat wie Reichstag haben fortan je 6 vollberechtigte Mitglieder zu ernennen (vgl. § 20 Abs. 3).

Eine Erleichterung bezweckt die Zulassung der Wahl von stellvertretenden Bundesratsbevollmächtigten und des Stellvertreters des Vorsitzenden des Ausschusses für das Rechnungswesen.

[17] „Stimmenmehrheit" — d. h. absoluter (Reichsverfassung Art. 28, BGB. §§ 32, 709, 745, HGB. § 251).

„für die Dauer der Legislaturperiode" — also 5 Jahre (G. v. 19. März 1888, RGBl. S. 110), nicht mehr 3 Jahre (G. v. 19. Juni 1868 § 5).

„entsendenden" — von der Komm. gesetzt an Stelle von „ernennenden" des Entw. Die Worte „von diesem" vor „mit" sind von ihr infolge dieser Änderung neu eingeschaltet.

oder dem Reichstag aus, so endigt damit auch seine Mitgliedschaft in der Kommission.

Die Verpflichtung der nach Abs. 1, 2 ausscheidenden Mitglieder erlischt jedoch erst mit dem Eintritt ihrer Nachfolger in die Kommission.

§ 14. Den Vorsitz in der Kommission führt der Vorsitzende des Ausschusses des Bundesrats für das Rechnungswesen oder sein Stellvertreter[18], im Falle ihrer Verhinderung ein anderes dem Bundesrat angehörendes Mitglied der Kommission.

Die Beschlüsse der Kommission werden nach Stimmenmehrheit gefaßt. Bei Stimmengleichheit entscheidet die Stimme des Vorsitzenden[19].

Zu einem Beschluß ist die Anwesenheit von mindestens fünf Mitgliedern erforderlich.

§ 15. Die Reichsschuldenkommission hat dem Bundesrat und dem Reichstage gegenüber dieselben Verpflichtungen, welche der preußischen Staatsschuldenkommission den beiden Häusern des preußischen Landtags gegenüber obliegen.

§ 16. Wird der Reichsschuldenverwaltung der Verlust einer Schuldverschreibung oder Schatzanweisung von dem bisherigen Inhaber mit der Behauptung angezeigt, daß die Schuldurkunde vernichtet sei, so hat ihm auf seinen Antrag die Reichsschuldenverwaltung eine neue Schuldverschreibung oder Schatzanweisung zu erteilen,

[18] „oder sein Stellvertreter" — Vgl. § 12.

[19] Abs. 2 Satz 2 füllt eine Lücke der bisherigen Bestimmungen aus.

falls sie die Vernichtung der Urkunde für nachgewiesen erachtet. Die Kosten hat der bisherige Inhaber zu tragen und vorzuschießen[20].

Ist ein Zinsschein abhanden gekommen oder vernichtet, so ist der im § 804 Abs. 1 des Bürgerlichen Gesetzbuchs bestimmte Anspruch ausgeschlossen, ohne daß es der Ausschließung in dem Scheine bedarf[21].

[20] Auch für die Fälle nachzuweisender Vernichtung ist an sich das gerichtliche Aufgebotsverfahren (ZPO. §§ 1003 ff., BGB. §§ 799 ff.) zulässig. Wegen Ausstellung einer neuen Urkunde in diesem Falle oder Zahlung des Geldbetrages s. BGB. § 800, ZPO. § 1018. Zur Vereinfachung dient aber in solchen Fällen das in Abs. 1 zugelassene verwaltungsrechtliche Verfahren.

Letzteres gilt nach Abs. 3 auch für vernichtete Zinsscheine, für die ein Aufgebot nicht zulässig ist.

Für Erneuerungsscheine, da sie nur Berechtigungsausweise darstellen, sind Vorschriften nicht nötig.

Bestimmungen bezüglich beschädigter oder unbrauchbar gewordener Schuldverschreibungen, Schatzanweisungen oder Zinsscheine erübrigen sich durch BGB. § 798.

Eine Vorschrift, daß bei eingetretener Fälligkeit statt der Aushändigung einer neuen Schuldurkunde der Geldbetrag zu zahlen sei, erschien entbehrlich (vgl. BGB. §§ 372, 378, 379, 800, Begründung S. 16).

[21] Die Vorschrift schließt sich an Art. 17 § 2 d. preuß. AG. z. BGB. (vgl. Art. 100 Nr. 2 d. EG. z. BGB.) an. Die enormen Schwierigkeiten und Kosten einer Kontrolle der erfolgten Einlösung verhinderten nicht die Einbringung eines Antrages auf Streichung des Abs. 2 im Reichstage. Nach Rückweisung in die Kommission wurde dort der Antrag zwar zurückgezogen, aber im Plenum von anderer Seite von neuem auf-

Behauptet der bisherige Inhaber eines Zinsscheins, daß der Schein vernichtet sei, so finden die Vorschriften des Abs. 1 Anwendung.

§ 17. Für das Aufgebotsverfahren zum Zwecke der Kraftloserklärung einer auf den Inhaber lautenden Schuldverschreibung oder Schatzanweisung ist dasjenige Amtsgericht ausschließlich zuständig, in dessen Bezirke die Reichsschuldenverwaltung ihren Sitz hat[22].

Durch Anordnung des Reichskanzlers kann die Anwendung der Vorschrift des Abs. 1 für einzelne Teile der Anleihe im voraus ausgeschlossen werden. Über die Ausführung einer solchen Anordnung hat der Reichskanzler dem Reichstage, wenn dieser versammelt ist, sofort, anderenfalls bei dessen nächster Zusammenkunft Rechenschaft abzulegen[23].

genommen. Es erfolgte jedoch die Annahme der Vorschrift (StenB. S. 3410 ff., 4482 ff.).

[22] Es bestand schon bisher ein ausschließlicher Gerichtsstand beim Amtsgericht I Berlin (vgl. G. v. 9. Nov. 1867 § 6). Bei dem in Abs. 1 bestimmten Gerichtsstande bewendet es auch dann, wenn mehrere Erfüllungsorte zugelassen sind. Vgl. übrigens ZPO. § 1006 Abs. 3.

[23] Die Vorschrift hat Fälle im Auge, die eine sofortige Inanspruchnahme des Kredits bedingen und nicht gestatten, erst noch eine Beratung der gesetzgebenden Körperschaften eintreten zu lassen.

„für einzelne Teile der Anleihe im voraus" — Die Abweichung von Abs. 1 soll auf das notwendige Maß beschränkt bleiben und muß vor oder spätestens bei der Realisierung des Kredits getroffen werden, also niemals mit rückwirkender Kraft.

§ 18. Soll eine Schuldverschreibung oder Schatzanweisung für kraftlos erklärt werden, so muß die öffentliche Bekanntmachung des Aufgebots und des Ausschlußurteils, unbeschadet der Vorschriften der §§ 1009, 1017 der Zivilprozeßordnung, auch durch einmalige Einrückung in eine in Hamburg, eine in Leipzig, eine in Frankfurt a. M. und eine in München erscheinende Zeitung erfolgen; die Bestimmung und die Veröffentlichung dieser Zeitungen im Deutschen Reichsanzeiger sind jährlich durch den Reichskanzler zu veranlassen[24].

§ 19. Die Reichsschuldenverwaltung hat jährlich amtliche Listen der im abgelaufenen Rechnungsjahre für kraftlos erklärten Schuldverschreibungen und Schatzanweisungen durch den Deutschen Reichsanzeiger und die im § 18 bezeichneten Blätter sowie durch Aushang auf der Börse in Berlin und den Börsen der im § 18 bezeichneten Orte zu veröffentlichen.

[24] Vgl. ZPO. § 1009 Abs. 3 Satz 2. Die Vorschrift ist bestehendes Recht (G. v. 9. Nov. 1867 § 6c — BGBl. S. 157, G. v. 12. Mai 1873 § 5 — RGBl. S. 91). Nur ist „München" statt „Augsburg" gesetzt wegen der verschobenen Bedeutung der Tagesblätter dieser Städte, und der RAnz. ist im Hinblick auf die im G. genannten §§ 1009, 1017 d. ZPO. nicht besonders erwähnt worden. Die jährliche Veröffentlichung der ausgewählten Blätter soll den Erfolg der Maßregel tunlichst sichern. Dabei ist, wie die Begründung S. 18 bemerkt, in Aussicht genommen, einen Wechsel in den Zeitungen nach Möglichkeit zu vermeiden.

Die Reichsschuldenverwaltung kann noch andere Veröffentlichungen veranlassen[25].

§ 20. Dieses Gesetz tritt mit dem Tage der Verkündigung in Kraft[26]. Der § 6 des Gesetzes vom 9. November 1867 (Bundes-Gesetzbl. S. 157) und das Gesetz vom 12. Mai 1873 (Reichs-Gesetzbl. S. 91) sowie der § 3 des Gesetzes vom 23. Februar 1876 (Reichs-Gesetzbl. S. 24) treten außer Kraft[27].

Im § 16 Abs. 2 des Bankgesetzes vom 14. März 1875 (Reichs-Gesetzbl. S. 177) werden die Worte: „welcher zu diesem Zwecke ein vom Kaiser ernanntes Mitglied hinzutritt" gestrichen.

Die nach Maßgabe des § 3 des Gesetzes vom 23. Februar 1876 gewählten Mitglieder der Reichsschuldenkommission sowie das auf Grund des § 16

[25] Vgl. preuß. V. v. 16. Juni 1819 § 22 (PrGBl. S. 157). Die Justizverwaltung wird (nach der Begründung S. 19) das zuständige Gericht (§ 17) anweisen, der Reichsschuldenverwaltung von sämtlichen durch § 19 betroffenen Kraftloserklärungen rechtzeitig Mitteilung zu machen.

[26] „mit dem Tage der Verkündigung" — statt des ursprünglich in Aussicht genommenen 1. Januar 1900 (s. StenB. S. 4572).

[27] Es sind dies die Bestimmungen von allgemeingültiger, grundsätzlicher Bedeutung. Für andere als die in der Reichsschuldenordnung geregelten Rechtsverhältnisse bleiben sie selbstverständlich in Kraft. Vgl. jedoch V. v. 3. Sept. 1900 betr. die Abänderung des Reichsbankstatuts § 8 — oben C II S. 230 Anm. 1, S. 239 ff., ferner C I S. 170.

des Gesetzes vom 14. März 1875 vom Kaiser ernannte Mitglied werden für die Zeit, für welche sie gewählt oder ernannt sind, vollberechtigte Mitglieder der Kommission.

§ 21. Von dem Inkrafttreten dieses Gesetzes an gelten für die vorher ausgestellten, auf den Inhaber lautenden Schuldverschreibungen, Zinsscheine und Schatzanweisungen die Vorschriften der §§ 798 bis 802, 805 und des § 806 Satz 1 des Bürgerlichen Gesetzbuchs, die Vorschriften der Zivilprozeßordnung über das Aufgebotsverfahren zum Zwecke der Kraftloserklärung einer abhanden gekommenen oder vernichteten Urkunde sowie die Vorschriften der §§ 17—19 dieses Gesetzes[28].

Den vor dem Inkrafttreten dieses Gesetzes ausgestellten Schuldverschreibungen, Zinsscheinen und Schatzanweisungen stehen diejenigen Schuldverschreibungen, Zinsscheine und Schatzanweisungen gleich, welche nach dieser Zeit auf Grund einer früheren gesetzlichen Ermächtigung ausgegeben werden[29, 30].

[28] Vgl. EG. z. BGB. Art. 174 Abs. 1. Eine Ausnahme von § 21 enthält § 22. Vgl. EG. z. BGB. Art. 178.

[29] Vgl. EG. z. BGB. Art. 175.

„früheren gesetzlichen Ermächtigung" — d. h. in den Anleihe- oder Etatsgesetzen. Anders die frühere Ermächtigung zur Ausfertigung von Schuldurkunden, z. B. G. v. 31. Mai 1891 § 6 Abs. 3 — unten IV S. 426 ff. Es kommt lediglich darauf an, ob die Ausgabe zu Lasten einer vor dem Inkrafttreten der Reichsschuldenordnung ausgegebenen Anleihe erfolgt.

[30] Der Entwurf wollte die Verjährung der Ansprüche aus den vor dem Inkrafttreten der Reichsschuldenordnung

§ 22. Ein vor dem Inkrafttreten dieses Gesetzes anhängiges gerichtliches Aufgebotsverfahren zum Zwecke der Kraftloserklärung einer der im § 21 Abs. 1 bezeichneten Schuldverschreibungen und Schatzanweisungen ist nach den bisherigen Gesetzen zu erledigen. Nach diesen Gesetzen bestimmen sich auch die Wirkungen des Verfahrens und der Entscheidung.

ausgestellten Papieren der im Abs. 1 bezeichneten Art, unbeschadet BGB. § 802, nach den bisherigen Gesetzen beurteilt wissen. Die betreffende Bestimmung ist jedoch in dritter Lesung des Reichstags (wie in früheren ähnlichen Fällen) gestrichen (StenB. S. 4572) — trotz EG. z. BGB. Art. 174 Abs. 2 — und der Abs. 1 des § 21 des Entw. dahin abgeändert worden, daß die Zahl 800 nebst Komma gestrichen wurde. Durch die hierdurch entstandene Wortfassung „§§ 798 bis 802" ist § 801 d. BGB. gleichfalls in Geltung gesetzt worden.

II.

Gesetz, betreffend die Kündigung und Umwandlung der vierprozentigen Reichsanleihe. Vom 8. März 1897.

(RGBl. S. 21. Ausgegeben am 11. März 1897[1].)

§ 1. Die Schuldverschreibungen der vierprozentigen Reichsanleihe können zur Einlösung gegen Barzahlung des Kapitalbetrags binnen einer dreimonatlichen Frist

[1] Den Entwurf nebst Begründung s. in Nr. 630 d. Drucksachen d. Reichstags, IX. LegPer. IV. Sess. 1895/97, die drei Beratungen in den StenB. S. 4428 ff., 4769 ff.,

und die im Reichsschuldbuch eingetragenen vierprozentigen Buchschulden zur baren Rückzahlung binnen einer gleichen Frist gekündigt werden.

Die Kündigung geschieht unbeschadet der Bestimmung im § 16 des Gesetzes vom 31. Mai 1891, betreffend das Reichsschuldbuch (Reichs-Gesetzbl. S. 321), durch öffentliche Bekanntmachung des Reichskanzlers[2].

§ 2. Bevor die Kündigung (§ 1) erfolgt, ist den Inhabern der Schuldverschreibungen der vierprozentigen Reichsanleihe die Umwandlung dieser Schuldverschreibungen in solche der dreieinhalbprozentigen Reichsanleihe und den im Reichsschuldbuch eingetragenen Gläubigern der vierprozentigen Reichsanleihe die Umschreibung in dreieinhalbprozentige Buchschulden durch öffentliche Bekanntmachung des Reichskanzlers anzubieten. Das Angebot gilt für angenommen, wenn nicht binnen einer auf mindestens drei Wochen vom Tage jener Bekanntmachung ab zu bemessenden Frist von den Inhabern der Reichsschuldverschreibungen der vierprozentigen Reichsanleihe unter Einreichung der Schuldverschreibungen und

4989 (Sitzungen v. 3., 18. u. 26. Febr. 1897). Die Annahme erfolgte ohne Verweisung an eine Kommission. Das G. ist wegen seiner großen materiellen Bedeutung hier aufgenommen.

[2] S. die Bek. v. 12. März 1897 (Reichsanzeiger Nr. 63 v. 15. März 1897). Die Zulässigkeit der Kündigung beruht auf § 4 d. G. v. 6. April 1870 (oben I Anm. 1) bzw. § 2 d. G. v. 27. Jan. 1875 (ebenda), auf welchen die späteren Reichsanleihegesetze verweisen. Vgl. auch unten IV Anm. 24, S. 448.

von den im Reichsschuldbuch eingetragenen Gläubigern von vierprozentigen Buchschulden die Barzahlung des Kapitalbetrags beantragt wird[3].

Von dem Inhalte der öffentlichen Bekanntmachung des Reichskanzlers (Absatz 1) sind die im Reichsschuldbuch eingetragenen Gläubiger von vierprozentigen Buchschulden außerdem schriftlich zu benachrichtigen. Die Wirkung des Angebots zur Umschreibung in dreieinhalbprozentige Buchschulden ist jedoch von dieser Benachrichtigung nicht abhängig[4].

§ 3. Die umzuwandelnden Schuldverschreibungen und die umzuschreibenden Buchschulden (§ 2) werden bis zum 30. September 1897 mit vier Prozent verzinst[5].

§ 4. Die umzuwandelnden Schuldverschreibungen nebst Zinsscheinanweisungen (Talons) und die dazu gehörigen, nach dem 1. Oktober 1897 fälligen Zinsscheine werden nach erfolgter Einlieferung mit einem die Zinsherabsetzung ausdrückenden Vermerk abgestempelt.

Die Abstempelung erfolgt durch die der Reichsschuldenverwaltung unterstellte Kontrolle der Staatspapiere, durch die vom Reichskanzler zu bestimmenden Reichskassen und

[3] Die gesetzliche Vermutung entspricht der Erfahrung wie dem Interesse der Gläubiger. Vgl. auch preuß. G. v. 23. Dezember 1896 § 2 (PrGBl. S. 269).

Die Bek. des Reichskanzlers v. 12. März 1897 (s. oben Anm. 2) enthält das Angebot.

[4] Abs. 2 ist eine Folge des § 16 d. G. v. 31. Mai 1891 (unten IV S. 448). Vgl. § 7.

[5] Ein weiteres Entgegenkommen gegen die Gläubiger s. in § 10.

zu bezeichnenden Reichsbankanstalten[6], sowie durch die vom Reichskanzler im Einvernehmen mit der Landesregierung zu benennenden Landeskassen.

Auf Antrag der Inhaber von Schuldverschreibungen der vierprozentigen Reichsanleihe soll statt der Abstempelung die kostenfreie Eintragung eines dem Nennwerte der eingereichten Schuldverschreibungen gleichen, vom 1. Oktober 1897 ab zu dreieinhalb Prozent verzinslichen Betrags in das Reichsschuldbuch bewirkt werden[7].

Der Antrag muß binnen einer vom Reichskanzler zu bestimmenden Frist eingereicht werden[8].

§ 5. Auf die gemäß § 4 Absatz 3 erfolgenden Eintragungen in das Reichsschuldbuch und auf die eingereichten Schuldverschreibungen finden die Bestimmungen des Gesetzes vom 31. Mai 1891, betreffend das Reichsschuldbuch (Reichs-Gesetzbl. S. 321), mit der Maßgabe Anwendung, daß auf den Schuldverschreibungen befindliche Privataußerkurssetzungsvermerke für die Reichsschuldenverwaltung keine bindende Kraft haben[9].

§ 6. Eine Prüfung, ob der Verlust der Schuldverschreibungen der Reichsschuldenverwaltung angezeigt

[6] Die Vorschrift dient zur Entlastung der sonst allein zuständigen Reichsschuldenverwaltung. Vgl. die Bek. der Reichsschuldenverwaltung v. 8. April 1897 unter 1.

[7] Zur Förderung der Konvertierung kostenfrei.

[8] Vgl. die Bek. v. 12. März 1897 (oben Anm. 2). Die Frist ist am 30. Juni 1897 abgelaufen.

[9] Eine Erleichterung gegenüber partikularrechtlichen Bestimmungen (vgl. preuß. G. v. 23. Dezbr. 1896 § 5 — PrGBl. S. 269). Siehe auch unten IV Anm. 35, S. 453.

ist (§ 6 des Gesetzes vom 9. November 1867 — Bundes-Gesetzbl. S. 157 —) oder ob die Schuldverschreibungen mit Beschlag belegt sind, findet bei der Abstempelung nicht statt[10].

§ 7. Die nach § 2 zu bewirkende Umschreibung der vierprozentigen Buchschulden im Reichsschuldbuch erfolgt von Amts wegen. Den eingetragenen Gläubigern steht jedoch das Recht zu, statt der Umschreibung binnen einer vom Reichskanzler zu bestimmenden Frist[11] die Ausreichung von dreieinhalbprozentigen Schuldverschreibungen zum Nennwerte der vierprozentigen Buchschuld gegen Löschung der letzteren zu verlangen.

Einer Genehmigung der Umschreibung seitens dritter Personen, zu deren Gunsten der eingetragene Gläubiger in bezug auf die Forderung oder deren Zinsen durch einen Vermerk im Reichsschuldbuche beschränkt ist, bedarf es nicht[12].

Die Umschreibung in dreieinhalbprozentige Buchschulden und die Ausreichung von dreieinhalbprozentigen Schuldverschreibungen erfolgen kostenfrei.

[10] Zur Herbeiführung eines ungestörten Fortgangs der Abstempelung. Bei den Neueintragungen in das Reichsschuldbuch statt der Abstempelung (§ 4 Abs. 3) gilt keine solche Erleichterung. Insbesondere bleibt § 2 d. G. v. 31. Mai 1891 (vgl. unten IV) — „zum Umlauf brauchbarer" — unberührt.

[11] Die Frist ist am 30. Juni 1897 abgelaufen — s. Anm. 8.

[12] Eine Rechtsveränderung tritt, abgesehen von der auf Gesetz beruhenden Zinsermäßigung, nicht ein.

§ 8. Neue Eintragungen von vierprozentigen Buchschulden und Zuschreibungen auf den angelegten Konten solcher Buchschulden finden fortan nicht mehr statt.

§ 9. Die Bestimmung des § 4 Absatz 2 des Gesetzes vom 31. Mai 1891, betreffend das Reichsschuldbuch (Reichs-Gesetzbl. S. 321), findet insoweit keine Anwendung, als durch die Umschreibung von vierprozentigen in dreieinhalbprozentige Buchschulden mehrere Konten für denselben Gläubiger entstehen.

Die Vereinigung dieser mehreren Konten im Reichsschuldbuche kann auf Antrag des Gläubigers und von Amts wegen erfolgen. In beiden Fällen erfolgt sie kostenfrei [13].

§ 10. Die auf Grund dieses Gesetzes in dreieinhalbprozentige umgewandelten oder gemäß § 7 ausgereichten Reichsschuldverschreibungen und die im Reichsschuldbuch umgeschriebenen dreieinhalbprozentigen Buchschulden dürfen den Gläubigern vor dem 1. April 1905 zur baren Rückzahlung nicht gekündigt werden [14].

Die Kündigung darf nur auf Grund gesetzlicher Ermächtigung stattfinden [15].

§ 11. Der im § 7 des Reichsstempelgesetzes vom 27. April 1894 (Reichs-Gesetzbl. S. 381) angeordnete Anschaffungsstempel bleibt außer Hebung [16].

[13] Vgl. unten IV S. 437 ff.

[14] Die Schutzfrist wurde im Reichstage angefochten. Ein Antrag (Richter) auf Verkürzung bis zum 1. April 1903 (Drucks. Nr. 673) ist abgelehnt worden.

[15] Wie bei allen übrigen Reichsanleihen.

[16] Zur Erleichterung der Konvertierung.

§ 12. Die mit dem Antrag auf Barzahlung des Kapitals eingereichten (§ 2) Schuldverschreibungen werden mit einem entsprechenden Stempelvermerke versehen und ebenso wie die in das Reichsschuldbuch eingetragenen Forderungen derjenigen Gläubiger der vierprozentigen Reichsanleihe, welche das Angebot der Umschreibung in eine dreieinhalbprozentige Buchschuld nicht angenommen haben (§ 2), gemäß der erfolgenden Kündigung zurückgezahlt.

§ 13. Der Reichskanzler wird ermächtigt, bis zu demjenigen Betrage, welcher erforderlich sein wird, um die Mittel der Barzahlung der gekündigten vierprozentigen Reichsschuldverschreibungen und Buchschulden (§ 12) zu beschaffen, eine nach den Bestimmungen des Gesetzes vom 19. Juni 1868 (Bundes-Gesetzbl. S. 339) zu verwaltende Anleihe aufzunehmen und Schatzanweisungen auszugeben.

Die Bestimmungen in den §§ 2 bis 5 des Gesetzes vom 27. Januar 1875, betreffend die Aufnahme einer Anleihe für Zwecke der Marine- und Telegraphenverwaltung (Reichs-Gesetzbl. S. 18), finden auf die nach dem gegenwärtigen Gesetz aufzunehmende Anleihe und auszugebenden Schatzanweisungen mit der Maßgabe Anwendung, daß Zinsscheine auch für einen längeren Zeitraum als vier Jahre ausgegeben werden dürfen.

§ 14. Soweit zu der Hauptverwaltung der Staatsschulden herangezogene Hilfsarbeiter mit der Bearbeitung von Angelegenheiten der Reichsschuldenverwaltung betraut werden sollten, haben dieselben zu Protokoll zu erklären, daß sie den von ihnen nach § 9 des preußischen

Gesetzes vom 24. Februar 1850 (Gesetz-Samml. S. 57) geleisteten Eid auch für die, durch das gegenwärtige Gesetz ihnen übertragenen Obliegenheiten als maßgebend anerkennen[17].

Das Protokoll ist dem Bundesrat und dem Reichstage vorzulegen.

§ 15. Dieses Gesetz tritt mit dem Tage seiner Verkündigung in Kraft. Der Reichskanzler erläßt die zur Ausführung desselben erforderlichen Anordnungen.

[17] Vgl. preuß. G. v. 23. Dez. 1896 § 13 (PrGBl. S. 269). Die Verpflichtung der Hilfsarbeiter hat den Vorschriften im § 3 d. G. v. 19. Juni 1868 (BGBl. S. 339) zu entsprechen.

III.
Die Schuldentilgung des Reichs.

1.
Gesetz wegen Verwendung überschüssiger Reichseinnahmen zur Schuldentilgung. Vom 24. März 1897.

(RGBl. S. 95. Ausgegeben am 30. März 1897.)[1]

§ 1. Unter Aufhebung der Vorschrift im Absatz 1 des Gesetzes vom 16. April 1896 (Reichs-Gesetzbl. S. 103)

[1] Das erste Bundesanleihe-Gesetz, dasjenige vom 9. Nov. 1867, hatte für die damals aufgenommene Bundesschuld eine mindestens einprozentige jährliche Tilgung durch Kündigung, Ankauf oder Auslosung vorgesehen. Aber schon das G. v. 6. April 1870 hatte diese Anordnung aufgehoben und die Schulden-

wird die Summe, welche gemäß § 8 des Zolltarifgesetzes vom 15. Juli 1879 (Reichs-Gesetzbl. S. 207) der Reichs-

tilgung auf die „jeweilig durch den Bundeshaushaltsetat dazu bestimmten Mittel zum Ankauf einer entsprechenden Anzahl von Schuldverschreibungen" vorbehaltlich der Kündigung binnen gesetzlich festzusetzender Frist verwiesen. Dieses System der freien Tilgung ist für die späteren Anleihen des Reichs als Norm übernommen worden. Daneben sind seit 1901 bei einigen zu werbenden Zwecken ausgegebenen Anleihen in Spezialvorschriften besondere Tilgungspläne aufgestellt und auch eingehalten worden, z. B. in der Denkschrift zum Reichshaushaltsetat für 1908 hinsichtlich einer Anleihe von 60 Mill. M zum Bau von Fernsprechanlagen sowie eines Telegraphenkabels zwischen Emden und Beckum — Tilgung in 30 Jahren. Von geringfügigen Schuldenverringerungen durch Zuschüsse des ordentlichen Etats zum Anleihebedarfe (1897, 1900 und 1901: 21,1 Mill. M) und durch die Überschüsse aus dem Münzwesen (1892—1901: 27 Mill. M) und jenen Einzelfällen abgesehen, hat indes mangels verfügbarer Fonds eine Schuldentilgung bis zum Jahr 1896 nicht stattgefunden. Dies lag zum Teil an dem durch die sog. Franckensteinsche Klausel — § 8 d. Zolltarifgesetzes v. 15. Juli 1879 — begründeten und später erweiterten System der Überweisungen von Erträgnissen der Zölle und der Tabaksteuer an die Bundesstaaten; denn von diesen Einnahmen verblieben dem Reich zufolge der Klausel jährlich nur 130 Mill. M.

Mit dem genannten Jahr begann eine Schuldentilgung von Fall zu Fall, indem die in den Jahren 1896—1900 erlassenen Gesetze wegen Verwendung überschüssiger Reichseinnahmen zur Schuldentilgung (darunter das oben als besonders typisch abgedruckte) den der Reichskasse verbleibenden Anteil an den Zöllen und der Tabaksteuer erhöhten und davon

kasse von dem Ertrage der Zölle und der Tabaksteuer verbleibt, für das Etatsjahr 1896/97 behufs Ver-

den 130 Mill. M übersteigenden Betrag zur Verringerung der Reichsschuld durch entsprechende „Absetzung vom Anleihesoll" bestimmten. Darüber hinaus verfügten diese Gesetze, daß die Beträge, um welche die den Bundesstaaten zustehenden Überweisungen die Matrikularbeiträge (für das Etatsjahr 1899 einschließlich des Zuschusses zu den einmaligen Ausgaben des ordentlichen Etats gemäß § 3 d. G. v. 24. März 1897) überstiegen, im Etatsjahr 1896 zur Hälfte, sonst zu drei Viertel auf die Schuldentilgung verwendet werden sollten. Das G. v. 30. März 1900 sprach indes eine Erhöhung der dem Reich gemäß der Franckensteinschen Klausel zustehenden 130 Mill. M aus dem Erträgnisse der Zölle und Tabaksteuer nicht mehr aus. Dasselbe gilt von dem im übrigen den gleichen Charakter tragenden Gesetz, betreffend Verwendung von Mehrerträgen der Reichseinnahmen und Überweisungssteuern zur Schuldentilgung, v. 28. März 1903 (RGBl. S. 109), das mit Rücksicht auf das Bedenkliche der für das Jahr 1903 bewilligten Zuschußanleihe deren raschere Tilgung durch Verwendung des vollen Mehrertrags der Überweisungssteuern gegenüber dem Etatssoll des Jahres 1902 und nötigenfalls der folgenden, sowie den etwaigen Überschuß des Rechnungsjahres 1903 in der eigenen Wirtschaft des Reichs vorsah.

Wenn diese Gesetze zu einer Tilgung durch Rückkauf oder Verlosung von Schuldverschreibungen auch nicht geführt haben, so verhinderten sie durch „Absetzen vom Anleihesoll" immerhin ein weiteres Anschwellen der Reichsschuld um rund 174 Mill. M.

Durch Zuschüsse des ordentlichen Etats zum Anleihebedarf hat ferner in den Etatsjahren 1897, 1900 und

minderung der Reichsschuld von 130000000 Mark auf 180000000 Mark erhöht.

§ 2. Übersteigen im Etatsjahr 1897/98 die den Bundesstaaten zustehenden Überweisungen aus den Erträgen an Zöllen, Tabaksteuer, Branntweinverbrauchsabgabe und Zuschlag zu derselben, sowie an Reichsstempelabgaben die aufzubringenden Matrikularbeiträge, so sind drei Vierteile des Überschusses an den den Bundesstaaten aus dem Ertrage der Zölle und der Tabaksteuer zu überweisenden Beträgen zu kürzen und zur Verminderung der Reichsschuld zurückzuhalten.

Die Verminderung der Reichsschuld erfolgt durch entsprechende Absetzung vom Anleihesoll. Soweit geeignete Anleihekredite nicht mehr offen stehen, wird über die Art der Schuldentilgung durch den Reichshaushaltsetat Bestimmung getroffen.

§ 3. Übersteigen im Etatsjahr 1899/1900 die Matrikularbeiträge das Etatssoll der Überweisungen für die gleiche Periode um mehr als den Betrag der für das Rechnungsjahr 1897/98 über die Matrikularbeiträge hinaus erfolgenden Überweisungen, so bleibt der Mehrbetrag insoweit unerhoben, als auf Grund des § 2 Mittel zur Schuldentilgung verfügbar geworden sind.

1901 eine Schuldenverminderung um 21,125 Mill. M stattgefunden. Auch die von China zu zahlenden Entschädigungen waren gemäß der G. v. 25. Febr. 1901 (Nachtrag zum Reichshaushaltsetat 1900) und 22. März 1901 (Reichshaushaltsetat 1901) auf die Tilgung von Reichsschulden zu verwenden.

Die infolgedessen zur Herstellung des Gleichgewichts im ordentlichen Etat erforderliche Deckung erfolgt zu Lasten des außerordentlichen Etats. Jedoch ist von dieser Bestimmung nur in dem Maße Gebrauch zu machen, als der Bedarfsbetrag nicht durch Mehrerträge bei den Überweisungssteuern Deckung findet.

§ 4. Bei Ermittelung des Unterschiedes zwischen den Überweisungen und den Matrikularbeiträgen werden von den letzteren die von einzelnen Bundesstaaten zur Reichskasse zu zahlenden Ausgleichungsbeträge abgesetzt.

2.

Gesetz, betreffend Änderungen im Finanzwesen des Reichs. Vom 14. Mai 1904[2].

(RGBl. S. 169. Ausgegeben am 19. Mai 1904.)

§ 1. Die Vorschrift über die Überweisung eines Teiles des Ertrags der Zölle und der Tabaksteuer an die Bundesstaaten (§ 8 des durch die Bekanntmachung vom 24. Mai 1885, Reichs-Gesetzbl. S. 111, veröffentlichten Zolltarifgesetzes) wird aufgehoben.

[2] Das Gesetz eröffnete der Kräftigung der Finanzen und damit auch der erwünschten Schuldentilgung des Reichs neue Wege. Es beseitigte die Franckensteinsche Klausel als solche, d. h. in Ansehung der Überweisung von Zoll- und Tabaksteuererträgnissen an die Bundesstaaten — also nicht der Überweisungen schlechthin —, die die Früchte der Finanzreformen seit 1879 dem Reiche großenteils entzogen hatte. Durch eine Abänderung des Artikels 70 der Reichsverfassung bestimmte das Gesetz ferner, daß etwaige

Der Reinertrag der Maischbottich- und Branntweinmaterialsteuer ist den einzelnen Bundesstaaten nach Maßgabe der matrikularmäßigen Bevölkerung, mit welcher sie zum Gebiete der Branntweinsteuergemeinschaft gehören, zu überweisen.

§ 2. Artikel 70 der Verfassung erhält folgende Fassung:

Artikel 70.

Zur Bestreitung aller gemeinschaftlichen Ausgaben dienen zunächst die aus den Zöllen und gemeinsamen Steuern, aus dem Eisenbahn-, Post- und Telegraphenwesen sowie aus den übrigen Verwaltungszweigen fließenden gemeinschaftlichen Einnahmen. Insoweit die Ausgaben durch diese Einnahmen nicht gedeckt werden, sind sie durch Beiträge der einzelnen Bundesstaaten nach Maßgabe ihrer Bevölkerung aufzubringen, welche in Höhe des budgetmäßigen Betrags durch den Reichskanzler ausgeschrieben werden. Insoweit diese Beiträge in den Überweisungen keine Deckung finden, sind sie den Bundesstaaten am Jahresschluß in dem Maße zu erstatten, als die übrigen ordentlichen Einnahmen des Reichs dessen Bedarf übersteigen.

„Überschüsse der Vorjahre" — vorbehaltlich anderweiter Bestimmungen durch die Reichshaushaltsetatsgesetze — zwecks Verringerung des Anleihebedarfs zur Deckung außerordentlicher Reichsausgaben statt wie bisher zur Bestreitung aller gemeinschaftlichen Ausgaben verwendet werden müssen. Das System der freien Tilgung bestand demnach unverändert fort.

Etwaige Überschüsse aus den Vorjahren dienen, insoweit durch das Gesetz über den Reichshaushalts-Etat nicht ein anderes bestimmt wird, zur Deckung gemeinschaftlicher außerordentlicher Ausgaben.

§ 3. Dieses Gesetz tritt mit Wirkung vom 1. April 1904 in Kraft.

3.

Gesetz, betreffend die Ordnung des Reichshaushalts und die Tilgung der Reichsschuld. Vom 3. Juni 1906[3].

(RGBl. S. 620. Ausgegeben am 11. Juni 1906.)

§ 3. Ungedeckte Matrikularbeiträge.

Soweit die nach Artikel 70 der Reichsverfassung von den Bundesstaaten aufzubringenden Matrikularbeiträge

[3] Die Aussetzung der Erhebung des Mehrbetrags in § 3 ist aufgehoben durch Art. I § 1 des Finanzreformges. v. 15. Juli 1909 — unten 4. Der ebendadurch (Art. I § 3) wieder aufgehobene § 4 d. G. v. 3. Juni 1906 begründet nach dem Vorbild verschiedener anderer Länder, z. B. Preußens seit 1897, durch Einführung der festen Tilgungsquote von mindestens $^3/_5$ des jeweiligen Schuldbetrags des Reichs die Tilgungspflicht. Mangels ausreichender Mittel konnte die Bestimmung zunächst nicht in die Wirklichkeit umgesetzt werden. Vielmehr ist, als — zum erstenmal auf Grund des in Rede stehenden Gesetzes — in dem Etat für das Rechnungsjahr 1908 ein Betrag ausgeworfen wurde, dessen Verwendung von der Höhe der aufzubringenden Matrikularbeiträge abhängig gemacht worden. Indes weist das Reichshaushaltsetats-Gesetz v. 4. April 1909 (RGBl. S. 345) auf Grund des Ges. v. 1906 25,3 Mill. M vorbehaltslos zur Reichsschuldentilgung an.

in einem Rechnungsjahre den Sollbetrag der Überweisungen um mehr als vierzig Pfennig auf den Kopf der Bevölkerung übersteigen, wird die Erhebung des Mehrbetrags für dieses Rechnungsjahr ausgesetzt.

Soweit sich ein solcher Mehrbetrag auch nach der Rechnung ergibt, findet dessen Erhebung im Juli des drittfolgenden Rechnungsjahrs statt.

§ 4. Tilgung der Reichsanleiheschuld.

Die Reichsanleiheschuld ist vom Rechnungsjahr 1908 ab alljährlich in Höhe von mindestens drei Fünftel vom Hundert des sich jeweils nach der Denkschrift über die Ausführung der Anleihegesetze ergebenden Schuldbetrags zu tilgen. Eine Absetzung vom Anleihesoll ist einer Tilgung gleichzuachten.

Die zur Schuldentilgung erforderlichen Beträge sind alljährlich durch den Reichshaushalts-Etat bereitzustellen.

4.

Gesetz, betreffend Änderung im Finanzwesen. Vom 15. Juli 1909[4].

(RGBl. S. 743. Ausgegeben am 20. Juli 1909.)

Artikel I.

Allgemeine Vorschriften.

§ 1.

Matrikularbeiträge.

§ 3 des Gesetzes, betreffend die Ordnung des Reichshaushalts und die Tilgung der Reichsschuld, vom 3. Juni 1906 (Reichs-Gesetzbl. S. 620) tritt außer Wirksamkeit.

[4] Das Gesetz enthält das zur Zeit hinsichtlich der

§ 2.

Für die aus den Rechnungsjahren 1906 bis 1908 herrührenden Matrikularbeiträge, deren Erhebung ausgesetzt ist und die auch nach der Rechnung zu unmittelbaren Lasten der Bundesstaaten verblieben sind, tritt

Reichsschuldentilgung bestehende Recht. Es bedingt mit Rücksicht darauf, daß von der bestehenden Reichsschuld der weitaus größte Teil zu nicht werbenden Zwecken aufgenommen ist, insbesondere aber im Hinblick auf den unbefriedigenden Kursstand der Reichsanleihen die erwünschte energischere Tilgung, zu der die Finanzreform des Jahres 1909 die Mittel liefern soll. Dies findet vor allem darin Ausdruck, daß die Mindesttilgungsquote von $^3/_5$ auf 1 Prozent erhöht ist, und daß statt von der jeweils vorhandenen Schuld ein für allemal von dem am 30. September 1910 bestehenden Schuldkapital auszugehen ist. Für die vom 1. Oktober 1910 ab aufgenommenen Anleihen steigert sich die Tilgungsquote erheblich, insbesondere für die zu nicht werbenden Zwecken aufgenommenen. Endlich ist bestimmt, daß die durch die Schuldentilgung frei werdenden Zinsbeträge jeweils zur Verstärkung der Tilgung zu verwenden sind.

Die besonderen Tilgungspläne, die bei früheren, zu werbenden Zwecken aufgenommenen Anleihen aufgestellt worden sind, bleiben bestehen. Das gleiche gilt für die gemäß Art. I § 2 dieses Gesetzes aufzunehmenden Anleihen.

Das Gesetz enthält nur das Mindestmaß der für die Tilgung aufzuwendenden Beträge. Soweit Überschüsse sich ergeben, werden auch sie in Anlehnung an Art. 70 Abs. 2 der Reichsverfassung zur Schuldentilgung zu verwenden sein.

Art. I § 1—4 ist mit dem Tage der Verkündigung in Kraft getreten.

der § 3 Abs. 2 des Gesetzes, betreffend die Ordnung des Reichshaushalts und die Tilgung der Anleihe, vom 3. Juni 1906 außer Wirksamkeit. Diese Matrikularbeiträge sind auf Anleihe zu übernehmen. Das gleiche gilt für die nach den Rechnungen der Rechnungsjahre 1907 und 1908 vorhandenen Fehlbeträge in der eigenen Wirtschaft des Reichs. Diese Anleihe ist vom Zeitpunkt ihrer Begebung ab jährlich mit mindestens 1,9 vom Hundert unter Hinzurechnung der ersparten Zinsen zu tilgen. Als ersparte Zinsen sind 3 1/2 vom Hundert der zur Tilgung aufgewendeten Summen anzusetzen.

Soweit die nach Artikel 70 der Reichsverfassung von den Bundesstaaten aufzubringenden Matrikularbeiträge nach dem Etat für das Rechnungsjahr 1909 den Sollbetrag der Überweisungen um mehr als 48512000 Mark übersteigen, wird der Reichskanzler ermächtigt, bis zur Höhe dieses Mehrbetrags Mittel zu dessen Deckung im Wege des Kredits flüssig zu machen. Soweit diese Mittel nach der Rechnung des Rechnungsjahrs 1909 in den Matrikularbeiträgen oder in Überschüssen aus der eigenen Wirtschaft des Reichs keine Deckung finden, hat ihre Abbürdung innerhalb der Rechnungsjahre 1911 bis 1913 aus den bereitesten Mitteln des Reichs zu erfolgen.

§ 3.

Tilgung der Reichsanleiheschuld.

Die Tilgung der Reichsanleiheschuld hat vom 1. April 1911 ab nach Maßgabe der nachstehenden Bestimmungen zu erfolgen:

Die Bestimmungen, welche für die Tilgung der zu

werbenden Zwecken bereits ausgegebenen Anleihen gelten, bleiben in Kraft. Zur Tilgung der bis 30. September 1910 begebenen sonstigen Anleihen ist jährlich mindestens 1 vom Hundert des an diesem Tage vorhandenen Schuldkapitals unter Hinzurechnung der ersparten Zinsen zu verwenden.

Zur Tilgung des vom 1. Oktober 1910 ab begebenen Schuldkapitals sind jährlich

a) von dem für werbende Zwecke bewilligten Anleihebetrage mindestens 1,9 vom Hundert[5],

b) im übrigen mindestens 3 vom Hundert,

in beiden Fällen unter Hinzurechnung der ersparten Zinsen zu verwenden. Als ersparte Zinsen sind $3\frac{1}{2}$ vom Hundert der zur Tilgung aufgewendeten Summen anzusetzen.

Die danach zur Schuldentilgung erforderlichen Beträge sind jährlich durch den Reichshaushaltsetat bereitzustellen. Abschreibungen vom Anleihesoll und Anrechnungen auf offene Kredite bis zur Höhe der zur Schuldentilgung zur Verfügung stehenden Beträge sind einer Tilgung gleichzuachten.

§ 4 des Gesetzes, betreffend die Ordnung des Reichshaushalts und die Tilgung der Reichsschuld, vom 3. Juni 1906 tritt mit dem 1. April 1911 außer Kraft[6].

[5] „1,9 vom Hundert" — entsprechend einer Tilgungszeit von 30 Jahren, wie bei den früher zu werbenden Zwecken aufgenommenen Anleihen mit gesetzlich festgelegter Tilgungszeit.

[6] Nach dem letzten Abs. d. § 3 ist in dem Reichs-

§ 4.

Der § 2 des Gesetzes, betreffend Verwendung von Mehrerträgen der Reichseinnahmen und Überweisungssteuern zur Schuldentilgung, vom 28. März 1903 (Reichs-Gesetzbl. S. 109) wird aufgehoben[7].

haushaltsetat für das Rechnungsjahr 1910 zum letztenmal ein Betrag zwecks Schuldentilgung auf Grund des § 4 d. G. v. 3. Juni 1906 (oben unter 3, S. 421) einzusetzen.

[7] Von der gemäß G. v. 28. März 1903 (oben unter 1 Anm. 1 S. 417) zu tilgenden Zuschußanleihe von 1903 blieb die größere Hälfte ungetilgt. Deren Tilgung ist in die allgemeine Reichsschuldentilgung nach dem Reformgesetz v. 1909 mit einbezogen worden. § 2 des Ges. v. 28. März 1903 mußte daher aufgehoben werden.

IV.

Gesetz, betreffend das Reichsschuldbuch. Vom 31. Mai 1891.

(RGBl. S. 321. Ausgegeben am 11. Juni 1891[1].)

§ 1. Schuldverschreibungen der Reichsanleihen können in Buchschulden des Reichs auf den Namen eines bestimmten Gläubigers umgewandelt werden.

[1] Dazu ist ergangen die Verordnung über die Inkraftsetzung des Gesetzes, betreffend das Reichsschuldbuch. Vom 24. Januar 1892 (RGBl. S. 303), lautend:

Das Gesetz, betreffend das Reichsschuldbuch, vom 31. Mai 1891 (RGBl. S. 321) tritt mit dem 1. April 1892 in Kraft.

Das Gesetz enthält eine Nachbildung des preuß. G. v. 20. Juli 1883 (PrGBl. S. 120). Den Entw. nebst Begründung s. StenB. d. Reichstags, VIII. LegPer. I. Sess. (1890/92), Anlage Bd. IV, Aktenstück Nr. 421, S. 2481 ff. Die Annahme erfolgte ohne Diskussion in den Sitzungen des Reichstags v. 2. u. 6. Mai 1891 — StenB. S. 2708 ff., 2781 ff. Vgl. auch d. preuß. G. betr. d. Erweiterung des Staatsschuldbuchs v. 8. Juni 1891 (PrGBl. S. 105).

Eine Änderung ist herbeigeführt (u. in d. obigen Text aufgenommen) durch das G. zur Änderung des Gesetzes, betreffend das Reichsschuldbuch. Vom 28. Juni 1904 (RGBl. S. 251). Dasselbe ist dem preuß. G. v. 24. Juli 1904 (PrGBl. S. 167) nachgebildet und wie dieses im wesentlichen hervorgegangen aus den Bestrebungen nach Maßnahmen zur Hebung und Befestigung des Kurses der Anleihen des Reichs und Preußens. Es bezweckt den Vorteilen des Reichsschuldbuchs eine größere Ausdehnung und Wirksamkeit zu verleihen und durch die vermehrte Umwandlung von Reichsschuldverschreibungen in Buchschulden die Nachfrage nach Reichsanleihen zu beleben und das Angebot einzuengen. Dies soll erreicht werden mittels Erleichterung der Eintragungen dadurch, daß die auf der Umwandlung von Reichsschuldverschreibungen in Buchschulden ruhende Gebühr beseitigt und die Gebührenfreiheit auch auf dem Gebiete der vormundschaftlichen Vermögensverwaltung für die Eintragung und Löschung gewisser Vermerke gewahrt wird, und daß ferner juristische Personen, die ihren Sitz im Ausland haben, als Gläubiger eingetragen werden können, was bisher nicht statthaft war. Demgemäß sind umgestaltet § 4 Nr. 3 und § 20, während § 7 Abs. 1 durch die Einschaltung eines die gesetzliche Vertretung solcher juristischen Personen betreffenden Zusatzes erweitert wird. Den Entw. nebst

---

Begründung s. Nr. 482 d. Drucks. d. Reichstags XI. LegPer. I. Sess. 1903/04. Die drei Lesungen erfolgten (ohne Debatte) am 16. Juni 1904 — s. StenB. S. 3236, 3237.

Der Entwurf zu einer zweiten Novelle, welche die Erleichterung der Benutzung des Reichsschuldbuchs bezweckt, ist bereits ausgearbeitet. Er deckt sich im wesentlichen mit dem im Januar 1910 dem Herrenhaus des preuß. Landtags unterbreiteten Entwurf eines Ges. zur Abänderung des Ges., betr. das Staatsschuldbuch, vom 20. Juli 1883.

Die Novelle sieht zur Vermeidung von Kosten und Umständlichkeiten „die Eintragung von Buchschulden gegen Bareinzahlung ohne Einreichung von Stücken vor. Dies Verfahren soll aber nicht nur bei Emissionen neuer Anleihen, sondern allgemein Platz greifen, sofern gesetzlich bewilligte Kredite offen stehen". Zugleich sollen dem Schuldbuche noch anhaftende Schwerfälligkeiten beseitigt werden, wo dies „ohne Schädigung des Systems und der Sicherheit der Gläubiger" geschehen kann. In Verbindung damit sollen „an Stellen, wo sich im Gesetze bei seiner Handhabung durch die Schuldenverwaltung noch Ergänzungen mehr formeller Art als wünschenswert herausgestellt haben, oder wo es Bestimmungen enthält, die mit dem Rechtszustande seit Einführung des Bürgerlichen Gesetzbuches und der damit in Verbindung stehenden Gesetze oder sonst mit der heutigen Rechtsauffassung nicht mehr im Einklang stehen, die erforderlichen Abänderungen" getroffen werden.

Demgemäß sollen Erleichterungen bei der Legitimation des Rechtsnachfolgers u. a. dadurch stattfinden, daß zu Lebzeiten des Gläubigers eine zweite Person ins Schuldbuch eingetragen werden kann, die nach dem Todesfalle die Gläubigerrechte der Reichsschuldenverwaltung gegenüber auszuüben befugt ist. Ferner sollen Erleichterungen in bezug auf die Beglaubigung von Anträgen stattfinden und eine Zinsenauszahlung außerhalb des Deutschen Reichs ermöglicht werden.

Von den Gebühren bleibt nur die bei der Löschung einer Reichsschuldbuchforderung zum Zwecke der Ausreichung von Reichsschuldverschreibungen zu erhebende bestehen.

Für das Reichsschuldbuch kommen noch in Betracht die eine Befreiung von preußischen Stempeln oder deren Ermäßigung aussprechenden Art. II und III des oben genannten preuß. Gesetzentwurfs, lautend:

Art. II. Beglaubigungen von Unterschriften unter Anträgen, Vollmachten und Genehmigungserklärungen, die nach ihrem Inhalt ausschließlich eine im Reichsschuldbuch oder im Staatsschuldbuch einzutragende oder eingetragene Forderung betreffen, sind stempelfrei.

Art. III. Der § 82 (bzw. § 81) des preuß. Gerichtskostengesetzes v. 25. Juni 1895 (PrGBl. 1895 S. 203, 1899 S. 326) erhält folgende Fassung:

„Für die in den Gesetzen über das Reichsschuldbuch und das Staatsschuldbuch vorgesehenen Bescheinigungen, daß ein Rechtsnachfolger von Todes wegen, ein die Gütergemeinschaft fortsetzender überlebender Ehegatte oder ein Testamentsvollstrecker über eine Buchforderung zu verfügen berechtigt ist, werden drei Zehnteile der im § 33 bestimmten Gebühr bis zum Höchstbetrag von 10 M erhoben. Das gleiche gilt für die in den §§ 37, 38 der Grundbuchordnung vorgesehenen Zeugnisse; jedoch werden für diese Zeugnisse Gebühren nicht erhoben, wenn die Teilungsurkunde vor Gericht aufgenommen oder bestätigt ist."

Unter dem Titel „Amtliche Nachrichten über das Deutsche Reichsschuldbuch" (2. Ausgabe, 1903, mit Nachtrag vom Februar 1905) wird von der Reichsschuldenverwaltung eine Zusammenstellung der für die Beteiligten wissenswerten Bestimmungen herausgegeben

§ 2[2, 3]. Die Umwandlung erfolgt gegen Einlieferung zum Umlauf brauchbarer Reichsschuldverschreibungen

und an die Interessenten unentgeltlich abgelassen. (Auch zu beziehen durch J. Guttentag, Berlin, s. RZBl. vom 25. März 1892 S. 157.)

Hinsichtlich der Beleihung von Reichsschuldbuchforderungen im Lombardverkehr der Reichsbank, vgl. BankG. §§ 13 Nr. 3 u. 9, 20a, 20b, Anm. 56, 75, 76 — oben C I.

[2] Die Umwandlung erfolgt ohne Ansehung des Zinssatzes der eingelieferten Schuldverschreibungen. Vgl. auch § 2 Abs. 2 sowie d. preuß. G. v. 8. Juni 1891 (PrGBl. S. 105) Art. I, wonach für die zu verschiedenen Zinssätzen erfolgenden Eintragungen getrennte Bücher angelegt werden können.

Zu den Reichsanleihen im Sinne dieses Gesetzes gehören nicht die Schatzanweisungen des Reichs (s. Reichsschuldenordnung § 1ff. — oben I).

[3] Die von dem Bundesrat am 21. Januar 1892 genehmigten, vom Reichskanzler unterm 27. dess. Mts. erlassenen und durch Erlaß des Reichskanzlers vom 15. Oktober 1904 abgeänderten Ausführungsbestimmungen (RZBl. 1892 S. 25ff. u. 1904 S. 379ff.) bestimmen zu den §§ 2 u. 4 d. G.:

Artikel 1 (§§ 2 u. 4 d. G. v. 31. Mai 1891).

1. Über die zu verschiedenen Zinssätzen erfolgenden Eintragungen in das Reichsschuldbuch werden getrennte Bücher geführt.

Jedes dieser Bücher zerfällt in sieben Abteilungen:

Abteilung I für physische Personen (§ 4 Nr. 1 des Gesetzes),

Abteilung II für Handelsfirmen (§ 4 Nr. 2 daselbst),

durch Eintragung in das bei der Reichsschuldenverwaltung zu führende Reichsschuldbuch.

Abteilung III für eingetragene Genossenschaften,
Abteilung IV für eingeschriebene Hilfskassen, zu III und IV, sofern sie im Inland ihren Sitz haben (§ 4 Nr. 3 daselbst),
Abteilung V für juristische Personen (ebendaselbst),
Abteilung VI für Vermögensmassen ohne juristische Persönlichkeit, wie Stiftungen, Anstalten, Familienfideikommisse, deren Verwaltung von einer öffentlichen Behörde oder unter deren Aufsicht geführt wird (§ 4 Nr. 4 daselbst),
Abteilung VII für Vermögensmassen, deren Verwalter ihre Verfügungsbefugnis über die Masse durch eine gerichtliche oder notarielle Urkunde nachweisen (ebendaselbst).

Für jede Abteilung werden so viel einzelne Konten angelegt, als Gläubiger einzutragen sind. Jedes Konto wird nach dem beifolgenden Muster I eingerichtet*.

Zu jeder Abteilung ist ein alphabetisches Namenregister zu führen.

Die Abschrift des Reichsschuldbuchs wird in einem besonderen Gebäude aufbewahrt. Die Abschrift der einzelnen Eintragungen wird spätestens eine Woche nach den Eintragungen selbst bewirkt.

2. Bei Prüfung der Frage, ob die zur Umwandlung in eine Buchschuld eingereichten Reichs-

* Das Muster (RZBl. 1892 S. 29 ff.) ist nicht mit aufgenommen.

Für die zu verschiedenen Zinssätzen erfolgenden Eintragungen können getrennte Bücher angelegt werden.

In dem Reichsschuldbuche sind auch die in dem Schuldverhältnisse eintretenden Veränderungen zu vermerken[4].

schuldverschreibungen zum Umlauf brauchbar sind (§ 2 d. G.), ist folgendes zu beachten:

Die Schuldverschreibungen dürfen nicht gerichtlich für kraftlos erklärt oder von einem Gericht oder einer mit Vollstreckungsbefugnis ausgestatteten Behörde mit Beschlag belegt sein. Befindet sich eine Außerkurssetzung darauf vermerkt, so muß auch der Vermerk ordnungsmäßiger Wiederinkurssetzung sich vorfinden. Die Umwandlung befleckter oder beschädigter Stücke ist nur zulässig, wenn nach dem Ermessen der Reichsschuldenverwaltung der Antragsteller sich als der rechtmäßige Besitzer der umzuwandelnden Schuldverschreibungen ausgewiesen hat. Jeder eingereichten Schuldverschreibung müssen die noch nicht fälligen Zinsscheine (Coupons) und der dazu gehörige Erneuerungsschein (Talon, Anweisung) beigefügt sein. Nur den Schuldverschreibungen, welche in einem dem Fälligkeitstermin der Zinsen vorangehenden Monat eingereicht werden, sind die nächstfälligen Zinsscheine nicht beizufügen.

Die Anordnung betreffend die Wiederinkurssetzung wird vom Reichsschuldbuchbureau mit Rücksicht auf Art. 176 d. EG. z. BGB., wonach Außerkurssetzungsvermerke seit dem 1. Januar 1900 wirkungslos sind, nicht mehr beachtet.

[4] Sei es auf Antrag oder von Amts wegen. Vgl. § 7, ferner G. v. 8. März 1897 (RGBl. S. 21) §§ 5 und 7.

Von dem Reichsschuldbuche ist eine Abschrift zu bilden und getrennt aufzubewahren.

Über den Inhalt des Reichsschuldbuches darf nur dem eingetragenen Gläubiger, seinen gesetzlichen Vertretern, Bevollmächtigten und Rechtsnachfolgern von Todes wegen, sowie bezüglich der im § 4 unter Nr. 3 und 4 bezeichneten Gläubiger den zur Revision der Kassen derselben berechtigten öffentlichen Behörden oder sonstigen Personen, letzteren aber nur, falls ihre Berechtigung zur Kassenrevision durch eine inländische öffentliche Behörde bescheinigt ist, Auskunft erteilt werden.

§ 3. Die Eintragung einer Buchschuld geschieht auf Antrag des Inhabers und auf den Namen der in dem Antrage als Gläubiger bezeichneten Person[5].

[5] Art. 2 der „Ausführungsbestimmungen" verordnet:

1. Zu dem Antrage auf Eintragung einer Buchschuld ist das beiliegende Muster II* zu benutzen.

2. Die Bezeichnung des Gläubigers muß so genau erfolgen, daß die Unterscheidung von einem anderen mit Sicherheit geschehen kann.

Bei physischen Personen sind anzugeben:

a) der Familienname,
b) die Vornamen,
c) bei Frauen auch der Geburtsname,
d) der Beruf oder Stand,
e) der Wohnort und soweit erforderlich die Wohnung.

* Vgl. RZBl. 1892 S. 32. Das Muster ist nicht mit aufgenommen.

§ 4. Als Gläubiger können nur eingetragen werden:
1. einzelne physische Personen,
2. einzelne Handelsfirmen,

Bei großjährigen unter Vormundschaft stehenden Personen ist der Grund der Entmündigung (z. B. entmündigt wegen Geisteskrankheit), bei minderjährigen Personen ihr Geburtstag und Geburtsort oder Name, Stand und letzter Wohnort des Vaters anzugeben.

3. Die gleichen genauen Angaben (siehe 2a bis e) sind erforderlich für die als zum Zinsempfang berechtigt bestellten physischen Personen, seien dies nun Bevollmächtigte oder Vormünder oder andere gesetzliche Vertreter.

4. Etwaige Beschränkungen der Gläubiger in bezug auf Kapital oder Zinsen sind am Schlusse zu beantragen.

5. Soll die Eintragung auf den Namen einer juristischen Person, Handelsfirma, eingetragenen Genossenschaft oder eingeschriebenen Hilfskasse geschehen, so ist, soweit es nicht notorisch, dem Antrage das Zeugnis der zuständigen öffentlichen Behörde beizufügen, durch welches dargetan wird, bei juristischen Personen, daß sie Rechtsfähigkeit haben, bei den Firmen, daß sie mit der angegebenen Bezeichnung und Wohnung im Handelsregister, bei eingetragenen Genossenschaften, daß sie in einem Genossenschaftsregister im Inland eingetragen, und bei eingeschriebenen Hilfskassen, daß sie als Kassen innerhalb dieses Gebiets zugelassen sind. Haben juristische Personen ihren Sitz im Auslande, so ist ferner dem Antrag ein Zeugnis des zuständigen deutschen Konsuls beizufügen, durch welches die Zuständigkeit der

3. einzelne eingetragene Genossenschaften und einzelne eingeschriebene Hilfskassen, welche im Ge-

öffentlichen Behörde, welche die Rechtsfähigkeit bezeugt, dargetan wird.

Soll die Eintragung auf den Namen einer Vermögensmasse erfolgen, deren Verwaltung von einer öffentlichen Behörde geführt oder beaufsichtig wird, so ist die Reichsschuldenverwaltung befugt, zu verlangen, daß durch geeignete Urkunden die Eigenschaft der Behörde als einer öffentlichen und ihre Zuständigkeit nachgewiesen werde.

6. Werden Schuldverschreibungen mit verschiedenen Zinssätzen gleichzeitig zur Umwandlung eingereicht, so sind für dieselben getrennte Anträge zu stellen.

7. Jedem Antrage ist ein besonderes Verzeichnis nach dem beiliegenden Muster III* beizufügen, in welchem die mit dem Antrage überreichten Schuldverschreibungen nach Jahrgang, Litera, Nummer und Nennbetrag aufgeführt sind. Die Schuldverschreibungen sind nach den Jahrgängen und innerhalb dieser nach den Litern und der Nummernfolge zu ordnen. Liegen einem Antrage zu verschiedenen Terminen verzinsliche Schuldverschreibungen bei (z. B. 3 1/2 oder 3 prozentige Schuldverschreibungen, teils mit Januar—Juli-, teils mit April—Oktober-Zinsen), so sind die betreffenden Schuldgattungen in dem Verzeichnisse gesondert, unter sich ebenfalls nach den Jahrgängen, Litern und der Nummernfolge geordnet, aufzuführen.

* Vgl. RZBl. 1892 S. 33. Das Muster ist nicht mit aufgenommen.

biete des Deutschen Reichs ihren Sitz haben, sowie einzelne juristische Personen[6],

4. einzelne Vermögensmassen, wie Stiftungen, Anstalten, Familienfideikommisse, deren Verwaltung von einer öffentlichen Behörde oder unter deren Aufsicht geführt wird, oder deren Verwalter ihre Verfügungsbefugnis über die Masse durch eine gerichtliche oder notarielle Urkunde nachweisen[7] [8].

8. Der Einlieferer erhält sofort nach dem Eingange einen Empfangsschein über Zahl und Nennbetrag der eingelieferten Wertpapiere. Der Schein muß von dem Rendanten und dem Oberbuchhalter des Schuldbuchbureaus oder von deren Stellvertretern unterschrieben sein.

9. Jede Eintragung in das Reichsschuldbuch wird von einem Mitgliede der Reichsschuldenverwaltung und dem Buchführer unterschrieben.

10. Die Reichsschuldenverwaltung ist befugt, Ergänzungen der in den Gesuchen gemachten Angaben zu erfordern, sofern dies zur Klarstellung der in dem Reichsschuldbuch zu bewirkenden Eintragungen angezeigt erscheint.

Ablehnende Bescheide sind mit Gründen zu versehen.

[6] Der Abs. ist geändert durch G. v. 28. Juni 1904 (s. Anm. 1). Nach der ursprünglichen Fassung mußten auch die juristischen Personen ihren Sitz im Inlande haben.

[7] Das preuß. G. v. 20. Juli 1883, betreffend das Staatsschuldbuch, schloß die ausländischen und die nicht unter behördlicher Aufsicht stehenden inländischen Vermögensmassen aus. Dies ist geändert durch das preuß. G. v. 8. Juni 1891 (PrGBl. S. 105) Art. II, dessen Fassung die des § 4 in obigem RG. entspricht.

[8] Dadurch, daß die Verfügungsbefugnis der Ver-

Einem Gläubiger wird nicht mehr als ein Konto im Reichsschuldbuche eröffnet[9].

§ 5. Mit der Eintragung erlöschen die Rechte des Inhabers an den eingelieferten Schuldverschreibungen.

Im übrigen finden die für die Tilgung und Verzinsung der Reichsanleihen geltenden Vorschriften auf die eingetragenen Forderungen entsprechende Anwendung[10].

§ 6[11]. Eingetragene Forderungen können durch Zuschreibung erhöht, ganz oder teilweise auf andere Konten übertragen und ganz oder teilweise gelöscht werden.

walter durch eine gerichtliche oder notarielle Urkunde nachgewiesen werden muß, soll die Reichsschuldenverwaltung von der eigenen verantwortlichen Prüfung befreit werden. Vgl. auch § 2 Abs. 5, § 7 Abs. 1, § 13 Anm. 19 und AusfBest. Art. 1 (oben Anm. 3), Art. 4 (unten Anm. 12).

[9] Die Vorschrift dient zur Geschäftsvereinfachung. Bei Einrichtung getrennter Bücher (§ 2 Abs. 2) kann selbstverständlich in jedem der Bücher ein Konto für die einzelnen Gläubiger angelegt werden (s. Begründung). Bei der durch d. G. v. 8. März 1897 (oben II, S. 408) verordneten Konvertierung kommt nach § 9 dess. die Beschränkung nicht zur Anwendung.

[10] Dazu gehören, wie die Begr. bemerkt, auch die Vorschriften über die vierjährige Verjährungsfrist nicht erhobener Zinsen.

[11] AusfBest. Art. 3:

> Bei Teilübertragungen und Teillöschungen müssen sowohl die Beträge, deren Übertragung oder Löschung beantragt wird, als auch die Restbeträge, über welche eine Verfügung nicht stattfinden soll, in Schuldverschreibungen der betreffenden Reichsanleihe darstellbar sein.

Teilübertragungen und Teillöschungen sind jedoch nur zulässig, sofern die Teilbeträge in Stücken von Schuldverschreibungen darstellbar sind.

Im Falle gänzlicher oder teilweiser Löschung der eingetragenen Forderung erfolgt die Ausreichung von Schuldverschreibungen zu gleichem Zinssatze und gleichem Nennwerte, zu deren Anfertigung die Reichsschuldenverwaltung hierdurch ermächtigt wird.

§ 7. Zur Stellung von Anträgen auf Übertragung eingetragener Forderungen auf ein anderes Konto, auf Eintragung und auf Löschung von Vermerken über Veränderungen im Schuldverhältnisse (§ 2 Abs. 3), sowie auf Ausreichung von Reichsschuldverschreibungen gegen Löschung der eingetragenen Forderung sind nur der eingetragene Gläubiger, seine gesetzlichen Vertreter und Bevollmächtigten, sowie diejenigen Personen berechtigt, auf welche die eingetragene Forderung von Todes wegen übergegangen ist. Zur Stellung von Anträgen für eine Firma gilt für berechtigt, wer zur Zeichnung der Firma berechtigt ist; zur Stellung von Anträgen für die im § 4 Nr. 4 gedachten Vermögensmassen die daselbst genannte Behörde oder die von derselben bezeichnete Person, beziehungsweise die gemäß § 4 Nr. 4 zur Verfügung über die Masse befugten Verwalter[12]. Als gesetzlicher

Dies gilt für jeden Posten besonders, falls es sich um Eintragungen handelt, welche aus mehreren zu verschiedenen Terminen verzinslichen Posten zusammengesetzt sind.

[12] AusfBest. Art. 4:

Von den Vertretern der Handelsfirmen, der

Vertreter einer juristischen Person, die nicht im Gebiete des Deutschen Reichs ihren Sitz hat, gilt, wer seine Vertretungsbefugnis nach den vom Bundesrate beschlossenen Ausführungsbestimmungen nachgewiesen hat[13].

Zur Löschung von Vermerken zugunsten Dritter

eingetragenen Genossenschaften und der eingeschriebenen Hilfskassen ist bei Stellung der im § 7 des Gesetzes bezeichneten Anträge durch eine öffentliche Urkunde der Nachweis zu erbringen, daß die Antragsteller zur Zeichnung für die Firma beziehungsweise zur Vertretung der Genossenschaft oder Kasse befugt sind. Vertreter juristischer Personen, welche ihren Sitz im Auslande haben, haben ihre Vertretungsbefugnis durch ein Zeugnis der zuständigen öffentlichen Behörde darzutun. Von diesem Zeugnisse gilt das im Artikel 2 der AusfBest. Nr. 5 Abs. 1 (s. oben Anm. 5) Gesagte.

Ob die Verwalter der im § 4 Nr. 4 a. a. O. erwähnten Vermögensmassen bei Stellung eines Antrags nach § 7 a. a. O. von neuem eine gerichtliche oder notarielle Urkunde, welche sie zur Verfügung über die Masse legitimiert, beizubringen haben, darüber hat in jedem einzelnen Falle die Reichsschuldenverwaltung zu entscheiden.

Vgl. auch preuß. G. v. 8. Juni 1891 (PrGBl. S. 105) Art. II.

[13] Der Zusatz „Als gesetzlicher Vertreter" bis „hat" ist eingefügt durch das G. v. 28. Juni 1904 (s. Anm. 1). Er war durch die Änderung des § 4 Nr. 3 notwendig geworden. Die zu diesem G. vom Bundesrat am 13. Oktober 1904 beschlossenen Ausführungsbestimmungen sind vom Reichskanzler unterm 15. Oktober veröffentlicht (RZBl. S. 379).

bedarf es der Zustimmung derselben mit Ausnahme des im § 13 gedachten Falles.

Verfügungen über eingetragene Forderungen, wie Abtretungen, Verpfändungen, erlangen dem Reich gegenüber nur durch die Eintragung Wirksamkeit.

Eine Pfändung oder vorläufige Beschlagnahme der eingetragenen Forderung im Wege der Zwangsvollstreckung oder des Arrestes, sowie eine durch eine einstweilige gerichtliche Verfügung angeordnete Beschränkung des eingetragenen Gläubigers ist von Amts wegen auf dem Konto zu vermerken, beziehentlich nach erfolgter Beseitigung dieser Anordnungen zu löschen. Wird eine gepfändete Forderung an Zahlungsstatt überwiesen, so ist dieselbe vorbehaltlich der Bestimmung im § 15 Nr. 2 im Reichsschuldbuche zu übertragen[14].

Eine Prüfung der Gültigkeit der den Anträgen zugrunde liegenden Rechtsgeschäfte findet nicht statt.

§ 8. Die Eintragungen erfolgen in derselben Reihenfolge, in welcher die auf dasselbe Konto bezüglichen Anträge bei der Reichsschuldenverwaltung eingegangen sind.

§ 9. Eine Ehefrau wird zu Anträgen ohne Zustimmung des Ehemannes zugelassen.

Die Ehefrau bedarf der Zustimmung des Ehemannes, wenn ein Vermerk zu dessen

[14] Die hier aufgeführten Fälle sind Beispiele einer Veränderung in dem Forderungsverhältnis ohne Antrag des Forderungsberechtigten. Vgl. auch ZPO. § 693 u. oben § 2 Abs. 3.

Gunsten eingetragen ist. Ein solcher Vermerk ist einzutragen, wenn die Ehefrau oder mit ihrer Zustimmung der Ehemann die Eintragung beantragt. Die Ehefrau ist dem Ehemanne gegenüber zur Erteilung der Zustimmung verpflichtet, wenn sie nach dem unter ihnen bestehenden Güterstande über die Buchforderung nur mit Zustimmung des Ehemannes verfügen kann[15].

[15] Die Vorschrift lautete ursprünglich: „Ehefrauen und großjährige Personen unter väterlicher Gewalt werden zu Anträgen ohne Zustimmung des Ehemanns beziehungsweise Vaters zugelassen." § 9 ist wie oben geändert durch Art. 50 des EG. z. BGB. dahin lautend:

„Der § 9 des Gesetzes, betreffend das Reichsschuldbuch, vom 31. Mai 1891 (RGBl. S. 321) wird dahin geändert": (Hier folgt obiger Text).

Die Vorschrift beruhte nach der Begr. auf dem Bedürfnis, die Reichsschuldenverwaltung von der mit großen Schwierigkeiten und Weitläufigkeiten verknüpften Verpflichtung zu befreien, in jedem einzelnen Falle zu prüfen, ob eine derartige Zustimmung nach Lage der in Frage kommenden gesetzlichen Vorschriften erforderlich ist oder nicht. Ihr entspricht Abs. 1 der neuen Fassung mit der Abweichung, daß der nach d. ZPO. nicht mehr mögliche Fall weggelassen ist, daß ein Volljähriger unter väterlicher Gewalt steht. Abs. 2 trifft die gleiche Bestimmung, wie sie nach Art. 97 d. EG. z. BGB. für die Staatsschuldbücher der Bundesstaaten durch die Landesgesetzgebung getroffen werden kann. Die Verpflichtung der Buchbehörde, welche dadurch eingeführt ist, erstreckt sich also darauf, ob die Antragstellerin Ehefrau ist, in

§ 10. Zum Antrage auf Eintragung einer Forderung sowie auf gleichzeitigen Vermerk einer Beschränkung des Gläubigers in bezug auf Kapital oder Zinsen derselben und zur gleichzeitigen Erteilung einer Vollmacht genügt schriftliche Form.

In allen anderen Fällen muß der Antrag gerichtlich oder notariell, oder von einem Konsul des Reichs aufgenommen oder beglaubigt sein. Bei der Beglaubigung bedarf es weder der Zuziehung von Zeugen noch der Aufnahme eines Protokolls[16].

Sind seit der Eintragung Änderungen in der Person des Gläubigers (Verheiratung einer Frau, Änderung des Gewerbes, Standes, Namens, Wohnortes) eingetreten, so kann verlangt werden, daß die Identität durch eine öffentliche Urkunde dargetan werde.

welchem Güterrecht sie lebt und ob an ihrem Vermögen dem Manne Rechte zustehen. Indessen kommt es darauf an, ob ein Antrag auf Eintragung eines Vermerks zugunsten des Ehemanns gestellt ist. Vgl. Planck, Bürgerl. Gesetzbuch nebst EG., 3. Auflage Band VI, Anm. zu Art. 50 des EG. Nr. 2.

[16] Wegen der Gebühren s. § 20. Die Vereinfachung schließt sich an ZPO. § 80 Abs. 2 an.

Eine Ausnahme gilt für Anträge öffentlicher Behörden (§ 13 Abs. 3).

Für die Anträge der Blinden, Taubstummen und Analphabeten sind besondere Formen nicht vorgeschrieben (anders preuß. G. v. 20. Juli 1883 § 11 — PrGBl. S. 122), schon weil die Reichsschuldenverwaltung der Regel nach nicht beurteilen kann, ob ein solcher Fall vorliegt.

§ 11[17]. Rechtsnachfolger von Todes wegen haben sich, sofern ihre Berechtigung auf der gesetzlichen Erbfolge beruht, durch eine Bescheinigung als Erben, sofern dieselbe auf letztwilliger Verfügung beruht, durch eine Bescheinigung darüber auszuweisen, daß sie über die eingetragene Forderung zu verfügen befugt sind.

Zur Ausstellung dieser Bescheinigungen ist das Nachlaßgericht und, falls der Erblasser zur Zeit des Erbfalls im Inlande weder Wohnsitz noch Aufenthalt hatte, auch derjenige Konsul des Reichs zuständig, in dessen Amtsbezirke der Erblasser zur Zeit des Erbfalls seinen Wohnsitz oder seinen gewöhnlichen Aufenthalt hatte, sofern dem Konsul von dem Reichskanzler die Ermächtigung zur Ausstellung solcher Bescheinigungen erteilt ist[18].

[17] Die Legitimationsprüfung und -bescheinigung bei der Rechtsnachfolge von Todes wegen ist hier den Gerichten (unbeschadet der landesgesetzlichen Zuständigkeit anderer Behörden oder der Notare — Abs. 3) übertragen; die Reichsschuldenverwaltung ist davon befreit.

Eine Erleichterung für die Rechtsnachfolger ausländischer Gläubiger enthält Abs. 2 (Ermächtigung des Konsuls).

[18] Der Abs. 2 lautete ursprünglich: „Zur Ausstellung der vorgedachten Bescheinigungen ist dasjenige Gericht, bei welchem der Erblasser zur Zeit seines Todes seinen allgemeinen Gerichtsstand hatte, und, sofern derselbe im Inlande einen solchen nicht hatte, derjenige Konsul des Reichs, in dessen Amtsbezirk der Erblasser zur Zeit seines Todes seinen Wohnsitz oder gewöhnlichen Aufenthalt gehabt hat, falls dem Konsul von dem Reichskanzler

Unberührt bleiben die landesgesetzlichen Vorschriften, nach welchen zur Ausstellung der Bescheinigung statt der Gerichte andere Behörden oder Notare zuständig sind. Die Zuständigkeit derselben ist von dem im Absatz 2 bezeichneten Gericht auf der Bescheinigung zu bestätigen.

§ 12. Mehrere Erben haben zur Stellung von Anträgen und zur Empfangnahme von Schuldverschreibungen eine einzelne Person zum Bevollmächtigten zu bestellen.

§ 13. Vollmachten, sowie die Genehmigungserklärungen dritter Personen, zu deren Gunsten der eingetragene Gläubiger in bezug auf die Forderung oder deren Zinserträgnisse durch einen Vermerk im Reichsschuldbuche beschränkt ist, bedürfen zu ihrer Gültigkeit derselben Form, welche für die Anträge vorgeschrieben ist. Zum Widerruf einer Vollmacht genügt schriftliche Form.

Zur Löschung von persönlichen unvererblichen Einschränkungen des Gläubigerrechts oder des Verfügungsrechts, welche durch den Tod des Berechtigten erloschen sind, ist nur die Beibringung der Sterbeurkunde erforderlich; das Recht auf den Bezug rückständiger Leistungen wird hierdurch nicht berührt.

die Ermächtigung zur Ausstellung solcher Bescheinigungen erteilt ist, und in Ermangelung eines hiernach zuständigen Konsuls das Amtsgericht I in Berlin zuständig." Die Abänderung ist herbeigeführt durch § 188 der Grundbuchordnung (RGBl. v. 1898 S. 807) lautend:

„Der § 11 Abs. 2 des Gesetzes, betreffend das Reichsschuldbuch, vom 31. Mai 1891 (RGBl. S. 321) wird dahin geändert": (Hier folgt obiger Text.)

Anträge öffentlicher Behörden bedürfen, wenn sie ordnungsmäßig unterschrieben und untersiegelt sind, keiner Beglaubigung [19].

§ 14. Über die Eintragung von Forderungen und Vermerken, sowie über die verfügte Auslieferung von Schuldverschreibungen an Stelle zur Löschung gelangter Forderungen wird dem Antragsteller und, falls der Berechtigte ein anderer ist, auch diesem eine Benachrichtigung erteilt.

Die Benachrichtigung gilt nicht als eine über die Forderung ausgestellte Verschreibung [20].

[19] Abgesehen von Abs. 3 unterliegen die von öffentlichen Behörden ausgestellten oder aufgenommenen Urkunden, z. B. die nach § 4 Abs. 1 Nr. 4 ausgestellten Bescheinigungen, den Vorschriften des G. v. 1. Mai 1878 (RGBl. S. 89).

[20] Die Behändigung der Benachrichtigung kann daher auch nicht als Verpfändung gelten.

AusfBest. Art. 5:

1. Auf jedes Benachrichtigungsschreiben über Eintragung einer Buchforderung ist in einer besonders in die Augen fallenden Form der Vermerk zu setzen:

   Dies Schriftstück gilt nicht als eine über die Forderung ausgestellte Verschreibung.

2. Die Auslieferung von Schuldverschreibungen usw. an Stelle zur Löschung gelangter Forderungen geschieht an den dazu von der Reichsschuldenverwaltung legitimiert befundenen Berechtigten

   durch die preußische Kontrolle der Staatspapiere in Berlin,

§ 15. Von Amts wegen kann die Löschung eingetragener Forderungen und die Hinterlegung der dagegen auszuliefernden Schuldverschreibungen bei der Hinterlegungsstelle in Berlin auf Kosten des Gläubigers erfolgen[21]:

oder durch eine mit Kasseneinrichtung versehene Zweiganstalt der Reichsbank,
oder durch eine von der betreffenden Landesregierung für diesen Zweck zur Verfügung gestellte Landeskasse,

nach Prüfung der Identität des Berechtigten gegen Quittung.

Hat der Berechtigte die Zusendung durch die Post innerhalb des Deutschen Reichs in der Form des § 10 Absatz 2 des Gesetzes beantragt, so ist die Reichsschuldenverwaltung ermächtigt, diesem Antrage zu entsprechen. Die Sendung geschieht alsdann auf Gefahr und Kosten des Berechtigten. Der Posteinlieferungsschein dient bis zum Eingang der Quittung als Rechnungsbelag.

3. Die Mitteilung der in Gemäßheit des § 14 daselbst zu erlassenden Benachrichtigungsschreiben geschieht mittelst verschlossener Briefe durch die Post und, sofern es besonders beantragt wird, mit der Bezeichnung „Einschreiben“.

4. Postsendungen, welchen Inhaberpapiere beiliegen, sind nach ihrem vollen Nennwert zu deklarieren, außer wenn ein anderes in der Form des § 10 Absatz 2 des Gesetzes beantragt wird.

5. Wegen der Zinssendungen kommen § 18 des Gesetzes und der nachstehende Artikel 7 zur Anwendung. (S. unten Anm. 26.)

[21] Durch § 15 soll die Verwaltung in den Stand gesetzt werden, eine die Geschäftsführung erschwerende

1. wenn die Eintragung von Verpfändungen oder sonstigen Verfügungsbeschränkungen beantragt wird;
2. wenn die Forderung ganz oder teilweise im Wege der Zwangsvollstreckung oder des Arrestes gepfändet oder wenn eine einstweilige gerichtliche Verfügung über dieselbe getroffen ist;
3. wenn über das Vermögen des eingetragenen Gläubigers der Konkurs eröffnet worden ist;
4. wenn die Zinsen des eingetragenen Kapitals zehn Jahre hintereinander nicht abgehoben worden sind;
5. wenn glaubhaft bekannt geworden ist, daß der Gläubiger vor länger als zehn Jahren verstorben ist und ein Rechtsnachfolger sich nicht legitimiert hat;
6. wenn sonst ein gesetzlicher Grund zur Hinterlegung gegeben ist[22].

Die hinterlegten Schuldverschreibungen treten in allen rechtlichen Beziehungen an die Stelle der gelöschten Forderung[23].

Belastung des Schuldbuchs mit verwickelten und illiquiden Schuldverhältnissen zu verhindern. Als unzweifelhaft gilt es nach der Begr., daß unter Umständen auch nur ein Teil der Forderung gelöscht werden darf, z. B. wenn sie im Wege der Zwangsvollstreckung nur teilweise gepfändet ist.

[22] Nr. 6 fehlt in dem preuß. G. v. 20. Juli 1883; die Vorschrift hat nach der Begr. diejenigen Fälle im Auge, in denen gemäß §§ 214ff. T. I Tit. 16 ALR. die Legitimation zu Zweifeln Anlaß gibt. Vgl. BGB. § 372.

[23] AusfBest. Art. 6:

Bei der Hinterlegung von Schuldverschreibungen sind der Hinterlegungsstelle Abschrift des

§ 16. Im Falle der Kündigung einer der Reichsanleihen sind die mit ihrer Forderung zu dem Zinssatze der gekündigten Anleihe eingetragenen Gläubiger schriftlich zu benachrichtigen. Die Wirksamkeit der Kündigung ist jedoch von dieser Benachrichtigung nicht abhängig[24].

§ 17. Die Zahlung der Zinsen einer eingetragenen Forderung erfolgt, sofern nicht die Voraussetzungen des § 7 Abs. 4 vorliegen, mit rechtlicher Wirkung an denjenigen, welcher am zehnten Tage des dem Fälligkeitstermine der Zinsen vorangehenden Monats eingetragener Berechtigter war[25].

Kontos und, falls die ganze Forderung hinterlegt wird, die auf das gelöschte Konto bezüglichen Akten mitzuteilen.

Die Beteiligten sind von dem Verfügten gleichzeitig zu benachrichtigen.

[24] Das KonvertierungsG. v. 8. März 1897 § 1 (oben II) läßt ausdrücklich den § 16 unberührt. Vgl. auch § 2 Abs. 2 das.

[25] Die Vorschrift nimmt Rücksicht auf den Geschäftsgang. Zehn Tage reichen erfahrungsmäßig hin, die bis zum Schlusse der Monate Februar, Mai, August und November einlaufenden Anträge auf Eintragungen und Löschungen zu erledigen. Der Zeitraum von diesem Tage bis zur Fälligkeit der Zinsen genügt, die Zahlung der letzteren vorzubereiten. Vgl. § 21. Gegenüber einer inzwischen zur Kenntnis der Reichsschuldenverwaltung gelangten Pfändung usw. (§ 7 Abs. 4) fällt die Erleichterung fort. Vgl. Bek. v. 4. März 1896 (RZBl. S. 75), wonach die Zahlung am 26. des der Fälligkeit vorangehenden Monats beginnt.

§ 18[26]. Die Zinsen werden nur im Inlande gezahlt, und zwar in der Zeit vom vierzehnten Tage vor bis zum achten Tage nach dem Fälligkeitstermine durch eine Reichs- oder Landeskasse, oder durch die Reichs-

[26] AusfBest. Art. 7:

1. Die Berichtigung der Zinsen kann erfolgen:
   a) durch die preußische Staatsschulden-Tilgungskasse in Berlin mittels Barzahlung oder, wenn dem Empfangsberechtigten ein Girokonto bei der Reichsbank eröffnet ist, durch Gutschrift auf dessen Konto;
   b) durch die Reichshauptkasse, sämtliche Reichsbankhauptstellen, die Reichsbankstellen, die mit Kasseneinrichtung versehenen Nebenstellen* und die Reichsbankkommandite** in Insterburg;
   c) an Orten, an welchen sich keine der unter b bezeichneten Reichsbankanstalten befindet, durch die in der Anlage IV*** bezeichneten Landeskassen,

      zu b und c mittels Barzahlung;
   d) mittels Übersendung durch die Post im Inlande.

2. Die Reichsschuldenverwaltung bestimmt, auf welchem Wege die Zahlung erfolgen soll, und berücksichtigt dabei tunlichst die Wünsche der Gläubiger. Anträge auf eine Änderung des bis-

---

* Jetzt 377. Wegen dieser s. oben C Anhang B, S. 368ff.

** Jetzt Reichsbankstelle. Vgl. oben C I Anm. 119, S. 199.

*** S. diese im RZBl. 1892 S. 34.

bank[27], oder auf Gefahr und Kosten des Berechtigten mittels Übersendung durch die Post. Die Bestimmung der Landeskassen erfolgt durch den Reichskanzler im Einvernehmen mit der Landesregierung oder durch den Bundesrat.

Kommt die Sendung als unbestellbar zurück, so unterbleiben weitere Sendungen, bis der Gläubiger die richtige Adresse angezeigt hat.

§ 19. Änderungen in der Person oder der Wohnung

herigen Zahlungsweges können für den nächsten Fälligkeitstermin nur Berücksichtigung finden, wenn sie bis zum ersten Tage des Monats vor diesem Termin bei der Reichsschuldenverwaltung eingehen.

3. Die Barzahlung durch eine öffentliche Kasse, Reichsbankhauptstelle oder Reichsbankstelle (zu 1 a bis c) erfolgt gegen Quittung. Bei Prüfung der Legitimation und Identität des Empfängers sind die Zahlstellen verpflichtet, nach Maßgabe der allgemeinen Vorschriften gewissenhaft zu verfahren.

4. Wird die Barzahlung bei der bestimmten Zahlstelle bis zum Ablauf des mit dem Fälligkeitstermin beginnenden Kalenderquartals nicht erhoben, so wird der Empfangsberechtigte mit dem Betrage bei der preußischen Staatsschulden-Tilgungskasse auf eine Restliste gesetzt, und die Zahlung kann alsdann erst erfolgen, sobald ein Antrag von dem Berechtigten an die preußische Staatsschulden-Tilgungskasse direkt gerichtet wird.

[27] Vgl. BankG. § 22, Statut der Reichsbank § 11 — oben C I S. 178 u. C II S. 241. Die Zahlung erfolgt je nach Wunsch entweder bar oder durch Gutschrift auf Girokonto.

des Zinsenempfängers (§ 10 Abs. 3) werden nur berücksichtigt, wenn sie von demselben schriftlich gemeldet werden[28].

§ 20[29]. An Gebühren werden erhoben:

1. für Eintragungen und Löschungen, jede Einschrift in das Reichsschuldbuch besonders gerechnet, 25 Pf. von je angefangenen 1000 M des Betrags, über den verfügt wird, zusammen mindestens 1 M;
2. für die Ausreichung von Reichsschuldverschreibungen für je angefangene 1000 M Kapitalbetrag 50 Pf., zusammen mindestens 1 M.

Gebühren werden nicht erhoben:

1. für die Eintragungen bei der Umwandlung von Reichsschuldverschreibungen in Buchschulden des Reichs;
2. für Eintragung und Löschung von Vermerken über Bevollmächtigungen, sowie über Änderungen in der Person oder der Wohnung des eingetragenen Berechtigten (§ 10 Abs. 3);

[28] AusfBest. Art. 8:

Änderungen in der Person oder Wohnung des Zinsenempfängers können für den nächsten Fälligkeitstermin nur berücksichtigt werden, wenn die schriftliche Meldung darüber bis zum ersten Tage des diesem Termin voraufgehenden Monats bei der Reichsschuldenverwaltung eingeht.

[29] § 20 ist umgestaltet durch das G. v. 28. Juni 1904. Soweit noch Gebühren erhoben werden, sind die Sätze unverändert geblieben. Die Beseitigung weiterer Gebühren ist geplant. Vgl. Anm. 1, S. 429.

3. für Eintragung und Löschung von Vermerken, nach welchen ein Vormund, Pfleger oder Beistand über eine Forderung, die zu dem seiner Verwaltung unterstellten Vermögen gehört, nur mit Genehmigung des Vormundschaftsgerichts verfügen kann (§§ 1815, 1816, 1915 und 1693 des Bürgerlichen Gesetzbuchs.)

Die Gebühren werden von dem Antragsteller, soweit nötig, im Verwaltungszwangsverfahren eingezogen. Auch kann die Vorausbezahlung der Gebühren gefordert werden.

An Gebühren für die gerichtliche oder notarielle Beglaubigung der Anträge (§ 10 Abs. 2) sind zu erheben:

bei Beträgen bis 2000 M 1 M 50 Pf.,

bei Beträgen über 2000 M 3 M, soweit nicht nach landesrechtlichen Vorschriften eine geringere Gebühr zur Hebung kommt[30].

§ 21. Anträge auf Eintragung oder Löschung von Forderungen und Vermerken, welche in dem dem Fälligkeitstermine der Zinsen voraufgehenden Monate eingereicht werden, sind erst nach Ablauf desselben zu erledigen[31].

§ 22. Die Reichsschuldenverwaltung ist unbedingt verantwortlich:

[30] Die Höhe entspricht den Pauschalsätzen des preuß. G. v. 20. Juli 1883 (PrGBl. S. 120).
[31] S. § 17 u. Anm. dazu.

1. dafür, daß die im Reichsschuldbuche eingetragenen Forderungen und die noch umlaufenden, mit ihnen zu gleichem Satze verzinslichen Schuldverschreibungen zusammen den gesetzlich festgestellten Betrag der betreffenden Anleihe nicht überschreiten;
2. für die Löschung, Kassation und Aufbewahrung der behufs Eintragung der Forderung eingelieferten Reichsschuldverschreibungen bis zur gänzlichen Vernichtung derselben[32].

Die Reichsschuldenkommission übt die fortlaufende Kontrolle über diese Geschäfte[33].

§ 23. Soweit nach gesetzlicher Bestimmung[34] zur zinsbaren Anlage von Mündelgeldern Schuldverschreibungen der Reichsanleihen geeignet sind, gilt dasselbe von den im Reichsschuldbuche eingetragenen Forderungen.

Soweit Reichsschuldverschreibungen eines Mündels zu hinterlegen oder außer Kurs zu setzen sind, kann das Vormundschaftsgericht anordnen, daß an Stelle der Hinterlegung oder Außerkurssetzung[35] die Umwandlung

[32] Eine sinngemäße Ergänzung des G. v. 19. Juni 1868 § 1 (BGBl. S. 339).

[33] Die Stellung des Reichskanzlers zur Reichsschuldenverwaltung (Reichsschuldenordn. § 10, oben II S. 400) erleidet hierdurch keine Änderung.

[34] Ausdrücklich läßt das BGB. (§ 1807 Nr. 2) die Anlegung in dgl. Buchforderungen zu.

[35] Seit dem 1. Januar 1900 findet die Außerkurssetzung von Schuldverschreibungen auf den Inhaber nicht

in Buchschulden des Reichs mit einem die Verfügung über die einzutragende Forderung an die Genehmigung des Vormundschaftsgerichts knüpfenden Vermerke im Reichsschuldbuche beantragt werde[36].

§ 24. Der Zeitpunkt, mit welchem das gegenwärtige Gesetz in Kraft tritt, wird durch Kaiserliche Verordnung mit Zustimmung des Bundesrats bestimmt[37].

mehr statt; vorher erfolgte Außerkurssetzungen haben ihre Wirkung verloren (EG. z. BGB. Art. 176 — s. oben Anm. 3 a. E., S. 432).

[36] Von der Verwendung des Reichsschuldbuchs zur Bestellung von Amtskautionen ist abgesehen worden.

[37] 1. April 1892 — s. oben Anm. 1, S. 426.

Sachregister.

(Die Zahlen verweisen auf die Seiten.)

A.

Abnutzung
von Landesmünzen 106, 118;
von Reichsgoldmünzen 73, 85, 105, 110;
von Reichsscheidemünzen 74, 95, 105, 110.

Abrechnungsstellen der Reichsbank 46, 157, 326, 336.

Abschlagsdividende der Reichsbankanteile 243, 256, 257.

Abstempelung, s. Eichordnung, Prämienpapiere, Reichsanleihen.

Agenturen 213, 289, 291.

Akkreszenz, Akkreszenzrecht der Reichsbank hinsichtlich des Notenkontingents 33, 151 bis 153.

Aktiengesellschaft, Reichsbank keine A., Ähnlichkeit 157, 191, 230, 244.

Aktiva der Notenbanken
in der Jahresbilanz 149, 281 ff.;
in den Wochenausweisen 148, 149;
die als Notendeckung dienenden 170, 209, 218.

Amortisation, s. Aufgebot.

Amtsgericht I Berlin, Gerichtsstand 157, 202, 404; s. auch Reichsanleihen, Reichsbankanteilseigner.

An- und Verkauf von Wertpapieren bei der Reichsbank
für Behörden 241;
für eigene Rechnung 163, 193, 194, 313, 314;
für fremde Rechnung 164, 241, 339, 340;
— Bedingungen 339;
— Sicherstellung 205, 241.

Anleihen des Norddeutschen Bundes, des Reichs, s. Reichsanleihen.
Annahmepflicht s. Banknoten.
Anstalten im Reichsschuldbuch 431, 436.
Anteile, Anteilsscheine, Anteilseigner, s. Reichsbankanteilseigner.
Anweisungen dürfen nicht von der Reichsbank gekauft werden 158.
Aufgebot, Amortisation
von Banknoten nicht zulässig 141;
von Depot- und Depositalscheinen der Reichsbank 352, 364;
von Dividendenscheinen und Talons der Reichsbankanteilsscheine unzulässig 240;
von Mündeldepotbüchern der Reichsbank 359;
von Pfandscheinen der Reichsbank 316, 320;
von Reichsbankanteilsscheinen 239, 240;
von Schuldverschreibungen des Nordd. Bundes und des Deutschen Reichs 402 ff.;
von Reichsschatzanweisungen 402 ff.;
von Zinsscheinen zu Reichsanleihen unzulässig 403.
Aufgeld, bei der Begebung von Reichsbankanteilen 181, 185, 186, 236.
Aufruf von Banknoten 142 ff.;
s. auch Außerkurssetzung, Banknoten.
Aufsicht
d. Landesregierungen über die Privatnotenbanken 219;
des Reichs über die Reichsbank 156, 186;
des Reichskanzlers über die Privatnotenbanken 218;
s. auch Privatnotenbanken, Reichsbank, Reichskanzler.
Aufsichtsbehörde bei Berechnung der Notensteuer 154.
Ausländische Banknoten usw. auf Reichswährung lautend, Verbot ders. 156.
Ausländische Münzen, fremde Münzen
in den Bilanzen, als Notendeckung 148, 151, 170, 209, 282;
in den Grenzbezirken 77, 78;
Kassenkurs 78, 97;

Ausländische Münzen,
in den Schutzgebieten 111, 120, 121;
Tarifierung 78, 97;
Umrechnung von Goldmünzen 79, 98;
Verbot 11, 12, 77, 97;
Zahlungen in — vor Eintritt der Reichswährung 79, 98;
s. auch Frankenwährung.

Auslandswechsel und -Schecks,
Ankauf bei der Reichsbank 307 ff.;
Verkauf bei der Reichsbank, auch von Auszahlungen 310 ff.

Ausprägung
anderer als Reichsmünzen eingestellt 86, 95;
von Denkmünzen 61, 90, 95;
von Reichsgoldmünzen, ziffermäßig 19, 20;
— für private Rechnung 65 ff., 96, 106 bis 108;
von Reichsmünzen 52 ff.;
— für Rechnung des Reichs 64 bis 66, 83, 95, 96;
— Verfahren bei der Ausprägung 55 bis 65, 83, 89;
von Reichs-Silber-, -Nickel- und -Kupfermünzen, ziffermäßig 21;

Außerkurssetzung, Einziehung, Präklusion,
von ausländischen Münzen 11, 12;
von Banknoten 132, 142 bis 145, 221;
—, die nicht in Reichswährung lauten 102;
von goldenen Fünfmarkstücken 52, 53, 87;
von Goldkronen 101;
von Korporations- und Kommunalpapiergeld 102, 145, 223;
von Landesgoldmünzen 101;
von Landesmünzen, sonstigen 70, 76, 83, 86, 91 bis 94;
von Münzen der Frankenwährung 93;
von Papiergeld der Bundesstaaten 102, 126, 128;
präkludierte Banknoten in den Nachweisungen an den Reichskanzler 147;
von Reichskassenscheinen 131, 132;
von Reichsmünzen, abgenutzten 73, 85, 95, 105;
von Schuldverschreibungen 411, 432, 453;

Außerkurssetzung, Einziehung, Präklusion
von Talern, deutschen 76, 101;
— österreichischen 76, 93, 94;
von Zwanzigpfennigstücken aus Silber und Nickel 52, 53, 88.
Außerordentliche Generalversammlung der Reichsbankanteilseigner 247.
Aversseite von Reichsmünzen 60 bis 64.

B.

Bankagenten der Reichsbank, Kautionsbestellung 287 bis 291.
Bankdepotgesetz 164.
Bankenquete 40.
Bankkommanditen der Preuß. Bank außerhalb Preußens 30.
Bankkommissarius b. einer Reichsbankhauptstelle 197, 249.
Bankkuratorium übt die Aufsicht über die Reichsbank aus 186.
Bankmäßige Deckung der Banknoten 170, 209.
Banknoten,
Abschnitte 139, 168, 169, 376, 379, 380;
— unter 100 Mark 25, 26, 102, 139;
An- u. Ausfertigung 170;
Annahme bei Zahlungen 111, 137, 138, 172, 173, 210, 211, 276, 376, 380;
ausländische in Reichswährung oder deutscher Landeswährung verboten 156, 224;
Außerkurssetzung, Einziehung, Vernichtung 141 bis 145, 170, 221, 222, 376, 379;
den Barvorrat und das Steuerkontingent übersteigend (Steuerpflicht) 150;
Befugnis zur Ausgabe 4 bis 7, 136, 137;
— der Reichsbank 168;
— der Privatnotenbanken 207, 208, 211, 214 bis 219;
— — Sondervorschrift für Bayern 137, 218;
— der Korporationen 223;
— in den Schutzgebieten 375, 379, 380;
— Erlöschen, Kündigung, Verlust, Verzicht 34, 141, 142, 151, 174, 194, 211, 214 ff., 219, 379;

Banknoten,
beschädigte, beschmutzte 141;
Deckung bei der Reichsbank 170;
— bei den Privatnotenbanken 209, 218;
— des Korporationspapiergeldes 223;
— in den Schutzgebieten 378, 381;
dürfen nur auf Reichswährung lauten 102;
Einlösung 34, 140, 376, 379, 380;
— seitens der Reichsbank gegen deutsche Goldmünzen 171, 172;
— seitens der Privatnotenbanken gegen kursfähiges deutsches Geld 210, 220;
Einlösungsfristen 140, 141, 171, 172, 210, 220, 221;
— bei Außerkurssetzungen 144, 221;
Einlösungsstellen 140, 141, 144, 210, 213, 220, 221, 301, 302, 380;
Einziehung, Aufruf siehe Außerkurssetzung;
Ersatz für beschädigte 141;
Höchstbetrag der Ausgabe 136, 137;
nachgemachte, verfälschte 142 bis 144;
der Preuß. Bank 139, 169, 232, 233;
steuerfreie s. ungedeckte;
Strafbestimmungen 223;
Stückelung s. Abschnitte;
Umlaufsverbot hinsichtlich der in fremden Valuten lautenden 102;
Umlaufsverbote in Preußen 4;
Umlauf in den Schutzgebieten 111, 375ff.;
Umtausch gegen Barrengold 166;
— gegen Privatbanknoten 173, 208, 276;
ungedeckte 4;
— steuerfreie 27, 32, 33, 150ff., 229, 271, 275, 378;
vernichtete, verlorene 141;
Vernichtung s. Außerkurssetzung;
Vindikation 141;
Wesen 140;
Zahlkraft 111, 137, 138, 172ff., 210, 211, 276, 277, 376, 380;
s. auch Preuß. Bank, Privatbanknoten, Reichsbanknoten.

Banknoteninhaber, Vorzugsrechte 171.

Banknotensperrgesetz 6, 136.
Banknotensteuer 27, 32, 33, 150 bis 156, 271, 275, 282, 378, 381.
Banknotenumlauf, deutscher, vor Erlaß des Bankgesetzes 4, 5; Nachweise über den 146, 147, 169, 170.
Banknotenwesen, Reform des deutschen 5 ff., 25 ff.
Banksystem, deutsches 28 ff.
Bardepositen bei der Reichsbank 164, 282, 345;
— Bedingungen 345.
Barrengold s. Goldbarren.
Barvorrat nach § 9 d. BG. 150 ff.;
— §§ 17 u. 44: 170, 209;
Bayerische Hypotheken- und Wechselbank 218.
Bayern, Halbpfennige 86; Höchstbetrag der in — auszugebenden Privatbanknoten 218.
Befugnis zur Notenausgabe s. Banknoten, Befugnis zur Ausgabe.
Behörden, öffentliche 241, 244 ff., 431, 433 ff., 439, 442, 444, 445;
— Charakter der Reichsbank als 31, 156, 157, 187, 285 ff.
Bekanntmachungen, betreffend die Außerkurssetzung von Banknoten 143 ff;
— von goldenen Fünfmarkstücken 52, 53;
— von Landesmünzen 94;
— von österreichischen Talern 76;
— von Reichsmünzen 78;
— von Zwanzigpfennigstücken 52, 53;
betreffend die Konvertierung der 4 proz. Reichsanleihe 409 ff.
betreffend die Reichsbank,
— die für die Anteilseigner bestimmten, wo zu veröffentlichen 204, 240;
— den Geschäftsverkehr betreffend 167, 201, 204, 249;
— die die Reichsbank verpflichtenden Unterschriften betreffend 201;
wo die B. des Reichsbankdirektoriums zu veröffentlichen 249;
Beleihung s. Lombardverkehr.
Beleihungsgrenzen im Lombardverkehr d. Reichsbank 159 ff.

Beschädigte Reichsmünzen 72, 95, 104, 105, 112, 118, 119.
Beschickung, s. Legierung.
Besoldung der Reichsbankbeamten 189, 194.
Bezirksausschüsse, Beigeordnete, bei den Reichsbankhauptstellen s. Reichsbankanteilseigner.
Bilanz,
der Preuß. Bank 242;
s. auch Jahresbilanz, Vermögensbilanz.
Bildnis des Landesherrn 59, 83, 90;
s. auch Hoheitszeichen.
Bindung der Privatnotenbanken an den Zinssatz der Reichsbank 37, 39, 166, 167, 214ff.
Blankokredite 145, 164.
Blätter zu Bekanntmachungen 147, 167, 204, 239, 249, 405ff.
Börsendiskont 390.
Braunschweigische Bank 153.
Bremer Rechnung, Brem. Währung, Taler Gold 84.
Buchschulden
des Reichs 426ff.;
der Reichsbank 147;
s. auch Reichsschuldbuch.
Buchübertragungen s. Giroverkehr, Schecks.
Bundespräsidium 393.
Bundesrat,
Mitwirkung bei Ausführung des Bankgesetzes;
Besoldungen der Reichsbankbeamten, s. d. Art.;
Erweiterung der Befugnisse der Privatnotenbanken 213;
Genehmigung zu Abänderungen der Statuten usw. 217;
Jahresbilanzen d. Notenbanken 149, 281;
Kündigung der Notenausgabebefugnis
— der Reichsbank 205;
— der Privatnotenbanken 211, 212, 214, 215;
Kuratorium, Ernennung von Mitgliedern 180;
Reichsbankdirektorium, Besetzung von Stellen im — 188, 194;
Reichsbankhauptstellen, Errichtung von 197, 298, 299;
Statut, Erlaß des — der Reichsbank und ergänzende Verordnungen 202, 287ff.;
Statutenänderungen der Privatnotenbanken 217;

Bundesrat,
Statutenänderungen der Reichsbank 230 ff., 247;
Wahl von Mitgliedern der Reichsschuldenkommission 170, 400 ff.;
Zweiganstalten d. Reichsbank, Errichtung von 158, 197, 298 ff.;
Mitwirkung bei Ausführung der Münzgesetze 55 bis 68, 72, 73, 75 bis 78, 81, 83, 87, 89, 90, 93, 95 bis 97, 103 ff.;
bei der Prägung von Denkmünzen insbesondere 61, 90;
Mitwirkung bei Ausführung des Gesetzes betr. die Inhaberpapiere mit Prämien, Erlaß der Instruktion usw. 384, 385;
Mitwirkung bei der Ausgabe von Reichskassenscheinen 126;
Mitwirkung bei Ausführung der Reichsschuldenordnung,
Reichsschuldenkommission, Vereidigungsprotokoll 400;
Vorsitz 402;
Wahl von Mitgliedern 400, 401.

C.

Check, Checkwesen s. Scheck.
Chefpräsident der Preußischen Oberrechnungskammer 400.

D.

Darlehn, Darlehnsgeschäft
der Privatnotenbanken 208, 209, 213 ff., 217;
der Reichsbank 159 ff., 165 ff., 174 ff., 192 ff.;
Bedingungen 314 ff.;
s. auch Lombardverkehr.
Darlehnskassen, Darlehnskassenscheine 127, 131.
Deckung der Noten
bei der Deutsch-Asiatischen Bank, Sicherheitsleistung 381;
bei der Deutsch-Ostafrikanischen Bank 378;
bei den Privatnotenbanken 209, 218;
bei der Reichsbank 170;
des Korporationspapiergeldes 223;

Deckung der Noten
Verletzung d. Vorschriften für die — seitens der Privatnotenbanken 220.
Deckungsverhältnis bei der Reichsbank, braucht nicht veröffentlicht zu werden 168.
Denkmünzen,
Ausprägung von Zwei- und Fünfmarkstücken als — gestattet 15, 59, 61, 90, 95;
— ziffernmäßig 59;
Erlöschen der Befugnis zur Ausprägung silberner 95.
Depositen, Depositengelder, Depositenverkehr
der Preuß. Bank 266ff.;
der Privatnotenbanken 217;
in der Jahresbilanz der Notenbanken 282;
in den wöchentlichen Veröffentlichungen der Notenbanken 147;
der Reichsbank:
Bardepositen, unverzinsliche 164, 344;
— verzinsliche 164, 266;
Depositen, offene 165, 345ff.;
— von Mündeln 357ff.;
verschlossene 165, 361ff.
Depots, s. Depositen, auch offene Depots, verschlossene Depots.
Deputierte des Zentralausschusses 195ff.;
Bankgeheimnis 202;
Geschäfte mit Finanzverwaltungen 196, 197;
Jahresbilanz der Reichsbank 243;
Verpflichtung an Eides Statt 202;
Wahl 204, 248;
s. auch Zentralausschuß.
Deutsch-Asiatische Bank 379ff.
Deutsche Schutzgebiete,
Ausgabe von Banknoten 375ff.;
Münzwesen 109ff.
Deutsch-Neu-Guinea,
Münzwesen in 109 bis 113.
Deutsch-Ostafrika,
Münzwesen in 109, 113ff.
Deutsch - Ostafrikanische Bank 121, 122, 376ff.
Dienstbehörden 286.
Dienstgeheimnis s. Reichsbank.
Dienstinstruktionen
für d. Reichsbankbeamten 187, 195;
s. auch Geschäftsanweisungen.

Diskont, Diskontsatz, Zinsfuß, Zinssatz im Diskont- und Lombardverkehr
der Privatnotenbanken
— Bindung an denjenigen der Reichsbank 37 ff., 39 ff., 166 ff., 214 ff.;
— Pflicht zur Veröffentlichung 209;
der Reichsbank 39 ff., 159, 166 bis 168, 194, 214, 215;
— Pflicht zur Veröffentlichung 166, 167;
s. auch Privatdiskont, Zinsfuß.
Diskontoverkehr, Diskontogeschäft
der Privatnotenbanken 208 ff., 217;
der Reichsbank 158 ff.;
— Bedingungen für Wechsel und Schecks auf das Inland 304 ff.;
— — für Wechsel und Schecks auf das Ausland 307 ff.;
— — für Wertpapiere 313 ff.;
s. auch Schecks, Wechsel, Wertpapiere.
Diskontpolitik 33, 37 ff., 215, 390.
Dividende der Reichsbank, Dividendenscheine von Reichsbankanteilen 182 ff., 203, 234, 235, 240, 243, 244, 256 ff.;
Abschlagsdividende 243;
Erhebung, Zahlung 203, 243;
Form der Dividendenscheine 203, 234, 235, 256 bis 258;
Höhe der 182 ff., 243;
Mortifikation, Verfahren in Betreff abhanden gekommener Dividendenscheine 203, 240, 241;
Rückstände verjähren 186;
Talons, Form der T. 203, 234, 235, 259.
Verjährung 186, 240, 241.
Doppelkrone,
Ausprägung, ziffermäßig 19, 20;
Benennung der goldenen 20-Markstücke 53;
s. auch Reichsgoldmünzen.
Doppelwährung 85.
Dreimarkstücke 18, 52 bis 54, 62.
Dritteldeckung der Noten 34, 170, 171, 209, 375 ff.;
s. auch Deckung der Noten.

E.

Effekten, Effektengeschäft,
Betrieb des E. seitens der Privatnotenbanken 217;

Effekten, Effektengeschäft, An- und Verkauf durch die Reichsbank,
— für eigene Rechnung 163, 192 bis 194, 313;
— für fremde Rechnung 164, 205, 241, 339 ff.;
— — Bedingungen 339;
— — Sicherstellung 205, 241;
— Höchstbetrag, zu dem die Mittel der Reichsbank in — angelegt werden dürfen 163, 194;
Eigene Effekten in den Bilanzen u. Ausweisen 149, 242, 284;
lombardfähige 160 ff., 314;
lombardierte Effekten in den Bilanzen und Ausweisen 149, 283, 284.

Ehefrau, Ehegatte 440 ff.

Ehegatte in Gütergemeinschaft 429.

Eichordnung, Eichung und Stempelung der Goldmünzgewichte 9, 74, 75.

Einkommensteuern, Befreiung der Reichsbank von staatlichen 177.

Einlösungsfrist bei der Außerkurssetzung von Banknoten 144, 220 ff.;
von Landesmünzen 94;
von Reichsmünzen 78.

Einlösungsstellen
für Noten der Privatnotenbanken 210, 213, 220, 302;
für Noten der Reichsbank 171, 172.

Einstellung der Silberverkäufe des Reichs 14.

Eintragungen s. Reichsschuldbuch.

Ein- und Auszahlungsverkehr der Reichsbank 163;
Bedingungen 331 ff.

Einziehung
der Landesgoldmünzen 86, 101;
der groben Landessilbermünzen 76, 83, 86, 92, 101;
von Reichsmünzen 76.

Einziehungsgeschäft der Reichsbank 163, 164;
Bedingungen 335 ff.

Eisenbahn-Stamm- und -Stammprioritätsaktien und Prioritätsobligationen, Beleihung bei der Reichsbank 160 ff.

Elsaß-Lothringen
Einführung der Münzgesetze 52;
— des Prämienpapiergesetzes 382.

Erben 428, 443, 444.

Erneuerungsscheine 394, 403;
s. Reichsanleihen.

F.

Falsifikate
von Banknoten 112, 118, 119, 142 ff.;
von deutsch-ostafrikanischen Landesmünzen 118, 119;
von Reichskassenscheinen 112, 118, 119, 131;
von Reichsmünzen 72, 95, 103, 104.

Familienfideikommisse im Reichsschuldbuch 431, 436.

Feingehalt, gesetzlicher der Reichsmünzen 54 bis 58, 85, 89;
Abweichung vom — bei Goldmünzen 58, 85;
— bei Silbermünzen 58, 89;
Ermittelung des — beim Ankauf von Barrengold seitens der Reichsbank 166;
— bei der Privatgoldprägung 107, 108;
Prüfung des — 55 bis 58;
Umrechnung von Goldmünzen nach dem 98.

Feingewicht
der deutsch-ostafrikanischen Landesmünzen 116;
der Reichsgoldmünzen 54, 55, 82;
der Reichssilbermünzen 54, 55, 89.

Franckensteinsche Klausel 389, 416, 419.

Frankenwährung,
Münzen der 93;
Scheidemünzen der 77, 78.

Fremde Gelder 147;
s. auch Giroverkehr.

Fremde Münzen
in den Grenzbezirken 77, 78;
Kassenkurs, Tarifierung 77, 78;
Verbot des Umlaufs 77;
in den Schutzgebieten 111, 120 bis 122;
s. auch ausländische Münzen, Frankenwährung.

Fünfmarkstücke, goldene 52.

Fünfzigpfennigstücke, ververändertes Gepräge 18, 62.

G.

Geldwesen, deutsches,
vor der Reform 1 bis 5;
Reform des 5 ff.;
Generalversammlung der
Reichsbankanteilseigner
190 ff., 203 ff., 244 ff.;
Abstimmung 245;
Ausschluß von Mitgliedern
des Zentralausschusses
247;
Außerordentliche 247;
Berufung 203, 246;
Erhöhung des Grundkapitals 205, 247;
Präsidium 246;
Protokoll 246;
Recht der Teilnahme 244;
Statutenänderungen 247;
Stimmrecht 203, 245, 246;
Verwaltungsbericht, Entgegennahme des 247.
Wahlen 247;
Zeit der Abhaltung 246;
s. auch Preußische Bank.
Genossenschaften im
Reichsschuldbuch 431, 434,
435.
Genossenschaftswechsel,
Diskontierung von —
seitens der Reichsbank
159.
**Gerichtliche Depositen
usw.** der Preuß. Bank
266 bis 268.
Gerichtsstand bei Aufgeboten 404.
Gesellschaften 244.
Geschäftsanweisungen,
allgemeine — und Dienstinstruktionen bei der
Reichsbank 187, 195;
für das Reichsbankdirektorium 163, 187;
für die Zweiganstalten
der Reichsbank 187.
für den Zentralausschuß
192.
Gesetzliche Zahlkraft,
s. Zahlkraft d. Banknoten,
Reichskassenscheine,
Reichsmünzen.
Gesetzlicher Kurs (legal
tender) der Reichskassenscheine 128;
der Banknoten 138;
in den Schutzgebieten 110,
111.
Gesetzlicher Vertreter
beim Reichsschuldbuch
438 ff.
Gewaltsam beschädigte
Reichsmünzen 72, 73, 85,
104, 105, 112.
Gewerbesteuern, Befreiung der Reichsbank von
staatlichen 177.
Gewicht der Reichsmünzen
s. diese.

Gewinnanteilsscheinbogen 235ff., 252ff.; s. auch Dividende.
Gewinnbeteiligung des Reichs am Reingewinn der Reichsbank 35, 38ff., 182ff.
Giroguthaben 147; s. auch Giroverkehr.
Giroverkehr der Reichsbank 30, 33, 45, 157, 164, 165, 173, 178, 322ff.;
Bedingungen 322ff.;
Zahlung von Reichsschuldbuchzinsen auf dem Wege des 449ff.
Gold,
An- und Verkauf seitens der Reichsbank 19, 20, 158, 166, 192;
Beleihung von — bei der Reichsbank 158;
s. auch Goldbarren.
Goldbarren,
als Barvorrat, Metallbestand in den Bilanzen und Ausweisen 148, 151, 282;
Notendeckung 170, 209;
zur Privatprägung eingelieferte 106ff.;
Umtausch in Reichsbanknoten 166.
Goldkrone, deutsche 84, 101
Goldmünzen,
Landesgoldmünzen
— Einziehung von 86;
— Umrechnung nach der Feinheit 98;
— Zahlung in 84, 101;
fremde Goldmünzen
— Verbot ihres Umlaufs 77, 97;
— Zahlung in 77, 97, 101;
s. Außerkurssetzung, ausländische Münzen, Reichsgoldmünzen.
Goldmünz(zähl)gewichte 74ff., 86;
Goldprägungen
für Rechnung der Privaten 11, 19, 65ff., 96, 106ff., 166;
für Rechnung des Reichs 19, 64ff., 83, 95, 96;
Verteilung der — auf die Münzstätten 65, 69, 88.
Goldreserve 121.
Goldtaler, Bremer Rechnung 84.
Goldwährung s. Reichsgoldwährung.
Gouvernementshauptkasse in Daressalam 121, 379.

Grenzbezirke, fremde Münzen in den 77, 78.
Grobe Landessilbermünzen s. Landesmünzen, Landessilbermünzen.
Grundkapital
der Deutsch-Asiatischen Bank 380;
der Deutsch-Ostafrikanisch. Bank 377;
— Beteiligung bei anderen gleichartigen Unternehmungen bis zu $^1/_3$ des — gestattet 378;
— der Notenumlauf auf den dreifachen Betrag des — beschränkt 378;
der Notenbanken in den Übersichten und Bilanzen 147, 281;
Privatnotenbanken, welche die Beschränkung des Notenumlaufs auf den Betrag des — nachweisen 212, 216;
der Reichsbank 37ff., 164, 179ff., 233ff., 243;
— Erhöhung des 36ff., 205, 233, 234.
Grundstücke
der Preußischen Bank 228, 242, 264;
der Reichsbank 149, 205, 206, 284.
Gulden s. Landeswährung.

H.

Haftpflicht, Haftsumme bei Genossenschaftswechseln 159.
Halbe Kronen 10, 15, 20, 52, 87, 88.
Halbe Markstücke 18, 62.
Halbe Pfennige 86.
Hamburger Bankvaluta 2, 84.
Hamburger Girobank 165.
Hamburgische Kurantwährung 84, 98.
Handelsfirmen im Reichsschuldbuch 430, 434.
Handelsregister, die Reichsbank ist nach dem HGB. nicht in das — einzutragen 230;
s. auch Reichsbank.
Hannover, Papiergeld der Stadt 223.
Hauptverwaltung s. Preußische Hauptverwaltung der Staatsschulden.
Helgoland, Einführung der Reichsmünzgesetze usw. 52.
Hellerstücke in Bayern 87, 100;
als Scheidemünze der Rupie 115ff.

Hilfsarbeiter b. d. Reichsschuldenverwaltung 414, 415.

Hilfskassen, eingeschriebene im Reichsschuldbuch 431, 434, 435.

Hinkende Währung 14.

Hinterlegung von Schuldverschreibungen 446, 447.

Hoheitszeichen 59, 83, 90; s. auch Bildnis des Landesherrn.

J.

Jahresbilanzen
der Notenbanken, Vorschriften über die gesondert nachzuweisenden Aktiven und Passiven 147, 149, 281 ff.;
der Preußischen Bank für das Jahr 1875 242, 264;
der Reichsbank 193, 203, 242, 243, 247.

Jahresübersichten der Privatnotenbanken 219.

Indirekte Kontingentierung der Notenausgabe 32, 37, 150 ff., 229, 378, 379.

Indossament der Reichsbankanteilsscheine 237.

Inhaber, Inhaberpapiere,
Dividendenscheine und Talons zu Reichsbankanteilsscheinen 235; s. auch dort;
im Lombardverkehr 160 ff.;
mit Prämien 382 ff.

Inkasso s. Einziehungsgeschäft.

Inländische Währungen s. Landeswährung.

Inselgebiet der Karolinen, Palaus und Marianen, Geldwesen im 109 ff.

Invalidenfonds 401; siehe Reichsschuldenkommission.

Juristische Personen 31, 244;
im Reichsschuldbuch 431 ff., 436, 439.

K.

Kamerun, Münzwesen in 109 ff.

Karolinen,
Münzwesen im Inselgebiet der 109 ff.

Kassenbestand in d. Jahresbilanzen der Notenbanken 282, 283.

Kassenkurs fremd. Münzen 78, 97.

Kassenmäßig formiertes Geld 71.
Kaufmannswaren,
Beleihung von — seitens der Reichsbank 163, 320ff.;
s. auch Lombardverkehr.
Kautionen
der Reichsbankbeamten 287ff.;
— Aufbewahrung 289;
— Beschaffung durch Gehaltsabzüge 289;
— Bestellung in Hypotheken 289;
— Höhe 290ff.;
Reichsschuldbuch nicht dazu geeignet 454.
Kiautschou,
Münzwesen in 122, 123;
Notenausgabe in 379 bis 381.
Klage wegen Entziehung von Notenprivilegien 220ff.
Klasseneinteilung der Orte 296.
Kolonien,
Münzwesen in den 109ff.;
Notenbankwesen in den 375ff.
Kommanditen
der Preußischen Bank, außerpreußische K. 30, 298ff.
Kommissarische Revision von Privatnotenbanken 218.
Kommunalobligationen,
Beleihung bei der Reichsbank 162.
Kommunalpapiergeld 124, 223.
Konkurs eines Reichsschuldbuchgläubigers 447.
Kontingent, Kontingentierung, indirekte Kontingentierung
der ungedeckten Noten 32, 37, 150ff., 229, 378ff.;
Erhöhung des — der Reichsbank 37, 38, 41ff., 150ff., 271, 275;
System der 32;
Überschreitungen 153, 155;
Verzeichnis sämtlicher Notenbanken und ihrer Kontingente 229;
s. auch Banknoten.
Kontor
der Reichshauptbank für Wertpapiere 332, 339, 345ff.;
— für verschl. Dep. 361ff.
Kontrolle der Staatspapiere, Einlösung aufgerufener Reichskassenscheine 132.
Konvertierung von Reichsanleihen s. Umwandlung.

Kopfquote
der Reichsnickel- und -Kupfermünzen 69, 92;
der Reichssilbermünzen 15 bis 17, 69, 70, 91, 92.
Korporationen, Korporationspapiergeld 124, 223.
Kredit, öffentlicher 391, 428.
Kronen,
Ausprägung, ziffermäßig 19, 20;
Benennung des goldenen Zehnmarkstücks 53;
s. auch Reichsgoldmünzen.
Kronentaler 93.
Kündigung
der Notenausgabebefugnis der Privatnotenbanken 35, 211 ff., 214, 215;
der Reichsbank 34 ff., 205 ff., 249;
s. auch Privilegium.
Kupfermünzen s. Reichskupfermünzen.
Kuratorium s. Bankkuratorium.
Kurs der Reichsanleihe 427.
Kursfähiges deutsches Geld 148, 170, 283.

L.

Landesgoldmünzen, Einziehung der 8, 86, 98, 101.
Landeskassen,
Annahme von Reichssilbermünzen 71, 72, 95;
Behandlung abgenutzter, nachgemachter, verfälschter, nicht mehr umlaufsfähiger Reichsmünzen 103 ff.;
Zahlung von Reichsschuldbuchzinsen durch die 448 ff.
Landesmünzen, alte,
Außerkurssetzung, Einziehung 8, 9, 15, 16, 70, 76, 83, 86, 91 bis 94, 101;
Einlösungsfrist 94;
Landesmünzfüße 1, 2, 84;
Umrechnung der 79, 80, 98;
Verbot der Ausprägung 95;
Zahlung in 99 bis 102.
Landespapiergeld,
Einziehung des 23, 24, 102, 126;
siehe auch Papiergeld der Bundesstaaten.
Landesscheidemünzen,
Einziehung, Zahlung in 92, 93.
Landessilbermünzen 70, 76, 83, 86, 91 bis 94, 98 bis 101;
s. auch Landesmünzen.

Landeswährungen,
inländische Währungen 1, 2, 84, 87, 92, 98 bis 101;
auf — lautende fremde Banknoten 156;
Rechnungswährung 84, 98;
s. auch Frankenwährung.
Landständische Bank zu Bautzen 145, 223.
Legal tender s. gesetzlicher Kurs.
Legationskasse 121, 122, 373.
Legierung, Beschickung, Mischungsverhältnis
bei Goldmünzen 54, 82;
bei Nickel- und Kupfermünzen 63;
bei Silbermünzen 55, 89.
Liquidation der Reichsbank 204, 249.
Lombardbestände, Lombarddarlehne, Lombardforderungen 149, 171, 192, 194, 283, 284;
als Notendeckung nicht zulässig 171;
Höchstbetrag, bis zu welchem die Fonds der Reichsbank in — angelegt werden dürfen 194.
Lombardverkehr
der Privatnotenbanken 208, 213, 217;
— Zinsfuß 209;
der Reichsbank 37, 42, 159 ff., 165 bis 167, 174 ff., 192 bis 194;
— Bedingungen 314 ff.;
— Beleihung von Schuldbuchforderungen 165, 175 ff.;
— Erweiterung der Beleihbarkeit von Effekten 37, 42, 161, 162;
— Verkauf von Unterpfändern 174 ff.;
— Zinsfuß 166, 167, 194;
— — ermäßigter 168;
Lübische Währung 84, 98.

M.

Marianen, Geldwesen im Inselgebiet der 109 ff.
Mark,
Benennung 52, 82;
hamburgische (Kurantmark) 84, 98;
hamburgische (Mark Banko) 84;
lübische (Kurantmark) 84, 98;
Marksystem, in Mecklenburg nach dem — ausgeprägte Pfennige 92, 100;

Mark,
als Rechnungseinheit, Markrechnung 52, 82, 87;
Reichsmarkrechnung in den Schutzgebieten 22, 52, 109 ff.
Marshallinseln, Geldwesen auf den 109 ff.
Maß-, Münz- und Gewichtsordnung (§ 6 Satz 1, § 10 und § 13 Satz 1) 75.
Matrikularbeiträge, ungedeckte 418, 421 ff.
Matrize, Urmatrize für die Reichsgoldmünzen 61.
Metallbestand der Notenbanken 148 ff., 170, 282 ff.
Mischungsverhältnis, s. Legierung.
Mitglieder
des Ausschusses des Bundesrats für das Rechnungswesen 401, 402;
der Bezirksausschüsse 248;
der Hauptverwaltung der Staatsschulden 399, 400;
des Reichsbankdirektoriums 186 bis 188, 196, 201, 246, 248;
der Reichsschuldenkommission 170, 400 ff.;
des Reichstags 400;
des Vorstandes von Privatnotenbanken 215, 225;
des Vorstandes der Reichsbankhauptstellen 197, 201;
des Vorstandes der Reichsbankstellen 201;
des Zentralausschusses der Reichsbank 191 ff., 195, 202, 243, 247, 248.
Mündeldepots bei der Reichsbank, Bedingungen 357 ff.
Mündelgelder 453.
Münzen,
ausländische, fremde 12, 76 bis 78, 93, 97, 101;
— deren Umlauf verboten 77;
— in den Ausweisen der Reichsbank 148, 151, 170, 282;
— in den Grenzbezirken 77, 78;
der Frankenwährung 77, 78, 93;
der hamburgischen Währung 84, 85, 98;
der lübischen Währung 84, 85, 98;
mecklenburgische Pfennige des Marksystems 92, 100;

Münzen,
der österreichischen Währung 76, 93, 99, 101;
der süddeutschen Währung 84 bis 87, 98, 101;
der Talerwährung 84, 100, 101;
siehe auch Abnützung, Gold-, Landes-, Landesscheide-, Reichsmünzen und Reichs-Gold-, -Kupfer-, -Nickel-, -Scheide-, -Silbermünzen.

Münzfuß, 1, 2, 54, 84;
— 45 fl Fuß 1;
— $52^1/_2$ fl Fuß 1, 84;
— 14- u. 30 Talerfuß 1, 84.

Münzgebühr, Prägegebühr von Privaten erhoben 66, 67, 96, 107, 166;
siehe auch Prägekosten.

Münzgewicht, Münzgrundgewicht bei Reichsmünzen 1, 15, 54, 74, 81;
Eichung und Stempelung von Gewichtsstücken 74 bis 76.

Münzgewinn 17, 70.

Münzkonvention,
Dresdner, der Zollvereinsstaaten von 1838 1.

Münzmetalldepot des Reichs 104, 106.

Münzmetalle, Beschaffung, Überweisung an die Münzstätten 69, 83, 91, 92.

Münzpolizeiliche Vorschriften,
deren Erlaß durch den Bundesrat 75ff., 96, 97;
— durch die Gouverneure 111, 120.

Münzreform 7ff., 51.

Münzschuld 17.

Münzstätten der Bundesstaaten,
die Sätze der ihnen zu erstattenden Prägekosten 67, 68;
Sitze der 64, 106, 107.

Münzvertrag, Wiener, von 1857 1, 7.

Münzwesen, deutsches 1 bis 22.

Münzzeichen, Hoheitszeichen 60, 64, 83, 90.

N.

Nachgemachte, verfälschte Reichsbanknoten 112, 142ff.;
Reichskassenscheine 112, 131;

Nachgemachte, verfälschte Reichsmünzen 72, 95, 103, 104.

Neu-Guinea, Geldwesen auf Deutsch- 109 ff.

Nickelmünzen siehe Reichsnickelmünzen.

Normaleichungskommission 74, 75.

Normalgehalt
der deutsch-ostafrikanischen Landesmünzen 116;
der Reichsgoldmünzen 54, bis 58, 72 bis 74, 81, 82, 85, 105;
der Reichssilbermünzen 54, 55, 57, 58, 74, 89, 95, 105.

Normalgewicht, Sollgewicht, siehe Passiergewicht.

Noten anderer Banken in den Ausweisen, bei Feststellung der Steuer 149, 151, 283.

Noten, ausländische 156.

Notenbanken, deutsche,
sämtliche (früheren) 33 nebst Kontingent 229;
deren Privilegien erloschen 151 ff.;
die ihnen verbotenen Geschäfte 145;
siehe auch Privatnotenbanken, Reichsbank.

Noteneinlösung s. Banknoten.

Notenrecht 136 ff., 375 ff.; s. a. Banknoten, Privatnotenbanken, Privilegium, Reichsbank.

Notensteuer 32, 37, 38, 41 bis 43, 150 ff., 229, 378, 379, 381; siehe auch Kontingent.

Notenumlauf 147, 150 ff., 154 ff., 168 ff., 192 ff., 210 ff.;
Übersichten über den, monatliche 146;
— wöchentliche 146, 147.

O.

Oberrechnungskammer, preußische 190; siehe auch Chefpräsident der.

Offene Depots von Wertpapieren
bei der Reichsbank 165;
— Bedingungen für die Verwahrung und Verwaltung 345 ff.;
— Bedingungen für die Verwahrung von Münzdepots 357 ff.

Öffentlicher Kredit, Voraussetzung der Inanspruchnahme von 391.

Oldenburgische Landesbank, Papiergeld derselben 2, 137.
Orderklausel 159.
Österreichische Vereinstaler s. Taler österreichischen Gepräges.
Österreichische Währung, Scheidemünzen der 77, 78.

P.

Palausinseln, Geldwesen auf den 109 ff.
Papier, Schutz des für Anfertigung von Reichskassenscheinen verwendeten 25, 133 ff.
Papiergeld der Bundesstaaten 2 ff., 6, 22 ff., 102, 124 ff., 131 ff.;
— Ausgabe, Recht der 6, 7, 124 ff., 131 ff.;
— Ausgabe von Staatspapiergeld durch eine Bank 137;
— Einziehung 102, 126, 131;
— Ersatz durch neue Wertzeichen 7;
— Fundiertes 5, 131;
— Gesetz über die Ausgabe von — vom 16. Juni 1870 6, 131;
— Oldenburgische Landesbank als Ausgeberin von 2, 137;
— Reform d. Papiergeldausgabe 5 ff., 22 ff., 102, 124 ff.;
— Umlauf vor d. Reform 2 ff., 126, 127;
— — in den Schutzgebieten 110, 111;
— Zahlung in Staatspapiergeld 126;
von Kommunen, Korporationen 102, 124, 223;
siehe auch Reichskassenscheine, Reichspapiergeld.
Passiergewicht der Reichsgoldmünzen 72 bis 74, 85, 86, 105, 110;
Passiva der Notenbanken, sonstige Passiva, in der Jahresbilanz 147, 149, 281 ff.;
— in den Wochenausweisen 147.
Pensionen der Reichsbankbeamten 189, 194, 287 ff.;
Anrechnung des Wohnungsgeldzuschusses 296.
Pfandbriefe von Bodenkreditinstituten, Beleihung bei der Reichsbank 161.

Pfandscheine im Lombardverkehr der Reichsbank 316 ff.

Pfändung von Reichsschuldbuchforderungen 440, 447.

Prägekosten, Vergütung an die Münzstätten
bei Reichsgoldmünzen 66 bis 68, 83, 96;
bei Reichsscheidemünzen 68, 69, 91;
s. auch Münzgebühr.

Präklusion 132; s. Außerkurssetzung.

Prämienpapiere 383 ff.
Abstempelung ausländischer 383, 384;
— nachträgliche 385;
— Gebühr 383, 384;
Begriff 382;
Beschränkung der Ausgabe 382, 383;
Instruktion 384;
Stempel s. Abstempelung;
Strafbestimmungen 385;
Umlaufsverbot 383.

Prämienpolitik 44.

Präsident der Hauptverwaltung der Staatsschulden 400.

Präsident des Reichsbankdirektoriums 187, 192, 194, 246, 286, 289, 291;
Amtskautionen, Befugnisse bei der Stellung von — 289, 291;
Anstellung der Reichsbankbeamten 285, 286;
Ernennung auf Lebenszeit 188;
als vorgesetzte Dienstbehörde 286;
Vorsitz in der Generalversammlung an Stelle des Reichskanzlers oder dessen Vertreters 246;
— im Zentralausschuß 191, 192.

Preußen,
für Abtretung der Preußischen Bank entschädigt 227;
Empfang einer jährlichen Rente von der Reichsbank bis 1925 227, 263;
Vertrag mit dem Reich wegen Abtretung der Preußisch. Bank 260 ff.;
Zurückziehung seines Einschusses und seines Anteils am Reservefonds der Preußischen Bank 226, 260.

Preußische Bank 3;
Abtretung der — an das Reich bzw. die Reichsbank 30, 226 ff., 260 ff.;

Preußische Bank,
Anteile der — in Anteile der Reichsbank umgetauscht 227, 262;
Anteilseigner, Befriedigung derselben bei Übergang der — auf das Reich 227, 262;
— nehmen an der interimistischen Generalversammlung der Reichsbankanteilseigner teil 250;
— letzte Generalversammlung der 265;
Abführung des Betrages der noch umlaufenden Noten der — an das Reich 169;
Banknoten der 37, 169;
Beamte der —, Übernahme derselben seitens der Reichsbank 261;
Depositen der 266, 267;
Einziehung gewisser Aktiven des preußischen Staates 264;
Gelder gerichtlicher Depositorien usw. 266;
Grundstücke 228, 242, 264;
Noten der – s. Banknoten;
Übergang der Rechte und Pflichten der — auf die Reichsbank 226, 231 ff., 260 ff.;
Umwandlung ihrer Zweiganstalten in solche der Reichsbank 298 ff.;
Vermögensbilanz, letzte der 264;
Vertrag Preußens mit dem Reich wegen Überlassung der 260 ff.;
Zweiganstalten der —, außerhalb Preußens errichtet 30.

Preußische Hauptverwaltung der Staatsschulden als Reichsschuldenverwaltung 129, 228, 387, 393, 399 ff.

Privatausprägungen s. Privatprägungen.

Privatbanknoten,
Beschränkung des Umlaufs von — auf den konzessionierenden Staat 207;
Deckung 33 ff., 209;
Einlösung (Einlösungsstellen) 140 ff., 210 ff., 213, 214, 220 ff., 302 ff.;
Einziehung 221;
Umtausch 208;
— in Noten der Reichsbank 173;
Vernichtung 222.

Privatdiskont
der Privatnotenbanken 37 bis 39, 168, 213 ff.;

Privatdiskont,
der Reichsbank 38, 39, 166 ff., 213 ff.
Privatnotenbanken 31 ff., 37 ff., 45, 138 ff., 151 ff., 167 ff., 207 ff., 229, 300 ff.;
Abkommen mit ihnen 216;
Ablauf des Privilegiums 211, 214 ff., 219 ff.;
Agenturen, Zweiganstalten außerhalb des konzessionierenden Staates 212;
Annahme anderer Banknoten 210;
Aufhebung beschränkender Bestimmungen 300 ff.; s. auch 208 ff., 214;
Aufsicht 218;
Aufsichtsrecht der Landesregierungen 219;
Befugnis zur Notenausgabe 207 ff., 211, 214 ff., 217, 219 ff.;
Beschränkung d. Geschäftsbetriebes a. d. konzessionierenden Staat 207;
— Befreiung von der 208 ff.;
Beschränkung durch landesgesetzliche Vorschriften 217;
Bindung an den Zinssatz der Reichsbank 37, 39, 167 ff., 214 ff.;
Deckung d. Noten 32 ff., 209;
Effektenanlage, Beschränkung auf die Hälfte von Grundkapital und Reserven 208;
Einlösung der Noten, Einlösungsstellen 140 ff., 210 ff., 213, 215, 220, 302, 303;
Einziehung, Vernichtung der Noten 221, 222;
Entziehung der Befugnis zur Notenausgabe 211, 214 ff., 220 ff.;
Erweiterung der Rechte bei Beschränkung der Notenausgabe auf das Grundkapital 212 ff., 215 ff.;
den Geschäftsbetrieb beschränkende landesgesetzl. Vorschriften 217;
Geschäftskreis 208;
Kündigung 211, 214 ff.; s. auch Notenrecht;
Kurator bei Entziehung des Notenrechts 222;
Lombardverkehr 208, 213, 217;
— Beschränkungen 208, 209;
Nachweise gemäß § 45 des BankG. erbracht 300;
Normativbestimmungen 207 ff.;

Privatnotenbanken,
Noten 138ff., 207ff., 213ff., 218, 220ff., 300ff.;
s. auch Privatbanknoten;
Notenrecht, Privilegien, auch deren Ablauf, Beschränkung, Kündigung, Entziehung, Verlust 6, 33ff., 151ff., 207ff., 211, 214ff., 217, 219ff.;
— erloschene 151ff.;
Privatdiskont 37 bis 39, 168, 213ff.;
Privilegien siehe Notenrecht;
Privilegium an die Dauer desjenigen der Preuß. Bank geknüpft 217;
Rediskontierung 150, 284;
Reservefonds 209;
Revisionen, kommissarische der 218ff.;
Sonderbestimmung für Bayern 137, 218;
Statutenänderungen 217;
— Anpassung ders. an § 44 des BankG. 213;
Strafbestimmungen 215, 223ff.;
Überwachung 218ff.;
Verbot der Wiederausgabe anderer Privatbanknoten 211;
Verlust usw. des Privilegs, s. Notenrecht;
Veröffentlichungspflicht 146ff., 209;
Verzicht auf das Widerspruchsrecht gegen gewisse das Privileg einschränkende Maßnahmen 211;
Voraussetzungen weniger beschränkten Geschäftsbetriebes 208ff., 300ff.

Privatprägung von Reichsgoldmünzen 11, 19, 65ff., 96, 106ff., 166;

Privilegium, Befugnis zur Notenausgabe 4 bis 7, 33ff., 136, 137, 141, 142, 151ff., 156, 157, 168, 204ff., 207ff., 211ff., 214ff., 219ff.; 249, 375, 379, 380;
erloschene Privileg. 151ff.;
s. auch Privatnotenbanken, Reichsbank.

Prokura bei d. GenVers. der Reichsbank 245.

Prospektzwang, Befreiung der neuen Reichsbankanteile vom 182.

Publikationspflicht hinsichtlich
der Jahresbilanz 147ff.;
des Diskonts 159, 166ff., 209, 272;
des Lombardzinssatzes 160, 166ff., 209;
der Wochenausweise 146ff.

Q.

Quittungen bei Barzahlung von Reichsschuldbuchzinsen 450;
der Reichshauptkasse s. d. Art.

R.

Rechnungseinheit der Reichsgoldwährung 52, 87; d. deutsch-ostafrik. Münzsystems 115.
Rechnungshof des Deutschen Reichs 190, 394.
Rechnungswährungen 2, 84, 98;
Bremer Rechnung 84;
Hamburgische (Bank-) Rechnung 84;
s. auch Landeswährungen.
Rediskontierung
von Wechseln 150, 284;
von Reichsschatzanweisungen 390.
Reichsanleihen,
Amortisation, Aufgebot von Schuldverschreibungen und Zinsscheinen 387, 402 ff., 407, 408;
Aufnahme, Ermächtigung dazu 387 ff., 391 ff.;
— Grundsätze, Normen bei der 389;
Ausfertigung 228, 393 ff.;
— von Ersatzstücken 402, 403;
Begebung, Begebungsstelle 393;
Beschaffung von Mitteln durch 391 ff.;
Coupons s. Zinsscheine;
Emissionsbedingungen 393 ff.;
Erneuerungsscheine, Zinsscheinanweisungen (Talons) 394, 403, 410;
Ersatzstücke 402;
Konvertierung, Umwandlung s. Kündigung;
Kündigung 388, 393, 395, 398, 408 ff., 413, 415;
Kurs der Ausgabe 393;
— Hebung dess. 427;
Privataußerkurssetzungen 411;
Talons s. Erneuerungsscheine;
Tilgung 388, 395 ff., 415 ff.;
— durch Absetzung vom Anleihesoll 395, 417;
— durch Ankauf 388, 395, 415, 416 ff.;
— durch Auslosung 388, 415, 417;
— durch überschüssige Reichseinnahmen 415 ff.;
Reichsanleihen
Tilgung durch die Ver-

wendung von Mehrbeträgen der Reichseinnahmen und Überweisungssteuern 416ff.;
— s. auch Kündigung
Überschüsse 416ff.;
Verjährung 399, 407;
Verlorene, vernichtete Urkunden s Amortisation
Verwaltung 391ff.;
— durch die Reichsschuldenverwaltung 399ff.;
Zinsscheine 403ff., 407, 414, 432;
— verlorene, vernichtete 403, 404;
Zinssatz, Verzinsung 228, 393, 398, 430ff.;
Zuschußanleihen 392;
s. auch Reichsschuldenordnung, Reichsschuldenverwaltung, Reichsschuldenkommission, Reichsschuldbuch.
Reichsanleihe-, Bundesanleihegesetze 387ff.
Reichsanzeiger 147, 167, 249, 272, 409.
Reichsbank,
Abgabe und Beschaffung von Wechseln, Schecks und Auszahlungen auf das Ausland, Bedingungen 310ff.;
Abrechnungsstellen s. d. Art.;
Akkreszenzrecht, Zuwachsrecht 151;
Allgemeine Bestimmungen über den Geschäftsverkehr 303ff.;
Ankauf gekündigter Wertpapiere, z. B. von Steuervergütungsanerkenntnissen 159, 192;
— Bedingungen 313ff.;
An- und Verkauf von Wertpapieren
— für eigene Rechnung 163, 192ff.;
— für fremde Rechnung 164, 205, 241, 339ff.;
— — Sicherstellung 205, 241;
Annahme von Privatbanknoten 172 ff.;
Aufgaben, Bedeutung, Charakter, Eigenschaften, Errichtung 27 bis 31, 34ff., 156ff., 182;
Aufhebung 205ff., 249, 250; siehe auch Kündigung, Liquidation;
Aufsicht, Leitung, Verwaltung 186ff.;
Bankkommissarius bei den Reichsbankhauptstellen 197, 249;
Bankmäßige Deckung 170, 171;
Bardepositen 164;
— Bedingungen 344;

Reichsbank
Barrengold, Verpflichtung zum Ankauf von 166;
Beamte,
— Anstellung 188, 285ff.;
— Besoldungen, Dienstbezüge, Gehälter 189;
— Dienstbehörde, vorgesetzte 285ff.;
— Diensteid 188;
— Dienstwohnungen 189;
— Fuhrkosten 189;
— Kautionen 187, 189, 287ff., 290ff., 293, 295;
— Pensionen, Unterstützungen 189, 287ff., 290ff., 293, 296ff.,
— Rechte und Pflichten der Reichsbankbeamten 188;
— Tagegelder 189;
— Übernahme von Beamten der Preuß. Bank 261ff.;
— Umzugskosten 189;
— Verbot des Besitzes von Reichsbankanteilen 190;
— Witwen- und Waisenversorgung 189, 292ff.;
— Wohnungsgeldzuschuß 288, 296;
Befreiung von staatlichen Einkommen- und Gewerbesteuern 177;
Beginn der Wirksamkeit 231;
Behördencharakter 156ff., 187, 188, 285ff.;
Beigeordnete, Bezirksausschüsse bei d. Reichsbankhauptstellen 198ff., 202, 248ff., 251;
Beleihung von Schuldbuchforderungen 175ff.;
Bilanzen, Jahresbilanzen, 146ff., 281ff.;
Bindung der Privatnotenbanken an den Zinssatz der 38ff., 166ff., 214ff.;
Blätter f. d. Veröffentlichungen, Form d. Bekanntmachungen 147, 167, 204, 239, 240, 249, 272;
Bürgschaften für Zoll- und Holzkredite, Bedingungen 366;
Deputierte d. Zentralausschusses 195, 196, 197, 243, 248, 250;
Dienstbehörden 286, 287;
Dienstgeheimnis 202;
Dienste im Interesse der staatlichen Finanzverwaltung 178, 179, 241;
— Abkommen mit der Reichspostverwaltung 179;

Reichsbank
Diskont, Zinssatz 37 ff., 166 ff., 194;
s. auch Bindung, Privatdiskont;
Diskontierungsgeschäft 158, 159, 304 ff.;
— Bedingungen bei Wechseln und Schecks aufs Inland 304 ff.;
— — aufs Ausland 307 ff.;
— Bedingungen bei Wertpapieren 313 ff.;
— in Reichsschatzanweisungen 390;
Diskontpolitik, Bankpolitik 33, 150, 214 ff., 390;
s. auch d. Art.;
Dividende, Dividendenscheine 182 ff., 203, 235, 240, 243, 256 ff.;
s. auch d. Art.;
Drittelbeckung 34, 170;
Effekten, s. An- u. Verkauf von Effekten;
— Höchstbetrag, bis zu welchem die Mittel in gewissen Schuldverschreibungen (Effekten) angelegt werden dürfen 163, 194;
Ein- und Auszahlungsverkehr 164;
— Bedingungen 331 ff.;
Einkommensteuer, staatliche, Befreiung von 177;
Einlösung von Zins- und Gewinnanteilsscheinen usw., Bedingungen 340;
Einziehungsgeschäft 163, 335 ff.;
Errichtung 27 ff., 156 ff., 230 ff.;
Freiheit von gewissen Steuern 177;
Generalversammlung 190, 191, 193, 194, 203, 244 ff.;
— außerordentliche 247;
— erste ordentliche 250;
— Zeit des Zusammentritts 246;
siehe auch den Art.;
Gerichtsstand, allgemeiner der Reichsbank, der Zweiganstalten 202;
Geschäfte, deren Entwicklung 43 ff.;
Geschäfte mit dem Staat 196;
Geschäftsanweisung 163, 187, 195;
Geschäftskreis 158 ff.;
Geschäftsverkehr, Allgemeine Bestimmungen für den 303 ff.;
Gewerbesteuer, staatliche, Befreiung von 177;

Reichsbank
Gewinnberechnung, Gewinn- und Verlustrechnung 182, 193, 242 ff.;
Gewinnbeteiligung des Reichs 39, 182 ff.; siehe auch Reingewinn;
Giroverkehr 33, 43 ff., 157, 164, 165, 173, 179, 322 ff., 449;
— Bedingungen 322 ff.;
Goldankäufe, Goldprägungen 18 ff., 66, 158, 166;
Grundkapital 179 ff., 205, 233 ff., 243;
— Erhöhung des 37 ff., 179 ff., 205, 234;
Grundsätze der Kreditterteilung 194, 303 ff.;
Grundstücke in der Jahresbilanz 284;
— deren Erwerbung durch das Reich 205;
— Erwerbung der Grundstücke der Preußischen Bank 228, 264;
— Wert der von der Preuß. Bank übernommenen 242, 264;
Handelsregister, Eintragung in das 230;
Hauptsitz 157;
Hypothekenzahlungsverkehr, Bedingungen 341 ff.;
Jahresbilanz, Bilanzen 146 ff., 168, 193, 203, 242 ff., 247, 281 ff.;
Kassenrevisionen 193;
Klagen gegen die 202;
Kontingent ungedeckter Noten 32 ff., 150 ff., 229, 271, 275;
— Erhöhung des 37 ff., 152 ff., 271, 275;
— Überschreitungen 155;
Krediterteilung, Grundsätze für die 194, 303;
Kündigung, Liquidation, Verlängerung, Verlust des Privilegs 34 ff., 204 ff., 249, 250;
Kurshabende Papiere in der Bilanz 242;
Leistungen im Dienste des Staats, Besorgung von Kassengeschäften des Reichs 178, 241;
— der Bundesstaaten 179;
Liquidation s. Kündigung;
Lombardverkehr 159 ff., 165, 167, 174 ff., 192 ff.;
— Bedingungen des 314 ff.;
— Beleihung von Schuldbuchforderungen 42, 160, 165, 175 ff.;
— Erweiterung der Beleihbarkeit von Effekten 160 ff.;

Reichsbank
— Höchstbetrag, bis zu dem die Mittel der Bank im — angelegt werden dürfen 160, 194;
— Verkauf von Unterpfändern 174 ff.;
— Zinssatz, Zinsfuß 166 ff., 194;
— dessen Ermäßigung 168;
— siehe auch d. Art.;
Mitglieder s. d. Art.
Mündeldepots, Bedingungen 357 ff.;
Notenrecht, Privilegium 35 ff., 136, 137, 156, 157, 204 ff., 249, 250;
— Kündigung, Aufhebung 204 ff.;
— Verlängerung 35 ff., 205, 206;
s. auch d. Art.;
Notensteuer 150 ff.;
siehe auch Kontingent;
Offene Depots von Wertpapieren 165 ff.;
— Bedingungen 345 ff.;
Pensionen s. Beamte;
Präsident d. Reichsbankdirektoriums 187, 194, 246, 286, 289, 291;
siehe auch d. Art.;
Preußische Bank,
— deren Erwerbung 226 ff., 260 ff.;
— die Reichsbank als Fortsetzung der Preuß. Bank 231 ff.;
— Verhältnis zu den Noten ders. 169 ff.;
Privatbanknoten, Annahme in Zahlung 172 ff.;
Privatdiskont s. d. Art.;
Privileg s. Notenrecht;
Publikationspflicht s. d. Art.;
Rechnungslegung 190;
Rediskontierung s. d. Art.;
Reich, Reichskasse s. d. Art.
Reichsschuldbuchzinsen, Auszahlung von — bei der 449;
Reingewinn 182 ff., 193, 243;
— Beteiligung des Reichs am 182 ff.;
— Verteilung des 182 ff.;
Reservefonds 164, 184 ff., 206, 243;
— Beschränkung der verzinslichen Depositen auf Grundkapital und Reservefonds 164;
— dessen Heranziehung zur Ergänzung der Dividende 185;
— Teilung des — bei Auflösung der Bank 206;

— Zuführung des Aufgeldes bei Begebung neuer Anteile 185;

Reichsbank

Schecks in den Bilanzen, als Deckungsmittel, Diskontierung von 149, 159, 171, 208, 218;

— Bedingungen d. Ankaufs 306, 307 ff.;

— weiße Schecks, rote Schecks im Giroverkehr der Reichsbank 323 ff.;

Sicherstellung beim An- und Verkauf von Effekten für fremde Rechnung 205, 241;

Staat, Reich, Finanzgeschäfte mit ihnen 196; siehe auch Leistungen im Dienste des Staates;

Stammbücher 234, 244;

Statut 202 ff., 230 ff.;

— Abänderung des 231, 247;

— Ergänzungen des 231, 287 ff.;

Steuervergütungsanerkenntnisse, Ankauf von 313;

Unakzeptierte Domizilwechsel, Ankauf von 304;

Vereinbarung m. anderen Banken wegen Verzichtleistung auf das Notenrecht 174, 194;

Vermittlung der Umwandlung in Buchschulden, Bedingungen 338;

Veröffentlichungspflicht, Publikationspflicht s. d. Art.;

Verschlossene Depositen 165;

— Bedingungen 361 ff.;

Verstaatlichung 38 ff., 205 ff.; s. auch Kündigung;

Verteilung des Reingewinns 182 ff.; siehe auch Reingewinn;

Verpflichtung der — durch Unterschriften 200, 201;

Verwaltungskosten in der Bilanz 242;

Vizepräsident des Reichsbankdirektoriums 187;

Vorstand, Vorsteher von Bankanstalten 287;

Warendepots 200;

Wertpapiere, Diskontierung von —, s. An- und Verkauf von Wertpapieren;

Witwen- und Waisenversorgung 189, 292 ff.;

— anderweite Bemessung 295, 296;

Reichsbank
— Ansammlung eines Fonds aus den Beiträgen 292 ff.;
— Nachlaß der Beiträge 294 ff.;
— nachentrichtete Beiträge 295;
— Widerruf früherer Verzichte 294;
Zahlung der Dividende 243;
— von Reichsschuldbuchzinsen 449;
Zentralausschuß 190 ff., 204, 243, 247 ff.;
s. auch d. Art.;
Zweiganstalten,
— Befreiung v. staatlich. Einkommen- und Gewerbesteuern 177;
— Einlösung von Reichsbanknoten 172;
— Errichtung von 157, 158, 197 ff.;
— — von Reichsbankhauptstellen, durch den Bundesrat angeordnet 197;
— Privatbanknoten, deren Annahme, Einlösung und Umtausch 172 ff.;
— Unterschriften 200, 201;
— Verteilung der Fonds auf die 193;
— Verzeichnis 197 ff., 298 ff., 368 ff.

Reichsbankanteilseigner, Reichsbankanteilsscheine 179 ff., 193, 203, 205, 227, 228, 233 ff., 243, 247, 250 ff., 262 ff.;
Aufgebot, Amortisation 203, 239 ff.;
Aufgeld 181, 185;
Begebung, erstmalige 228;
— der neuen 181 ff., 234 ff.;
Bekanntmachungen für die Anteilseigner 204, 249;
Dividende, Dividendenscheine und Talons 183 ff., 203, 234 ff., 240 ff., 243, 256 ff.;
Form, äußere, Formulare 203, 234 ff., 252 ff.;
Haftung der Anteilseigner 182;
Indossament 237;
Kraftloserklärung 203, 239 ff.;
Mitwirkung bei Erhöhung des Grundkapitals 205;
auf Namen lautende Anteile 182;
Organe der Anteilseigner s. Generalversammlung, Zentralausschuß, Deputierte, Bezirksausschüsse, Beigeordnete;
Prospektzwang, vom — befreit 182;

Reichsbankanteilseigner, Reichsbankanteilsscheine
Rechte der Anteilseigner in der Generalversammlung 203, 244ff.;
Stempelpflicht bei Anteilsscheinen 236;
Übergang, Übertragung 203, 237 ff.;
— Gebühr für die Vermerkung von Übertragungen oder Verpfändungen 193, 238;
Umtausch von Anteilsscheinen d. Preuß. Bank in 227ff, 262;
Unkündbarkeit, Unteilbarkeit der Scheine 234;
Verbot des Besitzes von Anteilsscheinen 190;
Verlorene, vernichtete Anteilsscheine 239 ff.;
Verpfändung 203, 237;
Vertretung der Anteilseigner bei den Reichsbankhauptstellen 198;
s. auch Beigeordnete der Bezirksausschüsse.

Reichsbankdirektorium 163, 168, 186ff., 192ff., 196, 199, 205, 238, 239, 243, 246, 247, 249;
Beschlußfassung 187;
Besoldungs- u. Pensionsetat 189;
Ernennung d. Mitglieder 188, 194;
Befugnis zur Errichtung von Zweiganstalten 199;
Generalversammlung, Teilnahme an der 246;
Geschäftsanweisung für das 163, 187;
Mitwirkung bei der Liquidation der Reichsbank 249;
Oberste Reichsbehörde 286;
Verwaltende, ausführende, die Reichsbank vertretende Behörde 186ff;
Zusammensetzung 187.

Reichsbankhauptkasse,
Einlösung von Reichsbanknoten 171ff.;
Rendant der 290;
Umwechslung von Reichsscheidemünzen gegen Gold 71, 95, 179.
Verhältnis zur Reichshauptkasse 178ff., 297ff.;

Reichsbankhauptstellen, Reichsbankstellen 197ff., 200ff., 204, 298ff., 367ff.;
Neuerrichtung 298ff.;
Umwandlung von Zweiganstalten der Preuß. Bank in 298ff.;
Verzeichnis 367ff.;

Reichsbankhauptstellen, Reichsbankstellen siehe auch Reichsbank, Zweiganstalten.
Reichsbanknebenstellen 199 ff., 367 ff.
Reichsbanknoten, Anfertigungskosten 170, 242;
An- u. Ausfertigung, Einziehung, Vernichtung 170;
Bankmäßige Deckung 170;
Befugnis zur Ausgabe 168;
Dritteldeckung 170 ff.;
Einlösung 171 ff;
Einziehung 142 ff., 170;
in den Jahresbilanzen der Notenbanken 282, 283;
nachgemachte, verfälschte 142 ff.;
Stückelung 139 ff., 168;
Umlauf, Höhe ihres 168 ff.;
Umtausch in Barrengold 166;
vernichtete 141;
Vernichtung 170;
Zahlkraft 42, 137, 138;
— in den Kolonien 111;
s. auch Banknoten.
Reichsbehörden s. Behörden.
Reichsgoldmünzen 8 bis 11, 51 ff., 81;
Abnutzung, Ausprägung, äußere Beschaffenheit usw. s. Reichsmünzen;
Ausprägung auf Kosten, für Rechnung d. Reichs 19, 64, 83, 95, 96;
— — von Privaten 11, 19, 65 bis 68, 96, 106 ff., 166;
Einheitliche Benennung 53;
Fünfmarkstücke 10, 15, 52;
Krone, Doppelkrone 53;
s. auch Zehnmarkstücke;
in Preußen hergestellte 60;
Verhältnis der Ausprägung von Doppelkronen und Kronen 65;
Wertverhältnis zum Silber in den Landesmünzen 84, 85;
— in den Talern 82;
Zehnmarkstücke, Zwanzigmarkstücke 8, 20, 52 ff., 60 ff., 82.
Reichsgoldwährung, Reichswährung
Außer Kurs gesetzte Münzen des Systems 52;
Banknoten, in anderer als — lautend 102;
Banknoten, ausländische, in — lautend 156, 224;
Deklaration, Einführung, Inkrafttreten der — in Deutschland 51, 52, 87;
— — in Elsaß-Lothringen 8, 52;

Reichsgoldwährung, Reichswährung
Deklaration, Einführung, Inkrafttreten der — auf Helgoland 52;
— — in den Schutzgebieten 52, 109ff.;
Geldbetrag in notariellen Urkunden 80;
Geldbußen in 80;
Gesetzgebung, deren Entwicklung 8ff.;
Münzpolizei 75ff., 96, 97;
Rechnungseinheit 52, 87;
Zahlungen in — vor Eintritt der — 79, 101, 102;
Hinsichtlich des Münzsystems der — s. Reichsmünzen.

Reichshauptkasse 128, 129, 178ff., 297ff., 449ff.;
Verhältnis zur Reichsbankhauptkasse 178ff., 297ff.;
Einlösung, Umtausch von Reichskassenscheinen 128ff.;
— von abgenutzten Reichsmünzen 105;
— von Reichsscheidemünzen 71, 95, 179;
Geschäftsanweisung 179ff., 297ff.;
Kassengeschäfte d. Reichsmarineamts 298;
Zahlung von Reichsschuldbuchzinsen 449ff.
s. auch Reichsbankhauptkasse, Schatzanweisungen;

Reichshaushaltsetat 397, 417, 421ff., 425.

Reichskanzler, seine Befugnisse, Mitwirkung.
Münzgesetzgebung:
Befugnisse und Obliegenheiten bei Durchführung der — hinsichtlich der Goldprägungen 57, 65 bis 69, 83;
— hinsichtlich der Einziehung d. groben Landessilbermünzen 86;
Münzmetalle durch ihn beschafft 69, 83, 91;
Prägegebühr für die Privaten, durch ihn festgesetzt 66, 96;
Scheidemünzprägungen, er bestimmt die auszuprägenden Beträge usw. 68, 69, 91;
Papiergeldgesetzgebung: Reichskassenscheine, Ermächtigung zur Ausgabe von 124ff.;
Privatnotenbanken, Überwachung der:
Aufhebung beschränkender Bestimmungen, die Bekanntmachung betr. die —, durch ihn erlassen 213ff.;

Reichskanzler
Klage auf Entziehung des Privilegs 220 ff.;
Kommissarische Revisionen, durch ihn angeordnet 218 ff.;
Reichsanleihen, Reichsschuldbuch:
Aufnahme von Anleihen, Ausgabe von Schatzanweisungen, dazu ermächtigt 391 ff., 396 ff.;
Betrag, Kurs, Emissionsstelle, Zinssatz durch ihn festgesetzt 392 ff., 396 ff.;
Kündigung der 4-proz. Anleihe zwecks Umwandlung, durch ihn bewirkt 408 ff.;
oberster Leiter der Reichsschuldenverwaltung 400;
die die Zahlung von Reichsschuldbuchzinsen bewirkenden Landeskassen durch ihn bestimmt 449 ff.;
als Leiter der Reichsbank:
Abtretung der Preuß. Bank, der Vertrag betreff. die —, durch ihn geschlossen 260;
Aufsichtsbehörde bei Errechnung der Notensteuer 154;
Bekanntmachungen für d. Anteilseigner, durch ihn erlassen 249;
Bezirksausschüsse, Beigeordnete, Ernennung der Mitglieder 198;
Dividende, Bilanz, Gewinnberechnung, durch ihn festgesetzt 193 ff.;
Ernennung von Reichsbankbeamten 285 ff.;
Generalversammlung, Berufung der —, Vorsitz 246;
Jahresbilanz, Sonderung der Aktiva und Passiva 146 ff., 242, 281 ff.;
Kündigung der Reichsbank 205;
Kuratorium, Vorsitz im 186;
Leitung d. Reichsbank 187;
Notenumlauf, monatliche Übersichten 146;
Reichsbankanteile, durch ihn begeben 180 ff., 228;
Reichsbankstellen, durch ihn errichtet 199;
Reichsschatzanweisungen, durch ihn zur Beschaffung von Grundkapital begeben 228;
Unterschriften, verbindliche Zeichnung der Reichsbankstellen, durch ihn bestimmt 201.

Reichskasse, Reichsfiskus 67, 86, 96, 150, 155, 169, 230, 292, 294, 397.
Reichs- und Landeskassen (Spezialkassen d Reichs 2c.) 70 bis 74, 78, 85, 95, 97, 101, 103 bis 106, 128, 129, 449ff.;
Annahme, Vorkommen von abgenutzten, verfälschten, nicht mehr umlaufsfähigen Reichsmünzen 73ff., 85, 95, 103ff.;
— von Reichssilbermünzen in jedem Betrag 71, 95.
Umtausch von Reichsscheidemünzen 71, 95.
Reichskassenscheine 23ff., 110, 111, 124ff.;
Ausfertigung 124, 129;
Außerkurssetzung 131ff.;
als Barvorrat in den Bilanzen und Übersichten der Notenbanken 149ff., 170, 209, 283;
— bei Errechnung der Notensteuer 151;
beschädigte, unbrauchbar gewordene 129, 130;
Beschreibung 130;
als Deckungsmittel 170, 209;
Einlösung 128ff.;
Einziehung der mit dem Datum vom 11. Juli 1874 ausgefertigten 131ff.;
Ersatz für beschädigte 129ff.;
gefälschte, verfälschte 112, 131;
Gesamtausgabe 24, 124ff.;
Kopfquote, Verhältnis zur Bevölkerungsziffer 125;
in den Schutzgebieten 110, 112;
Stückelung 24, 124ff.;
Übersichten über d. Ausführung des G. betr. d. Ausgabe von 125;
Überweisung von — an die Bundesstaaten 127;
Verteilung auf die Bundesstaaten 125;
Vorschüsse an d. Bundesstaaten 127;
Verwendung von Wilcoxpapier 133ff.;
Zahlung, Zahlkraft 128ff.;
— in den Schutzgebieten 110ff.;
s. auch Reichspapiergeld, Papiergeld der Bundesstaaten.
Reichskriegsschatz 23.
Reichskupfermünzen
Abnutzung, Ausprägung, äußere Beschaffenheit usw. s. Reichsmünzen;

Reichskupfermünzen
Legierung, Mischungsverhältnis 63;
Münzfuß 63;
Zahlungen in alten Landesmünzen an Stelle von 100;
Reichsmarkrechnung
Einführung 52, 87;
— in den Schutzgebieten 109ff.;
s. auch Reichsgoldwährung.
Reichsmünzen
Abnützung 72 bis 74, 85, 95, 105;
Abweichung im Gewicht, im Feingehalt s. Remedium;
Ausprägung für Rechnung des Reichs 19, 64, 83, 93, 95, 96;
— von Reichsgoldmünzen für private Rechnung 11, 19, 65 bis 68, 96, 106ff.;
— Verfahren 55ff., 83, 89;
— Verfahren und Ausgabe vom Reiche überwacht 65, 83, 91;
— Verhältnis der Ausprägung von Doppelkronen und Kronen 65;
— ziffernmäßig 19 bis 22;
Äußere Beschaffenheit der Goldmünzen und der Silbermünzen zu mehr als 1 M 58ff., 82, 90;
— der übrigen Scheidemünzen 64, 90;
Außer Kurs gesetzte 52, 87, 88;
Außerkurssetzung 52, 53, 76 bis 78, 96, 97;
— Einlösungsfrist 52, 53, 97;
Benennung, Denomination 53, 54, 82, 88ff.;
— einheitliche von Reichsgoldmünzen 53;
Beschickung s. Reichsmünzen, Legierung;
Bildnis des Landesherrn, Hoheitszeichen 59, 60, 64, 83, 90;
Denkmünzen 15, 59, 61, 86, 90, 95;
— Befugnis zur Ausprägung erloschen 95;
Dreimarkstücke 18, 53, 62;
Einschmelzung, Einziehung infolge Abnützung 73, 74, 85, 95;
Feingehalt, gesetzlicher, Feingewicht 54, 55, 81, 89;
— Bestimmung, Prüfung des — bei Goldmünzen 55 bis 57;
— bei Silbermünzen 57, 58;

Reichsmünzen
— bei Barrengold (Privatprägung) 107, 108;
Form, Gepräge, s. äußere Beschaffenheit;
Genauigkeit 55, 83;
gewaltsam beschädigte 72, 73, 85, 95, 104, 105, 112;
Gewicht, Gehalt, s. Normalgewicht;
Hoheitszeichen s. Bildnis des Landesherrn;
Kopfquote bei Scheidemünzen 17, 18, 69, 70, 91, 92;
Legierung, Mischungsverhältnis, Beschickung bei Reichsgold- und Reichssilbermünzen 18, 54, 55, 82, 89;
— bei Reichsnickel- und -kupfermünzen 63;
Münzfuß 54;
Münzzeichen 60, 83, 90;
Normalgewicht, Sollgewicht ,Gehalt 54ff., 72 bis 74, 81, 82, 89, 110;
Passiergewicht 72 bis 74, 85, 86, 105, 110;
Prägegebühr, Münzgebühr bei Reichsgoldmünzen, von den Privaten zu entrichten 66, 67, 96, 107, 166;
Prägekosten, Vergütung an die Münzstätten 66 bis 68, 83, 96;
in Preußen hergestellte Reichsgoldmünzen 60;
— Reichsmünzen 69;
Privatprägungen von Reichsgoldmünzen 11, 19, 65ff., 96, 106ff., 166;
Relation s. Wertverhältnis;
Remedium, Toleranz 58, 83, 89;
Scheidemünzen, deren Charakter 54;
— Umwechslung in Reichsgoldmünzen 71, 95, 110;
Stückelung 53, 54, 81, 82, 88ff.;
verfälschte 72, 95, 103, 104;
Umrechnung von Münzen der alten Landeswährungen u. fremder Münzen in 79, 84, 98;
Wertverhältnis d. Reichsgoldmünzen zum Silber in den alten Landesmünzen 84;
— — im Taler 82;
Zahlkraft der Scheidemünzen 70, 94, 109;
s. auch Reichsgoldmünzen, Reichskupfermünzen, Reichsnickelmünzen, Reichssilbermünzen.

Reichsnickelmünzen
Abnutzung, Ausprägung, äußere Beschaffenheit usw. s. Reichsmünzen;
Fünfundzwanzigpfennigstück 18, 54, 64, 88;
Legierung, Mischungsverhältnis 63, 64;
Zahlungen in alten Landesmünzen an Stelle von 100;
Zwanzigpfennigstücke 15, 52, 88.
Reichspapiergeld 23, 102, 124 ff.;
s. auch Reichskassenscheine.
Reichspostverwaltung,
Abkommen der Reichsbank mit der —, betreffend die Abnahme entbehrlicher Gelder 179.
Reichsschatzanweisungen
siehe Schatzanweisungen.
Reichsscheidemünzen 10, 11, 15, 21;
Charakter 54;
Umwandlung in Reichsgoldmünzen 71, 95, 110;
Zahlungen in alten Landesmünzen an Stelle von — 99, 100;
s. Reichsmünzen.
Reichsschuld, deren Stand 389.
Reichsschuldbuch 409 bis 414, 426 bis 454;
Abschrift des 431, 432;
Abtretung von Forderungen 440;
Amtskautionen, Verwendung zu 454;
Anträge 433, 438, 440 ff., 445, 452;
— von Behörden 442, 445;
— Form der Anträge 433 ff., 442;
— Zeit d. Erledigung 452;
Ausführungsbestimmungen 430 ff., 437 ff., 445 ff.;
Auskunftserteilung über den Inhalt des 433;
Ausreichung neuer Schuldverschreibungen 412, 438, 445, 451;
Außerkurssetzungen 432, 453, 454;
Änderungen in der Person des Gläubigers, des Zinsenempfängers 436 ff., 450 ff.;
Barzahlung der Zinsen 449, 450;
Befleckte, beschädigte Stücke 432;
Befreiung von preußischen Stempeln 429;
Beglaubigung der Unterschriften 428 ff.;

Reichsschuldbuch
Beleihung von Schuldbuchforderungen bei der Reichsbank 42, 160, 165 ff., 175 ff., 318;
Benachrichtigungen der Antragsteller und Berechtigten 445 ff.;
Berechtigte, zur Stellung v. Anträgen auf Übertragungen usw. 438 ff.;
Bescheinigung als Erbe 443 ff.;
Beschlagnahme v. Forderungen 440;
Beschränkungen des Gläubigers 438, 442 ff.;
Bevollmächtigte 444;
Blinde, Taubstumme, Analphabeten 442;
Bücher, zerfallen in 7 Abteilungen 430 ff.;
Buchschulden, aus der Umwandlung von Reichsschuldverschreibungen entstanden 426;
Ehefrauen bedürfen in der Regel zu Verträgen nicht der Zustimmung des Ehemannes 440 ff.;
Einlieferung von Reichsschuldverschreibungen 426, 430 ff., 437;
Eintragungen 430 bis 437, 440, 452 ff.;
— in getrennte Bücher 430 ff., 437;
— — für eingeschriebene Hilfskassen, für juristische Personen, eingetr. Genossenschaften, Vermögensmassen 431, 434, 439;
— Reihenfolge 440;
— an Stelle von Außerkurssetzungen 453;
— von $3^1/_2$ prozentigen Buchforderungen an Stelle der Abstempelung 4 prozentiger Anleihen 410 ff.;
— gegen Bareinzahlung, ohne Einreichung von Stücken 428;
Einzelne Konten 431, 437;
Empfangsscheine über eingereichte Schuldverschreibungen 436;
Erben 443, 444;
Erleichterungen der Eintragungen und Legitimation des Rechtsnachfolgers 427 ff.;
Gebühren 451 ff.;
— Beseitigung von 427 ff.;
Gebührenfreie Eintragungen usw. 451 ff.;

Reichsschuldbuch
Gesetzlicher Vertreter 438 ff.;
Getrennte Bücher 430 ff.;
Gläubiger 433 ff.;
— Änderungen in der Person des 442 ff.;
— Bezeichnung des 433 ff.;
— Erlöschen der Rechte an den eingelieferten Schuldverschreibungen 437;
— Hinterlegung bei der Hinterlegungsstelle Berlin 446;
— Konkurs des eingetragenen Gläubigers 447;
— Rechtsnachfolger 443;
— Vertreter 438 ff.;
Güterstand der Eheleute 441;
Handelsfirmen 434, 438 ff.;
Hebung des Kurses der Reichsanleihen 427 ff.;
Inkraftsetzung des Gesetzes, Verordnung über die 426;
Juristische Personen im Auslande 427, 434 ff., 439;
— Vermögensmassen daselbst 436;
Konsul des Reichs, Zuständigkeit 434, 443;
Konten, einzelne 431;
— mehrere bei der Umwandlung der 4prozentigen Anleihe 413;
Kontrolle durch die Reichsschuldenverwaltung 436, 452 ff.;
Konvertierung der 4prozentigen Anleihe 408 ff.;
Kostenfreie Umschreibung der konvertierten Anleihe 412;
Kündigung von Reichsanleihen zwecks Konvertierung 408 ff., 448;
Landeskassen, Berichtigung der Zinsen durch die 449 ff.;
Legitimationsprüfung bei Rechtsnachfolge von Todes wegen 428, 443 ff.;
Löschungen 437 ff., 444, 446 ff.;
— von Amts wegen 446;
— persönlicher unvererblicher Einschränkungen 444;
— infolge Umwandlung der 4prozent. Reichsanleihen 412;
Mündelsicherheit der Forderungen 453;

Reichsschuldbuch
Nachbildung preußischer Gesetze 427 ff., 436;
Nachlaßgericht 443 ff.;
Pfändungen von Forderungen 440, 447;
Physische Personen 433 ff.;
— als gesetzliche Vertreter 434;
Rechte an den eingelieferten Schuldverschreibungen erlöschen 437;
Rechtsnachfolger von Todes wegen 428, 443;
Reichsschuldenkommission, Kontrolle 453;
Schuldverhältnis, Veränderungen darin 432;
Schuldverschreibungen, Beschaffenheit der eingelieferten 432;
Sterbeurkunde 443;
Teillöschungen, Teilübertragungen 438, 447;
Tilgung der Schuld 437;
Übertragung eingetragener Forderungen 437 ff.;
Umschreibungen von Amts wegen 412;
Umwandlung der 4 proz. Schuldbuchforderungen in $3^1/_2$prozentige 409 ff.;
Umwandlung von Schuldverschreibungen in Buchschulden 426 ff., 430 ff., 445;
Unterschriften der Eintragungen 436;
Veränderungen im Schuldverhältnis 432, 437 ff.;
Verantwortlichkeit der Verwaltung 452 ff.;
Verfügungen, Verfügungsbeschränkungen, 440, 442, 444, 447;
Vermerke im 432, 438 ff., 444 ff., 451, 452;
Verpfändung von Forderungen 440, 447 ff.;
Vertreter 438 ff.;
Verzinsung der Schuld 437;
Vollmachten 444;
Vormund, Pfleger usw., Vormundschaftsgericht 452;
Wohnungsveränderungen der Zinsenempfänger 450 ff.;
Zinsen, wenn 10 Jahre unerhoben geblieben 447;
— Zahlung der 448;
— im Auslande 429;
Zinssendungen, -zahlungen 446, 449 ff.;
— durch die Reichsbank 449;
Zuschreibungen 437.

Reichsschuldenkommission
Ausscheiden von Mitgliedern 401;
Berichte und Denkschriften der 389;
Beschlüsse 402;
Beschlußfähigkeit 402;
Einsetzung der 400 ff.;
Kontrolle über d. Ausfertigung u. Ausgabe von Reichskassensch. 131;
— der An- und Ausfertigung, Einziehung und Vernichtung der Reichsbanknoten 142, 170, 401;
— hinsichtlich der Verwaltung des Reichsschuldbuchs 452 ff.;
Mitglieder (Zusammensetzung) 400 ff., 406 ff.;
— Verpflichtung der 400 ff.;
Vorsitz 402;
Reichschuldenordnung 387 ff.;
Bestimmungen der — hinsichtlich d. Reichsanleihen 391 ff.; s. auch d. Art.;
— hinsichtlich der Befugnisse des Reichskanzlers bei der Aufnahme, Ausgabe und Verwaltung v. Reichsanleihen und Reichsschatzanweisungen s. Reichskanzler;
— hinsichtlich d. Reichsschuldenkommission s. d. Art.;
— hinsichtlich d. Reichsschuldenverwaltung s. d. Art.;
— hinsichtlich d. Reichsschuldverschreibungen, Zinsscheine, Erneuerungsscheine, die vor Inkrafttreten der Reichsschuldenordnung ausgegeben worden sind 407;
Öffentlicher Kredit, Voraussetzung der Inanspruchnahme 391.
Reichsschuldentilgung 415 ff.;
durch Abschreibungen vom Anleihesoll 395, 417 ff.;
durch Ankauf, Kündigung von Schuldverschreibungen, Anrechnungen auf offene Kredite 388, 395, 415 ff., 418;
durch Auslosung 388, 415;
s. auch Reichsanleihen.
Reichsschuldenverwaltung
Mitwirkung bei der Ausgabe usw. der Reichskassenscheine:

Reichsschuldenverwaltung
Ausfertigung d. Reichskassenscheine 129;
Ersatzleistung für beschädigte oder unbrauchbar gewordene 129;
Hilfsarbeiter 414, 415;
Mitwirkung bei der Ausgabe usw. von Reichsschatzanweisungen 392, 396 ff.;
Mitwirkung bei Verwaltung des Reichsschuldbuchs 431 ff., 435, 438, 440, 445, 446, 449, 452 ff.;
Herausgabe d. amtl. Nachrichten betr. das 429;
Pfändungen von Reichsschuldbuchforderungen 440, 447 ff.;
Privataußerkurssetzungsvermerke bei der Konvertierung 411;
Verantwortlichkeit für Innehaltung d. Kredits, Löschung usw. 452 ff.;
Mitwirkung bei der Ausgabe, Verwaltung usw. der Reichsschuldverschreibungen, Zinsscheine, Talons, Ausfertigung 393, 394, 399 ff.;
Diensteid der Aushilfsarbeiter 414, 415;
— des Präsidenten und der Mitglieder 400;
Konvertierung der 4-proz. Reichsanleihe 408 ff.;
Vernichtg. bzw. Abhandenkommen v. Schuldverschreibungen, Schatzanweisgn. u Zinsscheinen, Aufgebot 402 ff.;
Veröffentlichungen 405;
Verpfändung von Schuldbuchforderungen bei der Reichsbank 42, 165, 175 ff., 318;
Verwaltung der Reichsanleihe 399 ff.

Reichssilbermünzen
Abnutzung, Ausprägung, äußere Beschaffenheit usw. s. Reichsmünzen;
als Denkmünzen 15, 59, 61, 90, 95;
Dreimarkstücke s. d. Art;
Fünfzigpfennigstücke, veränderte Prägung (1/2 M-Stücke) 18, 62;
Münzfuß 54;
in Preußen geprägte 69;
— in den Schutzgebieten 109 ff.;
Zahlungen in altem Landesgeld statt in 100;
Zwanzigpfennigstücke 15, 52.

Reichsstempelabgabe auf Reichsbankanteile 236 ff.

Reichswährung s. Reichsgoldwährung, Reichsmarkrechnung.

Relation 82, 84, 85.

Remedium, Toleranz
Abweichung im Gewicht und in der Feinheit 58, 83, 89.

Reportgeschäfte 145.

Reservefonds,
in den Jahresbilanzen und Wochenausweisen der Notenbanken 147, 206, 281;
der Privatnotenbanken 209, 217;
der Reichsbank
— Beschränkung der verzinslichen Depositen auf Grundkapital und 164;
— Dotierung, Höhe 183 ff.;
— als Passivum in der Jahresbilanz 281;
— Verteilung des — im Falle der Liquidation 206.

Reversseite von Reichsmünzen 60 bis 64.

Revisionen von Privatnotenbanken im Sinne des § 48 des BankG. 218.

Rupie, Rupienkurs, Rupienwährung in Deutsch-Ostafrika 113 ff., 375 ff.

S.

Samoa,
Münzwesen auf 109 ff.

Schatzanweisungen,
Reichsschatzanweisungen,
Aufgebot, Kraftloserklärung 404 ff.;
Ausfertigung, Ausstellung 397;
Ausgabe 388 ff., 396;
— zwecks Einlösung von — oder zur vorübergehenden Verstärkung der Betriebsmittel der Reichshauptkasse 392 ff., 396;
— zur Beschaffung von Grundkapital d. Reichsbank 230;
— zur Beschaffung von Mitteln an Stelle von Reichsanleihen 396 ff., 414;
— bei der Vernichtung alter 402 ff.;
Bereitstellung der Mittel zur Verzinsung und Einlösung 230, 398, 399;

Schatzanweisungen,
als Effektenbestände in den Wochenausweisen der Reichsbank 149;
Einlösung, Tilgung 230, 392, 396 bis 399;
Ersatzstücke an Stelle von vernichteten 402 ff.;
Rediskontierung von 390;
der Reichskanzler bestimmt die Zeit der Ausgabe, den Zinssatz u. die Umlaufszeit 228 ff., 396 ff.;
Reichskasse als Ausgeberin der 230, 397;
Reichsschuldenverwaltung als Ausfertigerin 397;
Umlaufszeit, Laufzeit 228, 396 ff.;
Unverzinsliche 389;
Verjährung 230, 399, 407 ff.;
Verzinsliche 388, 389;
Wiederholte Ausgabe 228 ff., 396;
Zinsen, Zinssatz, Verzinsung von 228, 389 ff., 396 ff.

Schecks,
Scheckwesen 45;
Ankauf von Schecks durch die Reichsbank 42, 158 ff., 306 ff.;
— auf das Ausland 310 ff.;
Einziehung durch die Reichsbank 335 ff.;
im Giroverkehr der Reichsbank 323 ff.

Scheidemünzen,
fremde — im Grenzverkehr 77, 78;
Landesscheidemünzen, — Einziehung von 92 ff.;
Reichsscheidemünzen s. Reichsmünzen.

Schuldbuchforderungen,
bei der Reichsbank beleihbar 42, 165 ff., 175 ff., 318;
s. auch Reichsschuldbuch.

Schuldentilgung d. Reichs 395, 396, 415 ff., 437;
s. auch Reichsanleihen, Reichsschuldentilgung.

Schuldverschreibungen
des Reichs usw.,
An- und Verkauf für eigene Rechnung der Reichsbank 163;
beschädigte, unbrauchbar gewordene 403;
Beleihung 160 ff., 311 ff.;
Diskontierung 159, 313 ff.;
nichdeutscher Staaten, Beleihung 162;
s. auch Reichsanleihen.

Schutzgebiete, deutsche,
Banknotenausgabe 375 ff.;
Münzwesen in den 109 ff.

Schwebende Schuld des Reichs 393;
s. auch Reichsschatzanweisungen.
Servistarif 296.
Silber,
An- und Verkauf seitens d. Reichsbank 158, 164;
in Barren und fremden Münzen als Notendeckung nicht zulässig 171.
Silbermünzen,
der alten Landeswährungen, grobe Landessilbermünzen, (Taler usw.);
— Außerkurssetzung, Einziehung 83, 86, 92, 93, 94;
— Umrechnung, Zahlungen in 79, 84, 85, 98 bis 102;
Verbot der Ausprägung anderer als Reichssilbermünzen 86, 95;
Zahlung in fremden 77, 78, 97;
s. auch Frankenwährung, fremde Münzen, Fünfzigpfennigstücke, halbe Markstücke, Landesmünzen, Landesscheidemünzen, Münzen, Reichsmünzen, Reichsscheidemünzen, Reichssilbermünzen.
Silberverkäufe des Reichs,
Einstellung derselben 14.
Sitz
des Reichsbankdirektoriums 157, 239, 240; s. Reichsbank, Hauptsitz.
Staatskasse, Staatskassen,
abgenutzte, gewaltsam beschädigte, verfälschte Reichsmünzen bei den 73, 74, 85, 95, 103ff.;
Annahme von Reichskassenscheinen 128;
— von Banknoten 137, 138;
die preußische — empfängt von der Reichsbank eine jährliche Rente 263;
— empfängt die Eingänge gewisser Aktiven des preuß. Staates, deren Einziehung der Reichsbank obliegt 264.
Staatspapiergeld 22ff., 124ff., 137;
Annahme bei Zahlungen 128ff.;
Ausgabe, Recht d. 7, 131;
Einziehung 126ff.;
Oldenburgische Landesbank als Ausgeberin von 2, 137;
s. auch Papiergeld.

Staatsschuldentilgungskasse, preußische,
zahlt Reichsschuldbuchzinsen 449.
Stammbücher der Reichsbank 234, 237.
Status der Notenbanken 146ff.;
s. auch Jahresbilanzen.
Statut
der Reichsbank 202ff., 230ff.;
Abänderung 231ff., 247;
Ergänzungen 287ff.;
s. auch Reichsbank.
Stellvertreter
des Reichskanzlers bei der Reichsbank 186, 246;
d. Mitglieder des Zentralausschusses 191, 192, 247ff.;
der Deputierten 195ff., 202, 248, 250;
der Vorstandsmitglieder von Reichsbankhauptstellen und Reichsbankstellen 201;
in der Reichsschuldenkommission 402.
Stempelpflicht
bei Ausgabe und Übertragung von Reichsbankanteilen 236.
Steuerfreie Notenreserve,
s. Kontingent.
Steuern,
Befreiung der Reichsbank von gewissen 177.
Stiftungen im Reichsschuldbuch 431, 436.
Strafbestimmungen
bei der Anfertigung des Reichskassenscheinpapiers 133ff.;
im Banknotenwesen:
— bei unbefugter Ausgabe von Banknoten usw. 223ff.;
— bei Verstößen gegen d. Publikationspflichten usw. 225;
— bei Beteiligung der Vorsteher von Privatnotenbanken an den in § 42 BankG. verbotenen Geschäften usw. 224, 295;
— bei Verwendung verbotener Banknoten usw. zu Zahlungen 224.
Stückelung
der Banknoten 139ff., 168ff.;
der Reichskassenscheine 124ff.;
der Reichsmünzen s. d. Art.
Süddeutsche Währung 79, 84, 98.

Südwestafrikanisches Schutzgebiet, Münzwesen im 109 ff.

T.

Taler, Talerfuß, Talermünzen, Talerwährung 1, 11 bis 14, 76, 84, 93 ff., 99 bis 101;
Außerkurssetzung, Abführung d. Taler österr. Gepräges nach Österreich 13, 14, 93, 99;
Umrechnung 79, 98;
Unbeschränkte Zahlkraft 99 bis 101, 109;
Zahlungen in Silbermünzen der Talerwährung 84.

Taler Gold, Bremer Rechnung 84.

Talons zu Reichsbankanteilsscheinen 235, 240, 256 ff.

Talonsteuer 231, 236.

Testamentsvollstrecker 429.

Tilgung von Reichsschulden 387 ff., 395 ff., 415 ff.;
s. Reichsanleihen, Tilgung von.

Tilgungspläne, besondere 416.

Tilgungsquote 421.

Togogebiet, Münzwesen im 109 ff.

Toleranz,
Remedium 58, 83, 89.

U.

Umlaufsverbot
hinsichtlich der in fremden Valuten lautenden Banknoten 102;
hinsichtlich fremder Münzen 77, 97.

Umrechnung
von Goldmünzen und anderen Münzen 79, 98.

Umschreibung von Reichsschulden 412.

Umtausch, Umwechselung
von Barrengold gegen Reichsbanknoten 166;
von Scheidemünzen in Reichsgoldmünzen 71, 95;
von Nickel- und Kupfermünzen in Gold- und Silbermünzen in den Schutzgebieten 110.

Umwandlung
der 4prozentigen Reichsanleihe 399, 408 ff.;
von Reichsschuldverschreibungen usw. in Buchschulden 426 ff.;
s. auch Konvertierung.

Ungültigkeitserklärung, Präklusion 132.
Unverzinsliche Depositen bei der Reichsbank 164, 344.

V.

Verbindlichkeiten der Notenbanken,
an eine Kündigungsfrist gebundene 147;
täglich fällige 147;
aus der Begebung von Wechseln u. Schecks entstandene 149, 150, 284.
Verbotene Geschäfte, den Notenbanken — 145 ff.
Verfälschte Reichsbanknoten, Reichskassenscheine, Reichsmünzen, s. dort.
Verfassung des Nordd. Bundes v. 1867, des Deutschen Reichs, des Deutsch. Bundes (Art. 4) 5.
Verjährung
v. Dividendenrückständen auf Reichsbankanteile 186;
von Reichsanleihen 399 ff., 407 ff., 437;
Vermögensbilanz
der Preußischen Bank 242, 264;
s. auch Jahresbilanzen.
Vermögensmassen im Reichsschuldbuch 431 ff., 435, 436, 438.
Veröffentlichungspflicht
hinsichtlich der Bilanz 146 ff.;
des Diskonts, Lombardzinssatzes 166 ff., 209;
d. Wochenausweise 146 ff.
Verschlossene Depositen
bei der Reichsbank 165;
— Bedingungen 361 ff.
Verstaatlichung d. Reichsbank 38, 206.
Verzinsliche Depositen
bei der Reichsbank, auf das Grundkapital und den Reservefonds beschränkt 164;
bei der Preußischen Bank 266, 267.
Vindikation (von Banknoten) 141.
Vollmachten 245, 429, 444.
Vordividende s. Reichsbank, Verteilung des Reingewinnes.
Vormund, Vormundschaftsgericht 452, 454.
Vorschüsse, zinsfreie, auf auf Goldlieferungen 149.

W.

Waren,
Kaufmannswaren, Beleihung von — seitens der Reichsbank 163, 315ff., 320ff.;
s. auch Lombardverkehr.
Warrants werden von der Reichsbank nicht angekauft 158.
Wechsel,
Abgabe und Beschaffung von —, Schecks und Auszahlungen auf das Ausland bei der Reichsbank 310ff.;
Ankauf, Diskontierung von — bei den Privatnotenbanken 208, 214ff.;
— bei der Reichsbank 158, 192, 304ff.;
— — zum Privatdiskont 167;
Beleihung von — bei der Reichsbank 163, 318ff.;
Bestand der Notenbanken an 149, 192, 283, 284.
als Notendeckung 171, 209;
Verbot des Akzeptierens von — für Notenbanken 145;
Verkauf von — auf das Ausland bei der Reichsbank 310ff.;
Wechselbestände im Wochenausweis und in den Jahresbilanzen der Notenbanken s. Bestand;
s. auch Diskont, Diskontsatz, Diskontverkehr.
Wechselseitige Annahme von Banknoten 34, 172ff., 210f.
Wertgegenstände,
Verwahrung, Verwaltung 165, 345ff.;
s. auch Depositen, Depositenverkehr.
Wertpapiere,
Ankauf, Diskontierung und Verkauf von — durch die Reichsbank für eigene Rechnung 163, 194, 313ff.;
— für fremde Rechnung 164, 205, 241, 339ff.;
Beleihung von — s. Lombardverkehr;
Verwahrung und Verwaltung s. Depositenverkehr der Reichsbank.
Wertverhältnis d. Reichsgoldmünzen z. Silber 82.
Widerspruchsrecht der Privatnotenbanken gegen gewisse, ihr Privileg einschränkende Maßnahmen, Verzicht auf das 211.

Wiederinkurssetzung 432.
Wiener Münzvertrag 1, 55, 74, 82.
Wilcoxpapier 25, 133 ff.
Wilde Scheine 3.
Witwen- und Waisenversorgung s. Reichsbank.
Wochenübersichten
der Notenbanken 146 ff.;
der Privatnotenbanken, kommissarische Prüfung der 218 ff.;
d. Reichsbank, Aufstellung der 168.
Wohnungsgeldzuschüsse 288, 296.
Wuchergesetzgebung 146.

Z.

Zahlkraft der Banknoten 111, 137 ff., 210 ff.;
— gesetzliche 42, 138;
der Reichsgoldmünzen 51, 84, 87, 109;
der Reichskassenscheine 110, 128 ff.;
der Reichsscheidemünzen 70, 94, 109, 110;
der Reichsmünzen und Reichskolonialmünzen in den Schutzgebieten 109 ff.;
der Taler, unbeschränkte 99 bis 101, 109.
Zahlungen, Zahlungsverpflichtungen in alten deutschen oder in fremden Währungen 97 ff.
Zahlungsanweisungen
bei der Reichsbank 164 ff.; 331 ff;
s. auch Ein- und Auszahlungen.
Zeitgeschäfte, den Notenbanken verboten 145.
Zentralausschuß der Reichsbank
Abschlagsdividende, Zustimmung zu deren Zahlung 243;
Allgemeine Geschäftsanweisungen und Dienstinstruktionen, Kenntnisnahme von den 195;
Ausscheiden, Ausschluß von Mitgliedern 195, 247;
Bankgeheimnis 195, 202;
Beschlußfähigkeit 192;
Deputierte s. Reichsbank;
Fälle, in denen er gutachtlich zu hören ist 193, 234, 238;
Fälle, in denen seine Zustimmung erforderlich ist 194, 196, 243;
Funktionen 191 ff.;
Geschäftsanweisung für den 192;

Zentralausschuß der Reichsbank
Geschäftsanweisungen, allgemeine, u. Dienstinstruktionen zu seiner Kenntnis zu bringen 195;
Mitwirkung bei Bestimmung des Höchstbetrages, bis zu dem die Mittel der Bank in Effekten und Lombarddarlehen angelegt werden dürfen 194;
— bei Erhöhung des Grundkapitals 234;
— bei Ernennung von Beigeordneten der Bezirksausschüsse 248 ff.;
— bei Geschäften mit Finanzverwaltungen 196 ff.;
Protokolle 248;
Prüfung d. Jahresbilanz der Reichsbank 193, 243;
Stellvertreter 191;
Versammlungen 191 ff.;
Wahl der Mitglieder 191 ff., 204, 247;
Wiederwählbarkeit 191;
Zahl der Mitglieder 191.

Zessalien, Fehlplatten 55, 58.

Zinsfreie Vorschüsse auf Goldlieferungen 149.

Zinsfuß
im Diskont- und Lombardverkehr der Privatnotenbanken 38 ff., 209, 214 ff.;
— der Reichsbank 166 ff., 194.

Zinssatz s. Reichsanleihen.

Zuschußanleihe 392, 417, 426.

Zuständigkeit d. Gerichte
bei Klagen auf Entziehung des Notenprivilegiums 220, 221.

Zuwachsrecht der Reichsbank 33, 151 ff.

Zwangskurs d. Banknoten 138.

Zweiganstalten d. Reichsbank
Berichtigung der Zinsen von Reichsschuldbuchforderungen bei den 449;
Reichsbank-Hauptstellen, 197 ff.;
— -Nebenstellen 199 ff.;
— -Stellen 199;
— -Warendepots 200;
Verzeichnis der 368 ff.;
s. auch Reichsbank.

Druck von C. Schulze & Co., G. m. b. H., Gräfenhainichen.

Guttentag'sche Sammlung
Deutscher Reichsgesetze.
Text-Ausgaben mit Anmerkungen. Taschenformat.

---

1. **Verfassung** des Deutschen Reichs. Von Dr. **L. von Rönne.** 9. Aufl. von Landrat **P. von Rönne.** 1904. Mit Abänderungen vom Mai 1906. 2 M. 40 Pf.
2. **Strafgesetzbuch** für das Deutsche Reich. Von Dr. **H. Rüdorff.** 23. Aufl. neubearbeitet von Prof. Dr. **Fr. v. Liszt** und Dr. **Ernst Delaquis.** 1910. M. Pf.
3. **Militärstrafgerichtsordnung** nebst Einführungsgesetz Von Wirkl. Geheimen Kriegsrat Dr. jur. **A. Romen** u. Kriegsgerichtsrat Dr. jur. **Carl Rissom.** 1910. Im Druck.
4. **Handelsgesetzbuch vom 10. Mai 1897 unter Ausschluß des Seerechts.** 13. Aufl. **herausgegeben von** Geh. Justizrat Prof. Dr. **A. Mosse.** 1905. 3 M.
5. Allgemeine Deutsche **Wechselordnung.** 10. Aufl. von Justizrat Dr. **J. Stranz** und Rechtsanwalt Dr. **M. Stranz,** und das Reichsgesetz über die **Wechselstempelsteuer** von Geh. Regierungsrat **P. Loeck.** 10. Aufl. 1909. 3 M.

5a. **Wechselstempelsteuergesetz** apart. 10. Aufl. 1 M. 25 Pf.

6. **Reichsgewerbeordnung** nebst Ausführungsbestimmungen. Von **Berger** und **Wilhelmi.** 18. veränderte und sehr vermehrte Auflage von Stadtrat Dr. **Karl Flesch** in Verbindung mit Dr. **Friedr. Hiller** u. Dr. **Herm. Luppe.** 1910. M.

Ergänzungsband: **Preußische Ausführungsanweisung.** 1904. 2 M.

7. **Post- und Telegraphen-Gesetzgebung.** Nebst Weltpostvertrag und internationalem Telegraphenvertrag. 6. Aufl. von Geh. Ober-Postrat Dr. **M. König.** 1908. 4 M.

8. Die Reichsgesetze über den **Unterstützungswohnsitz die Freizügigkeit, den Erwerb und Verlust der Bundes- und Staatsangehörigkeit.** Von Geheimrat Dr. **J. Krech,** Mitglied d. Bundesamtes für das Heimatwesen. 7. Aufl. Mit Anhang: Gesetz für Elsaß-Lothringen v. 1909. 1908. 3 M.

9. Sammlung **kleinerer strafrechtlicher Reichsgesetze.** Bearbeitet von **M. Werner,** Geh. Ober-Regierungsrat. 2. Aufl. 1903. 3 M.

10. Das **Reichsbeamtengesetz** von **J. Pieper.** 2. Aufl. 1901. 4 M. 50 Pf.

    — In der Fassung von 1907 siehe Nr. 82.

11. **Zivilprozeßordnung mit Gerichtsverfassungsgesetz.** in den neuesten Fassungen. Von **R. Sydow.** Fortgeführt von **L. Busch.** 12. Aufl. 8°. 1910. 6 M. 50 Pf.

    Die Novelle als Anhang der 11. Aufl. einzeln ist jetzt vergriffen!

12. **Strafprozeßordnung und Gerichtsverfassungsgesetz** nebst den Gesetzen, betr. die Entschädigung der im Wiederaufnahmeverfahren freigesprochenen Personen und die Entschädigung für unschuldig erlittene Untersuchungshaft. Von Dr. **A. Hellweg,** Reichsgerichtsrat. 15. Aufl. 1908. 2 M.

13. **Konkursordnung und Anfechtungsgesetz.** Von **R. Sydow.** Fortgeführt von **L. Busch.** 10. Aufl. 1906. 2 M. 25 Pf.

14. **Gerichtsverfassungsgesetz** mit Einführungsgesetz. Herausgegeben von **R. Sydow.** Fortgeführt von **L. Busch.** 9. Aufl. 1905. Mit Nachtrag v. 1. VI. 1909 1 M. 50 Pf.

15. **Das Deutsche Gerichtskostengesetz** nebst den Gebührenordnungen für Gerichtsvollzieher, Zeugen und Sachverständige. Von **R. Sydow.** Weiter bearbeitet von **L. Busch.** 8. Aufl. 1907. Mit Nachtrag v. 1. VI. 1909. 2 M.

16. **Rechtsanwaltsordnung.** Von **R. Sydow.** 6. Aufl. von Justizrat **M. Jacobsohn.** 1907. 1 M. 20 Pf.

17. **Die Deutsche Gebührenordnung für Rechtsanwälte und das Preußische Gebührengesetz** vom 27. September / 6. Oktober 1899. Von **R. Sydow.** Fortgeführt von **L. Busch.** 9. Aufl. 1910. 2 M.

18. **Reichsstempelgesetz (Börsensteuer, Frachturkunde, Kraftfahrzeuge, Personenfahrkarte, Tantieme für Aufsichtsratsmitglieder).** Vom 15. Juli 1909. Von **P. Loeck,** Geh. Regierungsrat. 10. Aufl. 1910. 8°. M. Pf.

19. **Die Seegesetzgebung.** Von Dr. **W. E. Knitschky.** 4. Aufl. bearbeitet von Oberlandesgerichtsrat **Otto Rudorff** in Hamburg. 1908. Mit Anhang vom Januar und Juli 1909. 6 M.

20. **Krankenversicherungsgesetz.** Von weil. Dr. **E. von Woedtke.** 11. Aufl. von Geh. Reg.-Rat Dr. **G. Eucken-Addenhausen.** 1905. 3 M.

21. Die **Konsulargesetzgebung.** Von Professor Dr. **Ph. Zorn.** 2. Aufl. 1901. 3 M.

22. **Patentgesetz.** Nebst Ausführungsbestimmungen, völkerrechtlichen Verträgen und der Patentanwalts-Ordnung. 7. Aufl. bearbeitet von **R. Lutter,** Geh. Reg.-Rat im Kaiserl. Patentamt. 1908. 2 M. 80 Pf.

23. **Gewerbe-Unfallversicherungsgesetz.** Von weil. Dr. **E. v. Woedtke.** 9. Aufl. von **Franz Caspar,** Direktor im Reichsamt des Innern. 1907. 2 M. 50 Pf.

24. **Aktiengesellschaft und Kommanditgesellschaften auf Aktien.** Von Justizrat Dr. **H. Veit Simon** und Amtsrichter **L. Keyssner.** 1910. 6. Aufl. Im Druck.

25. **Brausteuergesetz** vom 15. Juli 1909. Von **A. Düffe,** Oberzollrevisor. 2. Aufl. 1909. 3 M.

26. Die Reichsgesetzgebung über **Münz- und Notenbankwesen,** Papiergeld, Prämienpapiere und Reichsschulden. Von Dr. jur. **R. Koch,** Präsident des Reichsbankdirektoriums. 6. Aufl. 1910. 4 M.

27. Die Gesetzgebung, betr. **das Gesundheitswesen** im Deutschen Reich. Von Dr. jur. **C. Goesch** und Dr. med. **J. Karsten.** 1888. 1 M. 60 Pf.

28. **Bau-Unfallversicherungsgesetz.** Vom 30. Juni 1900. Von **R. Chrzescinski,** Kaiserl. Regierungsrat. 3. Aufl. 1900. 2 M.

29. **Erwerbs- und Wirtschaftsgenossenschaften.** Von **L. Parisius** und Dr. **H. Crüger.** 13. Aufl. von Dr. **H. Crüger.** 1910. 1 M. 50 Pf.

30. **Invalidenversicherungsgesetz** vom 13. Juli 1899. Von weil. Dr. **E. v. Woedtke.** 10. Aufl. von Regierungsrat **H. Follmann.** 1906. 4 M.
Siehe auch Handausgabe von Freund Seite 24.

31. **Gewerbegerichtsgesetz.** Von Stadtrat **L. Mugdan.** 6. Aufl. bearbeitet von **W. Cuno,** Erstem Bürgermeister zu Hagen i. W. 1906. 2 M. 20 Pf.

32. Reichsgesetz, betr. die **Gesellschaften mit beschränkter Haftung.** Von **L. Parisius** und Dr. **H. Crüger.** 10. Aufl. von Dr. **H. Crüger.** 1910. 1 M 40 Pf.

33. **Vereins- und Versammlungsrecht.** Von Dr. **E. Ball.** 2. Aufl. von Dr. **F. Friedenthal.** 1907. 2 M. 50 Pf.
Reichs-Vereinsgesetz vom 19. April 1908 vide Nr. 88.

34. **Die Abzahlungsgeschäfte.** Gesetz vom 16. Mai 1894. 2. vermehrte Aufl. besorgt von Dr. **E. Wilke,** Landgerichtsrat. 1901. 1 M. 20 Pf.

35. **Die Reichs-Eisenbahngesetzgebung.** Von **W. Coermann,** Kaiserl. Amtsrichter. 1895. 2 M. 25 Pf.

36. **Gesetze, betr. die privatrechtlichen Verhältnisse der Binnenschiffahrt und der Flößerei.** Von **E. Löwe,** Landgerichtsrat. 4. Aufl. 1909. 3 M.

37. **Gesetz gegen den unlauteren Wettbewerb.** 5. Auflage. Von Justizrat **Pinner.** 1909. 1 M.

38/39. **Bürgerliches Gesetzbuch nebst Einführungsgesetz** von Dr. **A. Achilles.** In Verbindung mit Professor Dr. **André,** Kammergerichtsrat **Ritgen,** Reichsgerichtsrat **Strecker,** Ministerialrat Dr. **Unzner** herausgegeben von Geh. Ober-Justizrat **Greiff.** 6. Aufl. 8°. 1909. 6 M. 50 Pf.

40. **Gesetz, betr. die Pflichten der Kaufleute bei Aufbewahrung fremder Wertpapiere (Depotgesetz).** Mit Erläuterungen. Von **F. Lusensky,** Geh. Ober-Regierungsrat. 2. Aufl. 1905. 1 M.

41. **Börsengesetz.** In der Fassung der Novelle vom 8. Mai 1908. 2. Aufl. Von Wirkl. Geh. Ob.-Regierungsrat **Th. Hemptenmacher,** Staatskommissar an der Berliner Börse. 1908. 2 M.

42. **Grundbuchordnung** nebst den preußischen Ausführungsbestimmungen. Mit Einleitung. Von Prof. Dr. **O. Fischer.** 5. Aufl. 1909. 2 M.

43. **Zwangsvollstreckung in das unbewegliche Vermögen** im Reiche und in Preußen. Mit Einleitung, Kosten- und Gebührentabellen. Von Dr. **J. Krech,** Kaiserl. Geh. Regierungsrat und Professor Dr. **O. Fischer.** 5. Aufl. 1907. 2 M.

44. Das Reichsgesetz über das **Auswanderungswesen** vom 9. Juni 1897. Von Professor Dr. **Felix Stoerk.** 1899. 2 M. 25 Pf.

45. Das **Entmündigungsrecht** unter Berücksichtigung der für Preußen geltenden Vorschriften nebst der preußischen Justiz-Ministerial-Verfügung vom 28. November 1899. Von Landgerichtsrat Dr. **P. Koll** in Cöln. 1900. 1 M. 50 Pf.

46. Die Gesetze des Reiches und Preußens über die **freiwillige Gerichtsbarkeit.** Von **Herm. Jastrow,** Amtsgerichtsrat. 4. Aufl. 1906. 3 M.

47. **Das deutsche Vormundschaftsrecht und das preuß. Gesetz** über die Fürsorgeerziehung Minderjähriger nebst den dazu gehörigen preußischen Nebengesetzen. Von **Max Schultzenstein,** Oberverwaltungsgerichtsrat und Amtsgerichtsrat Dr. **Paul Köhne.** 2. Aufl. 1901. 3 M.

48. Gesetze und Verordnungen, betr. den **Drogen-, Gift- und Farbenhandel** außerhalb der Apotheken. Von Dr. **Broh,** Rechtsanwalt. 1899. 1 M. 25 Pf.

49. Deutsche **Kolonialgesetzgebung.** Von Professor Dr. **Philipp Zorn.** 1901. 4 M. 50 Pf.

50. Der **Viehkauf** (Viehgewährschaft) nach dem **Bürgerlichen** Gesetzbuche. Nebst Verordn. betr. die Hauptmängel und Gewährsfristen beim Viehhandel. Von Rechtsanwalt Dr. **H. Stölzle** und Königl. Kreistierarzt **H. Weiskopf.** 4. Aufl. 1908. 4 M.

51. **Hypothekenbankgesetz** vom 13. Juli 1899. Von Dr. **H. Göppert,** Gerichts-Assessor. 1900. 1 M. 80 Pf.

52. Gesetz, betreffend die gemeinsamen **Rechte der Besitzer von Schuldverschreibungen.** Von Dr. **Heinrich Göppert,** Gerichts-Assessor. 1900. 2 M.

53. **Reichspreßgesetz** vom 7. Mai 1874. Kommentar von **A. Born,** Polizeiassessor. 1900. 1 M. 50 Pf.

54. Die Reichsgesetzgebung über den Verkehr mit **Nahrungsmitteln, Genußmitteln und Gebrauchsgegenständen.** Von Dr. **Georg Lebbin,** Nahrungsmittelchemiker. 1900. 2 M. 25 Pf.

55. Das Recht der **Beschlagnahme von Lohn- und Gehaltsforderungen.** Von Justizrat **Georg Meyer.** 3. Aufl. 1908. 2 M. 50 Pf.

56. Gesetz, betr. die **Bekämpfung gemeingefährlicher Krankheiten.** Nebst Ausführungsbestimmungen. Von Dr. **Bruno Burkhardt,** Regierungsrat, Mitglied des Kais. Gesundheitsamts. 1900. 1 M. 40 Pf.

57. **See-Unfallversicherungsgesetz.** Von **Dr. Max Mittelstein,** Oberlandesgerichtsrat in Hamburg. 1901 2 M.

58 **Das Recht der unehelichen Kinder** nach dem BGB. Von **Hermann Jastrow,** Amtsg.-Rat. 1901. 1 M. 80 Pf.

59. Reichsgesetz über die **Beurkundung des Personenstandes und die Eheschließung.** Von Dr. **F. Fidler,** Amtgerichtsrat. 1901. 1 M. 80 Pf.

60. Gesetz, betreffend das **Urheberrecht an Werken der Literatur und der Tonkunst.** Von Landrichter **Otto Lindemann.** 2. Aufl. 1907. 1 M. 60 Pf.

61. Gesetz über das **Verlagsrecht.** Von Justizrat **Ernst Heinitz.** 1901. 1 M. 50 Pf.

62. Über die **privaten Versicherungsunternehmungen.** Von **H. Königs,** Reichsgerichtsrat. 2. Aufl. in Bearbeitung.

63. **Gesetzestafel des Deutschen Reichsrechts.** Systematisch geordnete Nachweisung des z. Z. geltenden Reichsrechts. Ergänzungsband zu der Guttentag'schen Sammlung Deutscher Reichsgesetze. Von **Hugo Bruhns,** Syndikus. 1902. 8°. 2 M. 50 Pf.

64. Gesetzsammlung betr. den **Handel mit Drogen und Giften.** Reichsgesetzl. Bestimmungen und Anhang mit den landesgesetzl. Verordnungen sämtlicher Bundesstaaten. Von Rechtsanwalt **H. Sonnenfeld,** Syndik. d. Berl. Drogisten-Innung. 1902. 3 M.

65. Das **Weingesetz** in der Fassung v. 1909. Mit Ausführungsbestimmungen von Dr. **Georg Lebbin,** Handels- u. Gerichtschemiker. 2. Aufl. 1909. 2 M. 50 Pf.

66. Die **Eisenbahn-Gesetzgebung.** Von **W. Pietsch,** Geh. exp. Sekretär im Reichs-Eisenbahn-Amt. 1902. 5 M.

67. **Militär-Strafgesetzbuch.** In Vorbereitung.

68. Das **Fleischbeschaugesetz.** Vom 3. Juni 1900. Von Dr. **Georg Lebbin,** Gerichtschemiker und Rechtsanwalt Dr. **Georg Baum.** 1903. 4 M.

69. **Reichsgesetz über die Naturalleistungen der bewaffneten Macht im Frieden** nebst den in Preußen geltenden Bestimmungen. Von Regierungsassessor Dr. **Walter v. Hippel.** 1903. 1 M. 25 Pf.

70. **Das Reichs-Haftpflichtgesetz,** vom 7. Juni 1871. Von Regierungsrat Dr. **G. Eger.** 1903. Preis 3 M.

71. **Kinderarbeit in gewerblichen Betrieben,** v. 30. März 1903. Von **H. Spangenberg,** Oberverwaltungsgerichtsrat. 2. Aufl. 1904. 1 M. 60 Pf.

72. **Unfallversicherungsgesetz für Land- und Forstwirtschaft** von weil. Dr. **E. von Woedtke,** fortgesetzt von **Alfred Radtke,** Geh. Regierungsrat und Senatspräs. im Reichsversicherungsamt. 2. Aufl. 1904. 4 M. 50 Pf.

73. **Entschädigung für unschuldig erlittene Verhaftung und Bestrafung.** Nebst Anhang, enth. die dazu gehörigen Nebengesetze über Schadensersatz. Von Dr jur. **A. Romen,** Wirkl. Geh. Kriegsrat. 1904. 2 M.

74. Die **Kaufmannsgerichte** nebst den preuß. Ausführungsbestimmungen. Von Prof. Dr. **Max Apt,** 3. Aufl. 1905. 2 M.

75. Reichsgesetz über die **Konsulargerichtsbarkeit.** Von Dr. jur. **A. F. Vorwerk,** Rechtsanwalt in Schanghai. 2. Ausgabe, mit dem Schutzgebietsgesetz und der Ausführungsverordnung, betr. die Rechtsverhältnisse in den Schutzgebieten. 1908. 2 M.

76. **Die Rechtshilfe im Verkehr mit den ordentlichen Gerichten nach deutschem Reichsrecht.** Von Landrichter Dr. **A. Friedländer.** 1906. 1 M. 80 Pf.

77. **Das Reichserbschaftssteuergesetz.** Vom 3. Juni 1906. Von **Ulrich Hoffmann,** Geh. Registrator im Kgl. Preuß. Finanzministerium. 1910. M. P.

78. **Zigarettensteuergesetz.** Vom 15. Juli 1909. Von Dr. **Cuno,** Regierungsassessor. 2. Aufl. 1909. Im Druck, nach Erlaß der sämtl. Ausf.-Best.

79. **Die Militärpensionsgesetze** vom 31. Mai 1906 nebst Ausführungsbestimmungen. Zum Gebrauch für Heer, Marine und Schutztruppe von Dr. jur. **A. Romen,** Wirklicher Geheimer Kriegsrat.
   a) I. Teil: Offizierpensionsgesetz. 1907. 3 M. 50 Pf.
   b) II. Teil: Mannschaftsversorgungsgesetz. 1908. 3 M. 50 Pf.

80. Reichsgesetzgebung über **gerichtliche Registerführung.** Von **Otto Lindemann,** Landrichter. 1906. 3 M.

81. Gesetz, betr. **Urheberrecht an Werken der bildenden Künste und der Photographie.** Von Dr. **Ludw. Fuld,** Rechtsanwalt. 1907. 1 M.

82. **Reichsbeamtengesetz** in der Fassung vom 18. Mai 1907 und seine Ergänzungen von Geheimrat Professor Dr. **Ad. Arndt.** 1908. 3 M.

83. Reichsgesetz über **den Versicherungsvertrag** nebst Einführungsgesetz. Von Dr. **Paul Hager** und Dr. **R. Behrend,** Regierungsräte im Kaiserl. Aufsichtsamt f. Privatversicherung. 1908. 5 M.

84. **Sammlung kleinerer privatrechtlicher Reichsgesetze** von Landrichter **Georg Müller.** 1908. 6 M. 50 Pf.

85. **Scheckgesetz** mit Einleitung usw. Von Prof. Dr. **Max Apt.** 5. Aufl. Mit Postscheckordnung v. 6. XI. 1908 und im Anhang „Besteuerung des Schecks". 1909. 2 M.

Postscheckordnung vom 6. XI. 08. Apart mit Erläuterungen u. Ausführungsbestimmungen. (30 Pf.)

86. **Die Auslieferungsverträge des Deutschen Reiches** von Landrichter **A. Cohn.** 1908. 4 M.

87. **Gesetz zum Schutz der Warenbezeichnungen.** Von Geh. Reg.-Rat, Mitgl des Patentamts Dr. **Freund** u. Rechtsanwalt **Magnus.** 5. Aufl. 1909. 3 M. 50 Pf.

88. **Vereinsgesetz** vom 19. April 1908. Von Dr. jur. **A. Romen,** Wirkl. Geh. Kriegsrat. 2. Aufl. 1908. 1 M. 50 Pf.

89. **Vogelschutzgesetz** vom 30. Mai 1908 nebst den das Flugwild betr Bestimmungen der Preußischen Jagdordnung von Dr. jur. **Leo von Boxberger.** 1908. 1 M.

90. Die Haager Abkommen über das **Internationale Privatrecht** von Dr. **G. A. E. Bogeng.** 1908 2 M. 20 Pf.

91. **Eisenbahn-Verkehrsordnung** vom 23. Dez. 1908. Mit Ausführungsbestimmungen. Von Regierungsassessor bei der Eisenbahndirektion Breslau Dr. **Ernst Blume.** 1909. 2 M. 50 Pf.

92. **Gesetz**, betr. den **Verkehr mit Kraftfahrzeugen.** Von Amtsrichter **R. Kirchner.** 1909. 2 M. 80 Pf.
93. **Gesetz** über die **Sicherung der Bauforderungen** v. Justizrat Dr. **E. Harnier.** 2. Aufl. 1909. 1 M 30 Pf.
94. **Haftpflicht der Reichs- und Staats-Beamten** v. Dr. **H. Delius.** 2. Aufl. 1909. 3 M. 50 Pf.
95. Die Berner Uebereinkunft über **internationales Urheberrecht** von Dr. **Herm. Dungs,** vortrag. Rat im Reichsjustizamt. 1910. 1 M.
96. **Branntweinsteuergesetz** vom 15. Juli 1909. Unter Berücksichtigung der für das Reich erlassenen Ausführungsbestimmungen. Von Geh. Reg. Rat **Johs. Nay,** vortrag. Rat im Reichsschatzamt. 1910. 3 M. 50 Pf.
97. **Schutzgebietsgesetz** nebst der Verordnung betr die Rechtsverhältnisse in den Schutzgebieten, Anwendung der Konsulargerichtsbarkeit sowie Ausführungsbestimmungen und ergänz. Vorschriften. Von **Johs. Gerstmayer** Wirkl. Legationsrat u. Vortrag Rat im Reichskolonialamt. 1910. M.
98. **Sechs Haager Abkommen** über **Internationales Privatrecht.** Von Dr. **Herm. Dungs,** vortrag. Rat im Reichs-Justizamt. 1910. M.
99. **Die Abkommen der Haager Friedenskonferenz** von Dr. jur. **Hans Wehberg.** M.

Guttentag'sche Sammlung
Preußischer Gesetze.
Text-Ausgaben mit Anmerkungen. Taschenformat.

1. Die **Verfassungs-Urkunde** für den Preußischen Staat. Mit Einleitung, vollständigem Kommentar. Von Prof. Dr. **Adolf Arndt.** 6. Aufl. 1907. 3 M.

2. Preußische **Beamten-Gesetzgebung.** Enthaltend die wichtigsten Beamtengesetze in Preußen. Von **C. Pfafferoth.** 4., neubearb. Aufl. 1905. Mit Anhang: Abänderung vom 27. Mai 1907. 2 M.

3. **Die Aufnahme des Nottestaments** durch die bestellten Urkundspersonen. Anweisung mit Musterbeispielen und Abriß des Erbrechts von Amtsgerichtsrat **C. Kurtz.** 1904. 1 M. 50 Pf.

4. **Gebührenordnung** für **Notare** vom 25. Juni 1895. Von **R. Sydow.** 3. Aufl. bearbeitet von Justizrat Dr. **Rausnitz.** 1908. 1 M. 60 Pf.

5. **Gesetz vom 24. April 1854 (betr. die außerehel. Schwängerung).** Von Dr. **Schulze.** 1873. 75 Pf. Gültiges Recht siehe: Reichsgesetze Nr. 58.

6. Die Preuß. **Ausführungsgesetze und Verordnungen zu den Reichs-Justizgesetzen.** Von **R. Sydow.** 3. vermehrte Aufl. 1895. 2 M. 40 Pf. S. Seite 25, Busch-Eylau, Ausführungsgesetze.

7. Allg. **Gerichtsordnung** und Preuß. **Konkursordnung.** Von **F. Vierhaus.** Vergriffen.

8. **Vormundschaftsordnung.** Von **F. Schultzenstein.** Gültiges Recht siehe: Reichsgesetze Nr. 47.

9. Die Preußische **Grundbuchgesetzgebung.** Von Prof. Dr. **Fischer.** Vergriffen. Siehe: Reichsgesetze Nr. 42.

10. **Einkommensteuergesetz.** Von **A. Fernow,** Geh. Ober-Finanzrat. 7. Aufl. 1908/9. Mit Nachtrag v. 22. III. u. 26. V. 09. 3 M. 25 Pf.

11. **Gewerbesteuergesetz.** Von **A. Fernow,** Geh. Ober-Finanzrat. 5., vermehrte Aufl. 1910. 3 M.

12. **Allgemeines Berggesetz** für die Preußischen Staaten vom 24. Juni 1865. Von **W. Westhoff** und **W. Schlüter.** 2. Aufl. 1907. Mit Nachtrag v. 1909. 5 M.

13. **Ergänzungssteuergesetz** (Vermögenssteuergesetz). Von **A. Fernow,** Geh. Ober-Finanzrat. 4. vermehrte Aufl. 1907. 2 M. 40 Pf.

14. **Kommunalabgabengesetz.** Vom 14. Juli 1893 und Gesetz wegen Aufhebung direkter Staatssteuern. Von Dr. **F. Adickes,** Oberbürgermeister. 4. Aufl. 1906. 1 M. 50 Pf.

15. Die **Kreisordnungen** für den Preußischen Staat. Von **O. Kolisch,** Landgerichtsrat. 1894. 4 M.

16. **Konzessionierung gewerblicher Anlagen.** Preuß. Ausführungs-Anweisung zu §§ 16 u. ff. der Gewerbe-Ordnung. Von Dr. **W. v. Rüdiger,** Geh. Regierungs- u. Gewerberat. 2. Aufl. 1901. 2 M.

17. **Preußisches Gerichtskostengesetz.** Mit Kostentabellen. Von Dr. **P. Siméon,** Landgerichtsrat. 5. Aufl. 1908. 2 M. 60 Pf.

18. **Preußisches Stempelsteuergesetz vom** 30. Juni 1909. Mit Ausführungsbestimmungen und Tabellen. Von **P. Loeck,** Geh. Regierungsrat. 6. Aufl. mit Anhang. 8°. 1907/09. 6 M.

19. Das **Jagdscheingesetz.** Mit ausführlichen Erläuterungen. Von **F. Kunze,** Wirklichem Geh. Ober-Regierungsrat. 2. Aufl. 1899. 2 M.

20. Die **preußischen Erbschaftssteuergesetze.** Unter Berücksichtigung der Novelle vom 31. Juli 1895. Von **U. Hoffmann,** Geh. Registrator im Königl. preuß. Finanzministerium. 1905. 4 M. (Reichs-Erbschaftssteuergesetz s. Reichsgesetze Nr. 77).

21. Gesetz über die **Handelskammern.** Von **F. Lusensky,** Geh. Regierungsrat. 2. Aufl. 1909. 3 M.

22. Gesetz, betr. **Anstellung und Versorgung der Kommunalbeamten.** Von Dr. **W. Ledermann,** Magistratsassessor zu Berlin. 1899. 1 M. 25 Pf.

23. **Ausführungsgesetz zum Bürgerlichen Gesetzbuche.** Von Landrichter Dr. **P. Siméon.** 2. Aufl. 1905. 1 M. 80 Pf.

24. Die **Hinterlegungsordnung** in der Fassung des Ausführungsgesetzes z. BGB. v. 20. Sept. 1899 nebst Ausführungsbestimmungen. Von Regierungsrat Dr. **Georg Bartels.** 2. Aufl. 1908. 2 M.

25. **Preußische Kommunalbeamtengesetzgebung.** Von Magistr.-Assess. Dr. **Fr. Kremski,** Berlin. 1901. 3 M.

26. **Gesetze über das Diensteinkommen der Lehrer und Lehrerinnen, Ruhegehalt und Fürsorge für Hinterbliebene.** Tabelle zur Berechnung der Ruhegehalts-, Witwen- u. Waisenbezüge. Von Dr. **Ed. Cremer,** Beigeordneter. 1900. 2 M. 40 Pf.

27. **Gesetz,** betreffend die **Warenhaussteuer.** Von Geh. Ober-Finanzrat Dr. **G. Strutz.** 1900. 1 M. 20 Pf.

28. **Gesetz über die Fürsorgeerziehung Minderjähriger.** Von Landgerichtsdirektor Dr. **P. F. Aschrott.** 2. umgearbeitete Aufl. 1907. 2 M. 80 Pf.

29. **Gesetz,** betr. **die ärztlichen Ehrengerichte, das Umlagerecht und die Kassen der Aerztekammern.** Von Amtsgerichtsrat Dr. **F. Fidler.** 1901. 1 M. 50 Pf.

30. **Die das Preußische Staatsschuldbuch** und **Reichsschuldbuch** betr. Gesetze nebst Ausführungsbestimmungen. Von Wirkl. Geh. Ober-Finanzrat **J. Mücke,** Mitglied der Staatsschuldenverwaltung. 1902. 2 M.

31a. **Die geltenden Preußischen Gesindeordnungen.** Herausgegeben in zwei Bänden von **Stephan Gerhard,** Rechtsanwalt in Berlin. 1902.

Band I: Gesindeordnung für die altpreußischen Provinzen vom 8. XI. 1810, mit Erläuterungen unter Berücksichtigung der Ergänzungsgesetze und der Rechtsverhältnisse der Gesindevermieter, sowie die Gesindeordnungen für Neuvorpommern und Rügen und für die Rheinprovinz. 2 M. 50 Pf.

31b. **Band II:** Gesindeordnungen für Hannover, Schleswig-Holstein, Hessen-Nassau und den Regierungsbezirk Hohenzollern. 2 M. 50 Pf.
Siehe auch Seite 24: Ratgeber von Grieben.

32. **Die Städteordnung für die sechs östlichen Provinzen Preußens** vom 30. Mai 1853. Von **Dr. jur. Walter Ledermann,** Magistrats-Assessor zu Berlin. 8°. 1902. 6 M.

33. **Rentenguts- und Anerbenrechts-Gesetzgebung in Preußen.** Von Landgerichtsrat **M. Peltasohn** und Rechtsanwalt **Bruno Peltasohn.** 1903. 3 M.

34. Sammlung der wichtigsten **preußischen Strafgesetze** nebst Anhang: Gesetz betr. polizeiliche Strafverfügungen vom 23. April 1883. Von **Otto Lindemann,** Amtsrichter. 1903. 2 M. 50 Pf.

35. **Geschäftsordnung für Gerichtsvollzieher.** Gerichtsvollzieherordnung und Gebührensätze von Amtsgerichtssekretär **Emil Exner.** 1904. 3 M. 50 Pf.

36. **Polizeiverordnungen in Preußen.** Von **Otto Lindemann,** Landrichter. 1904. 1 M. 50 Pf.

37. Gesetz über die **Enteignung von Grundeigentum** vom 11. Juni 1874. Von Landrichter **O. Meyer.** 1905. 2 M.

38. **Kreis- und Provinzial-Abgabengesetz.** Vom 23. April 1906. Von **Fr. Schmidt,** Gemeindevorsteher. 1906. 1 M. 25 Pf.

39. **Gesetz betr. die Unterhaltung der öff. Volksschulen.** Von **Dr. A. Marcks**, Reg.-Rat. 1906. 2 M.

40. **Verwaltungsstrafverfahren** bei Zuwiderhandlungen gegen die Zollgesetze und indirekte Reichs- und Landesabgaben, sowie die Bestimmungen über die Schlacht- und Wildpretsteuer vom 26. Juli 1897. Von **Dr. Richard Katzenstein**, Gerichtsassessor. 1907. 3 M. 60 Pf.

41. **Die preußischen Jagdpolizeigesetze.** Von **Fr. Kunze**, Wirkl. Geh. Oberregierungsrat und **R. Kühnemann**, Rechtsanwalt. 2. Aufl. 1907. 3 M. 60 Pf.

42. Die Gesetzgebung über die **Allgemeine Landesverwaltung** und über die **Zuständigkeit der Verwaltungs- und Verwaltungsgerichtsbehörden.** Von Rechtsanwalt **Dr. Karl Friedrichs**. 1908. 3 M.

43. Gesetz betr. die **Zulassung einer Verschuldungsgrenze** für land- und forstwirtschaftlich benutzte Grundstücke v. 20. August 1906 nebst Ausführungsvorschriften. Von Dr. jur. **R. Leweck**, Syndikus der Ostpreuß. Landschaft. 1908. 2 M. 40 Pf.

44. **Quellenschutzgesetz** vom 14. Mai 1908 nebst den Ausführungsbestimmungen von **Carl Voelkel**, Geheimer Bergrat. 1909. 1 M.

45 **Rechtsverhältnisse der Juden in Preußen** von Dr. jur. et rer pol. **Max Kollenscher**, Rechtsanwalt. 1910 2 M. 40 Pf.

Guttentag'sche Sammlung von Text-Ausgaben mit Sachregister ohne Anmerkungen.

Taschenformat, elegant in Leinen gebunden.

Reichs-Justizgesetze: Gerichtsverfassungsgesetz. Zivilprozeßordnung. Konkursordnung. Strafprozeßordnung. 2. Aufl. In einem Bande 3 M. 80 Pf.

Zivilprozeßordnung mit **Gerichtsverfassungsgesetz** und **Einführungsgesetzen.** Neue Fassung von 1909. 2 M.

Konkursordnung mit **Einführungsgesetz.** 80 Pf.

Bürgerliches Gesetzbuch nebst **Einführungsgesetz.** 10. Abdruck. 2 M. 50 Pf.

Handelsgesetzbuch nebst **Einführungsgesetz** u. **Seerecht.** 8. Abdruck. 1910. 1 M. 80 Pf.

Ausführungsanweisung zur Gewerbeordnung vom 1. Mai 1904 nebst der preuß. technischen Anleitung. 2 M.

Militärstrafgerichtsordnung nebst **Einführungsgesetz** u. Ges., betr. Dienstvergehen der richterlichen Militärjustizbeamten u. unfreiwillige Versetzung derselben usw. **Militär-Strafgesetzbuch** *) mit Abdruck der entsprechenden Bestimmungen des Reichs-Strafgesetzbuchs. 2. Aufl. 1 M. 50 Pf. *) Ist auch einzeln zu haben. Preis 1 Mk.

Wechselordnung in der Fassung der Bekanntmachung v. 3. Juni 1908. Mit Anhang: **Wechselprozeß und Ausführungsanweisung.** 1908. 1 M.

Die Preußischen Ausführungsgesetze zum Bürgerlichen Gesetzbuche und Nebengesetze. Text-Ausgabe ohne Anmerkungen. 5. Aufl. Taschenformat. Geb. in ganz Leinen Preis 1 M. 80 Pf.

Reichsfinanzgesetze v. 15. Juli 1909 einschließlich der **Reichsstempelgesetze** u. des **Erbschaftssteuergesetzes.** 1909. Geb. in ganz Leinen. 2 M.

Guttentag'sche Sammlung von Text-Ausgaben mit Sachregister ohne Anmerkungen.

Die Preußischen Ausführungsgesetze, Verordnungen und ministeriellen Verfügungen zu dem Bürgerlichen Gesetzbuche und den Reichs-Justizgesetzen nebst anderen zugehörigen Gesetzen. Von **L. Busch.** 2. Aufl. von Landrichter **O. Eylau.** 8°. Preis geb. 4 M. 50 Pf.

Preußische Bürgerliche Gesetzsammlung. Sammlung der noch geltenden Landesgesetze privatrechtlichen Inhalts. Herausgegeben von den Gerichtsassessoren **D. Fischer** und **Dr. F. Schroeder.** 8°. 2 Bände Preis geb. in ganz Leinen 20 M.

Erster Band: **Das Allgemeine Landrecht mit den Einführungs-Patenten.** Preis 6 M.

Zweiter Band: **Gesetze von 1773–1902.** Preis 14 M.

Preußisches Baupolizeirecht. Mit Kommentar der Baupolizeiverordnung für die Vororte von Berlin. Vom 28. Mai 1907. Von Gemeinde-Baurat **Carl Saß,** Königlichen Reg.-Baumeister a. D. Preis 6 M.

Straßen- und Baufluchtliniengesetz. Kommentar für den praktischen Gebrauch mit zeichnerischen Darstellungen von Gemeindebaurat **Karl Saß,** Kgl. Regierungsbaumeister a. D. 8°. Preis kartoniert 3,— M.

Fluchtliniengesetz. — Das Gesetz, betreffend die **Anlegung** und **Veränderung** von Straßen und Plätzen in Städten und ländlichen Ortschaften vom 2. Juli 1875. Des Kommentars von weil. Oberverwaltungsgerichtsrat R. Friedrichs. Sechste, völlig neubearbeitete Auflage. Von Senatspräsident Dr. jur. Hugo von Strauß und Torney. 1909. Im Druck.

Invalidenversicherungsgesetz vom 13. Juli 1899. Handausgabe mit Anmerkungen herausgegeben von Dr. Richard Freund, Vorsitzendem der Landes-Versicherungsanstalt Berlin. 3 Aufl. geb. 5 M.

Wie leitet man eine Versammlung? Geschäftlicher Handweiser für Vorsitzende. Von einem Mitgliede des deutschen Reichstages und des preußischen Abgeordnetenhauses. 2. Aufl. 1908. kart. 1 M.

Praktischer Ratgeber für Dienstherrschaften nach dem Preuß. Gesinderecht unter Berücksichtigung der neueren Entscheidungen bearbeitet von H. Grieben, Verwaltungsdir. a. D. u. Bürgermeister. 1908. 1 M.

Das Recht der Handlungsgehilfen und Handlungslehrlinge. Von Rechtsanwalt Hugo Horrwitz. 2. Aufl. 1905. (203 S.) Geb. in Leinen 3 M.

Die Registratur. 2. Auflage. 1906. Von Hermann Kollrack, Kgl. Polizeisekretär am Berliner Polizeipräsidium. 8°. (84 S.) Kart. 1 M. 40 Pf.

Die Pflichten des Waisenrates. Ein praktischer Leitfaden für Waisenräte und Verwaltungsbeamte. Von F. Baum, Geh. Justizrat und Vormundschaftsrichter. Achte vermehrte und verbesserte Auflage. 1906. 8°. (46 S.) 60 Pf.

Der Vormund, Gegenvormund, Pfleger u. Familienrat. Nach dem Bürgerlichen Gesetzbuch, dem Reichsgesetz über die Angelegenheiten der freiwilligen Gerichtsbarkeit und dem Ausführungsgesetz zum BGB. Ein praktischer Leitfaden. Von F. Baum, Geh. Justizrat und Vormundschaftsrichter. 1899. 8°. (64 S.) 50 Pf.

Schlagwort-Register.

R. = Nummer der Sammlung Deutscher Reichsgesetze.
P. = Nummer der Sammlung Preußischer Gesetze.
S. = Seite.

Abzahlungsgeschäfte R. 34.
Aerztekammern P. 29.
Aerztl. Ehrengerichte P. 29.
Aktienrecht R. 24, 26.
Altersversicherungsges R. 30.
Anerbenrechtsgesetz P. 33.
Anfechtungsgesetz R. 13.
Ansiedelungsgesetz s. S. 23 Baupolizeirecht.
Arbeiterschutzgesetz R. 6.
Arbeiterversicherungsgesetze R. 20, 23, 28, 30, 57.
Arzneimittel R. 6, 64.
Ausführungsanweisung zur Gew.O. S. 22.
Ausführungsgesetze z. BGB. P. 23, S. 22.
Ausführungsgesetze zu den Reichsjustizgesetzen P. 6, S. 23.
Auslieferungsverträge R. 86.
Auswanderungsgesetz R. 9, 44.
Automobilges. R. 92.

Bankgesetz R. 26.
Baufluchtengesetz S. 23.
Bauunfallversicherungsgesetz R. 28.
Baupolizeirecht S. 23.
Beamtengesetze R. 10, 82, 94, P. 2.
Bekämpfung gemeingefährlicher Krankheiten R. 56.
Belagerungszustand P. 34.
Berggesetz P. 12.
Beschlagnahme von Lohn- und Gehaltsforderungen R. 55.
Beurkundung des Personenstandes R. 59.
Binnenschiffahrtsgesetz R. 36.
Blei- u. zinkhaltige Gegenst. R. 9.
Börsengesetz R. 41.
Börsensteuergesetz R. 18.
Brausteuererhebung R. 25.
Bundes- und Staatsangehörigkeit R. 8.
Bürgerliche Gesetzsammlung für Preußen S. 24.
Bürgerliches Gesetzbuch R. 38/39, S. 22, 23.
Bürgerliches Rechts-Lexikon S. 31.

Chausseegeld P. 34.
Civilprozeßordnung R. 11, S. 22.

Dampfkesselbetrieb R. 6, P. 34.
Deichgesetz S. 23 (Baupolizeirecht).
Depotgesetz R. 40.
Diensteinkommen der Lehrer und Lehrerinnen P. 26.
Dienstboten siehe Gesinde.
Ratgeber für Dienstherrschaften S. 24.
Drogenhandel R. 48, 64.

Eheschließungsgesetz R. 59.
Einkommensteuergesetz P. 10.
Eisenbahngesetzgebung R. 66, 35.
Eisenbahnverkehrsordnung R. 91.
Elektrizitäts-Diebstahl R. 2.
Enteignung von Grundeigentum P. 37.
Entmündigungsgesetz R. 45.
Entschädigung freigesprochener Personen R. 12.
Entschädigung unschuldig Verhafteter u. Verurteilter R. 73.
Entziehung elektr. Arbeit R. 2.
Erbschaftssteuergesetz R. 77, P. 20.
Ergänzungssteuergesetz P. 13.
Erwerbs- und Wirtschaftsgenossenschaften R. 29,

Fahrkartensteuer R. 18.
Farbengesetz R. 9, 48.
Farbenhandel R. 48.
Feingehalt der Gold- und Silberwaren R. 9.
Feld- u. Forstpolizeiges. P. 34.
Feuerversicherung P. 34.
Fischereigesetz P. 34.
Fleischbeschauges. R. 9, 54, 68.
Flößereigesetz R. 36.
Forstdiebstahl P. 34.
Frachturkundensteuer R. 18,
Freiwillige Gerichtsbarkeit R. 46.
Freizügigkeit R. 8.
Fürsorgeerziehung Minderjähriger R. 47, P. 28.

Gast- u. Schankwirtschaftsgehilfen R. 6.
Gebrauchsgegenstände, Verkehr mit R. 9, 54.
Gebrauchsmusterschutzgesetz R. 9, 84.
Gebührengesetz, preußisches, für Rechtsanwälte und Gerichtsvollzieher R. 17.
Gebührenordnung für Gerichtsvollzieher R. 15.
Gebührenordnung für Notare P. 4.
Gebührenordnung für Rechtsanwälte R. 17.
Gebührenordnung für Zeugen und Sachverständige R. 15.
Gehaltsforderungen, Beschlagnahme von R. 55.

Genehmigung gewerblicher Anlagen P. 16.
Genossenschaftsgesetz R. 29.
Genußmittel, Verkehr mit R. 9, 54.
Gerichtsbarkeit, freiwillige R. 46.
Gerichtskostengesetz, deutsches R. 15.
Gerichtskostengesetz, preußisches P. 17.
Gerichtsordnung, Preußische P. 7.
Gerichtsverfassungsgesetz R. 14, 11, 12, S. 22.
Gerichtsvollzieher-Gebührenordnung R. 15.
Geschäftsordnung für Gerichtsvollzieher P. 35.
Gesellschaften mit beschränkter Haftung R. 32.
Gesetzbuch, Bürgerliches R. 38/39, S. 22, 23.
Gesetzestafel des deutschen Reichsrechts R. 63.
Gesetz-Sammlg., preuß. S. 23.
Gesindedienstpflichten P. 34.
Gesindeordnungen, preußische P. 31 a, 31 b, S. 24.
Gesundheitswesen R. 27.
Gewerbebetrieb im Umherziehen R. 6, P. 34.
Gewerbegerichte R. 31.
Gewerbeordnung R. 6, S. 22.
Gewerbesteuergesetz, preußisches P. 11.
Gewerbe-Unfallversicherungsgesetz R. 23.
Gifthandel R. 48, 64.
Gold- u. Silberwaren-Feingehalt R. 9.
Grundbuchordnung R. 42,
Grundbuchgesetzgebung, Preußische P. 9.
Grundeigentum, Enteignung von P. 37.

Haftpflichtgesetz R. 70.
Handelsgesetzbuch R. 4, S. 22,
Handelskammergesetz P. 21.
Handfeuerwaffen R. 9.
Handlungsgehilfen S. 24.
Handwerkergesetz R. 6.
Hilfskassen, eingeschr. R. 20.
Hinterlegungsordnung P. 24.
Hypothekenbankgesetz R. 51.

Jagdpolizeigesetz P. 34, 41.
Jagdscheingesetz P. 19, 34.
Inhaberpapiere mit Prämien R. 9.
Internat. Privatrecht R. 90.
Invalidenversicherung R. 30. S. 24.

Kaufleute, Pflichten bei Aufbewahrung von Wertpapieren R. 40.
Kaufmannsgerichte R. 74.
Kiautschou-Gebiet, militär. Strafrechtspflege im R. 3.

Kinder, Recht d. unehel. R. 58.
—, Unterbringung verwahrloster R. 47.
Kinderarbeit, gewerbl. R. 2, 71.
Kinderschutzgesetz R. 71.
Kolonialgesetzgebung R. 49.
Kommunalabgabenges. P. 14.
Kommunalbeamtenges. P. 22.
Kommunalbeamtenrecht P. 25.
Konkursordnung R. 13, S. 22.
Konkursordnung, Preuß. P. 7.
Konsulargerichtsbarkeit R. 75.
Konsulargesetzgebung R. 21, 75.
Konzessionierung gewerbl. Anlagen P. 16.
Kraftfahrzeuge R. 18.
Krankenversicherungsgesetz R. 20.
Kreisabgabengesetz P. 38.
Kreisordnungen P. 15.

Ladenschluß R. 6.
Landesgesetze, privatrechtliche. (Bürg. Gesetzsamml.) S. 23.
Landestrauer P. 34.
Landesverwaltungges. P. 42.
Landrecht, preußisches S. 23.
Lehrergehalts- u. -Pensionsgesetze P. 26.
Literaturschutz R. 60.
Lohnforderungen, Beschlagnahme von R. 55.
Lotteriespiel P. 34.

Mannschaftsversorgungsges. R. 79 b.
Mantelgesetz R. 23.
Margarinegesetz R. 9, 54.
Markenschutzgesetz R. 87.
Medizinalgesetzgebung R. 27.
Militärpensionsgesetze R. 79.
Militärische Geheimnisse, Verrat R. 9, 84.
Militärstrafgerichtsordnung R. 3, S. 22.
Militärstrafgesetzbuch R. 67, S. 22.
Minderjährige, Fürsorgeerziehung für R. 47, P. 28.
Mineraliengewinnung und Aneignung P. 34.
Mobiliar-Feuerversich. P. 34.
Modellschutzgesetzgeb. R. 9.
Münzwesen R. 26.
Musterschutzgesetz R. 9.

Nahrungsmittelgesetze R. 9, 54, 65.
Naturalleistung für die bewaffnete Macht R. 69.
Notare, Gebührenordnung für preußische P. 4.
Notenbankwesen R. 26.
Nottestament P. 3.

Patentgesetz R. 22, 9.
Personenstandsges. R. 59, 9, 2.
Photographieschutz R. 81, 9.

Polizeiverordnungen i. Preußen P. 36.
Postgesetze R. 7.
Postscheckordnung R. 85.
Preßgesetz R. 9, 53.
Preußische Verfassung P. 1.
Privatrechtliche preußische Landesgesetze S. 23.
Privatrechtliche Reichsgesetze R. 84, 90.
Provinzialabgabenges. P. 38.

Quellenschutzgesetz P. 44.

Rayongesetz R. 84.
Reblausgesetz R. 84, P. 34.
Rechte der Besitzer v. Schuldverschreibungen R. 52.
Rechtsanwalts-Gebührenordnung R. 17.
Rechtsanwaltsordn. R. 16.
Rechtshilfe R. 76.
Rechtslexikon S. 23.
Rechtsmittel S. 29, 30.
Registerführung, gerichtliche R. 80.
Registratur S. 24.
Reichsbeamtengesetz R. 10, 82.
Reichseisenbahngesetzgebung R. 35, 66.
Reichserbschaftssteuer R. 77.
Reichsfinanzgesetze S. 23
Reichsgewerbeordnung R. 6, S. 22.
Reichsgrundbuchordn. R. 42,
Reichs-Justizgesetze S. 22, R. 11, 12, 13.
— —, Ausführungsgesetz dazu S. 22.
Reichskassenscheine R. 9.
Reichsmilitärgesetz R. 9 a.
Reichspreßgesetz R. 53.
Reichsschuldbuch P. 30.
Reichsseuchengesetz R. 9, 55.
Reichsstempelgesetz R. 18.
Reichsverfassung R. 1.
Rentengutsgesetze P. 33.
Rinderpest R. 9.

Saccharingesetz R. 9, 54.
Schadensersatz an unschuldig Verhaftete u. Verurteilte R. 73.
Scheckgesetz R. 85.
Schlachthäuser P. 34.
Schlachtviehgesetz R. 9, 54, 68.
Schonzeit des Wildes P. 34.
Schuldverschreibungsgesetz R. 52.
Schulunterhaltungsgesetz P. 39.
Schutztruppe, Strafverfahren R. 3, Pension R. 79.
Schwängerung, außereheliche R. 58, P. 5.
Seegesetzgebung R. 19.
See-Unfallversicherungsgesetz R. 57.
Seuchengesetz R. 56.
Sklavenhandel R. 9.

Sozialpolitische Gesetze R. 20, 23, 28, 30, 57, 72.
Sprengstoffgesetz R. 2, 9.
Staatsangehörigkeit, Erwerb und Verlust R. 8.
Staatsschuldbuch P. 30.
Staatssteuern, Gesetz betr. Aufhebung direkter P. 14.
Städteordnung für die 6 östlichen Provinzen P. 32.
Stempelsteuergesetz f. Preußen P. 18.
Stempelsteuergesetz für das Reich R. 18.
Steuergesetze R. 5, 18, 25, P. 10, 11, 13, 14, 18, 20, 27.
Strafgesetzbuch R. 2.
Strafgesetze preuß. P. 34.
Strafprozeßordnung R. 12, S. 24.
Strafrechtliche RG. R. 9.
Straßen- und Bauftuchtengesetz S. 24.
Süßstoffe, künstliche R. 9, 54, 64.

Tantièmensteuer R. 18.
Telegraphengesetze R. 7.
Testamentsrecht P. 3.

Uneheliche Kinder R. 58.
Unfallversicherungsgesetze R. 23, 28, 57, 72.
Unlauterer Wettbewerb R. 37.
Unterbringung verwahrloster Kinder R. 47, 28.
Unterhaltung d. Volksschulen P. 39.
Unterstützungswohnsitz R. 8.
Urheberrechtsgesetze R. 9, 60, 22, 81, 95.

Vereinsgesetz R. 88.
Vereins- u. Versammlungsrecht R. 33, P. 34.
Verfälschung v. Nahrungsmitteln R. 54, Wein R. 65.
Verfassung, Reich R. 1.
Verfassung, preußische P. 1.
Verkehrsabgaben P. 34.
Verlagsrecht R. 61.
Vermögenssteuergesetz P. 13.
Verrat militärischer Geheimnisse R. 2, 9.
Versammlung, wie leitet man eine S. 24.
Verschuldungsgrenze P. 43.
Versicherungsvertrag R. 83.
Versicherungsunternehmungen, private R. 62.
Versorgung der Kommunalbeamten P. 22.
Verwaltungsstrafverfahren P. 40.
Verwendung gesundheitsschädlicher Farben, Nahrungsmittel, Wein R. 54, 65.
Viehkauf (Viehgewährschaft) und Viehhandel R. 50.
Viehseuchengesetz R. 84.

Vogelschutzgesetz R. 89.
Vormundschaftsordnung, preußische P. 8.
Vormundschaftsrecht, Deutsches R. 47, S. 25.

Waisenrat S. 35.
Wald- und Wassergenossenschaft P. 34.
Wandergewerbebetrieb P. 34.
Warenzeichenrecht R. 9, 87.
Warenhaussteuergesetz P. 27.
Wechselordnung R. 5, S. 22.
Wechselstempelsteuergeſ. R. 5.
Weingesetz R. 9, 54, 64, 65.
Wertpapiere, Depotgesetz R. 40.
Wettbewerb, Bekämpfung unlauteren R. 37.
Wild-Schonzeit P. 34.
Wuchergesetz R. 2.

Zigarettensteuergesetz R. 78.
Zuständigkeitsgesetz P. 42.
Zwangserziehung R. 47.
Zwangsversteigerung an Immobilien R. 43.
Zwangsvollstreckungsgesetz R. 43.

---

5. 87 000. IV. 10.

MIX
Papier | Fördert gute Waldnutzung
FSC® C083411

Kolibri 360 GmbH
Ferdinand-Jühlke-Straße 7
99095 Erfurt, Deutschland
produktsicherheit@kolibri360.de